U0580810

聚学术精粹·汇天下智慧

中国证券市场质量及其资本配置

| 刘庆富◎著

清华大学出版社

北 京

内 容 简 介

本书旨在从市场质量指数、市场关联性、市场流动性、信息反映能力、价格发现机制等角度系统探索我国证券行业的市场质量；在此基础上，深入挖掘我国证券市场的套利机制、资本配置效率及资本配置绩效；此外，分别从重大风险和跳跃风险角度进一步探讨我国证券市场的套期保值与投资价值。

本书适用于金融学、经济学、统计学和管理学等学科的硕士研究生、博士研究生和经管类科研人员学习与研究。

图书在版编目（CIP）数据

中国证券市场质量及其资本配置/刘庆富著. —北京：清华大学出版社，2021.6
（清华汇智文库）
ISBN 978-7-302-58143-7

Ⅰ. ①中⋯　Ⅱ. ①刘⋯　Ⅲ. ①证券市场－研究－中国　Ⅳ. ①F832.51

中国版本图书馆 CIP 数据核字(2021)第 088701 号

责任编辑：陆浥晨
封面设计：汉风唐韵
责任校对：宋玉莲
责任印制：杨　艳
出版发行：清华大学出版社
　　　　网　　　址：http://www.tup.com.cn，http://www.wqbook.com
　　　　地　　　址：北京清华大学学研大厦 A 座　　　　邮　　编：100084
　　　　社 总 机：010-62770175　　　　邮　　购：010-62786544
　　　　投稿与读者服务：010-62776969，c-service@tup.tsinghua.edu.cn
　　　　质 量 反 馈：010-62772015，zhiliang@tup.tsinghua.edu.cn
印 刷 者：三河市铭诚印务有限公司
装 订 者：三河市启晨纸制品加工有限公司
经　　销：全国新华书店
开　　本：170mm×240mm　　　印　张：25　　　字　　数：405 千字
版　　次：2021 年 6 月第 1 版　　　　　　　印　　次：2021 年 6 月第 1 次印刷
定　　价：159.00 元

产品编号：090896-01

作 者 简 介

刘庆富，复旦大学经济学院教授，复旦大学大数据学院与北京雁栖湖应用数学研究院兼职教授，博士生导师，上海浦江学者。东南大学管理科学与工程博士、复旦大学金融学博士后、美国斯坦福大学访问学者。现任复旦—斯坦福中国金融科技与安全研究院执行院长，复旦—中植大数据金融与投资研究院学术副院长，上海市金融大数据联合创新实验室副主任，上海市大数据社会应用研究会副秘书长。主要研究兴趣为大数据金融、衍生金融工具、量化投资、科技监管、绿色金融、不良资产处置及金融科技。

曾在 Journal of Econometrics、Journal of International Money and Finance、Quantitative Finance、Energy Economics、Pacific-Basin Finance Journal、International Review of Economics and Finance、Journal of Futures Markets、《金融研究》、《管理科学学报》等国内外重要期刊发表论文 70 余篇；出版《中国期货市场的波动性及其风险控制研究》和《中国期货市场的信息结构及其风险管理研究》两部专著；主持国家级和省部级课题 26 项；参与国家级和省部级课题 20 余项。

开设了"量化交易""金融经济大数据挖掘""随机过程与随机分析初步""金融时间序列分析与软件应用""高级计量经济学""金融风险管理"和"金融大数据分析与预测"等课程。

担任 Digital Finance 的副主编、《世界经济文汇》编辑、《复旦金融评论》编委，以及 Journal of Banking and Finance、Journal of Futures Markets、Energy Economics、International Review of Economics and Finance、North American Journal of Economics and Finance、International Review of Financial Analysis、China Finance Review International、《金融研究》、《管理世界》、《经济学（季刊）》、《管理科学学报》、《系统工程学报》等多家杂志的匿名审稿人。

　　我国证券市场的发展起始于上海证券交易所（1990 年）和深圳证券交易所（1991 年）的正式创立。经过 30 年的发展，我国证券市场得到了极大的提升和完善，证券市场的类型也逐渐增多。从广义角度看，我国证券市场不仅有股票市场，还有商品期货市场（农产品期货市场、金属期货市场、能源化工期货市场）、股指期货市场等衍生品市场。面对如此多的交易品种，我们不禁思考：这些证券市场质量如何？它们之间是否存在关联性？这些市场中不同的交易产品之间是否存在套利机制？我们应当如何选择交易品种进行资本配置？在资本配置的过程中，我们又会面临怎样的风险？并且，如何对这些风险进行防范和控制？为此，本书对我国证券市场质量与资本配置问题进行深入研究，分析我国证券市场的发展现状及存在的问题，并利用市场数据检验我国证券市场的质量和资本配置效率，以期为监管层提供有效的政策建议，为投资者提供有价值的市场信息和资本配置策略。

　　由于我国各类证券市场发展阶段不同，各市场也均有其特色，因此本书将以股票市场、商品期货市场、股指期货市场等为典型，对这些市场逐一分析，评估这些证券的市场质量，探讨市场之间的关联性，并在此基础之上研究我国证券市场的资本配置问题。本书的研究内容主要可以分为两个方面：一方面是有关我国证券市场质量的研究，首先是构建市场质量指数并进行可靠性分析，然后研究部分证券市场之间的关联性并进行市场质量检验，紧接着分别从市场流动性、信息反映能力、价格发现机制三个角度研究我国证券市场的功能性和整体质量；另一方面是有关资本配置的研究，首先构建投资组合研究我国市场资本配置效率，其次研究我国资本配置的套利机制，再次基于动态投资策略研究国内与国际资本配置绩效，最后分别从重大风险和市场间跳跃风险的角度探讨我国证券市场的套期保值和投资价值。

　　本书具体内容如下。

　　第 1 章以商品期货市场为例进行我国证券市场质量研究。从理论角度分析我国证券市场质量的影响因素及其作用机制，然后从流动性、有效性和波动性出发，选择 11 个全面涵盖市场运行质量的评估指标并确定权重，构建商品期货市场质量指标。基于该指标，探讨中美期货市场质量的区别，深入分析我国商品期货市场质量现状。

第 2 章从市场关联性的角度来研究我国证券市场质量。首先基于买卖价差和定价误差、波动敏感性和持久性、知情交易概率等角度考察我国 4 种金属期货的市场质量，然后研究这些金属期货之间的关联性。再利用连接方法来研究我国期货市场与股票市场之间的因果关系，进而分析我国证券市场质量。

在接下来的三章里，本书将从证券市场的特性（市场流动性、信息反映能力和价格发现功能）来研究其质量。

第 3 章将从正常波动与异常波动、区分好坏消息与不区分好坏消息这四个角度来建模，通过 MRS-SGED 模型识别出中国期货市场的异常波动并研究流动性指标，在构建计量经济模型的基础上探索异常波动下期货市场流动性与其决定要素之间的关系，据此深入研究我国证券市场的流动性问题。

第 4 章研究分析我国证券市场的信息反映或预测能力。从燃料油期货市场出发，重点分析了能源消息对燃料油期货市场短期和中长期的影响机制，基于风险事件视角，研究燃料油期货市场对能源消息的反应能力。

第 5 章通过对提前和延迟交易时段与正常交易时段股指期货交易隐含信息量的比较分析，揭示提前和延迟的股指期货交易对我国股票现货市场开盘定价及其效率的影响。在对证券市场质量进行检验的基础上，研究市场投资者更关心的资本配置问题。

第 6 章聚焦投资策略的研究，但研究视角不同于以往，考虑到金融资产收益率的非正态分布特征，着重探讨高阶矩在投资组合问题中的应用。本章采用随机优化方法来构建基于高阶矩的投资组合模型，充分考虑现实投资中存在的不确定收益和不确定风险问题，对于投资者具有重要的参考价值。在证券市场交易中，投资者一方面会研究各种投资策略的构建，另一方面也会寻找市场中的套利机会。

第 7 章以我国期现货市场为例，将沪深 300ETF 引入我国投资组合中，研究其引入后的套利机制，深入分析引入前后股指期货与现货市场的运行效率、价格发现机制的变化以及其作为投资工具的收益与风险特征，以丰富我国资本配置的套利机制研究。

第 8 章将对国内和国外市场中的资本配置及其绩效进行分析。本章通过构建 7 种投资策略，对比分析投资组合的风险与收益，评价国内外投资组合的绩效表现，分析证券市场的资本配置情况，为中国市场的资本配置提供一定的参考。

此外，证券市场面临的风险将会影响市场质量和资本配置效率，因此需要将证券市场的风险因素考虑进来。一方面，重大风险对证券市场存在极大的冲击；另一方面，美国证券市场的跳跃风险会对我国证券市场产生影响。接下来的两章将分别对此进行讨论。

第 9 章运用贝叶斯 MCMC 推断技术，基于随机波动模型检验重大风险事件对我国商品期货市场的冲击效应，同时基于随机系列模型构建套期保值比率，进行套期保值及其效果研究。

第 10 章基于同步交易和异步交易的研究视角，应用跳跃风险溢出指标、投资组合夏普比率和风险溢价模型，分析美国期货市场跳跃风险对我国期货市场的外溢效应和投资价值。

以上内容主要围绕证券市场质量和资本配置两个方面进行的。当然，对这两个方面的研究绝不止于此，如市场质量指数的构建、投资策略的研究等均可从不同的方面进行分析。此外，对于风险问题的探讨，本书仅起到抛砖引玉的作用，如对于重大风险和跳跃风险的测度，可以结合神经网络方法进行探究。本书希望能够给读者在证券市场质量和资本配置研究方面提供一定的参考或启发。

本书的研究成果得到了国家自然科学基金面上项目（71871066、71973063），国家自然科学基金重大项目（71991470）和高峰学科项目的资助，作者在此表示感谢。此外，作者对 Yiuman Tse、Michael Chng、华仁海、安云碧等教授的指导和帮助表示衷心的感谢。

由于时间仓促，本书可能存在诸多不足之处，恳请各位读者批评指正。

刘庆富

2020 年 8 月

目录
Contents

第1章
中国证券市场质量研究
——以商品期货市场为例

证券市场质量是衡量证券市场服务实体经济能力的重要指标，而在中国证券市场中，商品期货市场是其重要组成部分，对商品期货市场质量进行研究具有十分重要的意义。因此，本章将从理论和实证出发，基于我国和美国的商品期货品种对商品期货市场质量进行深入探讨，从而为我国商品期货市场和证券市场的良好发展提供指导。

1.1　问题提出与文献评述

1.1.1　问题提出

改革开放 40 多年以来，市场经济迅猛发展，各个行业都取得了一定的突破，同时也面临着各种各样的机遇和挑战。相对于传统农业、制造业的长足发展，我国的金融行业起步较晚，直到 20 世纪 90 年代才逐渐兴起。而在这 20 多年的时间内，我国发展了股票、债券、基金、期货、期权等金融市场。相比于美国市场化发展的近百年历史，我国的金融市场大多是在政府的直接推动下发展起来的，因此很多具有中国特色的机遇与挑战值得关注。

作为金融市场中重要的一环，我国期货市场在套期保值、价格发现等方面起到了不可或缺的作用，有力地带动了整个经济的平稳向好发展。在过去的 20

年里，我国商品期货市场发展迅速。2018 年，我国商品期货市场的成交量总计约为 2983 亿份合约。从期货市场进入规范运作以来，政府一直高度重视其发展。2004 年的《国务院关于推进资本市场改革开放和稳定发展的若干意见》中，政府明确指出了逐步推出大宗商品期货以更好地服务于实体经济，并在考虑了商品期货的基础上，再进一步推出金融期货。同时从 2004 年开始，中央一号文件至今连续 14 年提到要发展我国期货市场，也正是这股政策的东风，我国期货市场的交易品种不断增加，交易量稳步提升，功能逐步发挥，已经基本具备在较高层次上服务于实体经济发展的能力。

近些年我国在商品期货市场上取得了不少成绩，以迅猛的速度追赶美国等发达国家市场。考虑到我国目前仍然在大力进行工业化发展，需要大量进口大宗商品，因此商品期货市场是有较大的发展潜力。但是相对来看，美国已经进入了去工业化的状态，制造业的向外转移使得国家并不需要如此多的大宗商品，但其商品期货市场却依旧保持了持续高位的交易量，究其根本是其期货市场的质量所决定。期货市场的良好运行使美国有实力成为具有国际影响力的定价中心，随后即使该国大宗商品的需求增长有限，但其期货市场在国际上仍然发挥着不可替代的作用。反观我国商品期货市场，发展时间还不够长，现有的市场规模还十分有限，品种类别也有待进一步增加，因此其市场功能发挥作用的程度还是有待考究的，而研究清楚我国商品期货市场质量也将进一步推进我国与国际接轨的步伐。

1.1.2　文献评述

目前，少有文献将构建商品期货市场质量指标用于评价中国商品期货市场。Silber（1981）用期货合约的交易量和交易持续时间来评估期货市场的功能。Glen（1994）、Kuo & Li（2001）从市场有效性、流动性、交易成本和波动性的角度评估期货市场。Pagano 和 Roell（1996）、Boehmer 等（2005）、Bessembinder 等（2006）以及 Frutos 和 Manzano（2014）认为透明度是期货市场功能的一个重要指标。总的来说，市场流动性、市场有效性、波动性、交易成本和透明度是评估商品期货市场质量的关键要素。

一些论文使用市场交易信息来衡量市场流动性。在股票市场中，流动性被认为与资产价格、预期回报、成交量和交易量密切相关（Amihud 和 Mendelson，1997；O'Hara，1995）。Haugom 和 Ray（2017）使用期货市场的每日交易量来衡量石油期货的流动性。Kalaitzoglou 和 Ibrahim（2015）使用有条件加权交易量来衡量欧洲碳期货市场的流动性。Cai 等（2004）、Bortoli 等（2010）和 Liu 等（2016）基于低频和高频数据，使用价格、交易量和持续时间来衡量流动性。Roll（1984）使用价格波动的协方差来衡量流动性。Amihud（2002）用预期收益以及预期收益与交易量之比来衡量市场流动性。一般而言，期货市场的流动性通过交易价格和交易量来衡量。

许多论文都对期货市场的市场有效性有所研究。

第一，是检验期货价格的随机游走假说。先前的研究否定了这一假设，并发现一系列商品期货价格以系统的方式而不是以随机的方式波动。Wei 和 Leuthold（2000）采用 R/S 和 ARFIMA 模型对美国小麦、玉米等六种农产品期货进行了检验，发现市场价格波动存在一定的长期记忆特征，说明市场不有效；华仁海和陈百助（2004）研究了我国五种期货的市场有效性，利用修正的 R/S 分析和 GPH 检验法，得出其收益率或波动序列存在长期记忆性、市场未达到弱有效的结论。

第二，是检验期货市场上是否存在套期保值机会。例如，Crowder 和 Hamid（1993）采用协整分析方法检验原油期货市场的套利条件，结果发现不存在套利空间，市场满足有效性假设。

第三，是检验期货和现货市场之间的联系。例如，Maslyuk 和 Smyth（2008）采用包含结构断点的 LM 单位根检验方法研究发现，原油期货和现货市场是弱有效的；Lean 等（2010）结合均值—方差 MV 和随机占优 SD 方法检验了美国石油期货与现货市场的价格联动关系，发现两者之间不存在联动关系，说明市场满足弱有效假设；华仁海（2005）运用协整检验等方法发现，铜、铝、橡胶期货的价格能够较好地反映现货价格；刘庆富和华仁海（2011）进一步研究了股指期货与现货市场之间的风险传递效应，结果发现两者之间的风险传递是双向的，并且现货对期货的风险溢出要大于期货对现货的风险溢出。

第四，是检验分形市场假说。继 Mandelbrot（1975）创造性地提出了分形这一个概念后，Peters（1991）首次提出分形市场的概念，用以描述金融市场上的波动，随后学者们基于该假说深入研究，发现资产价格波动中普遍存在长记忆性、持久性、自相关性等很多非线性的特征，从而进一步支持了分形市场假说。分形市场假说认为资产价格序列不是服从随机游走，而是服从分数布朗运动的有偏随机游走。在分形市场假说中，Hurst 指数是很重要的统计量，大量学者利用 Hurst 指数进行实证检验，来研究金融市场的有效性。

许多论文将期货市场的波动性作为评估市场质量的一部分。波动性用于反映资产价格波动的频率和程度。与股票市场相比，波动性对于期货市场来说尤为重要，原因有两点：一是期货市场本身的波动性就很高，尤其是原油等商品期货（Christiansen 等，2012）；二是期货市场具有较高的杠杆，而每日结算的保证金交易制度使投资者不得不考虑短期波动的影响（Haugom 和 Ray，2017）。衡量波动性的指标也有两类，一是实际波动率，二是条件波动率。基于 GARCH 模型的条件波动率由于包含了预期历史信息的影响，且考虑了时间序列的自相关和异方差误差问题，在研究中已被广泛使用（范玉良，2014）。而对于期货数据而言，高频时间序列数据应用更加广泛，出于计算成本的考虑，在构建波动率指标时则通常以实际波动率为基础（Andersen 和 Bollerslev，1998）。Andersen 等（2003）基于已实现波动率构建了 ARFIMA 模型，并且通过实证分析证实了基于实际波动率的该模型准确度高于基于条件波动率的 ARCH 类模型。学者们随后分别提出了已实现双幂次变差、已实现极差波动率以及已实现极差双幂次变差估计量等，并构造出 HAR-RV 模型、HAR-RV-J 模型、HAR-RV-CJ 模型等，以更好地刻画波动率（Barndorff-Nielson 等，2008；Christensen 和 Podolskij，2007；Andersen 等，2007；Fulvio，2004）。

在许多研究中，交易成本也被用来评估期货市场的市场质量。Glen（1994）认为交易成本包括两个方面：一是完成一笔交易的固定成本（如税费、经纪费等），二是交易的买卖价差。Perold（1988）提出了成交价差的概念，成交价差是交易者参与市场的隐藏成本，即成交价格与理想价格之差。Roll（1984）认为矩估计可以用来衡量买卖价差。Hasbrouck（2009）认为，交易成本就是实际成交价格与理想价格之差。在实际应用中，对于交易成本的考察一般包括成交价差与佣金等固定费率，鉴于后者比较稳定，对前者的估计就成了交易成本研究的重点。Bleaney 和 Li（2016）使用价格的序列相关性来衡量交易成本。

市场透明度也被许多论文研究，以评估期货市场的市场质量。O'Hara（1995）认为市场透明度揭示了交易信息，包括交易价格、交易量、要价、订单流和市场参与者。Chowdhry 和 Nanda（1991）认为，做市商愿意披露信息以停止内部交易并鼓励外部交易。透明度比流动性、效率、波动性和交易成本更难衡量，因为它难以量化。实验模拟的方法用于量化透明度。Bloomfield 和 O'Hara（2000）模拟了真实交易，以测试透明度如何影响市场交易。Hendershott

和 Jones（2005）研究了监管机构暂停信息披露对交易的影响。Boehmer 等（2005）研究了纽约证券交易所的 OpenBook 服务对信息发布的影响。与股票市场透明度的测量不同，期货市场透明度的测量很少被论文作为研究主题。Bohl 等（2011）认为，只有当市场参与者由机构投资者主导时，期货市场才提供现货市场的信息。

根据上文梳理的相关研究可以发现，许多论文集中于一个特定的指标来评估期货市场的市场质量。迄今为止，还没有论文讨论如何构建一个期货市场质量指标，该指标考虑到不同的情景，以评估中国和美国期货市场的市场质量。对商品期货市场的市场质量的研究加深了我们对中国期货市场的理解，并使其能够与其他国家的期货市场相媲美。

为了构建这样的指标，我们考虑利用流动性、有效性和波动性来评估商品期货市场的市场质量。然后，我们用这个指标来分析中国和美国的商品期货市场。最后，我们进行了一项实证检验，以检验商品期货市场的市场质量的决定因素。结果表明，中国商品期货市场稳定，并呈上升趋势，金属期货的市场质量比农产品期货稍好，也更加稳定。研究结果还显示，美国商品期货市场的市场质量较高，波动性低于中国市场，同时，宏观经济变量和期货合约是商品期货市场质量的重要决定因素。

本章的结构如下：1.2 节从流动性、有效性和波动性的角度定义和度量期货市场质量指标；1.3 节基于期货市场质量指标对中美商品期货市场进行分析；1.4 节考察了影响商品期货市场质量的因素；1.5 节是结论与建议。

1.2　商品期货市场质量指标的构建

1.2.1　商品期货市场质量指标的定义

我国商品期货市场质量指标用于分析商品期货市场的市场质量，反映商品期货市场的运行功能。对于商品期货市场而言，市场在建立之初负着整个金融市场对它的期待，而价格发现和套期保值作为商品期货市场的基本功能，是它需要实现的主要目标。因此，市场质量定义为该市场履行其市场应该发挥的功能时所达到的状态。对于商品期货市场质量而言，即为商品期货市场能够充分发挥其价格发现和套期保值功能的程度。但是这种程度的形容仅是定性的，因此本文需要用定量的方法对其进行具体的描述。

商品期货市场质量指标的评估标准可以从市场微观结构角度出发去描述，而理想的市场微观结构是良好市场质量的关键。学者们对于理想的市场微观结构进行过广泛的讨论，就其各个维度都进行了总结归纳。Glen（1994）、Kuo和Li（2011）认为，有效性、流动性、交易成本和波动性是考察市场质量的重要因素。Pagano和Röell（1996）、Boehmer等（2005）、Bessembinder等（2006）、Frutos和Manzano（2014）、屠年松和徐光远（2008）则认为，透明性也是反映市场质量的重要因素。同样，业界也发表了不少的看法。多伦多交易所在《市场分割特别委员会报告》（1997）中提出Kirzner模式，认为理想的市场包括流动性、及时性、有效性、低成本、透明性、完整性、公平性以及风险防范机制健全。纽交所在2000年发布的《市场结构报告》中提出七项基本原则，即流动性原则、有效性原则、可靠性原则、公平性原则、稳定性原则、最佳执行原则、无害性原则。总结来看，被更多的机构和学者所接受的维度主要集中在流动性、有效性、波动性、透明性、可靠性和公平性。流动性衡量的是能够对成本和价格冲击较低且进行快速大量交易的能力。有效性包括资产价格序列是否满足随机游走特性以及市场是否存在套利机会。波动性则要求以一个合适的价格变化频率和幅度来同时吸引投机者追求收益和套期保值者进行套期保值。透明性是指交易信息的透明程度，以及及时和准确的上市公司信息披露程度。可靠性主要考察交易系统是否能够在交易量剧增时仍然保持稳定的运行处理能力。公平性强调所有市场参与的交易者是否拥有相同的公开信息获取渠道以及全方位的监管保护机制等。

尽管流动性、有效性、波动性、透明性、可靠性和公平性六个维度可以更加全面地涵盖市场质量评估体系，但再进一步考虑这六个维度的评估出发点，流动性、有效性和波动性是直接利用市场已有交易数据直观衡量市场质量，即用事实数据说话，而透明性、可靠性和公平性则更像是从间接的角度二次描述。

提供流动性是商品期货市场交易的根本，市场中本身集中大量的交易者，其买卖需求均不同，只有足够的流动性才能将这大量投资者的买卖需求真实地转化为交易。越高的流动性意味着可以用越低的交易成本以及越短的交易时间在不对市场价格形成较大冲击的情况下完成大量交易，因此它是对投资者交易信心的保障。当市场的流动性风险越小时，商品期货市场的基本功能才能得到更好的发挥。有效性是市场信息得到真实反映的基础，市场上有着大量的公开信息，而投资者并没有精力去收集全部的市场信息，因此只有通过价格才能反映已有的全部市场信息。波动性则是商品期货市场功能发挥的关键，无论波动剧烈或者平缓，其对于不同的投资者都具有一定的影响。对于投资者而言，波动的大小会直接影响收益和风险，而在适当的低波动性条件下，投资者可以在波动中进行低买高卖从而获利；而对于另一些套期保值者来说，期货的波动正是现货波动的最佳对冲。然而当波动性开始变得很剧烈时，风险超过了这些投资者的承受程度，投资者的信心被动摇，甚至为了规避风险选择退出商品期货市场。当然，当波动性过小时，同样无法给投机者带来从波动中获益的机会，这样没有诱惑力的波动也会使得大量投机者对商品期货市场不感兴趣，从而缺少了市场的一大参与主体。流动性、有效性和波动性基本上都是通过直接影响市场来决定市场质量。

再来看另外三大维度，透明性、可靠性和公平性看似也是市场质量的衡量维度，但从根本上来说，它们都是先影响流动性、有效性和波动性，继而再间接影响市场质量。透明性高将会使得市场传递相关信息更加优化，交易者之间的信息结构得到改善，从而促使价格更加合理，因此市场整体质量得到提高。同时，较高的透明性也给了市场参与者更大的交易信心，他们认为供求关系能够得到更好的反映，所以会有更多的人愿意进入这样一个市场。若透明性较差，会使得消息灵通者与消息闭塞者之间出现交易时差。当消息披露后，市场会出现更多不理性的反应，从而造成波动性也随之变化。可靠性则是对交易技术系统有一定的要求，使市场能够经受住冲击，这是市场正常运行的基本条件。当市场出现冲击时，势必会在第一时间影响流动性、波动性等，而这些特性的崩溃才会进一步击垮市场。最后从公平性来看，其要求市场准入标准统一，信息披露公开平等，一方面这些确实难以量化，另一方面其反映结果不及时，同时其最终效果同样会因为影响商品期货市场三大基本维度（流动性、有效性和波动性）而进一步影响市场质量。

综上所述，通过对商品期货市场质量评估标准的分析，本书决定使用流动性、有效性和波动性作为商品期货市场质量的衡量标准，而透明性、可靠性和公平性则被视为达到根本标准的中间目标。

1.2.2 商品期货市场质量指标的度量

本文采用 Roll 指标、High-Low 指标、Zero 指标、Volume 指标和价格冲击指标来衡量市场流动性；采用 Hurst 指数、期现系数和期货滞后系数来衡量市场有效性；采用已实现波动率（RV 指标）、已实现极差双幂次变差（RRBV 指标）和预期短缺（ES 指标）来度量市场的波动性。

1. 商品期货流动性指标的选择和构建

本文从价格、交易量和量价关系出发，综合全面给出衡量商品期货市场宽度、深度、即时性和弹性的指标。由于即时性这个维度的指标相对较少，且要求数据质量很高导致使用率不高，再加上本文使用的是以日为单位的交易数据，因此暂时不考虑即时性。

（1）Roll 指标

Roll 指标由 Roll（1984）提出，Goyenko（2009）改进，使其能够同样适用于价格变化序列可能存在正相关关系的市场，尤其是中国。Roll 指标表示为价格一阶差分序列之间协方差的有效价差，为衡量宽度的价格指标。

$$\text{Roll} = \begin{cases} 2\sqrt{-\text{cov}(\Delta P_d, \Delta P_{d-1})}, \text{cov}(\Delta P_d, \Delta P_{d-1}) < 0 \\ 0, \qquad\qquad\qquad \text{cov}(\Delta P_d, \Delta P_{d-1}) > 0 \end{cases} \qquad (1.1)$$

其中，cov( ) 为协方差函数，P_d 为第 d 个交易日的收盘价。

（2）High-Low 指标

High-Low 指标由 Corwin 和 Schultz（2012）提出，即根据方差与收益率之间的时间间隔成一定的比例，而价差与收益率之间的时间间隔不存在相关性关系这样一个既定事实，将价格比率当中的波动成分从中剥离，构成了一个基于最高价和最低价之比的衡量宽度的价差指标。

$$\text{Hig} - \text{Low} = \frac{2(e^\alpha - 1)}{1 + e^\alpha} \qquad (1.2)$$

$$\alpha = \frac{\sqrt{2\beta} - \sqrt{\beta}}{3 - 2\sqrt{2}} - \sqrt{\frac{\gamma}{3 - 2\sqrt{2}}} \ , \quad \beta = E\left\{ \sum_{i=0}^{1}\left[\ln\left(\frac{H_{d+i}^O}{L_{d+i}^O}\right)\right]^2 \right\} , \quad \gamma = \left[\ln\left(\frac{H_{d,d+1}^O}{L_{d,d+1}^O}\right)\right]^2$$

其中，H_{d+1}^O 和 L_{d+1}^O 分别为第 $d+i$ 个交易日的最高价和最低价，H_{d+1}^O 和 L_{d+1}^O 分别为第 $d+1$ 个交易日的最高价和最低价，$H_{d,d+1}^O$ 和 $L_{d,d+1}^O$ 分别为第 d 个交易日

和第 $d+1$ 个交易日两天之中的最高价和最低价。

（3）Zero 指标

Zero 指标由 Lesmond（1999）提出，即衡量一段固定时间内收益率为 0 的天数占比，收益率不变的天数越多，则意味着流动性越差。

$$Zero = n / N \qquad (1.3)$$

其中，n 为一段固定时间内收益率为 0 的天数，N 则为既定的时间范围。

（4）Volume 指标

Volume 指标为衡量深度的典型交易量指标（Chordia 等，2001），即每日的交易笔数乘以每笔交易的价格，为总交易金额。

（5）价格冲击指标

价格冲击指标由 Goyenko（2009）提出，衡量价格冲击的影响程度，是弹性维度的基准指标。

$$r_d = \lambda \times S_d + \mu_d \qquad (1.4)$$

其中，r_d 为第 d 个交易日的收益率，S_d 为第 d 个交易日的交易金额。λ 为流动性指标，λ 的值越大，说明价格冲击越大，进而说明流动性差；反之 λ 的值越小，说明价格冲击越小，进而说明流动性好。μ_d 为误差项。

2. 商品期货有效性指标的选择和构建

前文综述中已经对有效性指标度量方式进行了整理总结，因此本文利用期现货或跨期信息，从价格发现、套期保值和套利功能角度来构建期货市场的有效性指标。

（1）Hurst 指数

Hurst 指数由水文学专家 Hurst（1951）提出，它用一种带偏离的随机游走即分形布朗运动来描述水库的长期储存能力，之后逐渐发展成用来判断时间序列是否存在长期相关性的重要参数。继 Hurst 提出了估计该参数的 R/S 方法后，Mandelbrot（1971）首次将该方法运用到资产收益率的有效性分析当中，随后 Cajueiro（2005）对分析方法进行了一定的改进，提出了 V/S 方法，并且通过蒙特卡洛模拟对这两种方法进行了比较，实证证明 V/S 方法更加稳健和有效。因此，本文采用 V/S 方法的 Hurst 指数作为有效性评估的指标。

假设存在时间序列 $\{x_1, x_2, \cdots, x_n\}$，其样本均值和样本方差分别为

$$\overline{x}_n = \frac{1}{n}\sum_{t=1}^{n} x_t$$

$$\hat{S}_n^2 = \frac{1}{n}\sum_{t=1}^{n}(x_t - \overline{x}_n)^2$$

由此即可得到累积偏和序列的离差平方 $(V/S)_n$ 统计量

$$(V/S)_n = \frac{1}{n\hat{S}_n^2}\left\{\sum_{k=1}^{n}\left[\sum_{t=1}^{k}(x_t - \overline{x}_n)\right]^2 - \frac{1}{n}\left[\sum_{k=1}^{n}\sum_{t=1}^{k}(x_t - \overline{x}_n)\right]^2\right\} \qquad (1.5)$$

经过实证研究发现重标方差 $(V/S)_n$ 满足

$$(V/S)_n = b \times n^{2H} \qquad (1.6)$$

其中，b 为常数，H 为 Hurst 指数。对上式取对数可得

$$\ln(V/S)_n = 2H \times \ln(n) + \ln(b)$$

最后，通过最小二乘法对 $(V/S)_n$ 的对数和 n 的对数进行回归分析，回归斜率的 1/2 即为 Hurst 指数。

Hurst 指数的计算步骤较为复杂，具体执行步骤如下。

① 计算对数收益率时间序列。假设第 n 个交易日的对数收益率为 $x_n = \ln(P_{n+1}/P_n)$，其中 P_n 为第 n 个交易日的收盘价。

② 将得到的对数收益率序列 $\{x_1, x_2, \cdots, x_n\}$ 连续划分为 p 个连续的子区间 $X_j(j=1,2,\cdots,p)$，子区间的长度为 m。假设子区间 X_j 中的元素为 $x_{kj}(k=1,2,\cdots,m)$，则 X_j 中各元素的均值为 $\overline{x}_j = \left(\sum_{k=1}^{m} x_{kj}\right)\bigg/ m, j=1,2,\cdots,p$。

③ 计算子区间 X_j 各元素的累积离差序列。

$$S_{kj} = \sum_{i=1}^{k}(x_{ij} - \overline{x}_j), k=1,2,\cdots,m$$

④ 计算子区间 X_j 累积离差序列的均值。

$$\overline{S}_j = \frac{1}{m}\sum_{k=1}^{m} S_{kj}, j=1,2,\cdots,p$$

⑤ 计算子区间 X_j 累积离差序列的方差。

$$V_j = \frac{1}{m}\sum_{k=1}^{m}(S_{kj} - \overline{S}_j)^2, j=1,2,\cdots,p$$

⑥计算子区间 X_j 的标准差。

$$S_j = \sqrt{\frac{1}{m}\sum_{k=1}^{m}(x_{kj}-\overline{x}_j)^2}, j=1,2,\cdots,p$$

⑦计算 p 个连续的子区间 X_j 序列的重标方差序列 $V_j/S_j, j=1,2,\cdots,p$，进一步得到其均值 $(V/S)_m$。

⑧将子区间的长度 m 逐渐增大，重复上面的步骤，直到 $m=(n-1)/2$。

⑨通过最小二乘法对得到的 $(V/S)_n$ 的对数序列和相应取值的 n 的对数序列进行回归分析，回归斜率的二分之一即为 Hurst 指数。

Hurst 指数最终计算结果为一个处于 0 到 1 之间的统计量，其数值能够直接反映时间序列的相关特性。当 Hurst = 0.5 时，说明该时间序列为服从随机游走的标准几何布朗运动。当 $0\leqslant$ Hurst <0.5 时，说明该时间序列具有均值回复性，即序列总是会向均值靠近，且 Hurst 越接近 0，均值回复性越强，序列的震荡越大。当 $0.5<$ Hurst <1 时，说明该时间序列具有长记忆性，即序列具有很强的趋势性。当 Hurst = 1 时，说明该时间序列完全可以预测。

（2）期现系数

期现系数为衡量期货价格与现货价格之间协整关系的指标，期货价格与现货价格之间存在协整关系，需要满足以下两个条件。

①期货价格 f_t 和现货价格 s_t 是一阶单整，即这两个序列本身是非平稳的，但它们的一阶差分序列是平稳的。

②存在非零常数 a，使得 $\varepsilon_t = f_t - as_t$ 满足原始序列平稳。该非零常数 a 即为期货价格 f_t 和现货价格 s_t 之间的协整期现系数。

（3）期货滞后系数

期货滞后系数为衡量期货连续合约（最近一个交割月）价格与期货连三合约（最近一个交割月之后的第三个交割月）价格之间协整关系的指标，旨在考察期货跨期价格反应情况。期货连续合约价格与期货连三合约价格之间存在协整关系，需要满足以下两个条件。

①期货连续合约价格 f_t 和期货连三合约价格 $f_{3,t}$ 是一阶单整，即这两个序列本身是非平稳的，但它们的一阶差分序列是平稳的。

②存在非零常数 b，使得 $\varepsilon_t = f_t - bf_{3,t}$ 满足原始序列平稳。该非零常数 b 即为期货连续合约价格 f_t 和期货连三合约价格 $f_{3,t}$ 之间的协整期货滞后系数。

3. 商品期货波动性指标的选择和构建

前文综述中已经对波动性指标度量方式进行了整理总结，因此本文利用期货的收盘价、最高价、最低价等相关价格信息，基于数据的完整性来构建期货市场的波动性指标，对信息进行更好的刻画。

（1）RV 指标（realized volatility，已实现波动率）

RV 指标由 Andersen（1998）提出，它计算简单，不需要额外的模型估计，是积分波动率的一致估计量，表示为收益率在一段时间内的平方和。

$$RV = \sum_{t=1}^{n} r_t^2 \tag{1.7}$$

其中，r_t^2 为日收益率 $r_t = \ln(P_t) - \ln(P_{t-1})$ 的平方序列。

（2）RRBV 指标（realized range-based bipower variation，已实现极差双幂次变差）

RRBV 指标由 Christensen 和 Podolskij（2007）提出，该指标将已实现极差波动率和已实现双幂次变差波动率进行了结合，在考虑价格波动的基础上进一步提高已实现波动率的估计效率，同时还能保持其一致性。具体表示为

$$RRBV = \left(\frac{1}{\lambda}\right)^2 \sum_{t}^{n} |\ln(h_t) - \ln(l_t)| \, |\ln(h_{t+1}) - \ln(l_{t+1})| \tag{1.8}$$

其中，$\lambda = \sqrt{8/\pi}$，h_t 和 l_t 分别表示第 t 个交易日的最高价和最低价。

（3）ES 指标

ES 指标用来从截面维度衡量市场左偏波动所带来的系统性风险，Allen（2012）除了提出基于广义帕累托分布和偏态广义误差分布的参数估计方法外，还采用了一种非参数估计的方法来估计 ES。

$$ES = -E(r_t \mid r_t \leqslant -VAR) \tag{1.9}$$

其中，VAR 满足 $\Pr(r_t \leqslant -VAR) = q\%$，日收益率 $r_t = \ln(P_t) - \ln(P_{t-1})$。

1.2.3 商品期货市场质量指标的权重

本文参考赵芳芳（2017）的研究，对这些面板数据指标权重进行确定，以构建完整的商品期货市场质量评估体系。首先通过熵值法、相关系数法以及变异系数法计算得到基础权重，再利用遗传算法求得组合权重，使得最终求得的

组合权重与各基本方法求得的基础权重之间的离差平方和最小。

1. 组合赋权模型

在构建综合评估指标时，可以通过主观、客观和组合三种方式进行权重的确定。主观赋权法主要依赖于专家根据经验进行判断，得到的主观数据容易受到主观随意性对权重评估结果的影响。客观赋权法方式众多，常见的有熵值法、主成分分析法、相关系数法、多目标规划法、变异系数法等。客观赋权法往往是直接根据原始数据之间的一些关系来确定权重，方法也具有较强的数学理论支撑。但该方法由于不考虑使用者的主观意愿，往往可能导致得到的客观权重与主观愿望相差甚远，如并不重要的相关指标被赋予了较大的权重而较为重要的指标却权重不大，从而导致该赋权方法的实用性不强。鉴于各种方法都存在自身的优缺点，本文采用能够结合各种方法的组合赋权法进行赋权。

假设主观赋权法得到 p 种主观权重向量 $\boldsymbol{w}_s = (w_{s1}, w_{s2}, \cdots, w_{sn})^{\mathrm{T}} (s = 1, 2, \cdots, p)$ ，客观赋权法得到 q 种客观权重向量 $\boldsymbol{w}_s = (w_{t1}, w_{t2}, \cdots, w_{tn})^{\mathrm{T}} (t = 1, 2, \cdots, q)$ ，其中 w_{si} 、w_{ti} 分别表示通过主观赋权法和客观赋权法得到的权重系数，且

$$\sum_{i=1}^{n} w_{si} = 1(s = 1, 2, \cdots, p) 、 \sum_{i=1}^{n} w_{ti} = 1(t = 1, 2, \cdots, q) 。$$

记最终求得的组合权重向量为 $\boldsymbol{w}^* = (w_1^*, w_2^*, \cdots, w_n^*)^{\mathrm{T}}$ ，其中 w_i^* 为第 i 个指标的组合权重系数，且 $\sum_{i=1}^{n} w_i^* = 1$ 。

本文构建组合赋权模型，使得最终求得的组合赋权系数与各基本方法求得的赋权系数之间的离差平方和最小，模型表示如下：

$$\min F = \sum_{s=1}^{p} \left[\alpha_s \sum_{i=1}^{n} (w_i^* - w_{si})^2 \right] + \sum_{t=1}^{q} \beta_t \left[\sum_{i=1}^{n} (w_i^* - w_{ti})^2 \right]$$

$$\text{s.t.} \begin{cases} \sum_{i=1}^{n} w_i^* = 1 \\ w_i^* \geqslant 0 \end{cases}, \ i = 1, 2, \cdots, n \tag{1.10}$$

其中，$\alpha_s \geqslant 0 (s = 1, 2, \cdots, p)$ ，$\beta_t \geqslant 0 (t = 1, 2, \cdots, q)$ 分别为第 s 种主观权重和第 t 种客观权重所被信任的程度，且 $\sum_{s=1}^{p} \alpha_s + \sum_{t=1}^{q} \beta_t = 1$ ，因此

$$w_i^* = \sum_{s=1}^{p} \alpha_s w_{si} + \sum_{t=1}^{q} \beta_t w_{ti}, i = 1, 2, \cdots, n$$

本文通过分析各种方法的可操作性以及互补性，最终选择熵值法、相关系数法以及变异系数法。因此本文 $p=0$ ， $q=3$ ， $\beta_t \geqslant 0(t=1,2,3)$ 且 $\sum_{t=1}^{3} \beta_t = 1$ 。

同时，由于这三种方法都为客观赋权法，方法各有优劣，因此最终确定三种方法的信任程度一致，即 $\beta_t = 1/3(t=1,2,3)$ 。接着，考虑到组合赋权模型为最优化问题，考虑通过遗传算法找出最优解，即组合赋权系数。

2. 基本赋权方法权重确定原理

（1）熵值法

熵的概念在信息论中提出，是指对不确定性的一种度量，也可以用来衡量指标的离散程度。人们在做决策时往往会根据一些指标信息做判断，而这些指标的质量和包含信息多少将会是影响决策可靠性的关键因素。熵值具体来说，可以表示为一组不确定性指标中能够提供的信息量大小。因此在有多个指标的评估体系中，某项指标的变异程度越大，其熵反而越小，因此该指标提供的信息量较大，在评估体系中应该有更大的权重；反之，变异程度越小，其熵反而越大，该指标提供的信息量较小，在评估体系中应该有更小的权重。

假设多指标的决策矩阵为

$$M = \begin{matrix} A_1 \\ A_2 \\ \vdots \\ A_m \end{matrix} \begin{bmatrix} x_{11} & x_{12} & \cdots & x_{1n} \\ x_{21} & x_{22} & \cdots & x_{2n} \\ \vdots & \vdots & \ddots & \vdots \\ x_{m1} & x_{m2} & \cdots & x_{mn} \end{bmatrix}$$

其中， m 为样本个数， n 为指标个数。如果 $P_{ij} = x_{ij} \Big/ \sum_{i=1}^{m} x_{ij}$ 表示在第 j 个指标下第 i 个方案 A_i 的贡献度，则所有方案对第 j 个指标的贡献总量可以度量为

$$E_j = -K \sum_{i=1}^{m} P_{ij} \ln(P_{ij})$$

其中，常数 $K = 1/\ln(m)$ ， $0 \leqslant E_j \leqslant 1$ 。

由此可得，各个指标的权重由所有方案差异的大小来决定。定义 d_j 为第 j 个指标贡献度的一致性程度，则 $d_j = 1 - E_j$ 。进一步得到各个指标的权重 W_j 为

$$W_j = \frac{d_j}{\sum\limits_{j=1}^{n} d_j}$$

（2）相关系数法

作为一个拥有多个指标的评估体系，各指标从不同的维度去衡量商品期货市场质量。但无论方式差异有多大，指标之间不可能完全不相关。相关系数法则是基于多指标评估体系的内部相关结构来确定指标权重，当指标之间的相关性越强，一个指标可以被另一个指标解释的程度就越高，该指标的独立性就越差，因此在指标评估体系中的作用也越小。因此，独立性越强的指标应被赋予较大的权重，而独立性较弱的指标则权重应该较小。

假设存在 n 个指标，则在标准化数据后，这些指标之间的相关系数矩阵 $\boldsymbol{R}$ 为

$$\boldsymbol{R} = \begin{bmatrix} 1 & r_{12} & \cdots & r_{1n} \\ r_{21} & 1 & \cdots & r_{2n} \\ \vdots & \vdots & \ddots & \vdots \\ r_{n1} & r_{n2} & & 1 \end{bmatrix}$$

计算每一列 $(1-r_{ij})$ 之和，即可得到第 j 个指标与其他指标之间的信息重叠程度向量。

$$\sum(1-r_{i1}), \sum(1-r_{i2}), \cdots, \sum(1-r_{im})$$

其中，$\sum(1-r_{ij})$ 越大表示第 j 个指标与其他指标之间的信息重叠程度越小，则该指标独立性更强，应该给其赋予更大的权重。随后，对其行向量进行归一化处理，得到各个指标的权重 W_j 为

$$W_j = \frac{\sum(1-r_{ij})}{\sum\sum(1-r_{ij})}$$

（3）变异系数法

变异系数法认为差异越大的指标，越是难以实现的指标，而这样的指标更能反映商品期货市场质量之间的差距，因此更加应该被赋予较大的权重以衡量评估体系。但由于评估体系中各项指标之间的量纲不同，不宜直接对比。为了使得指标可比，采用变异系数来衡量各项指标的差异程度，即

$$V_j = \frac{\sigma_j}{\overline{x}_j}$$

其中，σ_j 为第 j 个指标的标准差，$\bar{x}_j$ 为第 j 个指标的平均值。进一步得到各个指标的权重 W_j 为

$$W_j = \frac{V_j}{\sum_{j=1}^{n} V_j}$$

3. 遗传算法确定组合赋权法指标权重

遗传算法起源于达尔文的生物进化论和孟德尔的遗传学说，核心思想为模拟自然进化过程从而寻找到最优解，即根据提出的目标函数构建相应的适值函数，并对由多个解构成的一个种群去进行评估、遗传运算以及选择，经过多代的组合交叉和变异，找出最终适应度值最高的解作为最优解。将遗传算法运用到组合赋权模型，即求解最小化问题。

假设存在 m 个评估对象，n 个评估指标，第 i 个评估对象的第 j 个评估指标值为 $a_{ij}, i = (1, 2, \cdots, n), j = (1, 2, \cdots, m)$。$\boldsymbol{a}_i = (a_{i1}, a_{i2}, \cdots, a_{im})$ 为每个评估对象的指标值向量。具体计算步骤如下。

（1）进行染色体编码

首先需要确定编码的策略，编码的过程中需要注意完备性、健全性和非冗余性三个原则。在大量的实证研究中也已经发现，二进制编码在大多数情况下优于十进制编码。本文使用二进制的方式来求解编码问题，则权重的变化区间会被染色体的编码长度划分成很多个子区间。

$$c_j = a_j + I_j d_j (j = 1, 2, \cdots, p)$$

其中，$d_j = \beta_{ij} / (2^e - 1)$ 是子区间的长度，为常数。搜索步数为可变值，取值范围为小于 2^e 的任意非负数。将问题编码并转化成个体后，原问题对应的 p 个变量的可行解也可以用 p 个二进制数来表示。

$$I_j = \sum_{k=1}^{e} i_a(i, k) \times 2^{k-1} (j = 1, 2, \cdots, p)$$

（2）建立初始种群

假设种群规模为 n，本文使用随机函数，从 2^{ep} 个生成 n 组 [0,1] 的区间上产生 n 个 p 维均匀分布的随机点作为初始种群，再将随机数转换成随机搜索的

步数。

$$I_j(i) = \text{INT}[u(j,i) \times 2^e](j=1,2,\cdots,p;i=1,2,\cdots,n)$$

其中，INT[ ] 为取整函数，且 $I_j < 2^e$。随机搜索的步数被转换为二进制数，同优化变量 $\{c_j(i) \mid j=1,2,\cdots,p;i=1,2,\cdots,n\}$ 一起构成初始的父代种群。

（3）解码、选择父代个体

在计算时，二进制编码需要解码，从而转变为需要进行优化的变量，再将变量进一步代入到目标函数。从函数值的结果来看，值越高说明个体的适应度值越低。最后，将得到的函数值按照大小进行排序，然后从大到小进行选择。排序后的父代 i 个个体的适应度函数值为

$$F_i = \frac{1}{f_i^\alpha + \beta}(i=1,2,\cdots,n)$$

其中，α 为调整参数，主要用于增大个体间的适应度值差异，按照经验一般取值 2 或者 3。

（4）选择父代个体

根据选择概率 $p_{s,i} = F_i \Big/ \sum_{i=1}^{n} F_i$ 计算的结果大小来进行父代个体的选择。假设 $p_i = \sum_{k=1}^{i} p_{s,k},(i=1,2,\cdots,n)$ 且 $p_0 = 0$，概率序列 $\{p_i \mid i=1,2,\cdots,n\}$ 将区间 [0,1] 划分成若干个子区间。随机生成 n 个随机数 $\{u_k, k=1,2,\cdots,n\}$，如果 $u_k \in (p_{i-1}, p_i)$，则第 i 个父代个体被选中。同理另外 n 个父代产生，最终会产生以 $p_{s,i}$ 为概率的 n 个个体。

（5）交叉操作父代个体

p_c 为控制算子交叉操作的概率，该值越大意味着群体的更新速度越快。交叉操作分为两点交叉和单点交叉，实证表明两点交叉效果要更好，因此本文使用两点交叉来对父代个体进行配对。

由于前面获得了 n 个个体，所以有 np_c 对字符串可以进行两点交叉配对。$p_{s,i}$ 为被选中并且进行两点交叉配对的概率，它是适应度值 β_{ij} 的减函数，较低的适应度值意味着较高的被选中并且进行两点交叉配对的概率。

产生随机数 U_1、U_2，将其转化为整数。

$$I_{U_1} = \text{INT}(1 + U_1 e), \quad I_{U_2} = \text{INT}(1 + U_2 e)$$

交换第 i 对父代个体 $i_{a1}(j,k,i)$ 和 $i_{a2}(j,k,i)$ 上指定位置的二进制字符串，进而形成新个体。

$$i'_{a1}(j,k,i) = \begin{cases} i_{a2}(j,k,i), & \text{当} k \in [I_{U_1}, I_{U_2}] \\ i_{a1}(j,k,i), & \text{当} k \notin [I_{U_1}, I_{U_2}] \end{cases}$$

$$i'_{a2}(j,k,i) = \begin{cases} i_{a1}(j,k,i), & \text{当} k \in [I_{U_1}, I_{U_2}] \\ i_{a2}(j,k,i), & \text{当} k \notin [I_{U_1}, I_{U_2}] \end{cases}$$

$$(j = 1, 2, \cdots, p; k = 1, 2, \cdots, e; i = 1, 2, \cdots, n)$$

（6）变异操作

变异即通过一个较小的概率改变个体上的某个字符。假设变异率为 p_m，本文根据适应度值 β_{ij} 进行变异操作，通过确定适应度值来确定变异概率 $p_{s,g} = f(\beta_{ij})$。高适应度值意味着变异的概率更高，因此会更快地趋向于最优解。

概率序列 $p_g = \sum_{g=1}^{n} p_{s,g} (g = 1, 2, \cdots, n)$ 将区间划分成 n 个子区间。随机生成 n 个随机数 $\{u_k, k = 1, 2, \cdots, n\}$，如果 $u_k \in (p_{i-1}, p_i)$，则第 i 个字符串被选中。同理另外 n 个字符串产生，最终会产生以 $p_{s,g}$ 为概率的 np_m 对字符串。

接着进行变异操作，产生随机数 U_1、U_2、U_3、U_4，即可得到 n 个对应的二进制数 $i_a(j,k,i)$，再将 U_2、U_3 转化为整数。

$$I_{U_1} = \text{INT}(1 + U_2 e), \quad I_{U_2} = \text{INT}(1 + U_3 e)$$

随机数 U_1 用来选择交叉操作产生的子代个体，而随机数 U_2、U_3 则用来确定变异的位置，随机数 U_4 用来决定子代的变异概率。当 $U_4 \leqslant p_m$ 且 $k \in [I_{U_1}, I_{U_2}]$ 时，$i_a(j,k,i)$ 原来 k 的位置的 1 变成 0、0 变成 1，变异操作完成。

（7）进化、迭代、终止

通过变异操作后获得了新的父代，再根据前面的步骤重复上述操作，直到满足设定的最大遗传代数为止。

1.3 我国商品期货市场质量的测度与分析

1.3.1 样本的选取及数据说明

本文以我国三大商品期货交易所（上海期货交易所、郑州商品交易所和大连商品交易所）的所有期货品种为筛选对象，以①美国期货交易市场有相同或相似度极高的交易标的品种；②上市时间超过 6 年；③有交易量的交易日期超过总交易日期的一半为筛选条件，最终选取了中国和美国两个国家的 6 个商品期货品种，共 12 个商品期货样本，样本期为 2012 年 5 月 10 日至 2018 年 7 月 31 日。具体品种信息如表 1-1 所示。

表 1-1 商品期货品种样本基本属性

期货品种	交易所	上市时间	标的属性
黄金	上海期货交易所	2008-01-09	贵金属
COMEX 黄金	纽约商品交易所	1978-10-30	
白银	上海期货交易所	2012-05-10	贵金属
COMEX 白银	纽约商品交易所	1973-01-02	贵金属
阴极铜	上海期货交易所	1998-01-05	有色金属
COMEX 铜	纽约商品交易所	1988-07-29	
黄大豆 1 号	大连商品交易所	2002-03-15	农产品
CBOT 黄豆	芝加哥商业集团	1981-07-01	
豆粕	大连商品交易所	2000-07-17	农产品
CBOT 豆粕	芝加哥商业集团	2011-03-07	
黄玉米	大连商品交易所	2004-09-22	农产品
CBOT 玉米	芝加哥商业集团	1981-07-01	

注：上市时间均为现阶段交易现货标的不再改变后的开始交易时间。

本文中国和美国商品期货交易数据分别来源于 iFinD 数据库和 Thomson Reuters 数据库。为了使结果能够得到连续的时间序列数据，因此采用滚动回归的方式，窗口长度设置为 250 天。其中，ES 值的持有期同样确定为 250 天，置信度水平选择最常用的 95%；Hurst 指数的窗口长度也为 250 天，子区间长度的初始值设定为 30 天。

为了商品期货市场质量评估体系的统一构建，本文采用 min-max 标准化方法，通过线性变换原始数据，使其结果全部映射到 [0,1] 区间之中。假设 x 为需要标准化处理的初始数值，选取一个基准值 x^*。对于正向指标，即数值越大市场质量越好的指标，基准值 $x^* = x_{\min}$；对于负向指标，即数值越小市场质量越好的指标，基准值 $x^* = x_{\max}$。标准化公式为

$$\text{正向指标：} \quad x' = \frac{x - x_{\min}}{x_{\max} - x_{\min}}$$

$$\text{负向指标：} \quad x' = \frac{x_{\max} - x}{x_{\max} - x_{\min}}$$

对于本文的 11 个指标，除了有价格冲击指标这样数值越大市场质量越好的正向指标和 Zero 指标这样数值越小市场质量越好的负向指标，还存在部分越趋于某一个值越好的适度指标，如 Hurst 指标越接近 0.5 表示市场越有效从而市场质量越好，RV 指标越接近其均值说明市场波动性既没有小到投资（投机）者无利可图也没有大到影响投资者参与的信心从而不利于金融市场功能的有效发挥，从而市场质量越好。因此，部分指标的初始数值 x 需要先进行初步处理，得到中间数值 $y = x - 0.5$、$y = x - 1$ 或 $y = x - x_{ave}$，其为负向指标，再利用标准化公式对中间数值进行处理（如表 1-2 所示）。

表 1-2 商品期货市场质量评估指标体系及说明

评估维度	指标名称	指标类型
流动性	Roll 指标	反向指标
	High-Low 指标	反向指标
	Zero 指标	反向指标
	Volume 指标	正向指标
	价格冲击指标	反向指标
有效性	Hurst 指数	适度指标
	期现系数	适度指标
	期货滞后系数	适度指标
波动性	RV 指标	适度指标
	RRBV 指标	适度指标
	ES 指标	正向指标

1.3.2　我国商品期货市场质量指标的权重确定

本节选择熵值法、相关系数法以及变异系数法进行基础权重的确定，再通过遗传算法进行组合权重的确定。

（1）熵值法

根据 1.2.3 的基本原理，首先计算出第 j 个指标下第 i 个方案 A_i 的贡献度，再求出所有方案对第 j 个指标的贡献总量 E_j，接着再计算第 j 个指标贡献度的一致性程度 $d_j = 1 - E_j$，最终得到各个指标的权重 W_j。

（2）相关系数法

根据 1.2.3 的基本原理，首先求得 11 个指标之间的相关系数矩阵 R，再计算出每一列 $(1 - r_{ij})$ 之和，最终得到各个指标的权重 W_j。

（3）变异系数法

根据 1.2.3 的基本原理，首先计算出第 j 个指标的平均值和标准差，进而得到其变异系数 $V_j = \sigma_j / \bar{x}_j$，最终得到各个指标的权重 W_j。

（4）遗传算法确定组合赋权法指标权重

本文设定种群大小 popsize 为 200，染色体长度 chsize 为 11，交叉概率 crossprob 为 1.0，变异概率 mutateprob 为 0.01，最大进化代数 maxiter 为 2500，通过遗传算法求解使得最终求得的组合赋权系数与各基本方法求得的赋权系数之间的离差平方和最小。上述三种赋权方法求得基础权重与遗传算法确定的最终组合赋权法指标权重。

通过组合赋权法求得整个指标体系各指标的权重大小，结合商品期货市场质量的经济学含义，流动性、有效性和波动性均发挥较大的作用，而流动性在本文中因为衡量维度较多从而选取了更多的指标，从而在整个评估体系中占据了更大的比例。为了使得后续分析商品期货市场质量的具体原因，以及减小三大维度之间的差距，本文进而对各指标权重进行再次计算，使得流动性、有效性和波动性具有相同的权重，从而确定本文商品期货市场质量各评估指标的最终权重（如表 1-3 所示）。

1.3.3　我国商品期货市场质量评估结果及比较

1. 我国商品期货市场质量的评估结果

在表 1-4 中，列出了 6 个商品期货品种样本以及通过加权平均获得的全样

表 1-3　各赋权方法权重结果

评估维度	评估指标	熵值法	相关系	评估维度	评估指标	熵值法
流动性	Roll 指标	0.0319	0.0832	0.0614	0.0588	0.0819
	High-Low 指标	0.1352	0.1005	0.1319	0.1225	0.1706
	Zero 指标	0.0242	0.0846	0.0492	0.0527	0.0733
	Volume 指标	0.7165	0.1037	0.5195	0.4466	0.6218
	价格冲击指标	0.0007	0.1030	0.0089	0.0375	0.0523
有效性	Hurst 指数	0.0069	0.0918	0.0277	0.0422	0.2879
	期现系数	0.0206	0.0861	0.0457	0.0508	0.3468
	期货滞后系数	0.0285	0.0798	0.0521	0.0535	0.3652
波动性	RV 指标	0.0098	0.0883	0.0314	0.0432	0.3187
	RRBV 指标	0.0145	0.0865	0.0384	0.0465	0.3431
	ES 指标	0.0112	0.0925	0.0338	0.0458	0.3382

注：最终权重为各指标在相应的评估维度中所占的权重。

本的市场质量相关统计数据。从表 1-4 中市场质量指标的统计结果来看，黄金、白银和阴极铜的市场质量优于黄大豆 1 号、豆粕和黄玉米，其市场质量的离散程度也好于黄大豆 1 号、豆粕和黄玉米。其中阴极铜市场质量最优，而黄玉米市场质量最差。作为我国上市最早的商品期货品种，阴极铜的市场发展已经比较成熟。而黄玉米作为所选样本中上市最晚的农产品，其市场发展仍有进一步的提升空间。

从表 1-4 中流动性的统计结果具体来看，值得关注的是黄金期货的流动性异常低。作为 2008 年上市的老牌期货，黄金期货市场却一直难以活跃。首先考虑到黄金本身具有的货币、投资和商品三重属性，其交易市场更加多元丰富，黄金期货交易的手续费率较高就会使得黄金投资者继而转向其他市场。其次，我国黄金现货储备相对不足，从世界黄金协会公布的 2018 年十大黄金储备量国家来看，我国黄金储备为 1842.6 吨，仅占全球储备的 5.6%，而黄金储备在外汇储备中比例更是低至 2.4%。相比来看，世界黄金储备第一的美国共有 8133.5 吨，占全球储备的 24.79%，而其黄金储备在外汇储备中占比高达 75%。黄金现货储备不足对我国黄金期货交割产生了一定影响。同为黄金期货市场，更多的需求者会选择定价权更强、交割量更大的国际黄金市场交易。

最后来看，作为上海期货交易所唯一一个用小数点报价的品种，最小报价变动得过小也会直接分散市场订单的深度，造成交易的不活跃。从表 1-4 中有效性的具体统计结果来看，此方面最凸显的特征为以黄金、白银和阴极铜为代表的金属类商品期货和以黄大豆 1 号、豆粕和黄玉米为代表的农产品类商品期货出现了较大差异，整个金属类期货的有效性显著好于农产品类期货。

表 1-4　我国商品期货市场质量的统计数据

期货品种	市场质量指标	流动性	有效性	波动性
黄金	0.5973	0.1120	0.8956	0.7843
白银	0.6386	0.1784	0.9212	0.8161
阴极铜	0.6483	0.1938	0.9324	0.8185
黄大豆 1 号	0.5197	0.1422	0.6242	0.7926
豆粕	0.5395	0.1692	0.7470	0.7022
黄玉米	0.4682	0.1450	0.5879	0.6716
中国全样本	0.6085	0.1951	0.8460	0.7844

2. 我国商品期货市场质量的比较

本文将样本分为全样本、金属类期货以及农产品类期货品种，并对其市场质量日度数据结果分别进行低频处理，最终展示为季度数据结果（如图 1-1 所示）。

从图 1-1 可以直观地看出我国商品期货市场质量的发展历程，从市场质量数据来看，从 2013 年至今整体市场质量较为平缓，总体呈现一个缓慢上升的趋势。对市场质量直观的加入趋势线，得到其斜率为 0.0017，由此可得我国商品期货市场质量逐年来存在趋势向上的特征。具体拆解到三大评估维度，波动性的趋势线斜率最大，为 0.0038，其次为流动性的 0.001，有效性在区间内基本平稳发展，并没有给市场质量做出过多的贡献。

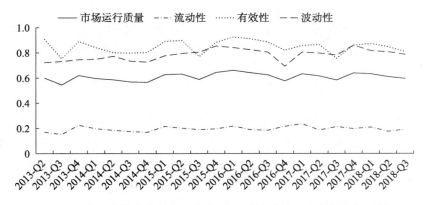

图 1-1　我国全样本商品期货市场质量及流动性、有效性和波动性

通过对市场质量进行纵向分析，本文得到以下结论。

（1）市场的周期性与商品期货市场质量存在着一定的关系。2014 年美国停止量化宽松后，美元指数开始强势上升，从而导致以美元计价的大宗商品遭到持续承压。再加上全球市场需求疲软，金属、农产品等大宗商品都在该年度遭受了重创。对应期货市场的质量，2014 年整年都是一个趋势向下的状态。在 2017 年底 2018 年初的牛市中，市场质量同样也有所表现。

（2）期货行业监管的收紧和松绑与商品期货市场质量存在着一定的关系。从 2014 年加快的创新改革开始，2015 年期货行业取得了较快发展。但随后 2015 年 7 月、8 月的股灾来临，期货交易所也开始加强监管。自中金所三次发文抑制金融期货过度投机后，三大商品期货交易所也开始采取措施，陆续调整了部分商品期货品种的保证金率和交易手续费。从市场质量体现来看是 2015 年回暖后的再一次回调。强监管状态持续了近一年半，市场对于监管松绑的呼声也越来越高。自 2017 年开始，监管机构开始逐步重新调整保证金率和手续费率，迎接而来的是市场信心的提升，市场质量也随之有所提升。

接着再将市场质量的眼光放宽到具体的各个商品期货品种，图 1-2（左图为金属类期货品种，右图为农产品类期货品种，后同）展示了我国 6 个商品期货品种的市场质量。

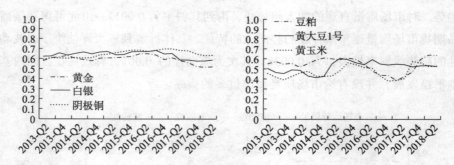

图 1-2　我国各商品期货品种市场质量

将 6 个商品期货进行比较，可以直接发现金属类期货的市场质量整体要好于农产品类期货的市场质量，从波动幅度来看，金属类期货也相对更加稳健，农产品类期货的市场质量波动仍然较大。具体来看，黄金和白银在长期来看比较平稳。以白银期货为例，自 2012 年上市以来，白银期货在期货市场始终占据较高比例，交易也较为活跃，表现出来为其市场质量的稳步微涨。到了 2016

年底 2017 年初，受到股市牛市的影响，大量的资金向股市转移，从而导致白银这样的贵金属投资需求下降。再加上实际工业需求也有所下降，白银期货市场的关注度开始冷却，从而表现为市场质量下降。农产品类期货市场震荡较大，一方面是这些市场本身活跃程度不如金属类期货市场；另一方面是农业大宗商品更容易受到外界因素的影响，包括气候、农业政策等。

在流动性方面（如图 1-3 所示），金属类期货体现出了明显的差异。阴极铜作为我国最早上市的期货品种流动性呈现较为平稳的上升，而黄金和白银则因为其货币属性，与其他金融市场有着或多或少的联系。一方面是股票市场的牛市降低了贵金属的投资需求；另一方面黄金、白银连续几年的工业需求下降也成为这两个市场受冷落的原因之一。反观农产品类期货市场，流动性一直在震荡区间，总体有一个向上的发展趋势。

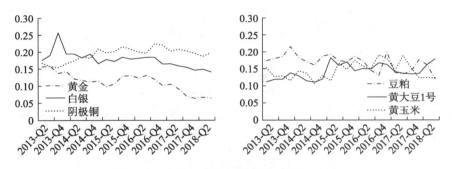

图 1-3   我国各商品期货品种市场流动性

在有效性方面（如图 1-4 所示），是不同商品期货品种差异最大的方面。作为上市更早的金属类期货，其市场有效性显著好于农产品类市场，而发展趋势也趋于平缓。有效性一方面反映了市场整体是否符合随机游走，另一方面也考量了期货与现货以及不同交割期的期货品种之间的价格传导。由此可以看出，在金属类这些相对更加成熟的市场中，信息的反映更加到位、快速。一方面是其市场参与者更多，大量的套期保值者和投机者各取所需，共同促进价格达到一个更加理性的状态；另一方面是市场建设更加完善，价格更加公开透明，从而使得信息传递更加有效。

在波动性方面（如图 1-5 所示），金属类商品期货品种之间的波动性变化较为一致，而豆粕期货和黄玉米期货则出现过大幅度的变化。对于一个规模更小的市场，资金量的增加或者减少都更容易引发市场的过度波动或者过于平淡，而过高或者过低的波动率都会让套期保值者和投机者避之不及，期货市场的功能难以得到正常发挥。

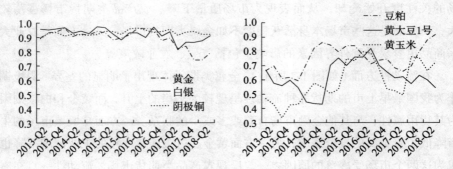

图 1-4　我国各商品期货品种市场有效性

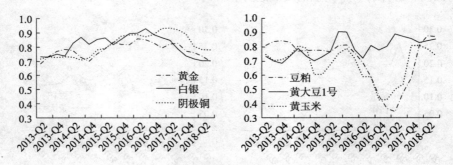

图 1-5　我国各商品期货品种市场波动性

1.3.4　国际商品期货市场质量的比较

本文利用 1.2.2 构建的商品期货市场质量评估体系来计算美国 6 个对应的商品期货品种的市场质量指标。将我国商品期货市场质量评估结果与美国的进行比较，进而分析我国商品期货市场质量存在的问题以及改进方向。

1. 美国商品期货市场质量的评估结果

表 1-5 列出了 6 个商品期货品种样本以及通过加权平均获得的全样本的市场质量相关统计数据。

从表 1-5 中市场质量指标的统计结果来看，美国商品期货市场各个品种之间的市场质量差异并不是很大，豆粕期货市场质量相对较低。相对于上市至少 30 年的其他品种，CBOT 豆粕上市于 2011 年，是市场中的新兴品种，因此市场质量还有待提高。从表 1-5 中流动性的统计结果来看，美国农产品类商品期货的流动性要优于金属类商品期货。不同于我国，美国作为农业发达国家，其农产品的期货市场发展已经相对完善，已经成为世界农产品交易的枢纽，大量的国际投资者支撑起较好的流动性。从表 1-5 中有效性的统计结果来看，与我国商品期货市场情况相似，同样为金属类商品期货有效性优于农产品类商品期货。

表 1-5　美国商品期货市场质量的统计数据

期货品种	市场质量指标	流动性	有效性	波动性
黄金	0.6753	0.2899	0.9473	0.7886
白银	0.6299	0.2075	0.9385	0.7438
阴极铜	0.6761	0.2139	0.9411	0.8732
黄大豆 1 号	0.6655	0.2993	0.8716	0.8254
豆粕	0.5749	0.2476	0.8326	0.6443
黄玉米	0.6647	0.3695	0.8548	0.7696
中国全样本	0.6602	0.3123	0.8897	0.7785

2. 比较中美商品期货市场质量

对比我国和美国商品期货市场质量评估结果，并对中美市场质量日度数据结果分别进行低频处理，最终展示为季度数据结果，如图 1-6 所示，可以明显看出我国商品期货市场质量低于美国商品期货市场。

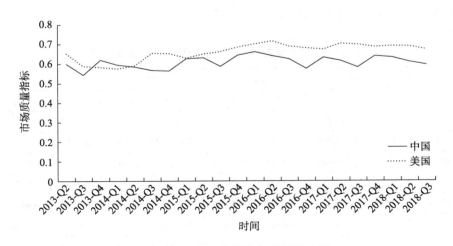

图 1-6　国际商品期货市场质量的比较

对两国的数据进行对比分析，可以得到以下几个结论。

（1）如表 1-6 所示，相比于美国商品期货市场，我国商品期货市场的市场质量相关评估指标的变动范围均远大于美国。从标准差来看，仅流动性的标准差与美国接近，其他评估指标的离散程度均大于美国商品期货市场。从极差来看，我国的各项评估指标的变动范围更大，变化更剧烈。作为一个成熟的市场，美国商品期货已经发展了近百年，相比之下，我国发展二三十年的期货市场仍然比较新兴。在这样的条件下，难免会出现市场质量好坏的更大幅变动，但是结合前文分析的趋势来看，总体仍然是不断向上发展的。

表 1-6　全样本商品期货市场质量评估指标标准差和极差国际比较

	标准差		极差	
	中国	美国	中国	美国
市场质量	0.0622	0.0454	0.4036	0.2487
流动性	0.0534	0.0568	0.6595	0.4291
有效性	0.1154	0.0321	0.5113	0.1657
波动性	0.0890	0.0835	0.5428	0.3628

（2）如表 1-7 所示，相比于美国商品期货市场，我国全样本商品期货市场的市场质量低于美国，但从其各项评估指标来看，流动性比较弱势，仍存在不小的差距；有效性已经比较接近；波动性甚至超过了美国商品期货市场。具体来看各个商品期货品种，白银、铜和豆粕市场质量已基本与美国接轨，但黄金、黄大豆和玉米市场还差距较大，尤其是黄玉米期货。

表 1-7　商品期货市场质量评估指标平均值国际比较

	市场质量		流动性		有效性		波动性	
	中国	美国	中国	美国	中国	美国	中国	美国
黄金	0.5973	0.6753	0.1120	0.2899	0.8956	0.9473	0.7843	0.7886
白银	0.6386	0.6299	0.1784	0.2075	0.9212	0.9385	0.8161	0.7438
铜	0.6483	0.6761	0.1938	0.2139	0.9324	0.9411	0.8185	0.8732
黄大豆	0.5197	0.6655	0.1422	0.2993	0.6242	0.8716	0.7926	0.8254
豆粕	0.5395	0.5749	0.1692	0.2476	0.7470	0.8326	0.7022	0.6443
玉米	0.4682	0.6647	0.1450	0.3695	0.5879	0.8548	0.6716	0.7696
全样本	0.6085	0.6602	0.1951	0.3123	0.8460	0.8897	0.7844	0.7785

从各项评估指标来看，流动性的确是中国商品期货的弱势所在，有效性方面金属类商品期货明显好于农产品类商品期货，波动性上中国目前处于一个较良好的状态，适当的波动率一方面能激发投机者的市场参与度，另一方面也不至于让套期保值者望而却步。

1.3.5　评估结果的可靠性分析

本文基于 1.2.2 构建的市场质量评估体系对我国以及美国的商品期货市场进行了测度，为了验证评估体系的可靠性，本文将该方法应用于金融期货市场进行市场质量的测度，并根据结果，证实该评估体系的可靠性。

根据期货市场质量评估体系的应用步骤，本文选取我国两个金融期货品种和美国两个金融期货品种，对市场质量进行测度，表 1-8 展示了选取样本的基本属性。

表 1-8　金融期货品种样本基本属性

期货品种	交易所	上市时间
沪深 300	中国金融期货交易所	2010-04-16
中证 50	中国金融期货交易所	2015-04-16
标普 500	芝加哥商品交易所	1982-04-02
富时中国 A50	芝加哥商品交易所	2015-10-12

数据来源：同花顺。

本文将得到的国内外金融期货品种的市场质量进行对比，从以下两个结论来论证该评估体系的可靠性。

（1）同一市场中相似品种具有相同的趋势（如图 1-7 所示）。沪深 300 股指期货和中证 50 股指期货同为我国的两大股指期货，其现货标的存在区别，但都可作为衡量我国股票市场的指数。通过沪深 300 股指期货和中证 50 股指期货的市场质量结果对比可以看出，两者之间存在相同的发展趋势。在股市经历了熊牛变化的过程中，两个市场质量指标都表现出先上升后下降的倒 V 形，说明市场质量在衡量相似期货品种时能够得到相似的结论，其结果具有一定的可靠性。

（2）不同市场中不同品种存在较大差异，且美国金融期货市场质量整体好于我国金融期货市场（如图 1-8 所示）。沪深 300 和标普 500 可以分别作为衡量我国和美国的股票市场的两大标志性指数，而不同于我国对应股指期货的市场质量出现的一定幅度波动，美国作为一个成熟的金融市场，其金融期货市场质量基本趋于平稳。且从平均值来看，美国的平均市场质量 0.5536 要优于我国的平均市场质量 0.5340，这也是符合逻辑的。因此可以进一步判断，在对比两个金融商品期货市场质量时，可以发现作为成熟金融市场的美国略好于我国，这一结论符合逻辑，并具有一定的可靠性。

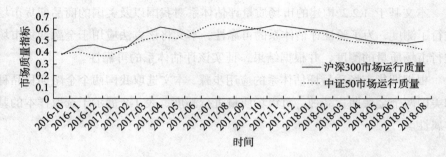

图 1-7　沪深 300 股指期货、中证 50 股指期货市场质量

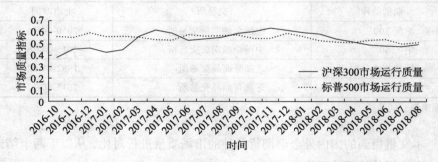

图 1-8　沪深 300 股指期货、标普 500 股指期货市场质量

1.4　我国商品期货市场质量的影响因素分析

本节基于 1.3 节的结论，分析我国商品期货市场质量的影响因素且其中有部分现象可以由宏观经济层面的变化解释，也有部分现象属于行业之间的差异，此外，中美商品期货市场相对应的期货品种还存在期货合约的属性差异。因此，本节通过实证分析来探索我国商品期货市场质量的影响因素，以找出我

国期货市场质量相对较差的原因。

1.4.1　我国商品期货市场质量影响因素分析

结合前文对商品期货市场质量的界定以及评估标准确定,本文确定从宏观经济因素、行业因素和期货合约微观因素三个层面出发,探讨相关指标对商品期货市场质量的影响。

1. 宏观经济因素对商品期货市场质量的影响因素分析

党的十九大明确了我国社会主义建设即将进入新时代,也确定了经济增长从之前的重速度逐渐转型为重质量,这势必对包括商品期货市场在内的金融市场产生一定的影响。具体拆分到各个宏观经济指标来看:首先,M2 直接决定了市场中所有的货币供应量。当 M2 的增速较快时,市场中资金量较为充沛,商品期货市场的购买力相对比较旺盛,将直接带动其活跃程度;而 M2 的增速过慢意味着资金缺乏,将会抑制商品期货市场的活跃程度。其次,无风险利率也会对商品期货市场的资金量产生影响。作为市场资金使用的价格标准,当无风险利率处于高位时,投资者会倾向于存款或者购买债券等固收类产品,从而导致商品期货市场的资金量减少,进一步降低市场参与的活跃度。但是结合期货合约价格来分析,在期货合约价格为正的情况下,期货合约价格与无风险利率之间存在正向关系,因此当期货合约价格下降时,政府在宏观上通过适当将无风险利率调高来规避可能出现的价格暴跌灾难。一方面,无风险利率的提高可能会使得资金流出期货市场;另一方面,无风险利率的提高也在一定程度下阻止期货合约价格的暴跌,从而保持更合理的波动性。最后,看总投资率,中国宏观经济在投资上面有着不同于其他国家的自身特色,伴随着高速经济增长的是一直居高不下的高投资率。投资率高意味着实体经济投入大,金融市场所能分配到的资金有限,期货市场更加有限,因此可能在一定程度上对其制约。反之,合理的投资率能够更加有效促进实体市场和金融市场的多重活力,从而带动整个经济市场的向上发展。

2. 行业因素对商品期货市场质量的影响因素分析

商品期货包括贵金属、有色金属、能源化工、农产品等。对于有色金属期货品种而言,工业生产对其影响较为明显;而对于农产品期货来说,则更容易受到天气和政策的影响。由于商品现货标的与期货之间紧密的联系,商品期货本身具有不同的行业属性，因此本文进一步考虑行业因素对商品期货市场质量的影响。考虑不同行业商品期货的细节影响因素错综复杂，本文直接将其归结至更加直接的相关变量，即供给和需求。现货标的的种种影响因素，都会作用于其供需的均衡变化，而供需的变化则可以通过现货来影响其期货市场。一方面，现货标的的供需变化会直接影响期货的价格。投资者会根据对供需的预期判断从而作出买卖的决定，而供需的正常导向是期货市场为现货市场有效服务的保障。另一方面，不同品种之间供需量的大小也直接反映了该行业的活跃程度。有更大供给和需求量的大宗商品，其期货市场也必将受到更多的关注，随之而来的是更多的参与者，也更有利于其期货市场的高效运转。

3. 期货合约微观因素对商品期货市场质量的影响因素分析

作为套期保值和价格发现的工具，期货合约在设计时都会尽可能使其达到量身定做的效果，以更好地实现其基本功能。而期货合约的各项条款设计也将直接影响到商品期货交易各方的利益，从而改变商品期货交易的活跃程度。从期货合约的主要内容来看，包括交易品种、交易单位、最小变动价位、每日涨跌幅限制、交易时间、交易月份、最后交易日等。而由交易单位和最小变动价位构成的最小变动和有无涨跌停板限制则是最容易直接刻画也最方便进行不同品种之间比较的商品期货合约微观差异。期货价格的最小变化是由根据交易规则所确定的新给出的买入报价或卖出报价与前一个报价之间的最小差额与每一手期货合约的交易单位相乘所获得，反映的是每一手期货合约的最小价值变动。一个高的最低变化为市场参与者留有更多的获利空间，这鼓励了交易活动并提高了期货市场的市场质量。然而，一个高的最低变化也可能增加交易成本，这阻碍了交易活动，降低了期货市场的市场质量。作为我国商品期货交易的一大特色，涨跌幅制度在价格稳定方面还是表现出了很强的作用。期货合约价格上限和下限的设定，防止了因价格飙升或暴跌而引发的系统性风险。然而，涨跌停板限制可能引发对期货市场的担忧，加剧价格波动。此外，涨跌停板制度在一定程度上也阻碍了期货市场价格发现功能的实现。因此，有无涨跌停板限制对商品期货市场质量的一般影响取决于哪种影响占主导地位。

1.4.2 我国商品期货市场质量影响因素模型的构建

根据 1.4.1 节从宏观经济层面、行业层面以及期货合约微观层面进行的分

析，构建商品期货市场质量影响因素模型为

$$\text{index}_t = \beta_0 + \beta_1 M2_t + \beta_2 \text{rate}_t + \beta_3 \text{invest}_t + \beta_4 \text{output}_t$$
$$+ \beta_5 \text{consumption}_t + \beta_6 \text{change}_t + \beta_7 \text{limit}_t + \varepsilon_t \quad (1.11)$$

其中，index_t 表示中美两国各个商品期货品种市场质量，$M2_t$、rate_t 和 invest_t 为宏观经济因素，output_t 和 consumption_t 为行业因素，change_t 和 limit_t 为期货合约微观因素，$\beta_i (i=1,\cdots,7)$ 表示这三个层面各个影响因素的系数，ε_t 为随机误差项。

商品期货市场质量影响因素指标选取如表 1-9 所示。

表 1-9　商品期货市场质量影响因素的指标及其定义

指标维度	指标代码	指标解释
宏观经济因素	M2	M2 增长率
	rate	无风险利率
	invest	总投资率
行业因素	output	现货标的产量
	consumption	现货标的国内消费量
期货合约微观因素	change	期货最小变动
	limit	有无涨跌停板限制

（1）宏观经济因素指标选取及说明

本文选取 M2 增长率、无风险利率和总投资率作为衡量国家宏观经济状况的指标。M2 增长率为年度同比增长数据，rate 为三个月的国债收益率，invest 为国际货币基金组织预测的总投资率。

（2）行业因素指标选取及说明

商品期货标的物对应的现货市场对商品期货市场质量有着很大程度的影响，本文从供需方面选取期货品种现货标的的产量和消费量作为衡量现货市场活跃程度的指标。

（3）期货合约微观因素指标选取及说明

期货合约微观结构对期货市场质量也有着很大的影响，选取期货合约的最小变动评级指标和有无涨跌停板限制虚拟变量来表示期货合约结构之间的差异。

1.4.3　商品期货市场质量影响因素模型的实证结果及其分析

本文选取的样本仍然是中国和美国相对应的 6 个商品期货品种，样本期为

2013—2018年，考虑到数据频率的统一，本文实证分析全部采用年度数据，对高频数据进行相应的降频处理。本文所涉及的各个影响因素指标来源于：①因变量商品期货市场质量由1.3节所构建的评估体系测算得到；②国家宏观经济层面数据来源于中国人民银行、中债估值中心、国家统计局、美联储和美国经济分析局；③行业层面数据来源于世界黄金协会、美国地质调查局和USDA；④期货合约微观层面数据来源于各大期货交易所。

本文利用中美市场中12个商品期货品种、时间跨度为6年的面板数据。在进行实证分析时，首先需要确定使用固定模型还是随机效应模型。一方面，通过豪斯曼检验，得到卡方检验统计量为10.17，其p值为0.1178，因此选择随机效应模型。另一方面，式（1.11）中含有虚拟变量，在固定效应模型中会被忽略，因此同样决定了随机效应模型的使用。

为了保证模型的准确性，对宏观经济层面、行业层面和期货合约微观层面先分别进行面板数据随机效应回归，得到模型（1）至模型（3），再对全部变量进行随机效应回归，得到模型（4），同时对比混合回归模型（5）。

（1）宏观经济因素的实证分析结果

从表1-10可以看出，宏观经济指标确实会对商品期货市场质量产生一定的影响。具体来看，M2正如前文所分析，其增速较快时商品期货市场资金相对更加充沛，伴随而来的是市场质量的改善，而增速较低时对商品期货市场来说也是一大不利因素。无风险利率表现出来的是与商品期货市场质量的正相关关系，因此可以判断在现有的市场中，无风险利率对期货价格的影响更大，通过有效规避期货市场的巨幅震荡从而稳定市场，使其平稳运转。最后总投资率与商品期货市场质量呈现负相关关系，结合两国实际情况考虑，我国的投资率确实一直处于高位，而这一定程度制约了金融市场特别是商品期货市场的发展，更为合理的投资水平将会同时对实体经济和金融经济带来双重的活力，使得整体均衡发展。

（2）行业因素的实证分析结果

从实证结果可以看出，行业因素始终与商品期货市场质量之间没有显著的关系，说明不同期货品种之间的质量差异并不会由一开始的现货标的决定而产生很大的区别，更多的差异取决于其期货合约设计的不同。

（3）期货合约微观因素的实证分析结果

根据实证结果，最小变动与商品期货市场质量存在正相关关系，意味着在目前的市场状况下需要提升市场深度，通过减少相同价格区间内价格的选择个数，使得价格能够更加集中，也会激发大额交易者的限价交易热情，保证了市场中充分的流动性。而在模型（4）的回归中，可以看出有无涨跌停板限制对商品期货市场质量有负向影响，在一定程度上支持了 Fama 等学者的观点。涨跌停板限制的触发增加了交易者的焦虑情绪，并且人为的干预了价格，使其流动性、有效性和波动性都出现了异常变动，对市场质量产生一定冲击。

表 1-10　商品期货市场质量影响因素的实证结果

指标代码	随机效应				固定效应
	模型（1）	模型（2）	模型（3）	模型（4）	模型（5）
M2	0.0082^{*} (0.0044)			0.0092^{*} (0.0052)	0.0120^{**} (0.0049)
rate	0.0396^{**} (0.0155)			0.0571^{***} (0.0197)	0.0687^{**} (0.0269)
invest	-0.0089^{***} (0.0026)			-0.0176^{***} (0.0062)	-0.0190^{**} (0.0066)
output		-0.0034 (0.0120)		-0.0068 (0.0098)	-0.0037 (0.0077)
consumption		-0.0144 (0.013)		-0.0010 (0.0112)	-0.0022 (0.0098)
change			0.0375^{**} (0.0168)	0.0356^{**} (0.0176)	0.0393^{**} (0.0177)
limit			-0.0798^{***} (0.0268)	0.1842 (0.1214)	0.1746 (0.1267)
常数项	0.7674^{***} (0.0478)	0.6506^{***} (0.0323)	0.5784^{***} (0.0361)	0.8759^{***} (0.1111)	0.8743^{***} (0.0977)
F/Wald	13.80^{***}	3.11	13.85^{***}	24.83^{***}	9.47^{***}
R-squared	0.2911	0.0496	0.3942	0.4802	0.4880

注：小括号里的数字为标准差；***、**和*分别表示 1%、5%和 10%的显著水平。

1.5　结论与启示

本章在对市场质量进行严格界定的基础上，利用全面的指标选择和严谨的权重确定方法构建了商品期货市场质量评估体系。接着，使用我国和美国的期货交易数据对国内外商品期货市场质量进行测度，继而对我国商品期货市场质量展开了国内比较和国际比较。然后，通过构建商品期货市场质量影响因素模型，从宏观经济层面、行业层面和期货合约微观层面探究导致商品期货市场质量差异的原因。

本章的主要研究成果和结论如下。

第一，给出了商品期货市场质量为商品期货市场能够充分发挥其价格发现和套期保值功能的程度的概念界定，在此基础上从市场微观结构的角度出发去描述商品期货市场质量的评估标准，经过分析，确定用事实说话的原则，最终选定了流动性、有效性和波动性三大维度。接着从商品期货市场的流动性、有效性、波动性出发，选择全面涵盖市场质量的评估指标共 11 个，分别为流动性的 Roll 指标、High-Low 指标、Zero 指标、Volume 指标和价格冲击指标，有效性的 Hurst 指数、期现系数和期货滞后系数，以及波动性的 RV 指标、RRBV指标和 ES 指标。在确定各项指标后进一步确定指标权重，选择熵值法、相关系数法以及变异系数法作为基础方法，再构建组合赋权模型，使得最终求得的组合赋权系数与各基本方法求得的赋权系数之间的离差平方和最小，通过遗传算法求得最终权重。依据各项指标以及相应的权重，最终构建成为商品期货市场质量评估体系，并可以由此求得不同商品期货品种的市场质量。

第二，利用筛选出来的我国的 6 个商品期货品种（黄金、白银、阴极铜、黄大豆 1 号、豆粕和黄玉米）和美国的对应 6 个商品期货品种 2012 年 5 月 10日至 2018 年 7 月 31 日的交易数据，通过数据处理后计算求得商品期货市场质量评估结果。将样本分为全样本、金属类期货品种以及农产品类期货品种，并对其市场质量日度数据结果分别进行低频处理，据此进行分析。

从国内比较来看，从 2013 年至今整体市场质量较为平缓，总体呈现缓慢上升的趋势，波动性的趋势贡献最大，其次为流动性，有效性在区间内基本平稳发展，并没有给市场质量作出过多的贡献。并且从时间纵向来看，市场的周期性与商品期货市场质量存在着一定的关系，期货行业监管的收紧和松绑与商品期货市场质量存在着一定的关系。

比较 6 个商品期货，可以直接发现金属类期货的市场质量整体要好于农产品类期货的市场质量，从波动幅度来看，金属类期货也相对更加稳健，相应的是农产品类期货的市场质量波动仍然较大。其中，有效性是不同商品期货品种差异最大的方面。作为上市更早的金属类期货，其市场有效性显著好于农产品类市场，而发展趋势也趋于平缓。

　　从国际比较来看，我国的商品期货市场质量显著低于美国商品期货市场。相比于美国商品期货市场，我国商品期货市场的市场质量相关评估指标的变动范围均远大于美国。我国全样本商品期货市场的市场质量低于美国，但从其各项评估指标来看，流动性比较弱势，仍存在不小的差距；有效性已经比较接近；波动性甚至超过了美国商品期货市场。具体来看各个商品期货品种，白银、铜和豆粕市场质量已基本与美国接轨，但黄金、黄大豆和玉米市场还差距较大，尤其是黄玉米期货。

　　第三，从理论层面分析了商品期货市场质量的影响因素及其作用机制，将其分为宏观经济因素、行业因素和期货合约微观因素三大维度，并由此构建了商品期货市场质量的影响因素模型。在该模型中，本章一共选取了 7 个指标，通过面板数据的随机效应模型实证分析后发现：宏观经济因素中 M2 和无风险利率对商品期货市场质量有正向影响，而总投资率对其有负向影响。M2 正如前文所分析，其增速较快时商品期货市场资金相对更加充沛，伴随而来的是市场质量的改善，而增速较低时对商品期货市场来说也是一大不利因素。无风险利率在现有的市场中对期货价格的影响更大，通过有效规避期货市场的巨幅震荡从而稳定市场，使其平稳运转。结合两国实际情况考虑，我国的投资率确实一直处于高位，而这一定程度制约了金融市场，特别是商品期货市场的发展，更为合理的投资水平将会同时对实体经济和金融经济带来双重的活力，实现整体经济均衡发展。

　　整个行业因素与商品期货市场质量之间都不存在显著关系，说明不同期货品种之间的质量差异并不会由一开始的现货标的决定而产生很大的区别，更多的差异取决于其期货合约设计的不同。

　　期货合约微观因素中最小变动对商品期货市场质量有正向影响，有无涨跌停板限制对其有负向影响。最小变动的实证结果意味着在目前的市场状况下需要提升市场深度，通过减少相同价格区间内价格的选择个数，使得价格能够更加集中，也会激发大额交易者的限价交易热情，保证了市场中充分的流动性。有无涨跌停板限制的结论在一定程度上支持了 Fama 等学者的观点，涨跌停板限制的触发增加了交易者的焦虑情绪，并且人为的干预了价格，使其流动性、有效性和波动性都出现了异常变动，对市场质量产生一定冲击。

　　根据上述研究结论，同时考虑我国商品期货市场质量的现状，本章为相关的监管部门、政府部门商品期货交易所以及商品期货交易投资者提供相应的对策建议。

第一，健全商品期货政策制度支持体系。我国金融行业目前仅有期货行业还没有颁布正式的《期货法》，并且有一些相关条例也已经无法适应当前国际形势的发展，而全方位的法律保护将会成为商品期货交易的保障。虽然期货立法是十分有必要的，但也不能太过急躁。当前应该循序渐进，逐步解决交易主体、交易场所、经营机构、保证金管理、集中结算、强行平仓、调整范围以及监管服务等问题，在法律条件相对成熟之时再行颁布完整的法律。

第二，加大商品期货市场开放程度。在商品期货市场质量的国际比较中可以发现，我国的商品期货市场仍然有需要向发达市场学习的地方。而相比于美国这样一个国际化程度极高的商品期货市场，我国也必须坚定不移地走上国际化道路，才能使得商品期货市场的交易者更加丰富，才能有机会成为国际性的定价中心。如今的全球经济已然高度联系，包括商品期货市场在内，只有当我们的商品期货市场更好地融入这样一个大整体中，才能更好地发展我国的市场。一方面，这是我国经济形势转变的好时机，改革开放已经四十多年，我国确实也已经跃升成为了世界第二大经济体。但在金融市场的国际化方面，表现出来的依旧是话语权的微弱。只有当商品期货市场的开放程度达到一定水平，我国才能更具话语权，更加保持国内商品期货市场的良好运转。另一方面，这也是优化资源配置的客观要求，适当的市场开放能够吸引更多优质的境外资金，这对于市场的活跃度也将是一种补充。目前，我国已经步入了原油期货的国际化道路，未来相信会有更多的品种加入国际化的行列，使得我国商品期货市场的整体国际影响力得到显著的提升。

第三，完善商品期货市场投资者结构。商品期货市场属于高杠杆行业，市场准入者也多为具有专业知识和专业工具的机构和个人。但是由于成立之初为了激发市场活力，吸引更多的投资者参与，我国商品期货合约的每手价值远远低于国际市场，而这也间接地导致了非专业机构或专业投资者的大量散户涌入市场，相比于美国市场，我国的投资者结构单一，并且抗风险能力较弱。面对商品期货这样的高风险行业，一旦遭遇危机，可能会出现系统性崩盘。因此，当务之急我国必须完善商品期货市场投资者结构，通过系统培养机构投资者，丰富整个商品期货投资群体。首先，可以引入商品交易顾问（CTA）制度，使得商品期货市场拥有一群专业投资群体。其次，可以由机构专业培养更多优秀的投资人才，而这些人才在掌握更多信息的条件下凭借自己出色的专业能力能够更好地应对市场风险。最后,可以鼓励更多的产业相关客户或者国有企业参加商品期货市场,积极利用生产和贸易各个环节进行套期保值,在提高市场活力的同时提升企业竞争力。

第四,优化商品期货合约设计。合理的最小变动以及涨跌停板限制更有利于商品期货市场质量的提高,通过不断对商品期货合约进行调整,不断优化其交易制度,增加合约的适用性。根据现货价格的波动灵活调整其最小报价单位和交易单位,使最小变动能够促进市场良好运转。

第 2 章
中国期货市场与股票市场的关联性及其市场质量研究

第 1 章基于多个指数构建了我国商品期货市场质量指标，接下来本章将从买卖价差和定价误差、波动敏感性和持久性、知情交易概率等角度考察中国螺纹钢期货及其他三种重要的工业金属期货的市场质量。此外，本章也将重点考察这些金属期货与股票市场之间的关联性，从多角度研究我国证券市场质量。

2.1　问题提出与文献评述

2.1.1　问题提出

尽管钢铁是仅次于原油的世界第二大交易商品，但直到过去十年，钢铁的期货合约才开始流行，这是因为大型钢铁生产商此前可能与其客户协商长期的定价安排（Morrison，2011）。自 2000 年以来，经济增长大幅波动，铁矿石（钢铁生产的主要原材料）的价格更是大幅波动。

上海期货交易所（SHFE）于 2009 年 4 月推出了螺纹钢期货。此后，尽管严格的法规持续抑制其增长，但上海螺纹钢期货合约（交易代码 SRB）一直受到国内外市场参与者的青睐。国际制造公司对中国钢价的敞口日益增加，这引起了国内外市场参与者的兴趣。Sanderson（2015）报告称，上海期货交易所的金属期货合约的日交易量超过了纽约商品交易所（NYME）和伦敦金属交易所

（LME）的总和。根据美国期货行业协会（FIA）在 2017 年进行的年度调查，在上海期货交易所交易的螺纹钢期货合约是全球交易最活跃的金属期货合约。与在中国交易的其他商品期货一样，大多数活动来自散户投资者的投机交易，与机构投资者的交易相比，这会导致更大的市场不确定性。

然而，螺纹钢期货市场质量如何？螺纹钢期货市场质量与其他重要工业金融期货市场质量有何不同？这些市场之间是否存在关联性？期货市场与股票市场之间是否又存在关联性？因此，本章将对这些问题进行深入探讨，通过从买卖价差，定价误差，波动敏感性和持续性以及知情交易概率等角度考察螺纹钢期货以及其他重要的工业金属期货（铁矿石、铝和铜）的市场质量，并使用 Diebold 和 Yilmaz（2014）的关联性测度进一步研究中国商品与股市之间的关系。

2.1.2 文献评述

根据本章的主要研究思想，下面将对市场质量和市场关联度方面的相关文献进行总结和评述。

在市场质量研究方面，大部分学者主要从价差、波动性、流动性和知情交易概率等方面入手。首先，Hasbrouck（1993）的定价误差衡量了价格的信息效率，即观察到的价格与有效价格的偏差。定价误差的方差越小，定价效率越高，市场质量越高。Frino 等（2018）基于买卖价差和价格波动率这两个指标发现，期货市场的交易间隙发布宏观经济信息会提高市场质量。其次，Kavajecz 和 Odders-White（2001）使用 GARCH 模型计算出的波动率的敏感性和持续性分别衡量了信息冲击市场的程度以及信息被纳入价格的速度。在这种情况下，方差的高敏感性表明信息冲击往往会立即产生较大的影响，而方差的高度持久性则表明信息会随着时间逐渐纳入价格中。许宏伟和吴冲逢（2012）考虑到有效价差、流动性和波动性这些因素之间的相关性，联立方程研究股指期货对不同种类股票市场质量的影响。再次，Chen 等（2018）研究了 2007—2008 年信贷紧缩期间的市场质量，考察了资金流动性对市场流动性和价格发现的影响。实证结果表明，融资流动性影响市场流动性，在次贷危机期间，SPYs 和 E-mini 之间的非流动性传染效应显著。特别是两个市场之间的传染效应调节了信贷紧缩期间资金流动性不足对市场流动性的影响。最后，Easley 等（1996）的 PIN 提供了有关上述工业金属期货基于信息的交易的证据。周强龙等（2015）研发现我国股指期货市场中的知情交易概率水平对流动性和波动性状况有一定的预测作用,且其值越高会对市场质量产生不利影响。华仁海等(2015)指出知情交易概率有助于价格发现,但是会导致市场定价效率降低,影响市场质量。

在关联性测度研究方面,通常将关联性测度方法分为两大类,分别是相关性考察和风险溢出性考察。在相关性考察方面,Haigh(2000)基于协整技术,检验了期货市场与现货市场之间的关联性;华仁海(2005)通过协整性检验验证了铜、铝和橡胶期货市场与现货市场之间存在着长期均衡关系;陈海强和张传海(2015)通过 Granger 因果检验考察了股指期货与股票市场之间的关系,发现股指期货对股票的影响是多方面的;黄金波等(2019)发现在下跌过程中,期货市场的收益率与现货市场的收益率之间存在 Granger 因果关系;Teterin 等(2016)将三角函数引入到原油和玉米期货价格的多元 GARCH 模型中,以得到经验波动响应函数和时变相关系数,研究不同期货市场之间的关联性;周伟和王强强(2019)基于 GRACH 模型和脉冲函数等方法分析了金属期货之间的关联性和传导性。在风险溢出性考察方面,Tse(1999)研究了 DJIA 指数和 CBOT 指数期货之间的分时价格发现过程和波动溢出;刘向丽等(2008)通过核函数的检验统计量来测度期货与现货市场之间的信息溢出效应。Miao 等(2017)研究了沪深 300 指数与股指期货的日内价格发现和波动溢出关系,证明了股票市场向期货市场传递的显著收益和波动冲击。此外,Diebold 和 Yilmaz(2014)提出了几种由方差分解构建的关联性度量,并认为它们提供了金融资产回报和波动之间深刻的关联性度量。肖小勇等(2019)使用这种关联系框架研究农产品期货市场之间的关联性以及各品种之间的关联性,发现农产品期货之间波动总关联性呈"倒 U"走势。

根据上述文献总结可以发现,关于市场质量的考量主要从流动性、波动性、知情交易概率等方面进行,因此本章将选取买卖价差和定价误差、波动敏感性和持久性以及知情交易概率的角度考察螺纹钢期货市场的质量,并将螺纹钢期货市场质量与其他三种重要工业金属(铁矿石、铝和铜)期货市场质量进行对比分析。之后考虑这些单个期货市场之间的关联性以及期货市场和股票市场之间的关联性,由于相关性考察和风险溢出性考察等方法存在一定的缺陷,这些方法不能构建出完整的关联性框架,指出关联性方向,本章将借鉴 Diebold 和 Yilmaz(2014)提出的关联性测度方法研究商品期货市场与股票市场之间的关联性。因此,本章的其余部分进行如下:2.2 节介绍数据选择和统计特征,

2.3 节讨论基于不同市场质量度量的实证结果，2.4 节研究了商品期货市场和中国股票市场之间的联系，2.5 节为结论与启示。

2.2 数据选择与统计特征

2.2.1 数据选择

我们专注于四种主要的金属商品期货：铁矿石（DCIO），铝（SAF），铜（SCF）和螺纹钢（SRB）。铁矿石期货在大连期货交易所交易，其他期货在上海期货交易所交易。我们在表 2-1 中列出了这些期货的规格。由于铁矿石期货仅在 2013 年 10 月下旬才开始交易，因此我们选择的样本期间为 2013 年 11 月 1 日至 2018 年 3 月 31 日。这些期货的交易发生在中国标准时间上午 9：00 至 11：30，以及下午 1：30 至 3：00。铁矿石期货合约的大小为 100 吨，铝和铜期货合约的大小为 5 吨，螺纹钢合约的大小为 10 吨。这些期货每年有 12 个到期日。在每个交易日，多个到期日以不同级别的交易进行交易。我们专注于近日到期的合约，因为它们的流动性最高，并且当第二个临近合约的数量超过前端合约的数量时，每个合约都将转换为第二个临近合约。

表 2-1 中国商品期货交易合约

商品	符号	交流场地	样本起始月份	合约大小
铁矿石	DCIO	大连商品交易所（DCE）	2013 年 11 月	100 吨
铝	SAF	上海期货交易所（SHFE）	2004 年 1 月	5 吨
铜	SCF	上海期货交易所（SHFE）	2004 年 1 月	5 吨
螺纹钢	SRB	上海期货交易所（SHFE）	2009 年 4 月	10 吨

我们从亚太证券行业研究中心维护的 Thomson Reuters 报价历史记录中获取价格、交易量、报价和报价深度等交易级别数据。这些数据包含了限价订单观察到的所有活动，包括时间戳记到最近毫秒的交易、买卖价格和深度的修改。我们将在同一时间执行的多笔交易视为一笔交易，因为它们通常反映了由一个市场参与者发起但针对多个市场参与者的限价单执行的交易。在这种情况下，我们使用价值加权平均价格并汇总交易量。根据交易之前的主流报价，将交易

分为买方发起和卖方发起的交易。如果某笔交易的价格高于（低于）这些报价的中点（中间报价），则该交易被归类为买方（卖方）发起的交易。

2.2.2　统计特征

表 2-2 列出了我们样本中期货合约的汇总统计数据。它报告每日交易数和美元交易量。螺纹钢期货的每日平均交易量最高，为每天 20 600 笔交易，其次是铁矿石、铜和铝，分别为 12 300、9 100 和 4 800 笔交易。就美元交易量而言，如图 2-1 所示，最高的是螺纹钢（78 亿元人民币）和铜（73 亿元人民币），它们一直是中国交易最活跃的金属期货；其次是铝（12 亿元人民币）和铁矿石（5 亿元人民币）。因此，基于美元交易量，螺纹钢和铜是流动性最高的期货合约。我们进一步将交易分为不同交易规模的三组（每笔交易的合约数量）。第一组包括具有 100 个或更少合约的交易。大部分交易属于这一类，尤其是铝和铜，

表 2-2　每日统计汇总

面板 A：每日交易量					
商品	交易数（千）	交易量（百万元人民币）	按大小交易（合约数）		
			≤100	100<x≤500	>500
铁矿石	12.30	492	88.03%	8.37%	3.41%
铝	4.76	1240	97.63%	2.34%	0.03%
铜	9.13	7309	97.50%	2.47%	0.03%
螺纹钢	20.64	7826	74.83%	18.06%	6.93%

面板 B：日收益描述性统计				
每日收益	铁矿石	铝	铜	螺纹钢
意思	-0.07%	0.00%	0.00%	-0.01%
标清	2.47%	1.02%	1.17%	1.81%
偏斜	-0.38	0.48	0.11	-0.16
峰度	4.84	5.03	5.27	4.02
最大值	12.49%	5.52%	7.79%	7.83%
最低要求	-16.21%	-6.21%	-6.18%	-10.27%
观察结果	1076	1076	1076	1076

注：面板 A 报告各期货合约的交易活动。它显示每日交易数量、美元交易量（以人民币为单位）以及按规模（合约数量）计算的交易比例。面板 B 报告各种商品期货的每日收益描述性统计，包含了样本期内的平均值、标准差、偏度、峰度以及最大和最小收益。

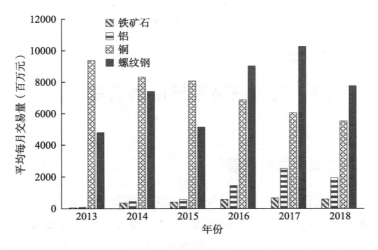

图 2-1　期货交易量

注：该图绘制了 2013—2018 年样本期内铁矿石，铝，铜和
钢筋（螺纹钢）期货的平均每日交易量（百万元人民币）。

其中近 98% 的交易是 100 张或更少的合约。第二类是拥有 100～500 张合约的
交易：螺纹钢期货中有 18% 属于该类别，其次是铁矿石，占 8%。第三类是用
于拥有 500 多个合约的交易。它们在螺纹钢和铁矿石中相对普遍，而在铝和铜
中则极为罕见。

　　表 2-2 中的面板 B 报告了每日期货（对数）收益的描述性统计。所有期货
收益都是微不足道的负数。如标准偏差所示，铁矿石的挥发性最大，其次是螺
纹钢，而铝和铜的挥发性远低于螺纹钢和铁矿石。由于铁矿石价格不稳定，整
个钢铁行业所有产品的价格都变得不稳定。螺纹钢生产商越来越多地将铁矿石
和螺纹钢期货用于对冲。

　　在美国和英国，商品期货交易主要由机构投资者主导，尤其是对冲基金以
及大型生产者和消费者。相比之下，中国商品市场的投资者主要是散户投资者
和金融投机者（Liu，Tse 和 Zhang，2018）。大宗商品交易中的零售狂潮可能是
由于数十年来蓬勃发展的经济，资本管制和有限的投资选择而陷入中国的流动
性造成的。中国基金吸引了全球商品市场的关注。中国商品的金融化和投机还
将增加中国不同商品之间的相关性。

　　我们的实证分析包括两个部分。首先，我们使用各种指标评估商品期货的
市场质量，例如买卖价差，定价误差，波动敏感性和持久性以及知情交易的可
能性。其次，我们评估四种商品之间的关系，以确定哪种商品是价格形成的主

导者，以及这些商品是否与当地股票市场有关。

2.3 我国商品期货市场质量检验

2.3.1 买卖价差和定价误差

我们首先通过计算样本期内每天的买卖差价来评估交易成本，然后比较这四种商品的价差平均值。我们将这些结果报告在表 2-3 中的面板 A 中。报价价差以卖出价和买入价之间的差值除以报价中点得出。如表 2-3 所示，铁矿石的价差最大，约为 12.9 个基点（bps）。铝和螺纹钢紧随其后，报价价差分别为 4.0 bps 和 3.8 bps。铜价差最窄，约为 2.4 个 bps。这些数据表明，铜期货的交易成本最低，铁矿石的交易成本最高，与表 2-2 中的统计数据一致。具体而言，交易频率较高的期货价差往往较小。

表 2-3　买卖价差和定价误差标准差

商品	面板 A：买卖价差		面板 B：定价误差		
	报价价差/%	有效价差/%	均值	中位数	标准差
铁矿	0.129	0.129	0.160	0.154	0.035
铝	0.040	0.039	0.093	0.091	0.019
铜	0.024	0.023	0.064	0.060	0.016
螺纹钢	0.038	0.038	0.073	0.068	0.026
相等性 p 值检验	<0.001	<0.001	<0.001	<0.001	

注：该表提供了样本中四种中国商品的买卖价差（面板 A）和定价误差标准差（面板 B）。报价价差百分比是用买入价与卖出价之差除以报价中点来衡量，而有效价差百分比是交易价格与中点之差的绝对值除以报价中点来衡量。对于定价误差，我们报告了平均值、中位数和标准差（10^{-3}）。下面一行是用于检验平均值和中位数是否相等的 p 值。

有效价差以交易价格和中点价差的绝对值的两倍来衡量，即

$$\text{Espreadt} = 2\,|\,p_t - m_t\,|\,/m_t \tag{2.1}$$

其中，p_t 和 m_t 分别是交易 t 的交易价格和中间价。我们使用交易数据估计每天的价差，并对结果进行平均。表 2-3 所示的基于有效价差的结果与之前的发

现一致。具体来说，我们发现铜期货的价差最窄，其次是螺纹钢、铝和铁矿石。均值的均等检验（最后一行）表明，这些商品之间的价差不相等。

尽管买卖价差通常用于比较市场质量，但只有当价差的每个极端的订单都被填满时，价差才反映流动性提供者的利润。由于市场缺陷会导致市场价格偏离有效价格，因此价差窄并不一定意味着市场价格接近有效价格。因此，一个衡量市场质量的标准是一项度量资产是否可以接近中间报价的有效价格进行轻松交易。

我们使用 Hasbrouck（1993）模型来衡量市场质量。Hasbrouck 将交易价格建模来代表资产真实价格的随机游走成分，以及代表市场缺陷的瞬态成分或定价误差。定价误差的方差越大，市场质量越低，反之亦然。Hasbrouck（1993）将资产价格（p_t）分解为随机游走部分（q_t）和定价误差（s_t）。

$$p_t = q_t + s_t \tag{2.2}$$

$$q_t = q_{t-1} + w_t \tag{2.3}$$

其中，w_t 是一系列不相关的新息，可以捕获所有公共信息。定价误差表示与有效价格的偏差。定价误差的变化越小，表明市场质量越好。

Hasbrouck（1993）根据以下向量自回归（VAR）模型估计市场质量。

$$\Delta p_t = a_1 \Delta p_{t-1} + a_2 \Delta p_{t-2} + \cdots + b_1 \Delta x_{t-1} + b_2 \Delta x_{t-2} + \cdots + e_{1t})$$

$$x_t = c_1 \Delta p_{t-1} + c_2 \Delta p_{t-2} + \cdots + d_1 \Delta x_{t-1} + d_2 \Delta x_{t-2} + \cdots + e_{2t} \tag{2.4}$$

其中，$\Delta p_t = \log(p_t / p_{t-1})$ 是交易时间 t 和 $t-1$ 之间的连续价格变化，x_t 是交易指标变量（对于买单，$x_t = 1$；对于卖单，$x_t = -1$），e_{1t} 和 e_{2t} 是随机干扰项。在 Hasbrouck（1993）之后，我们使用五个滞后来估计 VAR。定价误差的差异还描述了市场深度，因为在深度较小的市场中，交易价格会更频繁地波动并偏离有效价格。

表 2-3 中的面板 B 报告了定价误差标准差的结果。它报告了四种商品的每日平均价格、中位数和定价误差的标准差。我们发现定价误差的每日平均标准偏差（10^{-3}）最高的是铁矿石期货（0.16），其次是铝（0.093）、钢筋（0.073）和铜（0.064）。均值差异具有统计学意义（$p<0.001$）。当比较中位数时，结果相似。这些结果表明，鉴于交易是以最接近有效价格的价格执行的，铜和钢期货的信息效率最高。这一发现也证实了面板 A 中的价差结果，该结果表明交易成本是铜和螺纹钢期货中最低的。

2.3.2　波动敏感性和持久性

自回归条件异方差（ARCH）和广义 ARCH（GARCH）模型分别由 Engle（1982）和 Bollerslev（1986）引入，经常用于度量财务收益波动率的时间变化。在 GARCH 模型中，当前方差受滞后新息对收益序列的影响程度和滞后方差分别被描述为资产的敏感性和持久性水平。遵循 Kavajecz 和 Odders-White（2001）的观点，我们比较了方差的敏感性和持久性水平，得出有关信息流以及将信息纳入价格的速度的结论。

我们采用了常用的 GARCH(1,1)模型，该模型具有良好的可解释性和对高频数据的拟合性。使用最大似然法联合估计以下等式：

$$\sigma_t^2 = \alpha_0 + \alpha_1 \varepsilon_{t-1}^2 + \alpha_2 \sigma_{t-1}^2 \tag{2.5}$$

$$\sigma_t^2 = \alpha_0 + (\alpha_1 + \alpha_2)\sigma_{t-1}^2 + \alpha_1(\varepsilon_{t-1}^2 - \sigma_{t-1}^2) \tag{2.6}$$

正如 Campbell，Lo 和 MacKinlay（1997）以及 Kavajecz 和 Odders-White（2001）所解释的，α_1 衡量方差对最近一次冲击的敏感性，表明信息冲击进入市场的总体流量，方差的高（低）表明信息冲击倾向于产生大（小）直接影响。相应地，（$\alpha_1 + \alpha_2$）衡量方差中信息冲击的持续性，表明信息融入价格的速度。方差的高（低）持续性表明信息逐渐（迅速）融入价格中（Tse 和 Zabotina，2004）。

表 2-4 显示了波动敏感性（面板 A）和波动持续性（面板 B）的结果。首先关注面板 A，我们观察到铜（$\alpha_1 = 0.095$）的挥发性敏感性最高，其次是螺纹钢（$\alpha_1 = 0.081$）、铝（$\alpha_1 = 0.063$）和铁矿石的挥发性敏感性最高（$\alpha_1 = 0.055$）。均值和中位数的差异在统计学上是显著的。这些结果表明，信息冲击对铜和螺纹钢期货具有较大的即时影响，即交易信息量更大。面板 B 报告了波动率持久性的结果。持久性水平（$\alpha_1 + \alpha_2$）对于铁矿石期货而言最高（0.917），对于铜期货而言最低（0.732）。这些结果表明，在前者中，信息纳入价格的过程比在后者中更为缓慢。总体而言，表 2-4 表明，在将信息冲击纳入价格的同时，铜和螺纹钢期货的质量要优于铝和铁矿石，同时减少了波动消散的时间。

2.3.3　知情交易概率

我们的下一个分析是确定基于信息的商品交易的可能性。市场微观结构理论表明，知情交易会减少流动性。流动性提供者必须应对隐藏在不知情交易者中的知情交易者引起的逆向选择问题。因此,较高的知情交易概率(PIN)通常会导致较高的交易成本和较低的流动性。继 Barclay 和 Hendershott(2003)等之后,我们使用 Easley 等(1996,1997)的 PIN 交易模型来衡量知情交易。该模型使用有关买卖交易的可用信息来估计知情交易概率。

表 2-4　波动敏感性和持久性

	均值	中位数	标准差
面板 A:波动敏感性(α1)			
铁矿	0.055	0.056	0.017
铝	0.063	0.062	0.017
铜	0.095	0.090	0.032
螺纹钢	0.081	0.077	0.025
p 值	<0.001	<0.001	
面板 B:波动率持续性(α1+ α2)			
铁矿	0.917	0.922	0.043
铝	0.897	0.901	0.039
铜	0.732	0.757	0.132
螺纹钢	0.797	0.801	0.086
p 值	<0.001	<0.001	

注:此表报告了样本中四种中国商品期货的波动敏感度(面板 A)和波动持久性(面板 B)。报告的数字是波动度量的平均值、中位数和标准差。下面一行是用于检验平均值和中位数是否相等的 p 值。

如果知情交易遵循到达率为 μ 的泊松过程,而不知情的交易也遵循到达率为 ε 的泊松过程,我们可以使用最大似然法估算知情交易概率,如式(2.7)所示。

$$
\begin{aligned}
L((B,S) \mid \alpha, \delta, \mu, \varepsilon) = {} & (1-\alpha) e^{-\varepsilon T} \frac{(\varepsilon T)^B}{B!} e^{-\varepsilon T} \frac{(\varepsilon T)^S}{S!} \\
& + \alpha \delta e^{-\varepsilon T} \frac{(\varepsilon T)^B}{B!} e^{-(\mu+\varepsilon) T} \frac{((\mu+\varepsilon) T)^S}{S!} \\
& + \alpha (1-\delta) e^{-\varepsilon T} \frac{(\varepsilon T)^S}{S!} e^{-(\mu+\varepsilon) T} \qquad (2.7)
\end{aligned}
$$

其中,B 和 S 是某一天的买卖交易总数。

交易过程取决于 4 个参数:①信息事件的概率 α;②新信息是坏消息的可能性 δ;③不知情交易者的到达率 ε;④知情交易者的到达率 μ。我们通过最大化以交易数据为条件的似然函数,来估计样本中每种商品的交易过程参数。

使用 logit 变换，概率参数 α 和 δ 被限制为（0,1），而 ε 和被对数变换限制为（0,∞）。参数估计的标准误差是用增量法计算的。给定这些参数，PIN 估计如下：

$$PIN = \frac{\alpha\mu}{2\varepsilon + \alpha\mu} \quad (2.8)$$

表 2-5 给出了估计参数的平均值。我们首先考虑信息事件参数 α 的估计。活性最高的商品螺纹钢（$\alpha = 0.53$）和铁矿石（$\alpha = 0.47$）的平均值 α 最高，活性较低的商品和铝（$\alpha = 0.38$）和铜（$\alpha = 0.28$）的平均值 α 下降。我们模型中的第二个信息参数是 δ，它反映了坏消息到达的可能性。我们的结果表明，除铝外，坏消息进入市场的可能性超过 50%。我们通过将具有正收益的天数与总交易日进行比较来进一步探索这一点。除铝外，其余的期货有正收益的天数为 50.4%，其余期货的收益为正数的天数较少：铁矿石（48.3%），铜（48.2%）和螺纹钢（48.9%）。因此，我们的估计提供了对我们模型敏感性的确认。

最后一行显示了基于信息的交易概率，该概率是基于表征交易过程的各种参数之间的交互作用而计算的。结果显示，PIN 最低的是螺纹钢（0.070），其次是铜（0.073）、铁矿石（0.15）和铝（0.21）。因此，与铁矿石和铝相比，平均而言，螺纹钢和铜的知情交易概率较低。总体而言，市场质量的结果是一致的：铜和螺纹钢期货似乎比铝和铁矿石期货更具价格效率，并且具有更好的市场质量。

表 2-5 知情交易概率

	面板 A：铁矿石		面板 B：铝		面板 C：铜		面板 D：螺纹钢	
	系数	t统计量	系数	t统计量	系数	t统计量	系数	t统计量
α	0.47***	(38.48)	0.38***	(29.61)	0.28***	(19.02)	0.53···	(39.87)
δ	0.63***	(28.95)	0.44***	(17.37)	0.62***	(21.53)	0.56***	(26.02)
ε	519.3***	(64.28)	188.5***	(38.80)	420.5***	(102.59)	959.1***	(183.98)
μ	392.2***	(67.07)	255.8***	(36.60)	234.4***	(28.17)	273.2***	(90.23)
PIN	0.15		0.21		0.073		0.070	

注：此表报告了 2013 年 11 月至 2018 年 3 月样本期内知情交易概率模型的参数估计。参数 α 代表信息事件的概率，δ 代表新信息是坏消息的概率，ε 代表不知情交易者到达率，μ 代表知情交易者到达率。PIN 的测量方法为：$\alpha\mu/(\alpha\mu+2\varepsilon)$，反映了知情交易的可能性。括号中的数字是 t 统计量，***为 1% 水平下显著性。

2.4 我国商品期货市场与股票市场的关联性

我们进一步评估了中国商品期货与股票市场之间的时间关系。为此，我们采用了 Diebold 和 Yilmaz（2014）的关联性测度。这种联系方式是基于评估变量（资产，公司等）由于其他地方产生的冲击而导致的预测误差变化的份额。基本思想与方差分解的计量经济学概念有关，其中变量的预测误差方差 i 分解成归因于系统中各种变量的部分（参见 Booth 等，1997）。最近 Andrada-Félix，Fernandez-Perez 和 Sosvilla-Rivero（2018）使用了这种连通性度量来检验五种隐含波动率指数之间的关联性，Corbet 等（2018）使用了这种关联性来探索加密货币与其他金融资产之间的关系。在本文中，我们特别关注中国股市与商品之间的因果关系。

考虑一个协方差平稳的 N-变量 VAR(p)

$$\boldsymbol{x}_t = \Theta(L)u_t \tag{2.9}$$

其中，$\boldsymbol{x}_t$ 是资产回报的向量，$\Theta(L) = \Theta_0 + \Theta_1 L + \Theta_2 L^2 + \cdots$，$E(u_t, u_t') = I$。移动平均系数 Θ 是理解系统动态的关键。继 Diebold 和 Yilmaz（2014）之后，我们依靠方差分解，将资产的预测误差方差解释为可归因于系统冲击的部分。

Diebold 和 Yilmaz（2014）提出了一个关联性表（如表 2-6 所示），来理解各种连通性度量及其关系。它的左上角 $N \times N$ 主块报告了方差分解，它称为"方差分解矩阵"，用 D^H 表示，其中 H 是前期预测的数量[①]。从关联性的角度来看，D^H 的非对角线条目是 N 个预测误差方差分解的相关部分。特别地，从 j 到 i 的总成对方向连通性被表示为 d_{ij}^H。

在 $i \neq j$ 的所有情况下，关联性表还包括最右列（包含行总和）、最底一行（包含列总和）和右下角单元格（包含总平均值）。因此，关联性表中的非对角项行总和表示变量的预测误差方差的份额 i 来自其他变量的冲击。特别地，从其他到 i 的总方向连通性被定义为

$$C_{i \leftarrow \bullet}^H = \sum_{j=1,\ j \neq i}^{N} d_{ij}^H \tag{2.10}$$

表 2-6　连通性简表

	x_1	x_2	x_N	来自其他的连通性
x_1	d_{11}^H	d_{12}^H	d_{13}^H	$\sum_{j=1}^{N} d_{1j}^H, j \neq 1$
x_2	d_{21}^H	d_{22}^H	d_{23}^H	$\sum_{j=1}^{N} d_{2j}^H, j \neq 2$
x_N	d_{N1}^H	d_{N2}^H	d_{N3}^H	$\sum_{j=1}^{N} d_{Nj}^H, j \neq N$
对其他的连通性	$\sum_{i=1}^{N} d_{i1}^H, i \neq 1$	$\sum_{i=1}^{N} d_{i2}^H, i \neq 2$	$\sum_{i=1}^{N} d_{iN}^H, i \neq N$	总连通性 $= \frac{1}{N}\sum_{i,j=1}^{N} d_{iN}^H, i \neq N$

注：该表显示了资产之间的连通性结果。最右边的列包含行总和（与其他人之间的总方向连通性），最下面的行包含列总和（与其他人之间的总定向连通性），而右下方的单元格包含总平均值（总连通性）。

而列和表示从 j 到其他的总方向关联性，并被定义为

$$C_{\bullet \leftarrow j}^H = \sum_{i=1, j \neq i}^{N} d_{ji}^H \tag{2.11}$$

我们还可以将净总方向关联性定义为

$$C_i^H = C_{\bullet \leftarrow i}^H - C_{i \leftarrow \bullet}^H \tag{2.12}$$

最后，D^H 中非对角线条目的总和（相当于"从"列或"到"行的平均值）衡量总关联性为

$$C^H = \frac{1}{N} \sum_{i,j=1, i \neq j}^{N} d_{ij}^H \tag{2.13}$$

Koop，Pesaran 和 Potter（1996）以及 Pesaran 和 Shin（1998）的广义风险值框架被用来产生方差分解。然后，我们可以将 H 步广义方差分解（GVD）矩阵写成 $D^{gH} = \left[d_{ij}^{gH} \right]$，其中

$$d_{ij}^{gH} = \frac{\sigma_{jj}^{-1} \sum_{h=0}^{H-1} \left(e_i' \Theta_h \sum e_j \right)^2}{\sum_{h=0}^{H-1} \left(e_i' \Theta_h \sum \Theta_h' e_i \right)} \tag{2.14}$$

在这种情况下，e_i 是第 i 个元素为 1，其他元素为 0 的向量，Θ_h 是 VAR 的

无限移动平均值表示中的系数矩阵，Σ 是非正交化 VAR 中冲击矢量的协方差矩阵，σ_{jj} 是它的 j 对角元素。在这个 GVD 框架中，缺乏正交性意味着 d_{ij}^{gH} 没有总和统一。（为了获得一个广义关联性指数，使得 $\tilde{D}^g = [\tilde{d}_{ij}^g]$，则需要以下规范化：$\tilde{d}_{ij}^g = \dfrac{d_{ij}^g}{\sum\limits_{j=1}^{N} d_{ij}^g}$，其中 $\sum\limits_{j=1}^{N} \tilde{d}_{ij}^g = 1$ 和 $\sum\limits_{i,j=1}^{N} \tilde{d}_{ij}^g = N$。）矩阵 $\tilde{D}^g = [\tilde{d}_{ij}^g]$ 允许我们为正交情况定义类似概念，即总方向连通性、净总方向连通性和总连通性。

表 2-7 所示为商品与中国股指（CSI300）期货之间的相关矩阵。大宗商品之间的关联度很高，特别是铁矿石和螺纹钢之间的关联度为 0.75。由于铁矿石是螺纹钢生产的主要原料，螺纹钢价格的变动应该与铁矿石价格密切相关。其他金属之间也显著相关，如铜和铝之间的系数为 0.44。这些相关性可以直观揭示这些资产之间的联系，而这些资产接下来将被评估。

表 2-7　大宗商品与股指期货回报之间的相关性

	铁矿	铝	铜	螺纹钢	CSI300
铁矿	1				
铝	0.27***	1			
铜	0.42***	0.44***	1		
螺纹钢	0.75***	0.27***	0.42***	1	
CSI300	0.12***	0.13***	0.18***	0.12***	1

注：这个表格展示了商品期货与 CSI300 股指期货（代码 CIF）之间收益的相关矩阵。每日收益数据从 2013 年 11 月至 2018 年 3 月。***表示在 1%水平上显著性。

在表 2-8 中，我们报告了完整样本连接表，所有结果均基于订单 1 和提前 10 天 GVD 的 VAR。如前所述，非对角线单元用于衡量资产收益之间的关联性，也就是说，左上角 5×5 市场子矩阵的第 ij 个条目表示对市场 i 从市场 j 的回报的预测误差方差的贡献。因此，非对角列（标记为 TO）和行总和（标记为 FROM）给出了与所有其他对角线的总方向连通性。右下角的单元格是总连通性，计算方法是连通性矩阵的非对角元素之和除以资产数量。

可以看出，对角线单元格是表中最大的单个值，范围从 39.1%（螺纹钢）到 91.2%（CSI300）。观察到的最高的成对关联度是在铁矿石和螺纹钢之间：从铁矿石到螺纹钢为 45.9%，从螺纹钢到铁矿石为 30.7%。从沪深 300 的低贡献率（4.5%）和低方差接收率（8.8%）可以看出，中国股市似乎与商品期货市场分散。

表 2-8　大宗商品与本地股市之间的关联性

	铁矿	铝	铜	螺纹钢	CSI 300	定向性来自其他
铁矿石	54.7%	4.0%	9.8%	30.7%	0.7%	45.3%
铝	12.3%	61.6%	15.2%	9.6%	1.3%	38.4%
铜	25.3%	13.1%	41.3%	18.6%	1.7%	58.7%
螺纹钢	45.9%	4.2%	10.1%	39.1%	0.8%	60.9%
CSI300	1.8%	1.8%	3.5%	1.7%	91.2%	8.8%
定向性—指向他人	85.4%	23.1%	38.6%	60.6%	4.5%	42.4%
净贡献（TO – FROM）	40.1%	–15.3%	–20.1%	–0.3%	–4.4%	

注：此表报告了商品指数与国内股票指数之间的关联性结果。利用日收益数据，从 2013 年 11 月 1 日至 2018 年 3 月 31 日样本期内估计的 VAR 模型推导出方差分解。滞后数以 SIC 为基础，预测期为 10 天。第 1 列表示变量 i，第 1 行表示变量 j，因此左上角 5 × 5 子矩阵的第 i 行 j 列出了第 i 行 j 列的两两方向连通性；即，变量 i 受变量 j 冲击的 10 天前预测误差方差百分比。最右边的（FROM）列给出了所有其他变量到变量 i 的总方向连通性。第二到最后的（to）行给出了从 j 到所有其他变量的总方向连通性。最后的（NET）行给出了 to 和 FROM 之间的总方向连通性的差异。右下方的单元格（黑体字）是整体连通性（意思是“从”连通性，或者相当于“到”连通性）。

每天的总连接率为 42.4%，这表明变异的 57.6%是由于特异性冲击所致。关于净贡献（TO – FROM），铁矿石是最大的贡献者，为 40.1%，而铝，铜，螺纹钢和 CSI300 等其他矿石是冲击的接收者（分别为–15.3%、–20.1%，– 0.3% 和– 4.4%）。这些结果表明螺纹钢是最有用和最受欢迎的工业金属，同时铁矿石的价格变动对其他金属的价格变动有重大影响。

研究结果还表明，股票市场与大宗商品市场是分散的：四种大宗商品对股票市场冲击方差的贡献不足 2%，反之亦然。这些结果与 Liu 等（2018）一致，即来自一个市场的 VaR 风险不会扩散到另一个市场。本书认为，由于商品的过度投机，不同的投资因素以及政府对商品和股票交易的监管，中国股票和商品期货市场受不同的风险因素驱动。

2.5　结论与启示

自从 2009 年 4 月上海期货交易所推出螺纹钢期货以来，已被国内外市场参与者积极交易。对全球最活跃的金属期货合约的市场质量以及与其他金属期货和中国股票市场的关系进行检查，对于全球投资者和决策者而言至关重要。
因此，本书使用交易数据来检验 2013 年 11 月至 2018 年 3 月样本期内，在上
海期货交易所进行交易的螺纹钢期货以及其他三个重要的工业金属期货（铁矿
石、铝和铜）的市场质量。然后，从买卖价差和定价误差、波动敏感性和持久
性以及知情交易概率（PIN）等角度对比分析这些金属期货市场质量。最后，
借鉴 Diebold 和 Yilmaz（2014）提出的关联性测度方法探讨这些商品期货市场
与我国股票市场之间的关联性。本文主要结论如下。

第一，本书选取的数据中，大型交易合约比其他合约所占比例更大。总体
结果显示，从价差来看，铜期货的价差是最窄的，后面依次是螺纹钢、铝和铁
矿石期货。从信息效率来看，铜期货和螺纹钢期货的信息效率是最高的，并且
这两种期货的交易成本也是最低的，说明铜和螺纹钢期货市场质量较高。从波
动敏感性来看，铜期货和螺纹钢期货的波动敏感性是最高的，说明信息冲击对
铜和螺纹钢期货具有较大的即时影响，包含了更大的交易信息量。从波动持久
性来看，铜期货是最低的，说明铜期货价格吸收信息的过程是最快的，并且在
将信息冲击纳入价格的同时，铜和螺纹钢期货的质量要优于铝和铁矿石，同时
减少了波动扩散的时间。从知情交易概率来看，螺纹钢和铜的知情交易概率较
低。总体而言，铜和螺纹钢期货市场质量相较于铝和铁矿石期货市场更高。

第二，通过检查商品和股票市场之间的日常联系，本书发现铁矿石是其他
商品价格差异的最大贡献者，并且铁矿石和螺纹钢期货之间存在显著的双向联
系。这些结果表明铁矿石不仅是钢的主要原材料，而且是使用最广泛的工业金
属。其他商品的价格变动受铁矿石价格变动的影响。研究还表明，中国股市与
商品期货之间的关系较弱。股票市场与四种大宗商品之间的联系度不到 2%，
这表明中国股票和大宗商品期货市场受不同的经济和投资因素驱动。

因此，基于以上发现，可以充分认识到我国螺纹钢、铜、铝、铁矿石期货
市场质量之间的差别，以及我国商品期货市场与股票市场之间的关联性，为期
货市场投资者和监管部门提供一定的启示。

第一，对于投资者来说，由于螺纹钢和铜期货市场质量更好，能够更加充
分发挥其市场功能，如价格发现功能、信息反映功能等，更有利于投资者将这
一类金属期货纳入投资组合中，并且可以利用这两种金属期货来对冲其对应的
现货市场所面临的风险，实现套期保值。此外，由于我国股市和商品期货市场
存在较弱的关联性，投资者无法通过商品期货来预测对应商品公司的股价变

动，需要重新寻找新的考察标的。

第二，对于监管层来说，当前我国期货市场中投机者和散户投资者较多，市场交易可能存在许多不理性的行为，需要提高投资者专业知识水平，进而提高市场质量。其次，从本文对比的四种金属期货市场质量来看，监管层应支持和发展铁矿石和铝期货市场，从螺纹钢和铜期货市场的发展中借鉴其经验，促进金属期货市场的高质量发展。此外，我国商品期货市场和股票市场的关联性较弱，说明市场之间的联动性和信息反映能力有待提高。

第3章
中国证券市场的流动性研究
——基于异常波动的视角

对于中国证券市场而言，异常波动现象时有发生。流动性作为市场微观结构理论中最重要的综合性指标，其内在的信息含量是巨大的。因此对异常波动下中国证券市场流动性的研究是十分必要和有意义的。本章将以中国商品期货市场为例，研究异常波动视角下的市场流动性问题。

3.1　问题提出与文献评述

3.1.1　问题提出

本章归纳了近年来我国期货市场暴涨暴跌的事件。例如，2012 年 8 月 23 日，上海期货交易所黄金期货主力 1212 合约上涨 6.60 元，单日涨幅达 1.94%，成交量放大 2.2 倍，然而，白银期货主力 1212 合约却上涨了 287 元，涨幅达 4.60%，成交量更是放大 3.7 倍；2014 年年末，甲醇期货 1501 合约连续三个跌停板单边市行情。在 12 月 19 日当晚，郑州商品交易所发布公告紧急暂停了 1501 合约 12 月 19 日晚夜盘及 12 月 22 日日盘的交易，并决定在 12 月 22 日闭市后，对甲醇 1501 合约执行强制减仓，但甲醇期货的跌势并未因此暂停，甲醇期货在恢复交易后的 23 日、24 日又连续两天出现下跌，还在 12 月 24 日跌破 1800 元/吨，最低跌至 1763 元/吨，创下甲醇期货上市以来新低；2016 年 11 月 15 日，商品期货市场再现集体跳水。螺纹钢、铁矿、玻璃跌停，PTA 跌逾 5%，玻璃、豆油跌超 4%，菜油跌超 3%，领头羊焦煤焦炭也分别有 6%、8%的跌幅；2017年 8 月 7 日，螺纹钢主力合约 1710 强势涨停，盘中触及 4101 元/吨，创近四年半以来新高，而在螺纹钢涨停不久后，PTA 一度闪崩近 200 点。事实上，期货市场这些异常波动的背后，往往是由于风险事件消息的影响。这些风险事件诱发期货价格的暴涨暴跌，一方面会破坏期货的流动性和期货市场正常功能的实现，将投资者暴露在异常交易之中；另一方面会影响现货市场的供需均衡，从而影响证券市场质量。

异常波动条件下的期货市场在交易群体、运营结构、市场效率等方面具有自己的特性，往往反映在市场的流动性上。也就是说，在异常波动条件下，期货市场的价格及其交易量均发生了不同寻常的变化。并且，现有研究发现，异常波动条件下的资本市场在流动性、收益、交易量、溢价等方面也表现出很大差异。并且，这些差异不仅直接影响到交易者，也多为期货监管当局所关注。然而，对异常波动条件下的期货市场流动性方面的研究仍不多见。为此，本文将从异常波动视角出发来系统研究中国期货市场流动性的信息内涵，即异常波动条件下期货市场流动性的基本特征、流动性的决定、流动性溢价以及流动性管理策略。

3.1.2　文献评述

针对以上问题的相关研究主要集中于异常波动的定义及其识别方法、异常波动条件下的流动性相关问题、异常波动条件下的流动性溢价、异常波动条件下的流动性管理以及对以上问题的评述这五个方面。

1. 异常波动的定义及其识别方法综述

关于资本市场异常波动，目前尚没有一个统一的定义，对异常波动的测度也并非一致（Hamilton，1989；吴文锋等，2000；Switzer 和 El-Khoury，2007；Jiang 等，2011；Fernando 等，2012；Aboura 和 Wagner，2016）。从实务角度来看，大多数异常波动都是从价格和交易量的涨跌幅角度来考虑的。如我国2000 年公布的证券交易所交易规则，股票出现以下情况之一时，证券交易所将根据市场情形，认定其是否属股票交易异常波动：①某只股票的价格连续三个交易日达到涨幅限制或跌幅限制；②某只股票连续五个交易日列入"股票、基金公开信息"；③某只股票价格的振幅连续三个交易日达到 15%；④某只股票的日均成交金额连续五个交易日逐日增加 50%；⑤证券交易所或中国证监会认为属于异常波动的其他情况。

从理论角度来看，多数研究从异常波动、分位数、跳跃、门限转换、机制转换和平滑转换等视角来识别异常波动的。例如，Bollerslev 等（2008）、Giot 等（2010）等采用非常保守的置信度（如 0.1%的置信度水平）来检测市场中的跳跃过程。Morgan 等（2012）给出了基于极值理论的分位数异常风险识别方法。然而，在现有文献中，多数文献是利用跳跃来研究异常波动的，对跳跃的识别主要体现在 BPV(bi-power variation)模型(Barndorff-Nielsen 和 Shephard，2004，2006；Lee 和 Mykland，2008；Jiang 和 Oomen，2008；Aït-Sahalia 和 Jacod，2009；Jiang 等，2011)、ARJI-GARCH 模型（Chan 和 Feng，2012）、SVJ、SVCJ、SVIJ 模型（Duffie 等，2000；Eraker 等，2003；Asgharian 和 Bengtsson，2006；Liu 和 Tu，2012；刘庆富和许友传，2011；Collin-Dufresne 等，2012）及列维跳跃过程（Lee 和 Hannig，2010）四类模型。

此外，许多非线性的机制转换模型不仅可以识别正常波动，也识别异常波动。例如，马尔可夫机制转换（Markov Switching Regime）模型（Hamilton，1989，1996；Holmes，2010；Georgoutsos 和 Migiakis，2012）、门限自回归（Threshold Autoregressive）模型（Lizieri 等，2012；Simioni 等，2013）和平滑转换自回归(Smooth Transition Autoregressive)模型(Delatte 等，2012；Ubilava 和 Holt，2013)。

另外，中国学者李国平和陈森发（2007）提出了基于 HWSME 和模糊数学的股票价格异常波动评判方法，建立了股票价格异常波动的模糊综合评判指标体系；Hamilton（1989）最早提出了马尔可夫机制转换算法以识别市场中的异常波动；Bajgrowicz 和 Scaillet（2011）利用门限（thresholding）技术给出了在高频数据中避免跳跃虚假检测的统计方法；Copula 函数识别法（Ané 和 Kharoubi，2003；Ruenzi 和 Weigert，2011）、Gumbel 检验（Lee 和 Mykland，2008），等等。Bollerslev 和 Todorov（2014）放宽了资产收益率的尾部跳跃特征参数必须固定的假设，认为其可以是时变的，在放松的假设下，以 S&P 500 期权数据为样本，重新估计了参数。Xue 等（2014）提出了一种新的非参检验来识别高频数据中跳跃发生的时间，并且证明了该检验对于不同类型的价格过程和微观结构噪声存在的情况下仍然是稳健的，此外，他还发现了股票价格的

跳跃变化和数据的抽样频率、时间跨度和日间所选取的时间段有关。Peng 等
（2015）在连续时间广义市场微观结构（GMMS）模型的基础上，提出了一种
递归的跳跃识别算法，该算法符合金融价格序列的 Markov 特性和 Bayes 理论，
并通过模拟的方法证明了新模型的有效性和可行性。瞿慧（2015）对基于高频
数据的非参数日内跳跃检验方法进行改进，引入赋权标准偏差因子以消除日内
效应的影响。然后采用对跳跃更为稳健的已实现离群加权方差估计连续波动，
以改进跳跃估计方法 Palmes 和 Woerner（2016）发现 Gumbel 检验在较弱的假
设条件下仍然稳定，即放松了波动过程必须是 Holder 连续的假设。Chen 等
（2018）首先区分了系统性的共同跳跃和异质性跳跃，认为系统性的跳跃是由
货币危机、流动性释放和经济环境恶化导致的，而异质性跳跃是由政局不稳定、
汇率波动和大公司效应导致的，并且对这两种类型的跳跃都提出了一种非参的
估计方法。

2. 异常波动条件下的流动性相关问题研究综述

到目前为止，对异常波动条件下的流动性问题研究相对较为少见。基于异
常波动条件下的相关研究主要体现在价格或收益以及交易量两个方面。在价格
或收益方面，Hsieh（2001）利用极值理论与点过程相结合的技术拟合了异常的
外汇收益及其频度，发现货币危机对异常外汇具有显著影响，且在 1995—1999
年期间异常的日元/美元现货外汇收益增加了两倍。Jiang 等（2011）认为，如
买卖价差的变化和市场深度的变化等变量一样，流动性冲击对债券价格的跳跃
具有显著的预测能力。同时，他们认为，如消息一样，流动性可能是跳跃发生
的又一因素。牟国华（2011）从动力学角度研究了中国股市异常事件中的市场
行为，发现股票市场在异常事件发生时价格具有过激反应；在正异常事件中，
事件前 100 分钟内价格会迅速上涨 5%，然后在事件后的 15 分钟内回落 1%，
并趋于平稳。在负异常事件中也存在类似的现象，但是后期没有衰减到平稳水
平。Fernando 等（2012）利用 Fama-French-Carhart 四因素调整的异常波动，发
现 184 个权益保险业客户在雷曼兄弟破产附近的 7 天内平均损失了其市场价值
的 4.85%。此外，Aboura 和 Wagner（2016）认为异常非对称波动在解释权益
市场下行时扮演着重要的角色，并给出了美国权益市场的影响大小，市场的价
格大幅下降至少能部分地被视为在异常情况下波动反馈的结果，且是理性的资
产价格行为。Zheng 等（2013）发现限价订单表对于预测股票价格未来的价格
跳跃具有丰富的信息内涵，而限价订单表往往代表了股票的流动性信息，在定

义股票的价格跳跃为市场卖价低于最高买价（best bid）或市场买价高于最低卖价（best ask）后，他用 LASSO 逻辑回归模型来预测 CAC40 指数未来价格变化，发现具有很好的效果。Boudt 和 Petitjean（2014）通过研究 Dow-Jones 工业指数日间价格发生跳跃前后流动性的变化和消息的释放，发现价格跳跃通常伴随着交易成本和流动性需求的显著上升，而这种上升被消息面的刺激进一步放大，这种订单的不平衡性具有丰富的信息内涵。Belkhir 等（2018）研究了来自 45 个国家的上市公司股票异常流动性不足和隐含资本成本的关系，发现两者之间存在正相关的关系，并且经验数据表明，股票流动性尾部指数平均每上升 1 个标准差，股权资本成本将会上升 30 个基本点，并且这种关系在熊市和异常波动的市场中更为稳固。Michael（2018）从流动性的角度研究了商品市场的投机行为对于市场异常波动的影响，发现短期投机行为会消耗市场的流动性，并且从长期来看投机活动也不会为市场提供显著的流动性，此外，该项研究也同样适用于股票市场，因为商品市场的流动性和股票市场的流动性之间具有显著的正相关关系。

在交易量方面，Goldstein 等（2006）通过研究 2000 年 1—11 月夜间交易的市场发现股票价格的异常波动时，会伴随较少的交易量，从而流动性降低。Jiang 等（2011）利用 BrokerTec 电子交易平台的日内数据检测了美国国库券价格的跳跃行为，发现跳跃发生时的交易量增速异常快，与没有跳跃相比，交易量增加近一倍；同时市场深度总体降低，波动性增加，买卖价差增大。

此外，关于流动性溢价方面，现有研究多集中于异常波动条件下的风险溢价。例如，Wright 和 Zhou（2009）对债权市场的研究发现，跳跃风险能够用于预测超额的债券收益。Todorov（2010）利用连续时间模型中的跳跃和扩散风险溢价变量解释了隐含和现实波动的动态性，同时，Todorov 和 Bollerslev（2010）利用非连续的二次变差（quadratic variation）从理论角度研究了跳跃的 Beta 值，发现在美国 40 个大的股票市场，平均而言，跳跃的 Beta 值要大于连续的 Beta 值。利用 1973—2011 年的股票面板数据，Wu（2012）将异常流动性风险纳入 Acharya 和 Pedersen（2005）的流动性调整的 CAPM 模型，初步研究了异常流动性风险的直接测量方法，给出了关于三个流动性 Beta 的收益溢价证据，并发现了预期的股票收益能够反映异常流动性风险的溢价，这也进一步指出了流动性调整的 CAPM 定价理论；在预测未来市场收益方面，异常流动性测度的确优于整体流动性的测度；事实上，当市场波动超过一定门限，市场将不再遵循传统的均值回复（mean-reversion）范式，取而代之的是市场很可能获得额外动力，会引起市场更剧烈的下降。Ruenzi 等（2012）利用 Copula 函数捕捉了股票收益的较低尾部，发现截面预期收益能够反映异常下方流动性风险的溢价；总体而言，自 1968—2009 年间，股票平均收益对异常下方流动性风险具有高敏感性，平均每年超过低敏感性股票约 3.6%；不同于 Acharya 和 Pedersen（2005）的流动性调整的 CAPM 的线性流动风险测度，这一溢价不能用传统风险和公司特征来解释。以上研究主要是针对股票市场进行的，对期货和期权市场而言，Broadie 等（2007）利用隐含波动的期限结构和隐含波动的微小变化对期货期权的跳跃风险溢价进行了研究。Chan 和 Feng（2012）检测了 DAX、FTSE、Nikkei 和 S&P500 股指期货市场收益带有跳跃的时变风险溢价的存在性，发现股指期货的跳跃风险溢价是显著存在的。Wang 等（2013）提出了一种新的协波动估计量来分析价格跳跃对于系统性风险的影响，发现在控制对 Beta 估计有显著影响的跳跃变量以后，跳跃的影响绝大程度上取决于共同跳跃变量，但也存在证据表明异质性的跳跃会导致显著性的偏差。

以上研究主要是针对价格信息而言的，在针对交易量信息的相关研究方面，Huang 和 Heian（2010）基于每周风险调整的收益检测了高交易量溢价。对 1962—2005 年的实证研究发现，平均每周异常高交易量溢价能到达 0.5%。大部分的溢价在前两周内产生，然后在持有期内单调下降。此外，Gervais 等（2011）研究了异常交易行为的高交易收益溢价，发现在异常交易中，股票市场在一天或一周内具有高或低的交易量，高交易量的收益溢价与股票交易行为中的冲击影响相一致。

3. 异常波动条件下的高阶矩相关问题研究综述

高阶矩在金融市场中的应用主要体现在收益、风险和投资组合三个方面。在收益的应用方面，为使得我们对收益的刻画更加准确，Kraus 和 Litzenberger（1976）、Harvey 和 Siddique（2000a）在资产定价模型中加入了协（系统）偏度；魏宇（2008）将偏斜分布应用到 GARCH 类和 SV 等时间序列模型中来刻画资产收益的分布特性。Dittmar（2002）在资产定价模型中加入了协（系统）峰度，而 Hwang 和 Satchell（1999）、Harvey 和 Siddique（2000b）同时在资产定价模型中加入了偏度和峰度。此外，Amaya 等（2015）用股票收益率的日内数据计算每周的已实现高阶矩变量，发现通过在已实现偏度最低点的时候买入并在已实现偏度最高点的时候卖出能够获得每周 19 个点的显著性超额收益，并且已实现峰度和下周的股票收益率呈现正相关的关系。Aboura 和 Maillard（2016）在金融危机情形下资产收益率更容易呈现"尖峰厚尾"和"偏度"的事实，运用 Cornish–Fisher 转化的方法估计异常情形下的期权价值，发现与真实的价格吻合度较好。

在风险的应用方面，Navatte 和 Villa（2000）、Angelini 和 Nicolosi（2010）给出了含有偏度和峰度的风险计算方法；类似地，You 和 Daigler（2010）拓展了 VaR 模型，提出含有方差、偏度和峰度四阶矩 VaR 模型；此外，Hu 和 Kercheval（2010）将偏斜分布应用到 GARCH 模型中研究 VaR 值，并对金融风险进行了预测。

在投资组合的研究中，Jondeau 和 Rockinger（2006）将常规的效用函数 Taylor 展开四阶，即转化为包含四阶矩的效用函数表达式来刻画效用函数；此外，Harvey 和 Siddique（2000b）提出的 GARCHS，Leon 等（2005）提出的 GARCHSK，以及蒋翠侠等（2007）提出的 NAGARCHSK-M 模型都是向三阶矩和四阶矩的推广。Km（2014）发现尽管很多学者的研究表明高阶矩变量对于投资组合构建的重要性，但在现实中很少有投资者真的把高阶矩纳入投资组合的构建中，原因在于高阶矩变量计算的复杂性，因此作者提出了一种新型的均值方差法（奖励偏度和惩罚峰度）来控制组合中偏度和峰度。Dokov 和 Morton（2017）将高阶矩纳入到效用函数当中来重新估计投资组合的有效前沿，发现通过该方法构建的投资组合的业绩显著性地好于传统的投资组合构建方法。

由此看来，高阶矩在金融市场中的应用还是比较多的，这为本文的相关研究积累可供参考的依据，但尚未有关于流动性的类似讨论，本文也将在流动性管理方面来试图弥补这一不足。

4. 国内外研究现状评价及其发展动态分析

由以上研究现状，我们不难发现如下问题。

（1）异常波动的定义往往具有主观性，其对应的异常波动识别方法往往不一致。例如，利用 Barndor-Nielsen 和 Shephard（2006）的 BPV 模型、马尔可夫机制转换、门限自回归以及平滑转换自回归等机制转换模型所进行的异常波动识别，存在过度识别的嫌疑（Bajgrowicz 和 Scaillet，2011）。并且，有些识别方法往往具有主观性和静态性，很难适应市场的动态变化，且基于异常波动、分位数、跳跃、门限转换、机制转换和平滑转换等的异常波动识别方法各有其优点和缺陷。此外，现有的异常波动性研究多是针对股票市场的，而期货市场与股票市场的波动特征往往存在诸多差异，其异常波动的表现也不一定相同。事实上，现有文献对期货市场的研究尚为少见。因此，探寻期货市场异常波动的定义、特性及其相对更精确和更具说服力的异常波动识别方法，将是本文研究的重点之所在。然而，上文所言的机制转换模型的还有其他模型所不具有的优点，即它们不仅可以一定程度上识别异常波动现象，且往往与正常波动现象同时识别。在同时考虑异常与正常波动情况时，利用机制转换这一思想可以构建所需要的模型。

（2）高阶矩在金融中的应用有限，且多局限于低频数据、资产定价和风险，尚未有系统地同时针对收益和风险的模型，也未对高阶矩的信息内涵进行系统解释。上文所言的高阶矩对资产收益（或资产定价）或风险的影响，没有给出考虑风险和收益的综合模型，也未提出应该如何进行资产配置；此外，对高频数据的分类标准不一，往往只考虑部分高阶矩信息（如只考虑风险或偏度或峰度），对高阶矩信息的选择不全面，也缺乏对高阶矩信息内涵的解释；此外，仍缺乏对高频数据的连续时间模型的研究。因此，利用高频数据、全面考察高阶矩等的实证研究值得关注，这将使得我们对期货市场的相关研究更加全面和客观。

（3）异常波动条件下流动性与高阶矩之间的内在关系研究尚未见到，这将是未来研究的一个重要方向。当前关于异常波动条件下的流动性研究，多是从价格或收益与交易量角度出发来研究异常波动条件下的收益变化、交易量变化和流动性冲击。但现有文献并没有对异常波动条件下的流动性、流动性决定要素、流动性及其决定要素之间的关系进行研究。事实上，基于宽度和深度的流动性测度方法不仅是主流方法，更为重要的是，其包括了绝大部分交易信息，因此对这两部分的研究就显得很自然了。而流动性的决定变量相对较多，主要包括内生性的收益、交易量、波动性、偏度和峰度，以及外生性的电子交易的引入、消息的释放、去除经纪人的记忆术（removal of broker mnemonics）、最小变动价位、限制订单和进入纯 Pro-rata 算法制度等因素。在异常波动条件下，波动性、偏度和峰度将含有更多信息内容。虽然现有文献部分研究了异常波动条件下资本市场的收益及其交易量，但关于异常波动条件下流动性与高阶矩变量之间关系的研究尚未见到，更缺乏针对期货市场的相关研究。为此，本章将试图对这些问题进行探索。

（4）异常波动条件下的流动性溢价研究也尚为缺乏，对这一问题的研究也将是进行基于流动性溢价的资产定价、投资组合和套利模型研究的重要内容。如前文所述，现有的关于异常波动条件下的流动性溢价研究较为少见，而多数研究集中于基于价格信息的异常风险溢价研究和基于交易量信息的异常交易量研究。虽然如此，关于资本市场的流动性溢价的一般研究还是比较多的。并且，关于流动性溢价的变量主要集中于价格，市场深度通常与交易量相关，即虽然价格因素的作用非凡，但单独的交易价格并不能提供关于消息的含量和精确刻画的所有信息，而交易量不仅可以作为刻画信息含量的重要补充，且同样扮演着重要角色（Karpoff，1985）。本文的偏度和峰度的测度方法是与 Yoon 和 Byun（2009）的偏度和峰度的测度方法相一致的，本文也是采用风险中性的测度方法，也是大家在进行统计分析常用的方法。利用这一方法所进行的测度具有如下特性：跳跃的方向（即正负方向）控制着风险中性的偏度，而跳跃的强度（severity）控制着风险中性的峰度；并且，与真实的数据分布相比，风险中性的分布通常更具波动性（more volatile）、左偏性（more left-skewed）和尖峰特征（more leptokurtic）。价格信息或交易量信息，尚未涉及含有更多信息的高阶矩变量，因而这些变量对信息的刻画均具有一定的局限性，也不全面，这就不可避免地影响到资本市场流动性溢价刻画的客观性和有效性，对于期货市场更是如此，况且，尚没有关于期货市场流动性溢价的相关研究。

（5）针对异常波动条件下中国期货市场流动性的信息内涵研究仍未见到。从前文的综述来看，关于异常波动条件下流动性的信息内涵研究比较少见，对期货市场的研究更加少见；对中国期货市场而言，相关研究几乎为空白。到目前为止，尚没有关于异常波动条件下的流动性与高阶矩变量之间的信息传导机制，也没有系统给出异常波动条件下流动性与高阶矩变量之间的内在关系。鉴于此，本项目将借鉴高阶矩的方差、偏度和峰度来对异常波动条件下流动性的信息内涵进行深入研究，并试图给出异常波动条件下中国期货市场流动性的管理策略。

3.2　期货市场的相关概念及其关系解析

3.1节主要介绍了目前国内外学者对于异常波动下的期货市场信息内涵的

研究，发现不论是流动性还是高阶矩变量都有不少的研究文献，但对于两者之间关系的研究却甚少，在本节中我们介绍本章所涉及的相关概念，包括异常波动的识别方法、流动性和高阶矩的测度指标等等。

3.2.1　期货市场异常波动的识别方法研究

关于价格或收益率序列异常波动识别的模型有很多，本文采用的基于机制转换的识别方法主要是 Hamilton 在 1987 年提出的马尔可夫体制转换（Markov Regime Switching，MRS）模型，MRS 模型实际上是内嵌了马尔可夫链的模型，对于一个 k 状态的 MRS 模型[①]来说，我们假设状态变量用 s_t 表示，可取 $\{1,2,3,\cdots,k\}$ 中的任意一个整数，s_t 具有马尔可夫链的性质，即只受最近一期 s_{t-1} 取值的影响，s_t 在 t 时刻取值为 j 的概率可以表示为

$$P\{s_t = j \mid s_{t-1} = i, s_{t-2} = k, \cdots\} = P\{s_t = j \mid s_{t-1} = i\} = p_{ij} \tag{3.1}$$

通常用一个 $N \times N$ 的矩阵 $\boldsymbol{P}$ 来表示所有的转移概率：

$$\boldsymbol{P} = \begin{bmatrix} p_{11} & p_{21} & \cdots & p_{k1} \\ p_{12} & p_{21} & \cdots & p_{k2} \\ \vdots & \vdots & \cdots & \vdots \\ p_{1k} & p_{2k} & \cdots & p_{kk} \end{bmatrix} \tag{3.2}$$

其中有

$$p_{i1} + p_{i2} + \cdots + p_{ik} = 1 \tag{3.3}$$

$\boldsymbol{P}$ 的第 i 行第 j 列元素为转移概率 p_{ij}，即某时刻处于状态 i 之后继以状态 j 的概率，该模型同时假定了转移概率 p_{ij} 不随时间变化而变化。Cheng 等（2005）提出了转移概率时变的 MRS 模型，我们在这里为了模型估计方便起见，暂不考虑 MRS 模型的时变性，并且假设 P 时变会带来模型所要估计的参数过多，得到的结果可能并不会比我们用假设 P 不变的 MRS 模型更为理想。

为更具客观性，本文选择了能刻画收益、波动、偏度以及峰度同时发生状态转移的 MRS-SGED 模型[②]，MRS 部分采用的是适用范围最广的 Hamilton 关

---

① 以下对于 MRS 模型的描述参考 James D. Hamilton 编写的 *Time Series Analysis*（Princeton University Press）第二版。

② Marcelo Perlin（2015）发布了适用范围较广的 MRS 模型程序包，详见 https://ssrn.com/abstract=1714016，适用于残差项服从于 GED 的 MRS 模型，本文在该程序的基础上做了些许改动，使其能够用于残差项服从 SGED 下的 MRS 模型。

于该模型的定义，SGED 部分借鉴了 Theodossiou（1994）提出的带偏度的广义误差分布（SGED）概念，他发现美国主要个股、股指、汇率以及各自的期权价格对数差分序列在日频、周频、月频以及季频四个时间频率上都呈现"尖峰厚尾"和"偏度"的特征。

（1）MRS-SGED 模型

$$r_t = u_{s_t} + \varepsilon_t \tag{3.4a}$$

$$\varepsilon_t \sim \text{SGED}(0, \sigma_{s_t}, \lambda_{s_t}, k_{s_t}) \tag{3.4b}$$

$$s_t \sim \text{Markov\_process}(2) \tag{3.4c}$$

其中，其中 r_t 表示资产的收益率序列，u_{s_t} 表示收益率均值，ε_t 服从带偏度的广义误差分布（SGED），σ_{s_t}、λ_{s_t}、k_{s_t} 分别表示带有状态变量 s_t 的波动率、偏度和峰度参数，状态变量 s_t 服从马尔可夫过程，我们假设一共存在两种状态，对应状态 1：$s_t = 1$ 情况下的参数组合为 $(\mu_1, \sigma_1, \lambda_1, k_1)$，对应状态 2：$s_t = 2$ 下的参数组合为 $(\mu_2, \sigma_2, \lambda_2, k_2)$，我们假设在异常波动和正常波动下两种情形下收益率均值、偏度和方差会同时发生显著的变化。

根据 Theodossiou（1994）对于 SGED 的定义，我们可以得到 r_t 在 $s_t = j$ 下的概率密度函数为

$$f(r_t \mid s_t = j; \Theta) = \frac{C}{\sigma} \exp\left\{ -\frac{1}{\left[1 - \text{sign}(r_t - \mu_j + \delta\sigma_j)\lambda_j\right]^k \theta^k \sigma_j^k} \mid r_t - \mu_j + \delta\sigma_j \mid^k \right\} \tag{3.5a}$$

其中，

$$C = \frac{k_j}{2\theta} \Gamma\left(\frac{1}{k_j}\right)^{-1}, \quad \theta = \Gamma\left(\frac{1}{k_j}\right)^{\frac{1}{2}} \Gamma\left(\frac{3}{k_j}\right)^{-\frac{1}{2}} S(\lambda_j)^{-1}, \quad \delta = 2\lambda_j A S(\lambda_j)^{-1},$$

$$S(\lambda_j) = \sqrt{1 + 3\lambda_j^2 - 4A^2\lambda_j^2}, \quad A = \Gamma\left(\frac{2}{k_j}\right) \Gamma\left(\frac{1}{k_j}\right)^{-\frac{1}{2}} \Gamma\left(\frac{3}{k_j}\right)^{-\frac{1}{2}} \tag{3.5b}$$

在本文中，$j = 1, 2$，Γ 和 sign 分别表示 Γ 分布函数和 sign 分布函数，其他参数的定义同上，Θ 表示参数集，包括模型中的所有参数，可以通过极大似然法估计出来。

这里之所以要假设 ε_t 服从 SGED，因为众多学者的研究都表明资产价格的收益率序列并不符合正态分布，而是尖峰厚尾的（Mandelbrot，1963；Fama，

1970）。就国内的期货市场来说，危慧惠（2004）就我国郑州商品期货交易所小麦期货近三年来的收益时间序列进行了基本的统计学分析，结果发现分布是非正态的，较正态分布有尖峰厚尾，具有长记忆效应。

（2）状态概率的计算

根据 Hamilton（1989，1996）对于模型的参数，MRS 模型最终计算出来的是时间序列在某一时期处于某一状态的概率，根据马尔可夫链的性质我们记 t 时刻 $s_t = j$ 的概率为 π_j，即

$$P(s_t = j;\Theta) = \pi_j, \quad j = 1,2 \tag{3.6}$$

那么根据全概率公式可以计算出 r_t 在 t 时刻的无条件概率为

$$f(r_t;\Theta) = \sum_{j=1}^{2} p(r_t, s_t = j;\Theta) = \sum_{j=1}^{2} f(r_t \mid s_t = j;\Theta) P(s_t = j;\Theta) \tag{3.7}$$

最后，根据 Bayes 公式就可以得到 t 时刻在已知观测值 r_t 下的 $s_t = j$ 的条件概率

$$P(s_t = j \mid r_t;\Theta) = \frac{p(r_t, s_t = j;\Theta)}{f(r_t;\Theta)} = \frac{\pi_j \cdot f(r_t \mid s_t = j;\Theta)}{f(r_t;\Theta)} \tag{3.8}$$

由于在本文中只包含两种状态，我们延续 Hamilton（1989）对于美国经济周期的实证研究中以 0.5 作为分界点对两种状态的划分，当 $P(s_t = 1 \mid r_t;\Theta) > 0.5$ 时我们认为当前所处的状态为第一种情形，反之我们认为处在第二种情形。

3.2.2 流动性的定义及其经济内涵

1. 基于价格信息的流动性定义及其经济内涵

与 Cai 等（2004）的指标设定相一致，本文采用的是相对买卖价差[①]。相对买卖价差可表示为

$$\text{Spread}_t = 100 \times \frac{\text{Ask}_t - \text{Bid}_t}{(\text{Ask}_t + \text{Bid}_t) / 2} \tag{3.9}$$

其中，Ask_t 表示 t 时期最佳（低）的卖出价格，Bid_t 表示 t 时期表示最佳（高）的买进价格。在本文中，每 30 分钟计算平均的买卖价差。

虽然买卖价差可作为衡量流动性的一个简便指标，但它对交易规模而言不

[①] 由于买卖价格的差分可能引起潜在的偏差，因为与 Abhyankar 等（1997）、Levin 和 Wright（1999）和 Cai 等（2004）的生成过程相一致，本文采用相对买卖价差指标。

敏感，因此，我们常将买卖价差作为衡量交易成本的直接指标[①]。

理论上，买卖价差只适用于做市商市场。众所周知，做市商提供的是双向报价，并且买价低于卖价，存在显著的价差；而在指令驱动市场上，所有买卖订单一一匹配，成交价一致，不存在价差。为此，分析指令驱动市场的价差通常等于市场上未成交的有效订单的最高买价和最低卖价之间的差额，这实际上反映了下一笔可能的实际成交价格，也是当时投资者买进和卖出所愿意接受的最佳价格。式（3.9）中最佳的买卖价格就是这样选择的。

2. 基于交易量信息的流动性定义及其经济内涵

除基于价格信息的流动性外，流动性还有数量上的限制，即较大量的交易可以按照合理的价格较快执行。流动性的数量因素往往以市场深度来衡量，它反映了市场在某一特定价格水平上可交易的（存在的订单）数量，通常指等于最佳买卖报价的订单数量。一般而言，订单数量越多，市场就越有深度，反之，则市场缺乏深度[②]。与 Bortoli 等（2006）的刻画方式不同，本文基于交易量信息的流动性定义是相对于某一时期交易量的相对测度指标，表示为

$$Relative\_Depth_t = \frac{Depth_t}{Volume_t} \qquad (3.10a)$$

$$Depth_t = (Volume\_Ask_t + Volume\_Bid_t)/2 \qquad (3.10b)$$

其中，$Depth_t$ 为 t 时期传统的对于市场深度的定义，该市场深度的测度方式也与 Frino 等（2008）、Kanagaretnam 等（2005）、Hamet J.（2002）的相类似。$Volume\_Ask_t$ 为 t 时期最好卖价时的订单数量，$Volume\_Bid_t$ 为 t 时期最好买价时的订单数量。$Volume_t$ 为 t 时期的交易量，我们有理由认为，只有当 t 时期基于买一价和卖一价所对应的挂单量的平均值所计算出的市场深度相对于 t 时期的成交量比较大的时候，才意味着此时处于风口位置的被动性订单能够吸收较大规模的主动性订单，订单成交的交易成本较小，也意味着成交订单对于市场

---

① 买卖价差常称为市场具有宽度。当买卖价差足够小时，市场具有宽度，当大额订单的买卖价差很大时，市场缺乏宽度。从理论上看，交易商通常把卖价和买价分别确定在略高于和略低于证券均衡价值的价格上，因此会产生一个买卖报价之间的价差，这一价差通常可以用来衡量一个瞬间的来回交易（完成了买和卖）的成本。

② 深度指标可以在一定程度上用来衡量市场价格的稳定程度。换言之，在深度较大的市场，一定数量的交易对价格的冲击相对较小；然而，在相对于深度而言，浅度市场上同等数量的交易对价格的冲击则相对较大。

价格的冲击力较小，此时市场的流动性是比较好的；反之则市场在 t 时期的流动性较差。

此外，需要注意的是，由于国内的期货市场存在涨跌停板的限制，因此当期货处在涨停状态下时，交易挂单呈现单边买入的情形，此时对于卖方来说是具备流动性的，但对于买方来说恰好相反，对于跌停状态也有类似的结论，因此在该种情形下计算出来的市场深度或者说相对市场深度不能恰当地反映市场的流动性，我们在实证部分将会去掉这部分数据。

3.2.3 流动性的决定要素——基于高阶矩的视角

Atkins 和 Dyl（1997）、Glosten 和 Harris（1988）、Menyah 和 Paudyal（2000）、以及 Gregoriou 等（2005）均认为一般可接受的买卖价差的决定变量为波动性、交易量和市场价值。然而，近年来的研究显示，偏度和峰度对买卖价差也可能存在一定的影响（Conrad 等，2009；Zhang 等，2010；Albuquerque，2012）。为此，下文将分别给出收益率、交易量、波动性、偏度和峰度的衡量指标。

（1）收益率

许多研究发现收益率也可能对期货市场的流动性产生影响。为此，作为流动性可能的决定变量，类似于 Brockman 和 Chung（2002）的研究，本文给出的收益率的衡量指标为

$$Return_t = \ln(p_t) - \ln(p_{t-1}) \tag{3.11}$$

其中，p_t 为 t 时期期货交易的收盘价格。

（2）交易量

现有文献研究显示交易量能够对期货或期权买卖价差产生影响（Ding，1999；Mayhew，2002；Cai 等，2004），可以作为流动性的决定变量。与 Bortoli 等（2006）、Frino 等（2008）、Frino 等（2010）、Lepone 和 Yang（2011）相一致，本文的交易量表示为

$$Volume_t = \ln(TotalVolume_t) \tag{3.12}$$

其中，$TotalVolume_t$ 为 t 时期的交易量。本文的交易量将采用 30 分钟内所有交易的交易量总和来计算的。

（3）波动性

现有文献已经证明波动性是影响期货或期权流动性的又一决定变量（Ding，1999；Huang，2004）。与 Harris（1994）、Bortoli 等（2006）、Alampieski

和 Lepone（2009）、Lepone 和 Yang（2011）的基于最高、最低价格对数差分的波动性刻画类似，本文的波动性测度将计算每 1 分钟内的最高价与最低价的对数差分以表示波动性，并以此计算 30 分钟内的平均波动性。

$$\text{Volatility}_t = \frac{\sum_{i=1}^{N} \ln P_{\text{high},i,t} - \ln P_{\text{low},i,t}}{N} \qquad (3.13)$$

其中，$P_{\text{high},i,t}$ 为 t 时期的第 i 分钟内最高的交易价格，$P_{\text{low},i,t}$ 为 t 时期第 i 分钟内最低的交易交割，N 为 t 时期分钟数，在本文中为 30 分钟。

（4）偏度

现有研究多停留在理论方面（Bakshi 等，2003；Conrad 等，2009；Zhang 等，2010；Albuquerque，2012），实用性相对较差。为此，不同于之前的文献所界定的偏度，本文将采用更为直观的和常用的偏度的界定方式。[①]

$$\text{Skewness}_t = \frac{N}{(N-1)(N-2)} \sum_{i=1}^{N} \left(\frac{R_{i,t} - \overline{R}_t}{\sigma_t} \right)^3 \qquad (3.14)$$

其中，$R_{i,t}$ 为 t 时期的第 i 分钟的收益率，$\overline{R}_t$ 为 t 时期所有分钟收益率的平均值，N 为 t 时期的分钟数，σ_t 为 t 时期内所有分钟收益的标准差。

偏度的含义是指价格变量的分布曲线是有一定偏斜度的，从分布的尾部表现来看，常表现出尾部的厚与薄，能够捕捉非对称跳跃的大小（Yoon 和 Byun，2009）。若偏度为零，表示价格变量的概率分布是对称的；若偏度为负，也称为负偏态，表示概率分布为右偏，具有左厚尾现象，这表示大的负收益比大的正收益更容易出现；若偏度为正，也称为正偏态，表示概率分布为左偏，具有右厚尾现象，这表示大的正收益比大的负收益更容易出现。经验研究发现，金融资产的收益序列多是具有偏度的。

（5）峰度

与偏度的研究类似，利用 Bakshi 等（2003）期权隐含峰度的测度方法，Conrad 等（2009）发现期权隐含峰度与股票收益之间存在正向关系。由此，不

[①] 本文的偏度和峰度的测度方法是与 Yoon 和 Byun（2009）的偏度和峰度的测度方法相一致的，本文也是采用风险中性的测度方法，也是大家在进行统计分析常用的方法。利用这一方法所进行的测度具有如下特性：跳跃的方向（即正负方向）控制着风险中性的偏度，而跳跃的强度控制着风险中性的峰度；并且，与真实的数据分布相比，风险中性的分布通常更具波动性、左偏性和尖峰特征。

同于传统文献（Hwanga 和 Satchellb，1999；Capocci，2009）对于峰度的定义，本文将采用相对峰度的界定方式，这是为了和流动性指标保持相同的测度规模以此来提高回归因子的解释力度，用公式表示为

$$Relative\_Kurtosis_t = \frac{Kurtosis_t - 3}{3} \qquad (3.15a)$$

$$Kurtosis_t = \frac{1}{N-1} \sum_{i=1}^{N} \left(\frac{R_{i,t} - \overline{R}_t}{\sigma_t} \right)^4 \qquad (3.15b)$$

其中，$R_{i,t}$ 为 t 时期的第 i 分钟的收益率，$\overline{R}_t$ 为 t 时期所有分钟收益率的平均值，N 为 t 时期的分钟数，σ_t 为 t 时期内所有分钟收益的标准差，式（3.15b）即传统的对于峰度的定义。

峰度指价格变量分布曲线的陡缓程度。通常将峰度的概率分布与正态分布相比较来刻画尾部的厚薄程度，以捕捉价格变量跳跃的强度（Yoon 和 Byun，2009）。当峰度等于 3 时，表明价格变量的分布为正态分布；当峰度大于 3 时，表明相对于正态分布而言，价格变量的分布呈尖峰瘦腰现象，并且由于尖峰的缘故，概率分布的尾部退缩较慢，这显示该分布具有厚尾现象，即大的正负随机变量（如收益）出现的概率较大；当峰度小于 3 时，表明相对于正态分布而言，价格变量的分布呈低峰厚腰现象，这显示该分布具有薄尾现象。当然，有时我们也给出超峰度的定义，即 $K(X) - 3$。若超峰度大于零，表示该分布呈厚尾现象，反之亦然。

3.3 异常波动下期货市场流动性与其决定要素之间关系建模

从理论上说，流动性和高阶矩变量之间存在一定关系，两者之间通过市场微观结构和投资者的行为进行传导，并且在异常波动下两者的传导效应更为明显，那么我们应该如何对两者的关系进行建模呢？在 3.2 节中我们发现期货市场对不同性质消息冲击的反应存在差异，这些对于我们的建模具有哪些启示？这是本节所要讨论的话题。

3.3.1 异常波动下基于价格信息的流动性及其决定要素之间的关系

根据前文所述，我们用 MRS-SGED 来识别期货市场的异常波动和异常波动，并给出了衡量流动性的两种尺度，即，基于价格信息的买卖价差和基于交易量信息的买卖价差和市场深度。此外，我们还探讨了流动性的决定要素给给出了相应的测度方式，包括收益率、交易量、波动性、偏度以及峰度。因此在本小节中我们主要对这些变量之间的关系进行建模。

1. 不区分好坏消息的流动性与决定要素之间的关系模型

根据 3.2 节中提到的异常波动的识别方法，如果 MRS-SGED 识别出的处于状态 2 下的条件概率大于 0.5，记为 $P(s_t=2) \geqslant 0.5$，我们认为此时期货市场处在异常波动（Abnormal Volatility，AV）状态；反之，我们认为处在正常波动（Normal Volatility，NV）状态，记为 $P(s_t = 2) < 0.5$。

由前文可知，既然 Atkins 和 Dyl（1997）、Glosten 和 Harris（1988）、Menyah 和 Paudyal（2000）、Gregoriou 等（2005）均认为期货或期权市场的交易量和波动性是买卖价差的决定变量，且市场的偏度和峰度也在一定程度上影响买卖价差（Conrad 等，2009；Zhang 等，2010；Albuquerque，2012），那么，作为新兴的中国期货商品市场，买卖价差的变动在一定程度上与收益、交易量、波动率、偏度和峰度具有一定程度的联动性。为此，我们给出买卖价差及其决定变量的线性回归模型为

$$\text{Spread}_t = \begin{cases} c + \alpha \cdot \text{Return}_t + \beta \cdot \text{Volume}_t + \gamma \cdot \text{Volatility}_t + \varphi \cdot \text{Skewness}_t \\ \tilde{c} + \tilde{\alpha} \cdot \text{Return}_t + \tilde{\beta} \cdot \text{Volume}_t + \tilde{\gamma} \cdot \text{Volatility}_t + \tilde{\varphi} \cdot \text{Skewness}_t \end{cases}$$

$$\begin{cases} + \kappa \cdot \text{Kurtosis}_t + \varepsilon_t & \text{when} \quad P(s_t = 2) \geqslant 0.5 \\ + \tilde{\kappa} \cdot \text{Kurtosis}_t + \varepsilon_t & \text{when} \quad P(s_t = 2) < 0.5 \end{cases} \quad (3.16)$$

其中，Spread_t 为 t 时段所有买卖价差的均值，Return_t 为 t 时段的收益，Volume_t 为 t 时段交易量，Volatility_t 为 t 时段的波动率，Skewness_t 为 t 时段偏度每分钟收益的偏度，Kurtosis_t 为 t 时段每分钟收益的峰度[①]。

2. 区分好坏消息下的流动性与决定要素之间的关系模型

我们知道，好的消息和坏的消息在期货市场中的传播（也称之为消息到达）是不完全一样的，而交易者对它们的反应也是存在差异的。也就是说，好的消息和坏的消息在期货市场的传递中往往具有非对称性（Perrakis 和 Khoury，

---

① 具体计算公式见 3.2.3 节。

1998；Thomakos 等，2008）那么，在好消息或者坏消息出现时，期货市场的收益、交易量、波动性、偏度和峰度对日内买卖价差的影响关系到底是怎样的？是否存在明显的非对称性？这一问题尚需论证。为此，我们给出基于好消息和坏消息条件下的买卖价差与其决定变量之间的线性回归模型为

$$\text{Spread}_t = \begin{cases} c + \alpha_+ \cdot \text{Return}_t^+ + \alpha_- \cdot \text{Return}_t^- + \beta_+ \cdot \text{Volume}_t^+ + \beta_- \cdot \text{Volume}_t^- \\ \tilde{c} + \tilde{\alpha}_+ \cdot \text{Return}_t^+ + \tilde{\alpha}_- \cdot \text{Return}_t^- + \tilde{\beta}_+ \cdot \text{Volume}_t^+ + \tilde{\beta}_- \cdot \text{Volume}_t^- \end{cases}$$

$$\begin{cases} + \gamma_+ \cdot \text{Volatility}_t^+ + \gamma_- \cdot \text{Volatility}_t^- + \varphi_+ \cdot \text{Skewness}_t^+ + \varphi_- \cdot \text{Skewness}_t^- \\ + \tilde{\gamma}_+ \cdot \text{Volatility}_t^+ + \tilde{\gamma}_- \cdot \text{Volatility}_t^- + \tilde{\varphi}_+ \cdot \text{Skewness}_t^+ + \tilde{\varphi}_- \cdot \text{Skewness}_t^- \end{cases}$$

$$\begin{cases} + \kappa_+ \cdot \text{Kurtosis}_t^+ + \kappa_- \cdot \text{Kurtosis}_t^- + \varepsilon_t & \text{when} \quad P(s_t = 2) \geqslant 0.5 \\ + \tilde{\kappa}_+ \cdot \text{Kurtosis}_t^+ + \tilde{\kappa}_- \cdot \text{Kurtosis}_t^- + \varepsilon_t & \text{when} \quad P(s_t = 2) < 0.5 \end{cases} \quad (3.17)$$

其中，Spread_t 为 t 时段的买卖价差，Return_t^+ 和 Return_t^- 分别为 t 时段的正收益和负收益，Volume_t^+ 和 Volume_t^- 分别为 t 时段在正收益和负收益条件下的交易量，Volatility_t^+ 和 Volatility_t^- 分别为 t 时段在正收益和负收益条件下的波动率，Skewness_t^+ 和 Skewness_t^- 分别为 t 时段在正收益和负收益条件下的偏度，Kurtosis_t^+ 和 Kurtosis_t^- 分别为 t 时段在正收益和负收益条件下的峰度。

3.3.2 异常波动下基于交易量信息的流动性及其决定要素之间的关系

1. 不区分好坏消息的流动性与决定要素之间的关系模型

与构建基于价格信息的流动性及其决定变量之间内在关系模型相类似，下文将构建基于交易量信息的流动性及其决定变量之间内在关系的线性回归模型。

$$\text{Depth}_t = \begin{cases} c + \alpha \cdot \text{Return}_t + \beta \cdot \text{Volume}_t + \gamma \cdot \text{Volatility}_t + \varphi \cdot \text{Skewness}_t \\ \tilde{c} + \tilde{\alpha} \cdot \text{Return}_t + \tilde{\beta} \cdot \text{Volume}_t + \tilde{\gamma} \cdot \text{Volatility}_t + \tilde{\varphi} \cdot \text{Skewness}_t \end{cases}$$

$$\begin{cases} + \kappa \cdot \text{Kurtosis}_t + \varepsilon_t & \text{when} \quad P(s_t = 2) \geqslant 0.5 \\ + \tilde{\kappa} \cdot \text{Kurtosis}_t + \varepsilon_t & \text{when} \quad P(s_t = 2) < 0.5 \end{cases} \quad (3.18)$$

其中，Depth_t 为 t 时段所有买卖价差的均值，Return_t 为 t 时段的收益，Volume_t 为 t 时段交易量，Volatility_t 为 t 时段的波动率，Skewness_t 为 t 时段偏度每分钟收益的偏度，Kurtosis_t 为 t 时段每分钟收益的峰度。

2. 区分好坏消息的流动性与决定要素之间的关系模型

类似于我们构建的区分好坏消息条件下决定变量对基于价格信息的流动性的影响关系模型，下文也给出了基于好消息和坏消息条件下的市场深度与其决定变量之间的线性回归模型。

$$
\text{Depth}_t = \begin{cases} c + \alpha_+ \cdot \text{Return}_t^+ + \alpha_- \cdot \text{Return}_t^- + \beta_+ \cdot \text{Volume}_t^+ + \beta_- \cdot \text{Volume}_t^- \\ \tilde{c} + \tilde{\alpha}_+ \cdot \text{Return}_t^+ + \tilde{\alpha}_- \cdot \text{Return}_t^- + \tilde{\beta}_+ \cdot \text{Volume}_t^+ + \tilde{\beta}_- \cdot \text{Volume}_t^- \end{cases}
$$

$$
\begin{cases} + \gamma_+ \cdot \text{Volatility}_t^+ + \gamma_- \cdot \text{Volatility}_t^- + \varphi_+ \cdot \text{Skewness}_t^+ + \varphi_- \cdot \text{Skewness}_t^- \\ + \tilde{\gamma}_+ \cdot \text{Volatility}_t^+ + \tilde{\gamma}_- \cdot \text{Volatility}_t^- + \tilde{\varphi}_+ \cdot \text{Skewness}_t^+ + \tilde{\varphi}_- \cdot \text{Skewness}_t^- \end{cases}
$$

$$
\begin{cases} + \kappa_+ \cdot \text{Kurtosis}_t^+ + \kappa_- \cdot \text{Kurtosis}_t^- + \varepsilon_t & \text{when} \quad P(s_t = 2) \geqslant 0.5 \\ + \tilde{\kappa}_+ \cdot \text{Kurtosis}_t^+ + \tilde{\kappa}_- \cdot \text{Kurtosis}_t^- + \varepsilon_t & \text{when} \quad P(s_t = 2) < 0.5 \end{cases} \quad (3.19)
$$

其中，Depth_t 为 t 时段的买卖价差，Return_t^+ 和 Return_t^- 分别为 t 时段的正收益和负收益，Volume_t^+ 和 Volume_t^- 分别为 t 时段在正收益和负收益条件下的交易量，Volatility_t^+ 和 Volatility_t^- 分别为 t 时段在正收益和负收益条件下的波动率，Skewness_t^+ 和 Skewness_t^- 分别为 t 时段在正收益和负收益条件下的偏度，Kurtosis_t^+ 和 Kurtosis_t^- 分别为 t 时段在正收益和负收益条件下的峰度。

3.3.3 流动性溢价的建模

3.3.2 节讨论的是中国商品期货市场的流动性与其决定变量之间的关系。但对于流动性自身来说，它对期货市场的收益到底有何影响？是否存在流动性溢价？为此，本部分将研究极端波动条件下的流动性溢价关系。本部分将首先给出异常波动条件下不区分好坏消息的流动性溢价模型，然后再研究区分好坏消息的流动性溢价模型。

1. 不区分好坏消息的流动性溢价建模

（1）基于价格的流动性指标

不区分好坏消息下基于价格信息的流动性溢价模型为

$$
\text{Return}_t = \begin{cases} \alpha + \beta \cdot \text{Spread}_t + \varepsilon_t & P(s_t = 2) \geqslant 0.5 \\ \tilde{\alpha} + \tilde{\beta} \cdot \text{Spread}_t + \varepsilon_t & P(s_t = 2) < 0.5 \end{cases} \quad (3.20\text{a})
$$

其中，Return_t 为 t 时期的收益，Spread_t 为 t 时期的买卖价差。

（2）基于交易量的流动性指标

不区分好坏消息下基于交易量信息的流动性溢价模型为

$$Return_t = \begin{cases} \alpha + \beta \cdot Depth_t + \varepsilon_t & P(s_t = 2) \geqslant 0.5 \\ \tilde{\alpha} + \tilde{\beta} \cdot Depth_t + \varepsilon_t & P(s_t = 2) < 0.5 \end{cases} \quad （3.20b）$$

其中，$Return_t$ 为 t 时期的收益，$Depth_t$ 为 t 时期的市场深度。

（3）基于价格和交易量的综合性流动性指标

基于不区分好坏消息的基于价格和交易量综合信息的流动性溢价模型为

$$Return_t = \begin{cases} \alpha + \beta \cdot Liquidity_t^{PV} + \varepsilon_t & P(s_t = 2) \geqslant 0.5 \\ \tilde{\alpha} + \tilde{\beta} \cdot Liquidity_t^{PV} + \varepsilon_t & P(s_t = 2) < 0.5 \end{cases} \quad （3.20c）$$

其中，$Return_t$ 为 t 时期的收益，$Liquidity_t^{PV} = Spread_t / Depth_t$，其中 $Spread_t$ 为 t 时期的买卖价差、$Depth_t$ 为 t 时期的市场深度。值得注意的是该指标越小，流动性越好。

2. 区分好坏消息的流动性溢价建模

（1）基于价格的流动性指标

区分好坏消息下基于价格信息的流动性溢价模型为

$$Return_t = \begin{cases} \alpha + \beta^+ \cdot Spread_t^+ + \beta^- \cdot Spread_t^- + \varepsilon_t & P(s_t = 2) \geqslant 0.5 \\ \tilde{\alpha} + \tilde{\beta}^+ \cdot Spread_t^+ + \tilde{\beta}^- \cdot Spread_t^- + \varepsilon_t & P(s_t = 2) < 0.5 \end{cases} \quad （3.21a）$$

其中，$Return_t$ 为 t 时期的收益，$Spread_t^+$ 和 $Spread_t^-$ 分别为 t 时期好消息和坏消息条件下的市场深度。

（2）基于交易量的流动性指标

区分好坏消息下基于交易量信息的流动性溢价模型为

$$Return_t = \begin{cases} \alpha + \beta^+ \cdot Depth_t^+ + \beta^- \cdot Depth_t^- + \varepsilon_t & P(s_t = 2) \geqslant 0.5 \\ \tilde{\alpha} + \tilde{\beta}^+ \cdot Depth_t^+ + \tilde{\beta}^- \cdot Depth_t^- + \varepsilon_t & P(s_t = 2) < 0.5 \end{cases} \quad （3.21b）$$

其中，$Return_t$ 为 t 时期的收益，$Depth_t^+$ 和 $Depth_t^-$ 分别为 t 时期好消息和坏消息条件下的市场深度。

（3）基于价格和交易量的综合性流动性指标

区分好坏消息下基于交易量信息的流动性溢价模型为

$$Return_t = \begin{cases} \alpha + \beta^+ \cdot Liquidity_t^{PV+} + \beta^- \cdot Liquidity_t^{PV-} + \varepsilon_t & P(s_t = 2) \geqslant 0.5 \\ \tilde{\alpha} + \tilde{\beta}^+ \cdot Liquidity_t^{PV+} + \tilde{\beta}^- \cdot Liquidity_t^{PV-} + \varepsilon_t & P(s_t = 2) < 0.5 \end{cases} \quad （3.21c）$$

其中，Return_t 为 t 时期的收益，Liquidity_t^{PV+} 和 Liquidity_t^{PV-} 分别为 t 时期好消息和坏消息条件下的基于价格和交易量综合信息的流动性指标。

3.3.4 流动性指标的选择

同一期货品种的买卖价差和市场深度本质上衡量的都是流动性，因此我们预期两者在长期来看将维持一个均衡关系，但在短期内又存在一定的偏离。即，买卖价差与市场深度之间有共同的变化趋势，我们将这一共同的趋势称为共因子，它代表了两个指标所隐含的共同的流动性。从理论上来说，由于买卖价差和市场深度尤其是对同一品种来说，衡量的都是流动性，因此两者之间应该具有一种协整关系。但两者一个是基于价格来衡量的，一个是基于交易量来衡量的，都不是市场最真实流动性的反映。我们希望通过协整关系来找出两者共同的流动性趋势，并假设这种共同趋势可以更加真实地代表市场实际的流动性，然后，我们再用 MIS 模型来考察两者对于共同流动性的贡献比例，以此来确定最合适的流动性指标。为了与本文的主题保持一致，我们也区分了异常波动和正常波动两种情形。

1. 买卖价差和市场深度的协整关系和 VECM

对于不平稳的时间序列，需要将通过差分的方法将其转化为平稳序列之后，才可以建立经典的回归分析模型。Davidson 等（1978）提出了误差修正模型的基本形式——DHSY 模型。Engle 和 Granger（1987）提出的协整理论又为非平稳序列的建模提供了一种很好的方法。Engle 和 Granger 还将协整与误差修正模型结合起来，从而建立了向量误差修正模型（vector error correction model，VECM）。在假设买卖价差和市场深度两者之间满足协整关系的前提下，两者的 VECM 基本形式如式（3.22）所示。

$$\Delta\text{Liquidity}_t = \begin{cases} \alpha \cdot \text{ecm}_{t-1} + \sum_{i=1}^{M} A_i \cdot \Delta\text{Liquidity}_{t-i} + u_t & \text{when} \quad P(s_t = 2) \geqslant 0.5 \\ \tilde{\alpha} \cdot \text{ecm}_{t-1} + \sum_{i=1}^{M} \tilde{A}_i \cdot \Delta\text{Liquidity}_{t-i} + u_t & \text{when} \quad P(s_t = 2) < 0.5 \end{cases}$$

$$\text{Where,} \quad \text{Liquidity}_t = \begin{pmatrix} \text{Spread}_t \\ \text{Depth}_t \end{pmatrix} \qquad (3.22)$$

其中，Liquidity_t 表示由 Spread_t 和 Depth_t 共同组成的流动性向量，M 是模型的

滞后阶数[①]。ecm_{t-1} 是模型的误差修正项，能够反映变量之间的长期均衡关系。α 是误差修正项的系数向量，反映了变量之间偏离长期均衡状态时，将其调整到均衡状态的调整速度。A_i 则表示了模型在短期的调整项。

2. 买卖价差和市场深度的 MIS 模型

在上述 VECM 模型的基础上，Hasbrouck（1995）建立了信息份额模型 IS，用来测量每个市场的新息（innovation）对公共因子方差的贡献度，从而解释该市场在价格发现方面的能力。Lien 和 Shrestha（2009）改变了新息方差分解的方法，以相关阵为基础进行运算，建立了修正信息份额模型（modified information share，MIS）。

因此，买卖价差对应的 MIS_s 可以表示为

$$MIS_s = \frac{([\psi F^*]_s)^2}{\psi \cdot \Omega \cdot \psi'} \tag{3.23a}$$

同理，市场深度对应的 MIS_d 可以表示为

$$MIS_d = \frac{([\psi F^*]_d)^2}{\psi \cdot \Omega \cdot \psi'} \tag{3.23b}$$

其中，F^* 对修正后的矩阵 F，$([\psi F^*]_s)$ 表示矩阵 ψF^* 中买卖价差所对应的分量，以这种方法求得的 MIS 模型保留了 IS 模型的基本原理，但通过改变因子分解的方法使得同一流动性指标的信息份额不会因为排列顺序的改变而改变。便于更好地判断某一流动性指标对于共同流动性趋势（市场真实流动性）的贡献。

3.4 异常波动下期货市场流动性与其决定要素的统计特征

在对模型进行实证研究之前，往往需要先研究所涉及变量的统计特征，本文也不例外。根据前面的讨论，期货市场在异常波动和正常波动下，以及好消息和坏消息下所反映的信息内涵存在较大差异，因此本文区分了这四种情形，

---

① 我们通常用 AIC 或者 BIC 准则来确定模型最优的滞后阶数。

并给出了不同情形下各变量的统计特征。

3.4.1　数据选择

本文所研究的期货合约主要是三大商品期货交易所交易最活跃的前五个品种，具体包括上海期货交易所（SFE）的铜（cu）、铝（al）、黄金（au）、锌（zn）和橡胶（ru）期货，郑州商品交易所（ZCE）的棉花（CF）、PTA（TA）、菜籽油（OI）、白糖（SR）和甲醇（MA）期货，以及大连商品交易所（DCE）的豆粕（m）、豆油（y）、玉米（c）、焦炭（j）和铁矿石（i）期货作为研究的代表。之所以选择这些期货品种，主要是因为这些期货交易时间较长、市场比较活跃、交易量较大，并具有较大的影响力。同时，鉴于中国商品期货合约指令订单簿行情数据的非连续性[①]，本文总体上选择了主力合约的 30 分钟数据，并在每 30 分钟内以 1 分钟为频率计算平均收益、流动性指标和高阶矩变量，其时间跨度为 2013 年 1 月 1 日至 2017 年 12 月 31 日[②]。

3.4.2　期货市场异常波动识别的实证结果

根据识别异常波动的 MRS-SGED 模型，利用极大似然参数估计方法，本部分对中国各个商品期货市场以及金融期货市场 30 分钟时间序列进行了异常波动的识别。在模型拟合阶段中，每个品种大概有 7000～10000 个样本，因为有些品种的上市日期较晚，比如铁矿石的上市日期为 2013 年 10 月 18 日，晚于我们选取样本时间跨度的起始日期。本文所用软件为 Matlab 2015b 版本，并且借助于 Marcelo Perlin（2015）发布的 MRS 程序包来估计模型参数。为了阅读的方便，在 3.4.2 节部分，本文只列出每个期货交易所的一个代表性期货品种的收益率数据以及通过模型识别出来的处于异常波动情形下的概率，分别是上海期货交易所的铜期货（au），大连商品交易所的玉米期货（c）和郑州商品交易所的棉花期货（CF），具体结果如图 3-1 所示。可以明显地看出，MRS-SGED

---

① 在买卖价差与订单数量的选择中，不同于做市商制度下的数据生成方式，指令驱动市场是以指令簿报价为基础的。在指令簿报价中，只要没有成交，报价者就不承担任何责任，因而，越远的报价越不可信（如买五和卖五）。为此，为避免可能存在的虚假报价，本文选择最近的买卖报价与订单数量，即选择买一和卖一的最优报价及其订单数量。

② 各个期货合约的具体交易时间为 8:55—9:00 为集合竞价时间；9:00—11:30 为上午交易时间；13:00—15:00 为下午交易时间，在本文中暂不考虑夜盘交易。

模型很好地识别了收益率的异常波动情形；并且，异常波动呈现出稀疏性、非对称性和异常波动时期下的集聚效应。

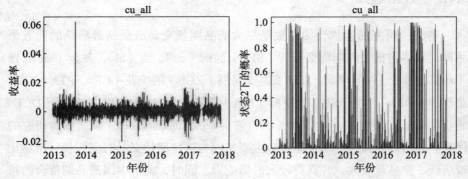

图 3-1(a)　铜期货市场收益率和处于异常波动的概率[①]

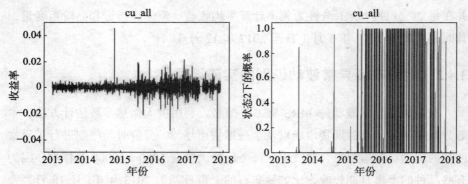

图 3-1(b)　玉米期货市场收益率和处于异常波动的概率

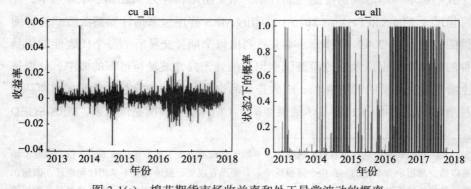

图 3-1(c)　棉花期货市场收益率和处于异常波动的概率

　　[①] 期货处于异常波动下的概率即用 MSR-SGED 模型估计出来的处于状态 2 下的条件概率，本文所用的估计程序为 Perlin（2015）发布的 matlab 程序包。

3.4.3　不同条件下流动性和其决定要素的基本统计特征

1. 流动性的基本统计特征

（1）基于价格信息和交易量信息的流动性变动

图 3-2 给出了中国商品期货市场每 30 分钟的流动性变动情况，同样，为了阅读的方便，我们只给出上海期货交易所的铜期货（au）、大连商品交易所的玉米期货（c）和郑州商品交易所的棉花期货（CF）的买卖价差和市场深度变动图。总体上看，基于价格信息的买卖价差指标与基于交易量信息的市场深度指标的变动强度虽然并不完全相一致，但仍具有较强的相关性，这也意味着买卖价差和市场深度之间具有一定程度的同步关系。并且买卖价差的波动性明显要小于市场深度，这与两者对流动性的衡量方式有关。

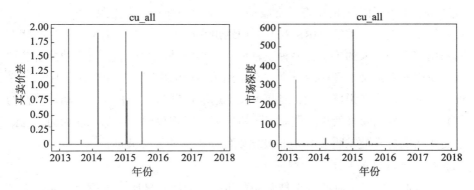

图 3-2(a)　铜期货的买卖价差和市场深度

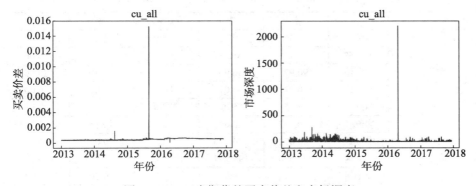

图 3-2(b)　玉米期货的买卖价差和市场深度

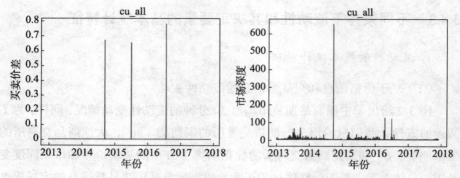

图 3-2(c)　棉花期货的买卖价差和市场深度

此外，通过将 3.4.2 节中的各个期货品种处于异常波动情形下的概率与本文中的两大流动性指标变动图相比较，我们可以发现，市场处于异常波动情形时以市场深度测量的流动性指标的确会同时出现急剧的变化，但并不是通过 MRS-SGED 识别出来的所有异常波动情形下流动性都会发生急剧变化。因此，我们需要修改一下关于 MRS-SGED 识别出来的市场情形的定义。通过两状态的该模型识别出来的更多是一种正常波动和异常波动的情形，而这种异常波动远非我们通常意义上理解的异常波动，因为 MRS 模型本质上赋予了序列的一种时间依赖性或者说持续性，因此本文所用的模型对于具有强调波动持续性的研究具有很好的解释效果，但对于价格序列跳跃现象的识别却无能为力，因此本文所指的异常波动更多的是非极端事件冲击下的异常波动。

（2）流动性的基本统计特征

表 3-1 给出了上海期货交易所、郑州商品期货交易所和大连商品期货交易

表 3-1(a)　上海期货交易所期货品种买卖价差和市场深度的基本统计量

		铜	铝	黄金	锌	橡胶
市场深度	均值	0.36	2.75	1.00	1.48	0.28
	中位数	0.14	1.38	0.46	0.38	0.06
	最大值	590.97	286.90	144.96	159.30	186.66
	最小值	0.01	0.01	0.01	0.01	0.00
	标准差	7.45	5.02	2.80	3.40	3.93
买卖价差	均值	0.127	0.091	0.098	0.154	0.368
	中位数	0.022	0.040	0.020	0.033	0.036
	最大值	197.500	199.897	199.444	155.528	199.111
	最小值	0.014	0.013	0.004	0.001	0.000
	标准差	4.047	2.759	3.658	3.626	7.007
样本量		8293	7962	8312	8283	8286

表 3-1(b)　郑州商品期货交易所期货品种买卖价差和市场深度的基本统计量

		棉花	PTA	菜籽油	白糖	甲醇
市场深度	均值	1.75	1.69	0.95	0.31	0.90
	中位数	0.60	0.35	0.47	0.19	0.33
	最大值	652.48	2847.34	152.03	162.80	342.05
	最小值	0.02	0.00	0.02	0.00	0.00
	标准差	7.94	43.04	3.15	2.10	8.92
买卖价差	均值	0.061	0.495	0.203	0.209	0.392
	中位数	0.036	0.038	0.033	0.019	0.045
	最大值	77.799	199.981	197.000	199.829	199.145
	最小值	0.001	0.000	0.001	0.000	0.007
	标准差	1.304	8.529	5.169	5.884	7.067
样本量		8685	8767	9020	8762	2974

表 3-1(c)　大连商品期货交易所期货品种买卖价差和市场深度的基本统计量

		玉米	豆粕	豆油	铁矿石	焦炭
市场深度	均值	10.86	1.01	0.73	11.51	3.81
	中位数	3.89	0.38	0.32	2.00	0.86
	最大值	274.97	204.52	293.95	957.89	417.94
	最小值	0.03	0.01	0.02	0.02	0.01
	标准差	17.28	3.76	4.68	31.91	11.36
买卖价差	均值	0.052	0.046	0.213	0.860	0.243
	中位数	0.046	0.035	0.033	0.122	0.066
	最大值	1.526	85.746	197.658	197.930	199.410
	最小值	0.013	0.000	0.002	0.000	0.000
	标准差	0.019	0.925	5.313	9.963	4.682
样本量		8766	8770	8772	7254	8765

所各主力期货品种市场深度的基本统计量，主要包括均值、中位数、最大值、最小值和标准差。我们可以发现，无论是用买卖价差来衡量流动性还是以市场深度来衡量，各个品种流动性指标的中位数均显著小于均值，这说明市场深度受极值的影响非常严重，这可能和我国期货市场存在涨跌停板的缘故有关，当价格由于受到限制不能充分反映信息的时候，过多的挂单量就会单边集中于某一价格水平上，导致计算出来的买卖价差或市场深度也过大。此外我们可以看到，当我们用相对市场深度代替传统的绝对市场深度的时候，两者计算出来的

数量级大体一致，且标准差非常接近，这也支持了本文用相对市场深度指标的可靠性。

表 3-2 分别给出了上海期货交易所、郑州商品交易所和大连商品交易所各主力期货品种通过 MRS-SGED 模型识别出来的基于正常波动和异常波动条件下市场深度的基本统计量，同样包括均值、中位数、最大值、最小值和标准差。Ho 和 Stoll（1981）、Copeland 和 Galai（1983）、Amihud 和 Mendelson（1987）

表 3-2(a)　上海期交所期货品种区分正常和异常波动条件下流动性指标的基本统计量

		铜		铝		黄金		锌		橡胶	
		正常	异常	正常	异常	正常	异常	正常	异常	正常	异常
市场深度	均值	0.31	0.44	4.42	0.84	1.29	0.97	2.78	0.35	0.18	0.37
	中位数	0.19	0.08	3.26	0.30	0.70	0.42	1.48	0.11	0.07	0.04
	最大值	32.62	590.97	102.25	286.90	138.83	144.96	49.81	159.30	113.00	186.66
	最小值	0.02	0.01	0.12	0.01	0.03	0.01	0.03	0.01	0.01	0.00
	标准差	0.60	12.45	4.49	4.88	2.56	2.74	3.67	2.66	1.83	5.22
买卖价差	均值	0.058	0.250	0.041	0.148	0.055	0.101	0.035	0.257	0.193	0.537
	中位数	0.022	0.024	0.040	0.039	0.020	0.019	0.035	0.030	0.036	0.037
	最大值	190.758	197.500	0.294	199.897	199.444	199.333	0.099	155.528	197.541	199.111
	最小值	0.017	0.014	0.032	0.013	0.004	0.006	0.020	0.001	0.020	0.000
	标准差	2.605	5.799	0.007	4.014	2.681	3.591	0.003	4.947	5.151	8.418
样本量		5362	2955	4253	3759	5531	5543	3856	4446	4141	4187

表 3-2(b)　郑州期交所期货品种区分正常和异常波动条件下流动性指标的基本统计量

		棉花		PTA		菜籽油		白糖		甲醇	
		正常	异常	正常	异常	正常	异常	正常	异常	正常	异常
市场深度	均值	2.80	0.69	0.86	2.47	1.16	0.66	0.30	0.31	0.92	0.89
	中位数	1.56	0.26	0.50	0.26	0.71	0.28	0.22	0.13	0.69	0.22
	最大值	65.75	652.48	580.62	2847.34	29.08	152.03	28.41	162.80	21.89	342.05
	最小值	0.07	0.02	0.04	0.00	0.02	0.02	0.00	0.01	0.07	0.00
	标准差	3.94	10.35	8.94	59.38	1.45	4.49	0.51	3.77	1.02	11.13
买卖价差	均值	0.035	0.086	0.139	0.831	0.036	0.427	0.243	0.123	0.055	0.582
	中位数	0.035	0.036	0.038	0.038	0.033	0.033	0.019	0.021	0.051	0.043
	最大值	0.058	77.799	198.874	199.981	0.504	197.000	199.829	140.596	0.199	199.145
	最小值	0.025	0.001	0.023	0.000	0.020	0.001	0.009	0.000	0.034	0.007
	标准差	0.006	1.833	3.921	11.249	0.018	7.900	6.685	3.053	0.018	8.829
样本量		4356	4394	4314	4508	5259	3856	6246	2593	1071	1903

表 3-2(c)　大连期交所期货品种区分正常和异常波动条件下流动性指标的基本统计量

		玉米		豆粕		豆油		铁矿石		焦炭	
		正常	异常	正常	异常	正常	异常	正常	异常	正常	异常
市场深度	均值	17.15	2.12	1.16	0.60	2.19	0.68	18.19	4.25	5.39	1.13
	中位数	10.38	0.98	0.51	0.16	0.40	0.16	7.50	0.43	1.93	0.10
	最大值	274.97	89.49	204.52	116.90	9404.46	198.86	474.86	957.89	371.78	417.94
	最小值	0.15	0.03	0.03	0.01	0.03	0.02	0.09	0.02	0.01	0.01
	标准差	19.75	4.94	3.73	3.80	116.69	6.39	33.35	28.14	11.99	9.56
买卖价差	均值	0.045	0.061	0.035	0.075	0.079	0.586	0.789	0.908	0.178	0.350
	中位数	0.043	0.062	0.035	0.035	0.033	0.033	0.140	0.113	0.068	0.060
	最大值	0.161	1.526	0.046	85.746	197.658	196.998	194.526	197.930	151.381	199.410
	最小值	0.039	0.013	0.001	0.000	0.002	0.004	0.026	0.000	0.000	0.012
	标准差	0.006	0.024	0.004	1.767	2.772	9.245	9.149	10.586	3.580	6.074
样本量		5305	3882	6400	2399	6500	2308	3753	3622	5518	3290

发现波动性与买卖价差呈现正相关性；而 Brockman 和 Chung（1999）发现市场深度与波动性呈现负相关性，这些都表明流动性本身与波动性呈现负相关性。我们的实证结果表明事实确实如此，以市场深度的中位数指标为标准，在异常波动条件下，所有期货品种市场深度明显减小，即流动性变差，但以买卖价差衡量的流动性在异常波动情况下中位数也在减小，但变化的幅度并不明显。我们再来看流动性指标的标准差，除了白糖期货的买卖价差以外，所有期货品种无论是市场深度还是买卖价差的标准差在异常波动时期均显著增大。总而言之，绝大部分期货品种的流动性指标在异常波动时期会减小，即流动性变差，但流动性指标的波动率上升，符合我们的预期。

　　表 3-3 分别给出了上海期货交易所、郑州商品交易所和大连商品交易所各主力期货品种基于好消息和坏消息条件下买卖价差和市场深度的基本统计量，主要包括均值、中值、最大值、最小值和标准差。从中位数指标来看，我们发现所有的期货品种无论是以买卖价差衡量的流动性还是以市场深度衡量的流动性在好消息和坏消息情况下差别不大，在数值上几乎一致，说明消息的性质并不会对市场流动性的水平造成影响。从标准差指标来看，我们发现市场深度的标准差在好坏消息下变化并不一致，既有期货品种在好消息情形下增大，也有期货品种在坏消息情形下增大，两者之中并没有哪一类在数量上占绝对优势。但是如果我们看以买卖价差衡量的流动性指标，却可发现绝大部分期货品

种（仅除甲醇以外）在坏消息时期买卖价差的波动率是显著增大的，这与佟孟华（2009）的观点相一致，他们都认为当市场处于下降行情时，投资者对未来预期的不确定性增加，因此市场流动性的波动性也会增加。以上发现表明，中国商品期货市场的流动性在好消息和坏消息条件下的运作机制是不同的，并且流动性的两种刻画指标——买卖价差和市场深度在好消息和坏消息下的统计特征存在一定程度的非对称特征，不如在区分异常波动和正常波动时的对称性强。

表 3-3(a)　上海期交所期货品种区分好消息和坏消息条件下流动性指标的基本统计量

		铜		铝		黄金		锌		橡胶	
		好消息	坏消息	好消息	坏消息	好消息	坏消息	好消息	坏消息	好消息	坏消息
市场深度	均值	0.24	0.39	2.44	2.62	0.99	1.01	1.46	1.39	0.27	0.21
	中位数	0.14	0.14	1.26	1.31	0.48	0.45	0.36	0.39	0.06	0.06
	最大值	16.70	590.97	41.51	286.90	144.96	138.83	159.30	49.81	123.26	138.32
	最小值	0.01	0.01	0.01	0.02	0.01	0.01	0.01	0.01	0.00	0.01
	标准差	0.41	9.28	3.31	5.64	2.73	2.88	3.75	2.65	3.58	2.72
买卖价差	均值	0.062	0.098	0.067	0.118	0.078	0.118	0.108	0.117	0.133	0.498
	中位数	0.022	0.022	0.040	0.040	0.020	0.020	0.033	0.033	0.036	0.036
	最大值	123.887	193.045	99.155	199.897	136.211	199.444	139.722	155.528	197.541	199.111
	最小值	0.017	0.014	0.013	0.030	0.004	0.005	0.001	0.019	0.000	0.019
	标准差	1.969	3.296	1.632	3.584	2.730	4.433	2.678	2.952	3.530	8.110
样本量		4235	4057	3686	3952	4261	4043	4123	4104	4023	4262

表 3-3(b)　郑州期交所期货品种区分好消息和坏消息条件下流动性指标的基本统计量

		棉花		PTA		菜籽油		白糖		甲醇	
		好消息	坏消息	好消息	坏消息	好消息	坏消息	好消息	坏消息	好消息	坏消息
市场深度	均值	1.75	1.57	2.21	0.98	0.91	0.91	0.36	0.26	0.62	0.77
	中位数	0.56	0.61	0.35	0.35	0.47	0.47	0.19	0.19	0.33	0.32
	最大值	652.48	65.75	2847.34	1037.67	152.03	126.20	162.80	8.57	49.83	250.88
	最小值	0.02	0.02	0.00	0.00	0.02	0.02	0.00	0.00	0.00	0.04
	标准差	10.69	2.95	58.17	17.33	2.61	2.88	2.98	0.28	2.04	6.83
买卖价差	均值	0.036	0.085	0.210	0.651	0.110	0.174	0.163	0.252	0.266	0.308
	中位数	0.035	0.036	0.038	0.038	0.034	0.033	0.019	0.019	0.045	0.045
	最大值	0.056	77.799	199.981	199.981	160.283	185.669	199.829	199.829	199.145	191.028
	最小值	0.001	0.014	0.000	0.002	0.006	0.009	0.000	0.015	0.012	0.021
	标准差	0.006	1.828	4.841	9.925	2.932	4.735	4.885	6.680	5.812	5.714

表 3-3(c)　　大连期交所期货品种基于好消息和坏消息条件下流动性指标的基本统计量

		玉米		豆粕		豆油		铁矿石		焦炭	
		好消息	坏消息	好消息	坏消息	好消息	坏消息	好消息	坏消息	好消息	坏消息
市场深度	均值	10.50	10.60	1.04	0.97	0.63	0.73	11.66	10.67	3.55	3.78
	中位数	3.75	3.76	0.38	0.39	0.31	0.32	1.85	2.07	0.77	0.92
	最大值	234.66	274.97	4.43	82.86	116.26	293.95	957.89	437.02	371.78	417.94
	最小值	0.03	0.03	27.48	0.01	0.02	0.02	0.02	0.02	0.01	0.01
	标准差	16.85	17.01	1098.43	2.78	2.26	5.08	35.04	25.66	10.43	11.05
买卖价差	均值	0.052	0.052	0.034	0.057	0.084	0.245	0.507	0.888	0.115	0.274
	中位数	0.047	0.046	0.035	0.035	0.033	0.033	0.121	0.123	0.065	0.066
	最大值	0.073	1.526	0.048	85.746	155.102	197.658	175.511	191.116	96.755	191.529
	最小值	0.039	0.039	0.001	0.003	0.010	0.004	0.000	0.020	0.000	0.010
	标准差	0.010	0.025	0.004	1.312	2.567	5.615	6.757	9.815	1.959	4.932
样本量		4292	4373	4415	4354	4175	4592	3602	3617	4272	4465

2. 决定要素的基本统计特征

下面给出流动性指标决定要素的基本统计特征，如前文所述，决定要素主要包括收益率、交易量、标准差、偏度、峰度。

表 3-4 给出了各个决定要素以 30 分钟为窗口期计算的在正常和异常波动条件下的基本统计结果。

由表 3-4 可以得到以下发现。

（1）对收益而言，从均值和中位数来看，各个期货市场在正常波动和异常波动条件下的平均收益水平均接近于零，说明在期货市场收益率的波动率风险溢价可能并不存在。这可能与期货的功能有关，期货本身并不具有价值，更多是充当价格发现和套期保值的金融衍生工具，因此市场并不会根据其波动性大小做出风险补偿。收益的标准差在这里没有太多实际的意义，因为异常波动本身就意味着收益的标准差变大，数据不过是支持和验证了 MRS-SGED 识别的有效性。

（2）对交易量而言，各个期货品种在异常波动条件下的交易量均值和中位数也远大于正常波动条件下的交易量均值和中位数。这说明，与正常波动相比，异常波动的确会增加期货市场的交易量。

（3）对波动率而言，各个期货市场在异常波动条件下的波动率均值均远大于正常波动条件下的波动率均值，这一结果与收益的标准差统计一致。

表 3-4(a)　上海期交所期货品种基于正常和异常波动下流动性决定变量的基本统计量

		铜		铝		黄金		锌		橡胶	
		正常	异常	正常	异常	正常	异常	正常	异常	正常	异常
收益	均值	0.000	0.000	0.000	0.000	0.000	0.000	0.000	0.000	0.000	0.000
	中位数	0.000	0.000	0.000	0.000	0.000	0.000	0.000	0.000	0.000	0.000
	最大值	0.008	0.061	0.008	0.030	0.005	0.012	0.009	0.027	0.023	0.050
	最小值	−0.008	−0.021	−0.009	−0.018	−0.005	−0.017	−0.012	−0.030	−0.038	−0.042
	标准差	0.002	0.003	0.001	0.003	0.001	0.001	0.001	0.003	0.004	0.006
交易量	均值	19390	32988	2290	16150	7205	10903	6880	26661	53972	59003
	中位数	15202	26250	1538	12610	5726	8388	4582	22108	44798	49368
	最大值	171736	262222	29010	201682	95454	168970	95146	169202	327972	422380
	最小值	978	1696	2	10	38	108	6	618	276	3940
	标准差	14680	25426	2635	14446	5870	10045	7615	19483	36466	39287
波动率	均值	0.002	0.004	0.001	0.003	0.001	0.002	0.002	0.004	0.005	0.007
	中位数	0.002	0.003	0.001	0.003	0.001	0.001	0.001	0.003	0.004	0.006
	最大值	0.013	0.061	0.009	0.035	0.007	0.019	0.019	0.032	0.038	0.050
	最小值	0.000	0.000	0.000	0.000	0.000	0.000	0.000	0.000	0.000	0.000
	标准差	0.001	0.003	0.001	0.002	0.001	0.001	0.001	0.003	0.003	0.005
偏度	均值	0.022	0.033	−0.003	−0.004	0.015	0.013	0.006	0.014	0.026	0.013
	中位数	0.023	0.031	0.000	0.013	0.018	0.018	0.001	0.010	0.043	0.016
	最大值	3.717	5.038	3.590	3.601	3.380	3.745	4.181	5.084	4.343	5.103
	最小值	−3.156	−5.102	−4.201	−5.103	−5.103	−5.103	−3.635	−3.636	−3.883	−5.103
	标准差	0.707	0.750	0.710	0.712	0.656	0.692	0.664	0.780	0.848	0.832
峰度	均值	0.191	0.212	0.128	0.186	0.126	0.150	0.153	0.248	0.294	0.284
	中位数	0.053	0.063	0.014	0.049	−0.001	0.010	0.018	0.086	0.086	0.093
	最大值	5.058	8.010	6.103	8.012	8.012	8.012	6.076	7.972	6.374	8.012
	最小值	−0.526	−0.515	−1.000	−0.667	−1.000	−0.510	−1.000	−0.667	−0.528	−0.514
	标准差	0.508	0.564	0.601	0.532	0.480	0.544	0.518	0.584	0.699	0.684
样本量		5361	2955	4211	3757	5531	5542	3854	4445	4140	4187

表 3-4(b)　郑州期交所期货品种基于正常和异常波动下流动性决定变量的基本统计量

		棉花		PTA		菜籽油		白糖		甲醇	
		正常	异常	正常	异常	正常	异常	正常	异常	正常	异常
收益	均值	0.000	0.000	0.000	0.000	0.000	0.000	0.000	0.000	0.000	0.000
	中位数	0.000	0.000	0.000	0.000	0.000	0.000	0.000	0.000	0.000	0.000
	最大值	0.010	0.057	0.014	0.038	0.007	0.096	0.014	0.029	0.011	0.196
	最小值	−0.009	−0.022	−0.011	−0.024	−0.008	−0.023	−0.012	−0.014	−0.012	−0.021

续表

		棉花		PTA		菜籽油		白糖		甲醇	
		正常	异常	正常	异常	正常	异常	正常	异常	正常	异常
	标准差	0.001	0.004	0.002	0.004	0.002	0.004	0.002	0.003	0.002	0.006
交易量	均值	4303	18321	38952	63264	5050	10269	29684	53775	28894	41697
	中位数	2974	12009	30567	50723	3366	6925	21355	39226	19864	28032
	最大值	59750	260062	230234	473938	87310	175878	212350	526552	405148	686972
	最小值	2	256	1876	2934	2	2	1240	272	2	696
	标准差	4704	19491	30188	46479	6166	11998	26151	48341	34971	49715
波动率	均值	0.002	0.004	0.003	0.004	0.002	0.004	0.002	0.003	0.003	0.005
	中位数	0.001	0.003	0.002	0.003	0.002	0.003	0.002	0.003	0.002	0.004
	最大值	0.013	0.058	0.016	0.048	0.015	0.096	0.017	0.042	0.018	0.270
	最小值	0.000	0.000	0.000	0.000	0.000	0.000	0.000	0.000	0.000	0.000
	标准差	0.001	0.003	0.002	0.003	0.001	0.004	0.001	0.003	0.002	0.007
偏度	均值	0.006	−0.002	0.011	0.009	−0.008	−0.007	0.017	0.001	0.029	0.027
	中位数	0.000	0.007	0.007	0.013	0.000	0.012	0.012	0.006	0.011	0.053
	最大值	3.609	5.103	3.476	5.103	3.450	5.101	4.434	4.151	3.135	3.486
	最小值	−4.492	−4.131	−4.187	−5.103	−3.526	−3.774	−4.804	−3.993	−3.087	−4.667
	标准差	0.779	0.839	0.741	0.763	0.758	0.807	0.859	0.922	0.776	0.772
峰度	均值	0.226	0.307	0.219	0.221	0.223	0.261	0.326	0.376	0.173	0.178
	中位数	0.051	0.128	0.070	0.066	0.069	0.093	0.133	0.159	0.038	0.024
	最大值	6.682	8.012	6.010	8.012	4.887	8.009	7.350	5.698	4.113	6.914
	最小值	−1.000	−1.000	−0.500	−0.539	−1.000	−1.000	−0.561	−0.564	−1.000	−0.667
	标准差	0.639	0.667	0.550	0.610	0.596	0.663	0.676	0.758	0.585	0.588
样本量		4334	4394	4314	4508	5243	3855	6246	2592	1071	1903

表 3-4(c) 大连期交所期货品种基于正常和异常波动下流动性决定变量的基本统计量

		玉米		豆粕		豆油		铁矿石		焦炭	
		正常	异常	正常	异常	正常	异常	正常	异常	正常	异常
收益	均值	0.000	0.000	0.000	0.000	0.000	0.000	0.000	0.000	0.000	0.000
	中位数	0.000	0.000	0.000	0.000	0.000	0.000	0.000	0.000	0.000	0.000
	最大值	0.007	0.045	0.013	0.015	0.013	0.022	0.020	0.038	0.040	0.041
	最小值	−0.006	−0.033	−0.012	−0.039	−0.014	−0.021	−0.028	−0.036	−0.035	−0.043
	标准差	0.001	0.003	0.002	0.004	0.002	0.003	0.004	0.007	0.004	0.007
交易量	均值	10520	89127	90843	186818	36202	54036	96848	161186	24422	40813
	中位数	4570	60442	67802	133920	29363	44338	50546	125932	15045	26858
	最大值	393262	846822	870436	1483754	341116	356182	1373012	1481350	286468	452028

续表

		玉米		豆粕		豆油		铁矿石		焦炭	
		正常	异常	正常	异常	正常	异常	正常	异常	正常	异常
	最小值	2	582	1200	6590	1222	2888	28	3702	18	744
	标准差	21318	92898	79704	164896	27702	37739	121781	131890	27315	42136
波动率	均值	0.001	0.003	0.002	0.004	0.002	0.004	0.005	0.008	0.004	0.008
	中位数	0.001	0.003	0.002	0.004	0.002	0.003	0.004	0.007	0.003	0.006
	最大值	0.010	0.281	0.017	0.039	0.027	0.033	0.032	0.038	0.044	0.052
	最小值	0.000	0.000	0.000	0.000	0.000	0.000	0.000	0.000	0.000	0.000
	标准差	0.001	0.005	0.002	0.003	0.002	0.002	0.003	0.005	0.003	0.005
偏度	均值	0.031	0.031	0.001	−0.006	0.000	0.002	0.019	0.031	0.042	0.038
	中位数	0.023	0.014	−0.004	0.019	0.008	0.024	0.019	0.014	0.037	0.029
	最大值	3.879	5.103	3.673	2.665	3.347	3.795	3.815	5.103	5.103	3.212
	最小值	−3.392	−5.060	−3.708	−3.414	−5.103	−3.274	−3.855	−5.060	−4.012	−3.110
	标准差	0.631	0.731	0.713	0.732	0.725	0.718	0.613	0.731	0.666	0.697
峰度	均值	0.125	0.214	0.194	0.183	0.190	0.187	0.132	0.199	0.142	0.177
	中位数	−0.005	0.076	0.055	0.040	0.040	0.045	0.021	0.031	0.006	0.037
	最大值	5.404	7.995	5.048	4.268	8.012	5.307	5.239	8.012	8.012	4.265
	最小值	−1.000	−0.498	−0.507	−0.509	−0.533	−0.509	−0.508	−0.532	−1.000	−1.000
	标准差	0.500	0.528	0.519	0.521	0.545	0.531	0.462	0.598	0.523	0.522
样本量		5302	3882	6399	2399	6499	2308	3752	3622	5518	3290

（4）从偏度均值来看，除橡胶、白糖、玉米、铁矿石期货外，大部分其他期货品种在异常波动条件下的偏度均值均远大于正常波动条件下的偏度均值，相对而言，正常波动条件下的偏度要小很多，且多数接近于零（即对称性）。这说明，偏度的出现多是由异常波动引起的。并且发现，除豆粕品种以外，其他所有期货品种的偏度为正值，这与 Singleton 和 Wingender（1986）、Lyon 等（1999）、Brunnermeier 和 Gollier（2007）、吴良等（2016）的研究相一致。从偏度的标准差来看，大部分期货品种在异常波动时期的标准差会增大，但变化的幅度不明显。

（5）从峰度来看，绝大部分期货品种峰度的均值、中位数以及标准差在异常波动条件下会大于正常波动条件下的相应值，并且，不同期货品种在异常波动条件下的峰度也存在着诸多差异。

整体看，异常波动条件下，商品期货市场成交量、波动性明显放大，而从偏度和峰度角度，异常波动情况下，收益率的"尖峰厚尾"和"偏度"现象会更加明显。

表3-5给出了各个决定要素以30分钟为窗口期计算的在好消息和坏消息条件下的基本统计结果。可以得到以下发现。

（1）对收益而言，从均值和中位数来看，各个期货市场在好消息和坏消息条件下的平均收益水平的绝对值接近一致；此外，收益的标准差在好坏消息下也大体相同，这与股票市场有所不同。股票市场在坏消息情形下相对来说波动得更为剧烈，由于期货市场允许卖空，因此下降行情可能并不会对投资造成太多的恐慌情绪。

表 3-5(a)　上海期交所期货品种基于好消息和坏消息下流动性决定变量的基本统计量

		铜		铝		黄金		锌		橡胶	
		好消息	坏消息	好消息	坏消息	好消息	坏消息	好消息	坏消息	好消息	坏消息
收益率	均值	0.002	−0.002	0.001	−0.001	0.001	−0.001	0.002	−0.002	0.004	−0.002
	中位数	0.001	−0.001	0.001	−0.001	0.001	−0.001	0.001	−0.001	0.002	−0.001
	最大值	0.061	0.000	0.030	0.000	0.012	0.000	0.027	0.000	0.050	0.000
	最小值	0.000	−0.021	0.000	−0.018	0.000	−0.017	0.000	−0.030	0.000	−0.030
	标准差	0.002	0.002	0.002	0.002	0.001	0.001	0.002	0.002	0.004	0.002
交易量	均值	24122	24406	9322	8995	9127	9339	17625	17539	56928	55958
	中位数	18324	18366	4352	4215	6652	7092	11326	10789	47048	47157
	最大值	262222	228076	201682	150346	168950	168970	165552	169202	422380	278630
	最小值	978	1456	2	2	250	288	22	16	2824	2060
	标准差	20502	20044	12717	12057	9270	8708	17996	18243	39443	36461
波动率	均值	0.003	0.003	0.002	0.002	0.001	0.001	0.003	0.003	0.006	0.006
	中位数	0.002	0.002	0.002	0.002	0.001	0.001	0.002	0.002	0.005	0.005
	最大值	0.061	0.024	0.035	0.021	0.014	0.019	0.027	0.032	0.050	0.047
	最小值	0.000	0.000	0.000	0.000	0.000	0.000	0.000	0.000	0.000	0.000
	标准差	0.002	0.002	0.002	0.002	0.001	0.001	0.002	0.002	0.004	0.004
偏度	均值	0.280	−0.239	0.215	−0.209	0.244	−0.215	0.256	−0.235	0.377	−0.316
	中位数	0.242	−0.196	0.158	−0.136	0.199	−0.163	0.202	−0.201	0.308	−0.243
	最大值	5.038	2.878	3.601	2.963	3.745	3.051	5.084	3.287	5.103	2.720
	最小值	−3.012	−5.102	−3.381	−5.103	−2.709	−5.103	−2.540	−3.636	−2.625	−5.103
	标准差	0.687	0.660	0.696	0.680	0.648	0.659	0.696	0.679	0.750	0.777
峰度	均值	0.213	0.181	0.177	0.164	0.153	0.156	0.213	0.196	0.274	0.300
	中位数	0.064	0.047	0.038	0.036	0.015	0.016	0.062	0.048	0.079	0.102
	最大值	7.863	8.010	4.775	8.012	5.476	8.012	7.972	5.017	8.012	8.012
	最小值	−0.526	−0.515	−1.000	−1.000	−0.510	−0.512	−1.000	−1.000	−0.500	−0.528
	标准差	0.544	0.509	0.572	0.550	0.515	0.552	0.565	0.547	0.677	0.696
样本量		4235	4057	3686	3952	4261	4043	4123	4104	4023	4262

表 3-5(b)　郑州期交所期货品种基于好消息和坏消息下流动性决定变量的基本统计量

		棉花		PTA		菜籽油		白糖		甲醇	
		好消息	坏消息	好消息	坏消息	好消息	坏消息	好消息	坏消息	好消息	坏消息
收益率	均值	0.002	−0.002	0.002	−0.002	0.002	−0.002	0.002	−0.001	0.003	−0.003
	中位数	0.001	−0.001	0.001	−0.001	0.001	−0.001	0.001	−0.001	0.002	−0.002
	最大值	0.057	0.000	0.038	0.000	0.096	0.000	0.029	0.000	0.196	0.000
	最小值	0.000	−0.022	0.000	−0.024	0.000	−0.023	0.000	−0.014	0.000	−0.021
	标准差	0.003	0.002	0.002	0.002	0.003	0.002	0.002	0.002	0.006	0.003
交易量	均值	11679	11303	51796	51137	7201	7408	37914	35773	37064	37319
	中位数	6384	6167	40068	39524	4502	4736	26226	25658	26143	25926
	最大值	260062	173906	402700	473938	131986	175878	526552	441568	405148	686972
	最小值	8	2	1876	2714	2	2	272	1240	4	2
	标准差	16259	15608	42273	40182	9480	9492	38724	33057	44202	46585
波动率	均值	0.003	0.003	0.003	0.003	0.003	0.003	0.003	0.002	0.004	0.004
	中位数	0.002	0.002	0.003	0.003	0.002	0.002	0.002	0.002	0.003	0.003
	最大值	0.058	0.028	0.038	0.048	0.096	0.029	0.042	0.020	0.270	0.023
	最小值	0.000	0.000	0.000	0.000	0.000	0.000	0.000	0.000	0.000	0.000
	标准差	0.003	0.003	0.002	0.002	0.003	0.002	0.002	0.002	0.008	0.003
偏度	均值	0.305	−0.279	0.270	−0.245	0.280	−0.278	0.383	−0.341	0.330	−0.266
	中位数	0.243	−0.225	0.220	−0.202	0.243	−0.216	0.329	−0.276	0.272	−0.193
	最大值	5.103	3.070	5.103	3.014	5.101	2.751	4.434	3.276	3.486	2.404
	最小值	−3.485	−4.492	−2.545	−5.103	−2.922	−3.774	−3.292	−4.804	−2.043	−4.667
	标准差	0.751	0.768	0.708	0.706	0.731	0.726	0.813	0.784	0.688	0.739
峰度	均值	0.258	0.288	0.222	0.216	0.235	0.247	0.354	0.326	0.159	0.188
	中位数	0.088	0.096	0.067	0.068	0.075	0.085	0.155	0.130	0.014	0.039
	最大值	8.012	6.682	8.012	8.012	8.009	5.016	6.536	7.350	4.693	6.914
	最小值	−1.000	−1.000	−0.539	−0.512	−1.000	−1.000	−0.561	−0.564	−1.000	−1.000
	标准差	0.647	0.662	0.578	0.581	0.634	0.611	0.721	0.680	0.559	0.609
样本量		4165	4420	4349	4436	4365	4621	4307	4494	1464	1495

表 3-5(c)　大连期交所期货品种基于好消息和坏消息下流动性决定变量的基本统计量

		玉米		豆粕		豆油		铁矿石		焦炭	
		好消息	坏消息	好消息	坏消息	好消息	坏消息	好消息	坏消息	好消息	坏消息
收益率	均值	0.001	−0.001	0.002	−0.002	0.002	−0.002	0.004	−0.004	0.003	−0.003
	中位数	0.001	−0.001	0.001	−0.001	0.001	−0.001	0.003	−0.003	0.002	−0.002
	最大值	0.045	0.000	0.015	0.000	0.022	0.000	0.038	0.000	0.041	0.000
	最小值	0.000	−0.033	0.000	−0.039	0.000	−0.021	0.000	−0.036	0.000	−0.043
	标准差	0.002	0.002	0.002	0.002	0.002	0.002	0.004	0.004	0.004	0.004

		玉米		豆粕		豆油		铁矿石		焦炭	
		好消息	坏消息	好消息	坏消息	好消息	坏消息	好消息	坏消息	好消息	坏消息
交易量	均值	44952	44871	115993	117980	41790	40086	128687	127828	30406	30804
	中位数	12585	12192	82220	82789	33104	32975	92439	90250	18883	19396
	最大值	846822	844886	1278642	1483754	356182	341116	982034	1481350	387760	452028
	最小值	6	12	2880	3986	2048	1966	44	28	26	18
	标准差	76042	73521	115435	119956	34000	29355	127823	134776	34120	34997
波动率	均值	0.002	0.002	0.003	0.003	0.003	0.003	0.007	0.007	0.006	0.005
	中位数	0.002	0.002	0.002	0.002	0.002	0.002	0.005	0.005	0.004	0.004
	最大值	0.046	0.281	0.021	0.039	0.027	0.033	0.038	0.037	0.043	0.052
	最小值	0.000	0.000	0.000	0.000	0.000	0.000	0.000	0.000	0.000	0.000
	标准差	0.002	0.005	0.002	0.002	0.002	0.002	0.004	0.004	0.004	0.005
偏度	均值	0.218	−0.203	0.256	−0.262	0.271	−0.246	0.239	−0.189	0.248	−0.157
	中位数	0.170	−0.151	0.230	−0.223	0.238	−0.193	0.182	−0.156	0.200	−0.107
	最大值	5.095	2.351	3.673	2.823	3.795	2.654	5.103	2.564	5.103	2.544
	最小值	−2.463	−3.531	−2.719	−3.708	−2.800	−5.103	−2.861	−5.060	−2.600	−4.012
	标准差	0.645	0.633	0.666	0.674	0.673	0.675	0.644	0.625	0.653	0.640
峰度	均值	0.168	0.161	0.185	0.197	0.184	0.191	0.163	0.152	0.162	0.146
	中位数	0.026	0.036	0.049	0.051	0.039	0.043	0.022	0.025	0.021	0.013
	最大值	7.995	4.805	5.048	4.940	5.307	8.012	8.012	7.916	8.012	5.568
	最小值	−1.000	−0.667	−0.500	−0.509	−0.509	−0.533	−0.532	−0.507	−0.667	−1.000
	标准差	0.539	0.497	0.502	0.536	0.528	0.544	0.531	0.497	0.536	0.505
样本量		4292	4373	4415	4354	4175	4592	3602	3617	4272	4465

（2）对交易量而言，各个期货品种在好消息和坏消息情形下的平均交易量差别不大，这也与收益的标准差解释一致。因为期货是一种套期保值的工具，收益率为负的情况下可能并不是因为经济形势恶化，而只是投资者正常的买卖和交易行为。

（3）对波动率而言，各个期货品种在好消息和坏消息情形下的平均波动率差别不大，这一结果与收益的标准差统计一致。

（4）从偏度均值和中位数来看，所有的期货品种均在好消息下呈现正偏，在坏消息下呈现负偏，这纯粹是因为在两种情形下极值的分布方向不同导致的，在坏消息下，收益率的上界为 0，极值多分布于左侧；在好消息情况下，收益率的下界为 0，极值多分布于右侧。从偏度的标准差来看，所有期货品种在好坏消息下的差别也不是很明显。

（5）从峰度来看，绝大部分期货品种峰度的均值、中位数在异常波动条件下会大于正常波动条件下的相应值，说明在坏消息情形下期货的收益率分布更容易呈现"尖峰厚尾"的特征。从偏度的标准差来看，所有期货品种在好坏消息下的差别也与偏度一样，不是很明显。

整体看，比较好坏消息下的各个统计量，商品期货在收益率、交易量、波动率和偏度方面差别不大，唯一有所差别的是在峰度上。在坏消息情形下，收益率更容易呈现"尖峰厚尾"的特征。

3.5 异常波动下期货市场流动性与
其决定要素的实证研究

根据 3.3 节所构建的模型以及 3.4 节所选取的数据样本，本节将系统地对异常波动条件下期货市场流动性与其高阶矩决定要素之间的关系进行实证研究。为了更好地运用该模型，我们首先对流动性指标和所有的决定要素进行平稳性检验，然后再运用 MIS 模型挑选最合适的流动性指标。

3.5.1 流动性指标和其决定要素的平稳性检验

表 3-6 分别给出了上海期交所、郑州期交所和大连期交所交易最活跃的前五个期货品种流动性指标以及其决定要素的 ADF 统计量，可以看到所有变量的 ADF 统计量都非常大，在 1%的置信水平上显著，因此都是平稳序列，我们可以直接对其进行线性回归而不需要做差分处理。

需要注意的是，在这里我们对换手率[①]（还不是交易量）做 ADF 检验，是

---

① 换手率和交易量之间的关系可以用 $\text{turnover}_t = \dfrac{\text{volume}_t}{\text{position}_t}$ 表示。其中，turnover_t 指的是 t 时期的换手率，volume_t 指的是 t 时期内的交易量，position_t 指的是 t 时期的持仓量，在本文中，t 时期指的是 30 分钟的时间间隔，因此交易量指的是 30 分钟内的所有交易量，持仓量指的是 30 分钟内持仓量的平均值。

因为我们发现交易量和其他变量的数量级不相符，这对于后面回归系数的解释可能会造成困扰，因此我们在本文中选择换手率作为解释变量。

表 3-6(a)　上海期交所流动性指标和其决定要素的 ADF 统计量

	铜	铝	黄金	锌	橡胶
市场深度	−88.02	−58.56	−62.0	−45.46	−47.66
买卖价差	−91.1	−48.04	−51.89	−40.1	−59.31
换手率	−41.36	−27.8	−41.45	−31.01	−56.53
收益率	−90.87	−89.45	−65.27	−89.44	−65.24
波动率	−45.74	−38.32	−41.87	−40.25	−56.55
偏度	−62.44	−88.65	−88.62	−89.94	−92.01
峰度	−64.44	−85.2	−86.73	−64.42	−89.08

表 3-6(b)　郑州期交所流动性指标和其决定要素的 ADF 统计量

	棉花	PTA	菜籽油	白糖	甲醇
市场深度	−64.79	−38.83	−51.01	−27.83	−33.53
买卖价差	−58.35	−53.34	−59.36	−93.11	−47.95
换手率	−33.12	−47.58	−33.81	−43.45	−17.27
收益率	−93.03	−69.87	−68.21	−70.32	−54.19
波动率	−43.82	−54.08	−58.47	−55.27	−36.58
偏度	−67.04	−93.08	−94.2	−94.8	−54.39
峰度	−66.24	−62.78	−63.74	−91.74	−53.19

表 3-6(c)　大连期交所流动性指标和其决定要素的 ADF 统计量

	玉米	豆粕	豆油	铁矿石	焦炭
市场深度	−44.89	−93.62	−52.45	−54.83	−83.49
买卖价差	−34.53	−58.52	−57.17	−42.39	−46.86
换手率	−34.21	−43.0	−61.16	−33.19	−33.65
收益率	−97.37	−68.18	−69.22	−87.0	−68.59
波动率	−56.29	−51.67	−55.56	−44.5	−42.26
偏度	−92.65	−92.44	−94.23	−83.62	−92.68
峰度	−63.23	−91.56	−62.62	−55.87	−92.72

1. 流动性指标的选择

在 3.3 节中我们提到，买卖价差和市场深度本质上衡量的都是流动性，因此我们预期两者在长期来看将维持一个均衡关系，但在短期内又存在一定的偏离，即买卖价差与市场深度之间有一个共同的变化趋势，我们将这一共同的趋势称为共因子，它代表了两个指标所隐含的共同的流动性。但二者对共同流动性的贡献程度是不同的。我们希望通过协整关系来找出两者共同的流动性趋势，并假设这种共同趋势可以更加真实地代表市场实际的流动性，然后我们再用 MIS 模型来考察两者对于共同流动性的贡献比例，以此来确定最合适的流动性指标。

从表 3-7 可以看到，三大商品期货交易所所有期货品种的 Johansen 协整检验结果表明买卖价差和市场深度之间存在一个协整项，即两者存在协整关系，这与我们的预期相符。同时 MIS 的计算结果告诉我们买卖价差对于共同流动性

表 3-7(a)　上海期交所买卖价差和市场深度的 Johansen 检验和 MIS

		铜	铝	黄金	锌	橡胶
迹统计量	没有协整项	37.3221	54.0417	30.6582	46.7787	32.045
	1 个协整项	1.11	1.2334	1.4139	1.5155	1.4308
MIS	市场深度	46.28%	32.28%	34.93%	32.26%	41.45%
	买卖价差	53.72%	67.72%	65.07%	67.74%	58.55%

表 3-7(b)　郑州期交所买卖价差和市场深度的 Johansen 检验和 MIS

		棉花	PTA	菜籽油	白糖	甲醇
迹统计量	没有协整项	41.2886	56.4663	48.6502	31.1693	64.3578
	1 个协整项	1.6364	1.4288	1.5439	1.1913	1.1034
MIS	市场深度	39.29%	40.13%	34.58%	32.34%	44.28%
	买卖价差	60.71%	59.87%	65.42%	67.66%	55.72%

表 3-7(c)　大连期交所买卖价差和市场深度的 Johansen 检验和 MIS

		玉米	豆粕	豆油	铁矿石	焦炭
迹统计量	没有协整项	40.0837	46.9019	38.6689	32.4876	50.3107
	1 个协整项	1.4239	1.2291	1.6754	1.5278	1.1376
MIS	市场深度	38.04%	30.99%	46.07%	44.16%	35.01%
	买卖价差	61.96%	69.01%	53.93%	55.84%	64.99%

趋势的贡献度更高，即买卖价差是市场流动性更真实的反映，因此在下文对流动性和其决定因素关系的建模当中，我们将选择买卖价差作为被解释变量。

2. 流动性指标及其决定要素之间关系的实证研究

通过上文的研究我们可以看到买卖价差相比于市场深度更适合作为流动性指标，因此在本小节中我们只分析买卖价差和决定要素之间的关系。同时，3.4 节的统计特征告诉我们在正常波动和异常波动下流动性指标和其决定变量的关系可能会发生相应变化，并且在区分好坏消息的情况下也有类似的现象，因此本文中将对这两种情况进行分别讨论。

（1）不区分好坏消息的实证研究

根据买卖价差及其决定变量的线性回归模型[①]为

$$
\text{Spread}_t = \begin{cases} c + \alpha \cdot \text{Return}_t + \beta \cdot \text{Turnover}_t + \gamma \cdot \text{Volatility}_t + \varphi \cdot \text{Skewness}_t \\ \tilde{c} + \tilde{\alpha} \cdot \text{Return}_t + \tilde{\beta} \cdot \text{Turnover}_t + \tilde{\gamma} \cdot \text{Volatility}_t + \tilde{\varphi} \cdot \text{Skewness}_t \end{cases}
$$

$$
\begin{cases} +\kappa \cdot \text{Kurtosis}_t + \varepsilon_t & \text{when} \quad P(s_t = 2) \geqslant 0.5 \\ +\tilde{\kappa} \cdot \text{Kurtosis}_t + \varepsilon_t & \text{when} \quad P(s_t = 2) < 0.5 \end{cases} \tag{3.24}
$$

其中，Spread_t 为 t 时段所有买卖价差的均值，Return_t 为 t 时段的收益，Turnover_t 为 t 时段交易量，Volatility_t 为 t 时段的波动率，Skewness_t 为 t 时段每分钟收益的偏度，Kurtosis_t 为 t 时段每分钟收益的峰度。

表 3-8 给出了中国商品期货市场的实证研究结果。实证研究得到了以下发现。

（1）从收益对流动性的影响来看，在异常波动下只有铁矿石期货在 5% 的置信水平下显著，这说明对于绝大部分期货品种来说，异常波动条件下收益对于流动性没有影响。而在正常波动下，收益对流动性有显著影响的期货品种数量有所上升，包括黄金、玉米、豆粕和豆油期货。说明相比较于正常波动，异常波动下收益率对于流动性的解释能力下降。

（2）从换手率对流动性的影响来看，无论是在正常波动还是异常波动情况下，换手率对于流动性都具有较好的解释能力，且系数均为负值。尤其需要注意的是，在异常波动下，系数的显著性水平上升，大部分系数在 1% 的置信水平下显著，相比较于正常波动，只有 PTA 和豆油的换手率系数在 1% 的置信水

① 这里用换手率而不是交易量作为回归因子的原因在前文已作出解释。

平下显著,这说明在异常波动条件下换手率对于流动性的解释能力上升。

(3)从波动率对流动性的影响来看,在异常波动条件下,绝大部分期货品种的相应系数均在5%的置信水平下统计显著,且参数均为负值;而在正常波动下这一影响减弱很多。这说明,期货市场波动性的增加会扩大买卖价差,即市场流动性下降。这同样与传统的理论相一致,Ho 和 Stoll(1981)、Copeland 和 Galai(1983)、Amihud 和 Mendelson(1987)发现波动性与买卖价差呈现正相关性;而 Brockman 和 Chung(2002)发现市场深度与波动性呈现负相关性。这些都表明流动性本身与波动性呈现负相关性,这一结论同样适用于正常波动。

(4)从偏度对流动性的影响来看,在正常波动情形下,有一半多的期货品种的系数不显著;但是在异常波动条件下,除了焦炭以外,其他期货品种的偏度回归系数均在 5%的置信水平下统计显著,但系数正负性并不确定。这表明在异常波动情况下偏度对流动性的影响在上升,但我们无法确定影响的正负情况。

(5)从峰度对流动性的影响来看,我们发现不论是在正常波动还是在异常波动条件下,峰度对于流动性都有很好的解释,这点我们可以从绝大部分期货品种关于峰度的回归系数都显著可以看出;但在异常波动下,期货市场峰度的回归系数为正(除玉米以外)。这似乎是说峰度和市场流动性负相关,这与我们预期一致,因为在高波动时期收益率的分布更容易呈现“尖峰厚尾”的特征,而此时市场的流动性往往比较差。

综上所述,无论在正常还是异常波动情况下,流动性均与换手率、波动率、峰度密切相关,与收益关系较小,而偏度只有在异常波动情形下才会对流动性起作用。并且随着换手率的增加,波动率和峰度的减小,市场的流动性会不断改善。

传统理论认为,逆向选择理论或信息不对称理论是解释流动性的重要理论基础。Kyle(1985)、Easley 和 O'Hara(1987)、Glosten 和 Harris(1988)构建的模型认为逆向选择成本依赖于市场的交易量,当市场交易量增加时,市场的信息非对称性减少,逆向选择成本降低,所以投资者交易意愿增强,从而市场流动性增强。而在市场波动变大时,往往是风险加剧的时期,信息非对称性加强,投资者交易意愿降低,从而市场深度减小,流动性变差。峰度考虑的是收益的集聚性,即出现连续的正收益或负收益,在异常波动条件下这往往是知情交易者所引发的交易。知情交易者由于交易量较大,每次交易完成后会使得买单和卖单之间出现真空地带,从而使得市场流动性变差。

表 3-8(a) 上海期货交易所买卖价差及其决定要素之间关系的参数估计结果

		铜		铝		黄金		锌		橡胶	
		系数	t统计量	系数	t统计量	系数	t统计量	系数	t统计量	系数	t统计量
正常波动	$\tilde{c}$	0.00064	0.9441	0.0004***	227.97927	0.00221***	3.29983	0.00035***	454.52982	0.00521***	3.40427
	$\tilde{\alpha}$	0.04104	0.16459	0.00038	0.36718	1.72607***	3.57694	-0.00025	-0.7187	-0.23916	-1.03344
	$\tilde{\beta}$	-0.00863**	-1.98647	-0.00016*	-1.64241	-0.0182*	-1.76188	-0.00011**	-2.54571	-0.00039	-0.26142
	$\tilde{\gamma}$	2.14267***	5.32953	0.01271***	9.1112	2.97507***	4.01229	0.007***	13.9315	1.17389***	3.29904
	$\tilde{\varphi}$	-0.00056	-1.00629	0.00000	-0.39909	-0.00502***	-8.68768	0.00000	-0.16258	0.00148	1.32368
	$\tilde{\kappa}$	0.00518***	7.3087	0.00102	-1.08183	0.01333***	17.84537	0.01092***	2.89007	0.00922***	7.58764
adj-R2		1.40%		1.91%		6.63%		18.03%		1.41%	
异常波动	c	-0.00072	-0.38957	-0.00019	-0.17442	-0.00003	-0.04415	0.00159	1.17342	0.01086***	4.54413
	α	0.24811	0.74381	0.43981	1.52317	2.06568	1.89007	-0.20455	-0.82522	0.94701	1.17926
	β	-0.00496***	-3.88443	-0.01351*	-1.93273	-0.01216***	-3.79103	-0.02070*	-1.78862	-0.00767***	-3.72234
	γ	-1.21566***	-2.52424	-0.36951	-0.92472	1.22953***	2.71939	0.1668	0.4353	-0.98508***	-2.81081
	φ	-0.00479***	-3.10862	-0.00579***	-6.03543	-0.00383***	-5.09652	0.00003	0.02488	-0.01589***	-9.27948
	κ	0.02246***	11.81227	0.01773***	14.66743	0.01222***	13.66453	0.00583***	4.54862	0.03785***	20.61193
adj-R2		4.77%		6.44%		4.27%		0.39%		11.05%	

表 3-8(b)　郑州期交所买卖价差及其决定要素之间关系的参数估计结果

		棉花		PTA		菜籽油		白糖		甲醇	
		系数	t 统计量	系数	t 统计量	系数	t 统计量	系数	t 统计量	系数	t 统计量
正常波动	$\tilde{c}$	0.00033***	211.6051	0.0029**	2.50305	0.00035***	73.19461	0.00199	1.30483	0.00055***	56.6411
	$\tilde{\alpha}$	-0.00225***	-2.97649	-0.10993	-0.36024	-0.00014	-0.08194	0.21077	0.38893	0.0009	0.35575
	$\tilde{\beta}$	-0.00004**	-2.30829	-0.00788***	-5.15228	-0.00033*	-1.6929	-0.00152*	-1.69458	-0.00111**	-2.10473
	$\tilde{\gamma}$	0.00907***	8.13274	3.42102***	-5.88477	0.02008***	9.17747	0.6939	0.84502	0.02227***	6.93385
	$\tilde{\varphi}$	0.00000	-0.95826	-0.00113	-1.28034	0.00000	0.43481	-0.00077	-0.67523	0.00001	0.73967
	$\tilde{\kappa}$	-0.00001***	-6.86733	0.00728***	6.59372	-0.00001**	-2.39564	-0.00035	-0.26529	-0.00002*	-1.72275
	adj-R2	4.66%		1.54%		4.09%		0.06%		13.49%	
异常波动	c	0.00095**	2.12196	0.01475***	4.84206	0.00544***	2.67722	-0.00194*	-1.88602	0.00188	0.63405
	α	-0.10912	-1.33904	1.02529	1.00579	-0.14318	-0.37518	0.28882	1.27045	2.61493	1.62091
	β	-0.00297***	-2.97400	-0.00433***	-2.66224	-0.00067***	-2.12242	-0.00326***	-4.21411	-0.00546***	-2.68168
	γ	0.38029***	3.11408	4.40719***	4.99358	2.21341***	5.09691	1.89607***	6.28186	0.98082**	2.41335
	φ	0.00079**	2.08694	-0.01331***	-5.50563	0.00069	0.39066	0.00131*	1.72954	-0.01928***	-6.80233
	κ	0.0013***	3.02373	0.03001***	10.80913	0.02797***	14.11576	0.00055	0.68287	0.02273***	6.77529
	adj-R2	0.39%		3.48%		4.88%		1.99%		8.82%	

表 3-8(c)　大连期交所买卖价差及其决定要素之间关系的参数估计结果

		玉米		豆粕		豆油		铁矿石		焦炭	
		系数	t统计量	系数	t统计量	系数	t统计量	系数	t统计量	系数	t统计量
正常波动	$\tilde{c}$	0.00044***	368.37254	0.00034***	372.15232	0.00114*	1.80196	0.0118***	4.22535	0.00149*	1.871
	$\tilde{\alpha}$	0.00183**	2.48116	-0.00091***	-3.27259	0.66652***	3.5249	0.33429	0.81876	0.0449	0.30687
	$\tilde{\beta}$	-0.00008**	-2.00661	-0.00001	-1.1494	-0.00284***	-3.2418	-0.00191**	-2.36866	-0.00112*	-1.9678
	$\tilde{\gamma}$	0.00407***	4.56671	0.00576***	12.94451	1.82877***	-5.75701	3.15766***	-5.18619	0.27838	-1.55901
	$\tilde{\varphi}$	0.00820	1.32183	0.00016	0.72303	-0.0047***	-9.19882	-0.01825***	-7.35437	-0.00315***	-4.07266
	$\tilde{\kappa}$	0.00512**	2.29232	0.00000	-0.7872	0.01149***	18.29448	0.06146***	19.84693	0.00711***	7.6201
	adj-R2	33.95%		6.07%		6.34%		10.62%		1.27%	
异常波动	c	0.00059***	102.81914	0.00105	1.59588	0.00618*	1.76235	0.01178***	3.64189	0.00472**	2.39663
	α	-0.00903	-1.44659	-0.0456	-0.41467	0.33106	0.52076	0.62039**	2.30434	0.01916	0.11279
	β	-0.00172***	-5.38808	-0.07712***	-6.47823	-0.01179***	-3.16815	-0.00125***	-3.58098	-0.00155*	-1.76679
	γ	0.00082***	4.01332	0.13344*	1.73606	5.6848***	4.97278	1.9559***	4.71459	0.52648***	2.47373
	φ	0.02301**	2.57517	-0.00039***	-2.69227	-0.00539*	-1.88096	-0.02607***	-10.33658	-0.00228	-1.36867
	κ	-0.04001*	-1.68998	0.00817**	2.0043	0.04466***	12.6258	0.05063***	17.99583	0.00972***	4.73628
	adj-R2	1.97%		0.14%		7.14%		10.46%		0.70%	

（2）区分好坏消息的实证研究

根据 3.4 节所述，好的消息和坏的消息在期货市场中的传播（也称之为消息到达）是不完全一样的，而交易者对它们的反应也是存在差异的，也就是说，好的消息和坏的消息在期货市场的传递往往具有非对称性（Perrakis 和 Khoury，1998；Thomakos 等，2008）。那么，在好消息或者坏消息出现时，期货市场的收益、交易量、波动性、偏度和峰度对日内买卖价差的影响到底是怎样的？是否存在明显的非对称性？本小节将给出实证研究的结果。首先，基于好消息和坏消息条件下的买卖价差与其决定变量之间的关系，建立线性回归模型为

$$
\text{Spread}_t = \begin{cases} c + \alpha_+ \cdot \text{Return}_t^+ + \alpha_- \cdot \text{Return}_t^- + \beta_+ \cdot \text{Turnover}_t^+ + \beta_- \cdot \text{Turnover}_t^- \\ \tilde{c} + \tilde{\alpha}_+ \cdot \text{Return}_t^+ + \tilde{\alpha}_- \cdot \text{Return}_t^- + \tilde{\beta}_+ \cdot \text{Turnover}_t^+ + \tilde{\beta}_- \cdot \text{Turnover}_t^- \end{cases}
$$

$$
\begin{cases} + \gamma_+ \cdot \text{Volatility}_t^+ + \gamma_- \cdot \text{Volatility}_t^- + \varphi_+ \cdot \text{Skewness}_t^+ + \varphi_- \cdot \text{Skewness}_t^- \\ + \tilde{\gamma}_+ \cdot \text{Volatility}_t^+ + \tilde{\gamma}_- \cdot \text{Volatility}_t^- + \tilde{\varphi}_+ \cdot \text{Skewness}_t^+ + \tilde{\varphi}_- \cdot \text{Skewness}_t^- \end{cases}
$$

$$
\begin{cases} + \kappa_+ \cdot \text{Kurtosis}_t^+ + \kappa_- \cdot \text{Kurtosis}_t^- + \varepsilon_t & \text{when} \quad P(s_t=2) \geqslant 0.5 \\ + \tilde{\kappa}_+ \cdot \text{Kurtosis}_t^+ + \tilde{\kappa}_- \cdot \text{Kurtosis}_t^- + \varepsilon_t & \text{when} \quad P(s_t=2) < 0.5 \end{cases} \tag{3.25}
$$

其中，Spread_t 为 t 时段的买卖价差，Return_t^+ 和 Return_t^- 分别为 t 时段的正收益和负收益，Turnover_t^+ 和 Turnover_t^- 分别为 t 时段在正收益和负收益条件下的交易量，Volatility_t^+ 和 Volatility_t^- 分别为 t 时段在正收益和负收益条件下的波动率，Skewness_t^+ 和 Skewness_t^- 分别为 t 时段在正收益和负收益条件下的偏度，Kurtosis_t^+ 和 Kurtosis_t^- 分别为 t 时段在正收益和负收益条件下的峰度。

与表 3-8 相比，表 3-9 中划分正负收益情况后，拟合度有所提高，尤其是在异常波动条件下拟合度的提高比较明显。这说明，买卖价差及其决定变量关系存在好坏消息条件下的不对称性，并且在异常波动条件下比较明显。从好消息和坏消息对买卖价差的影响程度上看，异常波动条件下好消息和坏消息对买卖价差的影响是非对称的。

①从收益对流动性的影响关系上看，依然是有部分期货品种在好消息或坏消息下的收益对流动性的影响不显著，而其他期货即使显著，方向也不明确，且正负号也无法确定。因此我们可以认为即使在区分好坏消息的情况下，收益对于流动性的影响并不确定。

②从换手率对流动性的影响关系上看，首先不论是异常还是正常波动下，又或者是好消息和坏消息下，换手率对于流动性都具有很好的解释，且同样有换手率在异常波动下能更好地解释流动性的结论。此外，在异常波动下，绝大

表 3-9(a) 上海期货交易所在好坏消息条件下决定变量对买卖价差影响的参数估计结果

		铜		铝		黄金		锌		橡胶	
		系数	t统计量	系数	t统计量	系数	t统计量	系数	t统计量	系数	t统计量
正常波动	$\tilde{c}$	0.00023***	220.66976	0.0004***	133.2778	0.00018***	116.84947	-0.00115	-0.77401	0.00447**	2.23165
	$\tilde{\alpha}_+$	-0.00032	-0.37229	-0.013***	-3.48217	-0.00907***	-3.5678	-1.71828**	-2.4968	0.5075	0.70941
	$\tilde{\alpha}_-$	0.00195**	2.39413	0.00863***	2.75339	-1.15936	-0.50513	1.70529***	4.46831	-1.42399	-1.6351
	$|\tilde{\alpha}_-/\tilde{\alpha}_+|$	—		1.50686		—		1.02711		—	
	$\tilde{\beta}_+$	-0.00002***	-5.90874	-0.0002***	-5.22273	0.00002***	2.66997	-0.00525*	-1.89985	0.00094	0.49772
	$\tilde{\beta}_-$	-0.00001***	-4.98373	-0.00017***	-5.07714	-0.0058	-0.72073	-0.00012***	-20.72043	-0.00092	-0.38513
	$|\tilde{\beta}_-/\tilde{\beta}_+|$	1.20975		1.20171		—		43.93188		—	
	$\tilde{\gamma}_+$	0.00356***	3.94044	0.01738***	6.27109	1.31364***	5.37291	2.01048***	3.54275	-1.72557**	-2.25422
	$\tilde{\gamma}_-$	0.00366***	4.21444	0.02176***	5.85047	-6.69705***	-2.90619	2.51296***	11.39677	-2.24402**	-2.33913
	$|\tilde{\gamma}_-/\tilde{\gamma}_+|$	0.97268		0.85218		0.20400		0.67441		0.76896	
	$\tilde{\varphi}_+$	0.00151***	-2.66341	0.88163	0.65515	0.00002	-1.2686	0.0001	0.08331	0.00075	0.41462
	$\tilde{\varphi}_-$	0.00034	-0.53678	0.92103	-0.81179	-0.00114	-0.8834	0.00023	-0.01681	0.00305	1.62549
	$|\tilde{\varphi}_-/\tilde{\varphi}_+|$	—		—		—		—		0.24615	
	$\tilde{\kappa}_+$	0.00873	-0.72204	0.21314	-1.16446	-0.00761**	-5.18357	0.00027	0.18423	0.00877***	4.53475
	$\tilde{\kappa}_-$	0.03211**	-2.33037	0.23347	-1.3392	0.02599***	15.6638	0.00286	1.67367	0.01095***	5.33369
	$|\tilde{\kappa}_-/\tilde{\kappa}_+|$	—		—		0.38923		—		0.80111	
	adj-R2	22.19%		13.55%		16.04%		21.45%		37.47%	

续表

	铜 系数	铜 t统计量	铝 系数	铝 t统计量	黄金 系数	黄金 t统计量	锌 系数	锌 t统计量	橡胶 系数	橡胶 t统计量
c	-0.00517***	-3.36227	-0.00234**	-2.44098	-0.00241**	-2.42647	-0.00115	-0.77401	-0.00136	-1.32921
α_+	-2.78706***	-3.80962	-1.631***	-3.11931	-1.2284	-1.01027	-1.71828**	-2.4968	-0.77458***	-3.07032
α_-	-2.49185**	-2.21509	-2.67243***	-2.27756	0.83317	0.65669	-2.10681***	-2.86372	-2.91723***	-2.92578
$\lvert\alpha_-/\alpha_+\rvert$	1.11847		0.61031		—		0.81559		0.26552	
β_+	0.00647***	-3.70205	-0.00865***	-3.21088	-0.0653***	-5.06381	-0.00525*	-1.89985	-0.01241***	-2.9094
β_-	0.00574***	2.57141	-0.0081**	4.46629	0.02395**	-1.99106	-0.00423***	3.39946	0.01037***	-2.96351
$\lvert\beta_-/\beta_+\rvert$	1.12717		1.06790		2.72651		1.24113		1.19672	
γ_+	3.36524***	4.51459	2.63381***	4.84135	5.68949***	5.01047	2.20418***	3.54275	1.33084***	5.02832
γ_-	-3.90894***	-3.54797	-4.49728***	-3.66733	-1.40684	-1.24244	-3.56903**	-2.07386	-4.12402***	-3.85741
$\lvert\gamma_-/\gamma_+\rvert$	0.86091		0.59009		—		0.60002		0.3227	
φ_+	0.00069	0.504	0.00057	0.66693	-0.00022	-0.18408	0.0001	0.08331	-0.00242***	-2.83739
φ_-	-0.00244	-1.08183	-0.00242	-1.24827	-0.00052	-0.40296	0.00011	0.0751	0.00255	0.74776
$\lvert\varphi_-/\varphi_+\rvert$	—		—		—		—		—	
κ_+	0.00415**	2.48339	0.00243***	2.25934	0.00413***	2.90919	0.00027	0.18423	0.00169*	1.81243
κ_-	0.03377***	12.12676	0.03253***	13.44071	0.01923***	12.80691	0.00668***	3.81726	0.06043***	16.8111
$\lvert\kappa_-/\kappa_+\rvert$	0.12297		0.0748		0.21472		—		0.02804	
adj-R2	16.88%		34.48%		33.15%		21.89%		32.82%	

异常波动

表 3-9(b)　郑州期交所在好坏消息条件下决定变量对买卖价差影响的参数估计结果

		棉花		PTA		菜籽油		白糖		甲醇	
		系数	t统计量	系数	t统计量	系数	t统计量	系数	t统计量	系数	t统计量
正常波动	$\bar{c}$	0.00033***	143.76705	0.0053***	2.75491	0.00034***	57.40933	0.00095	0.52997	0.00053***	34.84676
	$\bar{\alpha}_+$	-0.01572***	-6.51542	2.33817**	2.02438	-0.01501***	-3.39569	1.46763	0.96593	-0.00924	-1.05883
	$\bar{\alpha}_-$	0.0056**	2.29088	-1.0401	-1.10154	0.01671***	3.44245	1.95701	0.89682	0.02064***	2.75119
	$|\bar{\alpha}_-/\bar{\alpha}_+|$	2.80594		0.90385		0.89795		—		—	
	$\bar{\beta}_+$	-0.00003	-1.53393	0.00768***	3.08432	-0.00031***	-11.39432	-0.00133	-0.55914	-0.00011***	-8.52731
	$\bar{\beta}_-$	0.00006***	3.38719	0.0085***	4.34738	-0.00036***	-11.44785	-0.00109	-0.29062	-0.00011***	-9.69535
	$|\bar{\beta}_-/\bar{\beta}_+|$	—	—	1.54265		0.8534		—		0.99374	
	$\bar{\gamma}_+$	0.02231***	9.33025	-5.75483***	-4.17276	0.03049***	7.84897	-0.31371	-0.19142	0.03813***	3.37479
	$\bar{\gamma}_-$	0.01117***	4.75456	-3.73049***	-3.33377	0.03362***	8.1104	1.56855	0.69872	0.03014***	5.35909
	$|\bar{\gamma}_-/\bar{\gamma}_+|$	1.99665		—		0.90677		—		1.20046	
	$\bar{\varphi}_+$	0.00985	-1.43332	-0.0053***	-3.43281	0.00001**	2.0828	0.00077	0.54843	0.00003**	2.49557
	$\bar{\varphi}_-$	0.00868	-0.54014	-0.00126	-1.04992	-0.00001	-1.55621	-0.00307	-1.36226	-0.00003**	-2.53288
	$|\bar{\varphi}_-/\bar{\varphi}_+|$	—		—		—		—		1.30097	
	$\bar{\kappa}_+$	-0.00111***	-4.57536	0.01468***	7.76036	-0.00002***	-2.95076	-0.00027	-0.17124	-0.00002	-1.34543
	$\bar{\kappa}_-$	-0.00101***	-4.85706	0.00203	1.33224	-0.00001***	-2.25352	-0.00256	-0.98346	-0.00005***	-3.42782
	$|\bar{\kappa}_-/\bar{\kappa}_+|$	1.04166		—		1.21842		—		—	
	adj-R2	14.76%		30.30%		22.91%		16.02%		25.66%	

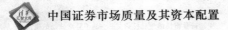

续表

		棉花 系数	棉花 t统计量	PTA 系数	PTA t统计量	菜籽油 系数	菜籽油 t统计量	白糖 系数	白糖 t统计量	甲醇 系数	甲醇 t统计量
	c	0.00036***	201.00311	0.0028	1.31806	0.00205	1.12955	-0.00458**	-2.23552	-0.00669*	-1.94449
	α_+	-0.20187**	-2.46595	1.69651*	1.92328	0.2343	0.24255	-1.83175	-1.58509	-1.41354	-0.94307
	α_-	-0.93298***	-2.18622	-7.40695***	-3.35583	-2.7279*	-1.78731	-0.40883	-1.46785	-2.99511	-1.98349
	$|\alpha_-/\alpha_+|$	0.215		0.22904		—		—		—	
	β_+	0.00781**	2.06693	-0.02465***	-2.71239	0.01299*	1.69128	-0.00521***	-3.82097	-0.00571**	-2.45484
	β_-	0.00767***	3.47477	0.01662***	3.58708	-0.00654*	-1.9031	0.00402*	1.83903	-0.00592**	-5.3928
异常波动	$|\beta_-/\beta_+|$	1.01825		1.48315		1.98623		1.29601		0.96452	
	γ_+	0.00334***	3.76393	0.42887	0.43873	-1.17158	-1.21871	4.37266***	3.99486	4.23518***	3.72169
	γ_-	0.00324***	3.99404	-0.00811*	-1.67074	0.00072	0.25986	0.00027	0.65738	-3.00717***	-1.99885
	$|\gamma_-/\gamma_+|$	1.06902		—		0.46886		—		1.63956	
	φ_+	0.00274*	-1.76744	0.00047	0.26069	0.00233	1.45749	0.00233	1.32377	0.00066	0.15752
	φ_-	0.00334***	3.99404	-0.00811*	-1.67074	0.00072	0.25986	0.00027	0.65738	-0.00717**	-1.99885
	$|\varphi_-/\varphi_+|$	0.88432		—		—		—		—	
	κ_+	-0.00301***	-3.85424	-0.00096	-0.44146	0.01008***	5.7166	0.00031	0.17052	-0.01104**	-2.1946
	κ_-	0.00433***	4.59254	0.0366***	6.69625	0.0215***	6.70873	-0.00037	-0.85704	0.03851***	9.24801
	$|\kappa_-/\kappa_+|$	0.72376		—		—		—		0.28664	
	adj-R2	20.29%		22.93%		21.41%		16.24%		30.18%	

表 3-9(c)　大连期交所在好坏消息条件下决定变量对买卖价差影响的参数估计结果

	玉米		豆粕		豆油		铁矿石		焦炭	
	系数	t 统计量	系数	t 统计量	系数	t 统计量	系数	t 统计量	系数	t 统计量
$\tilde{c}$	0.00044***	255.65728	0.00034***	245.55131	0.00033***	62.6622	0.00663*	1.72874	-0.00024	-0.37525
$\tilde{\alpha}_+$	-0.00538**	-2.33531	0.00108	1.10845	0.00155	0.43256	-1.54551	-1.23628	-0.66858***	-2.54401
$\tilde{\alpha}_-$	0.01528***	6.57761	-0.00593***	-6.4203	-1.28149	-1.5928	-2.46563***	-1.98756	-0.58027	-1.14842
$|\tilde{\alpha}_-/\tilde{\alpha}_+|$	0.35207		0.96819		—		1.28576		—	
$\tilde{\beta}_+$	0.00009***	35.47761	0.00001***	14.28738	0.00539	-0.33721	0.00205**	2.26775	0.00175***	2.22886
$\tilde{\beta}_-$	0.00007***	24.52227	0.00001***	15.2247	0.00566***	3.32255	0.00159*	1.69036	-0.00151	-1.03703
$|\tilde{\beta}_-/\tilde{\beta}_+|$	1.14265		1.63311		—		—		—	
$\tilde{\gamma}_+$	-0.00184	-0.93286	-0.01680***	-6.59128	0.00064	0.16091	-0.86703	-0.69596	0.48064***	1.98202
$\tilde{\gamma}_-$	0.00929***	4.43424	-0.01074***	-10.82018	-4.57714***	-5.13982	-4.7496***	-3.74959	-0.64491	-1.41373
$|\tilde{\gamma}_-/\tilde{\gamma}_+|$	—		—		—		0.66248		—	
$\tilde{\varphi}_+$	0.000642	0.24976	0.02319	1.2504	0.00369	0.59079	-0.00817**	-2.33154	0.00011	0.16732
$\tilde{\varphi}_-$	0.00739***	2.73966	0.97380	0.65335	-0.00172	-1.6238	-0.01234***	-3.60576	-0.00326***	-2.76299
$|\tilde{\varphi}_-/\tilde{\varphi}_+|$	—		—		—		—		—	
$\tilde{\kappa}_+$	0.00371	0.69024	0.82510	-1.63541	-0.00137	-1.32997	0.0387***	9.02783	-0.00024	-0.30914
$\tilde{\kappa}_-$	0.03601***	3.04192	0.82119	0.73332	0.02047***	15.93913	0.05664***	12.59951	0.00967***	6.61978
$|\tilde{\kappa}_-/\tilde{\kappa}_+|$	—		—		—		0.1878		—	
adj-R2	41.66%		11.99%		20.06%		13.22%		30.38%	

正常波动

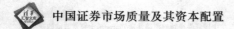

续表

	玉米		豆粕		豆油		铁矿石		焦炭	
	系数	t统计量	系数	t统计量	系数	t统计量	系数	t统计量	系数	t统计量
c	0.00059***	238.68151	0.00034***	160.30783	0.0009	0.32232	0.00532**	2.02367	-0.00026	-0.25569
α_+	-0.00259**	-1.9779	-0.00187**	-2.14735	0.4464	0.33788	1.06924***	2.07965	0.37509*	1.7267
α_-	-0.03928***	-8.61249	-0.42691	-0.7485	-3.743	-1.53012	-3.98316***	-3.98607	-1.55112**	-2.34174
$|\alpha_-/\alpha_+|$	0.06604		—		—		0.26844		0.24182	
β_+	0.00101***	11.26848	0.92016***	3.17941	0.01525**	2.00188	0.00177***	2.80366	0.00623***	2.91505
β_-	0.00238	-0.64617	0.821**	2.4562	0.01142*	1.81969	-0.00135*	-1.7196	0.00282***	4.45973
$|\beta_-/\beta_+|$	—		1.12078		1.33538		-1.31111		2.20922	
γ_+	0.00077	0.58702	0.72257***	2.69365	-1.86038	-1.24244	-6.61981***	-3.07317	-0.06866	-0.3471
γ_-	-0.00474***	-3.46561	-0.66234***	-3.0736	-8.14094***	-2.97413	-5.09656***	-4.91527	-1.88909***	-3.14514
$|\gamma_-/\gamma_+|$	—		1.11321		—		1.31782		—	
φ_+	0.00021	-1.31872	0.00231	0.36151	0.00276	1.13023	-0.00269	-1.26911	-0.00135	-1.49582
φ_-	0.00202	1.48754	-0.00096	-0.68255	0.00062	0.12533	-0.02112***	-5.1296	0.0083***	2.96073
$|\varphi_-/\varphi_+|$	—		—		—		—		—	
κ_+	-0.04501***	-3.14568	-0.00001***	-4.51411	0.004	1.30957	0.00936***	3.81996	0.00076	0.70191
κ_-	-0.05001	-0.78637	-0.00053	-0.30882	0.04361***	7.0604	0.06414***	13.19316	0.0304***	8.66262
$|\kappa_-/\kappa_+|$	—		—		—		0.14596		—	
adj-R2	16.88%		14.74%		21.41%		11.02%		25.74%	

异常波动

部分期货品种都具有正杠杆效应，即在好消息的情况下，换手率对流动性的影响更大，而在正常波动情况下，这种杠杆效应不具有明显的特征。并且好消息下换手率对流动性影响的正负情况不能确定，坏消息下也有类似的特点。

③从波动率对流动性的影响关系上看，在异常波动情况下，上海期交所的品种更多表现为负杠杆效应，即坏消息下波动率对流动性的影响更大，而郑州和大连商品交易所的品种表现为正杠杆效应。而在正常波动条件下，上海期交所的品种表现为负杠杆效应，而大连、郑州都表现为正杠杆效应。整体看，金属期货品种和工业原材料期货品种表现为比较明显的反杠杆效应，即在坏消息情况下，波动对于流动性的影响更大，而农产品表现出正的杠杆效应，即在坏消息下，波动对于流动性的影响更小，这与 Hameed 等（2010）、Fama 和 French（2016）的结论一致，他们通过实证研究发现农产品期货价格的波动率要低于工业品期货价格的波动率，因为农产品的价格存在一定的行政干预，而大连和郑州期货交易所的期货品种更多是以农产品为主。

④从偏度对流动性的影响关系上看，无论是正常波动还是异常波动情况下，系数显著性都较差。仅有棉花这样一个品种是在好消息和坏消息下系数都是显著的，这与前面不区分好坏消息时的结论相符，偏度对于流动性的解释能力较差。

⑤从峰度对流动性的影响关系上看，我们看到，对于那些好坏消息下系数都显著的期货品种，峰度表现出明显的负杠杆效应，这种负杠杆效应在异常波动的情况下表现得更为明显，说明在异常波动情况下，峰度在坏消息条件下对于流动性的影响比在好消息情况下来得大。

综上所述，好消息和坏消息条件下的收益、换手率、波动性、峰度可以在一定程度上解释期货市场的流动性。整体上看，换手率在好消息下对于流动性的影响力更大，而峰度在坏消息条件下对流动性的影响更大，波动率在好坏消息下对于流动性影响力的大小取决于期货品种，金属和工业品期货在坏消息下的影响更大，而农产品期货在好消息下的影响更大。

3.5.2 异常波动条件下期货市场的流动性溢价研究

根据 3.3.4 小节关于流动性指标的选择，我们依旧以买卖价差作为流动性溢价的研究对象。被解释变量为以 30 分钟为间隔的收益率，解释变量为 30 分钟内的平均买卖价差。

1. 不区分好坏消息的流动性溢价研究

根据 3.3 节中的模型，以买卖价差作为流动性指标且不区分好坏消息下的流动性溢价模型为

$$\text{Return}_t = \begin{cases} \alpha + \beta \cdot \text{Spread}_t + \varepsilon_t & P(s_t=2) \geqslant 0.5 \\ \tilde{\alpha} + \tilde{\beta} \cdot \text{Spread}_t + \varepsilon_t & P(s_t=2) < 0.5 \end{cases} \quad (3.26)$$

其中，Return_t 为 t 时刻的收益，Spread_t 为 t 时刻的买卖价差。

利用式（3.26），我们对中国商品期货市场的主要期货品种进行了实证研究（如表 3-10 所示），研究结果表明：在异常波动条件下，只有豆粕、豆油、菜

表 3-10　基于正常和异常波动的期货市场流动性溢价的实证结果

	参数	正常波动			异常波动		
		$\tilde{\alpha}$	$\tilde{\beta}$	adj-R^2	α	β	adj-R^2
上海期货交易所	铜	−0.6097 (−0.002)	−0.0573 (0.000)	1.26%	−0.0068*** (−2.739)	0.0001 (1.036)	1.65%
	铝	−0.002*** (3.548)	0.0001* (−1.729)	2.96%	−0.2861 (−0.283)	2.0843 (1.098)	1.71%
	黄金	−0.0095 (−0.010)	0.0000 (0.000)	2.53%	0.0010 (−0.005)	0.0003 (−0.001)	1.66%
	锌	−0.0122** (−5.705)	−0.5981 (0.002)	2.48%	0.2721** (−1.789)	0.0003 (0.829)	0.76%
	橡胶	−0.0342 (0.013)	0.3201 (0.021)	0.71%	−0.0022 (−0.448)	−0.2679 (0.002)	2.18%
郑州商品交易所	棉花	−0.0542** (2.486)	−0.0003 (1.521)	0.76%	4.298*** (3.730)	1.4659 (−0.249)	0.53%
	PTA	0.7342** (−2.102)	0.0754*** (2.651)	1.98%	−0.3668* (−1.684)	0.0013 (−0.127)	0.94%
	菜籽油	0.0061 (0.339)	0.0000 (−0.001)	2.59%	−0.5067*** (−3.804)	0.0005** (2.195)	2.82%
	白糖	−0.0071 (0.347)	0.0006 (−0.002)	1.44%	−0.0260 (−0.751)	0.0001 (−0.311)	0.94%
	甲醇	−0.024*** (−3.824)	0.0001 (3.108)	2.35%	−3.5351 (−0.029)	2.8335 (0.000)	1.24%
大连商品交易所	玉米	−0.1482 (−0.281)	−1.7831 (−0.002)	1.88%	−0.0002 (−0.024)	−0.0001 (0.000)	0.54%
	豆粕	0.2813 (−0.112)	0.0010 (0.001)	0.36%	−3.5030 (0.137)	0.3731* (2.196)	1.76%
	豆油	−1.1834*** (−2.743)	3.2091 (−1.488)	1.11%	−4.0633*** (−3.275)	1.5222*** (3.031)	0.54%
	铁矿石	−0.2215* (1.633)	−0.0019 (−0.299)	2.69%	−7.3672*** (5.052)	1.9760 (−0.138)	2.29%
	焦炭	0.342*** (−0.665)	−0.0001 (−0.373)	1.75%	5.2398 (0.635)	−2.3061 (−0.001)	1.90%

注：*、**、***分别表示在 10%、5%、1%的置信水平下显著；（ ）中为 t-统计量。

籽油期货的溢价参数 β 在 10% 的置信水平下统计显著；而其他品种在 10% 的置信水平下均不显著。相对而言，正常波动条件下，只有铝和 PTA 期货的溢价参数 β 是统计显著的。这说明，在无论是在正常波动下还是异常波动下中国商品期货市场基于交易量信息的流动性溢价的存在性非常弱。

2. 区分好坏消息的流动性溢价研究

根据 3.4 节的模型，以买卖价差作为流动性指标且不区分好坏消息下的流动性溢价模型为

$$\text{Return}_t = \begin{cases} \alpha + \beta^+ \cdot \text{Spread}_t^+ + \beta^- \cdot \text{Spread}_t^- + \varepsilon_t & P(s_t = 2) \geqslant 0.5 \\ \tilde{\alpha} + \tilde{\beta}^+ \cdot \text{Spread}_t^+ + \tilde{\beta}^- \cdot \text{Spread}_t^- + \varepsilon_t & P(s_t = 2) < 0.5 \end{cases} \quad (3.27)$$

其中，Return_t 为 t 时期的收益，Spread_t^+ 和 Spread_t^- 分别为 t 时期好消息和坏消息条件下的市场深度。

利用式（3.27），我们对中国商品期货市场的主要期货品种进行了实证研究（如表 3-11 所示），得到了以下研究结果。

①与不区分好坏消息的情形相比，区分好坏消息后的市场深度的显著性明显增强，绝大多数期货的溢价关系存在，拟合度也有了大幅提高。这说明基于好坏消息的流动性的确是存在的。

表 3-11(a)　上海期货交易所区分好坏消息下流动性溢价的实证结果

		铜	铝	黄金	锌	橡胶
正常波动	α	0.2879*** (2.904)	0.4752*** (9.031)	−0.3639*** (−4.165)	0.0140 (0.090)	−0.1890 (−1.620)
	$\tilde{\beta}^+$	0.0027*** (4.338)	0.0003* (1.708)	0.0286*** (6.856)	0.0038*** (4.090)	0.0022** (2.178)
	$\tilde{\beta}^-$	−0.0053*** (−5.113)	−0.0082*** (−10.518)	−0.0077** (−2.425)	−0.0011*** (−3.016)	−0.0032** (−2.077)
	$|\tilde{\beta}^- / \tilde{\beta}^+|$	1.963	27.3333	0.2692	0.2895	1.4545
	adj-R^2	23.82%	39.56%	30.08%	22.83%	21.14%
异常波动	α	−0.0137** (−2.453)	0.0053 (1.113)	0.0069 (0.924)	−0.0172*** (−2.750)	0.0213*** (2.840)
	$\tilde{\beta}^+$	0.0012*** (23.073)	0.0002*** (16.852)	0.0007*** (22.323)	0.0003*** (20.947)	0.0013*** (18.414)
	$\tilde{\beta}^-$	−0.0013*** (−22.691)	−0.0003*** (−23.486)	−0.001*** (−27.948)	−0.0003*** (−19.592)	−0.0022*** (−26.060)
	$|\tilde{\beta}^- / \tilde{\beta}^+|$	1.0833	1.5	1.4286	1	1.6923
	adj-R^2	33.78%	33.82%	31.33%	26.49%	31.45%

注：*、**、***分别表示在 10%、5%、1% 的置信水平下显著；（ ）中为 t-统计量。

表 3-11(b)　郑州商品交易所区分好坏消息下流动性溢价的实证结果

		棉花	PTA	菜籽油	白糖	甲醇
正常波动	α	0.5867*** (7.495)	−0.3926** (−2.191)	−0.5231*** (−5.319)	0.5852* (1.917)	0.1711 (0.960)
	$\tilde{\beta}^+$	−0.0003 (−0.857)	0.0012** (2.380)	0.0054*** (10.009)	0.0001 (0.151)	0.006*** (2.749)
	$\tilde{\beta}^-$	−0.0144*** (−8.506)	−0.0001 (−0.203)	−0.001*** (−3.476)	−0.0085*** (−4.519)	−0.0073*** (−3.343)
	$|\tilde{\beta}^-/\tilde{\beta}^+|$	—	—	0.1852	—	1.2167
	adj-R^2	36.15%	10.37%	35.89%	50.20%	27.11%
异常波动	α	0.0035 (0.651)	0.0184*** (3.161)	0.0126*** (5.194)	0.0866*** (14.114)	−0.0205*** (−2.860)
	$\tilde{\beta}^+$	0.0011*** (17.009)	0.0026*** (20.253)	0.0009*** (9.963)	0.0006*** (14.461)	0.0016*** (23.833)
	$\tilde{\beta}^-$	−0.0017*** (−21.150)	−0.0035*** (−24.616)	−0.0011*** (−10.903)	−0.0025*** (−35.999)	−0.0013*** (−20.435)
	$|\tilde{\beta}^-/\tilde{\beta}^+|$	1.5455	1.3462	1.2222	4.1667	0.8125
	adj-R^2	14.78%	34.97%	4.71%	30.72%	26.46%

注：*、**、***分别表示在 10%、5%、1%的置信水平下显著；（ ）中为 t-统计量。

表 3-11(c)　大连商品交易所区分好坏消息下流动性溢价的实证结果

		玉米	豆粕	豆油	铁矿石	焦炭
正常波动	α	−0.0298 (−0.343)	−0.4116*** (−6.140)	−0.3527*** (−8.205)	−0.0789 (−1.289)	−0.0398 (−1.155)
	$\tilde{\beta}^+$	0.0088*** (6.966)	0.0155*** (7.992)	0.0456*** (5.224)	0.0059*** (9.733)	0.0015*** (6.944)
	$\tilde{\beta}^-$	−0.0054*** (−6.252)	−0.0036*** (−3.433)	−0.0017 (−0.774)	−0.0068*** (−10.973)	−0.0011*** (−6.998)
	$|\tilde{\beta}^-/\tilde{\beta}^+|$	0.6136	0.2323	—	1.1525	0.7333
	adj-R^2	34.71%	36.36%	29.87%	43.56%	9.05%
异常波动	α	−0.0185*** (−3.479)	−0.0176*** (−5.321)	0.0107** (2.172)	0.0246*** (4.088)	0.0008 (0.225)
	$\tilde{\beta}^+$	0.0007*** (17.279)	0.0006*** (21.386)	0.0041*** (23.959)	0.0004*** (18.023)	0.0008*** (18.526)
	$\tilde{\beta}^-$	−0.0006*** (−15.330)	−0.0008*** (−25.199)	−0.0052*** (−26.649)	−0.0009*** (−27.098)	−0.0011*** (−24.398)
	$|\tilde{\beta}^-/\tilde{\beta}^+|$	0.8571	1.3333	1.2683	2.25	1.375

注：*、**、***分别表示在 10%、5%、1%的置信水平下显著；（ ）中为 t-统计量。

②在异常波动条件下，所有期货品种的市场深度参数在 1%的置信水平下都是显著的，同时基于好消息和坏消息的流动性溢价具有显著的非对称性特

征。具体而言，除了玉米期货与甲醇以外，其他所有期货品种的流动性溢价都具有正杠杆效应。在所有期货交易所中，上海期货交易所的期货品种流动性溢价全部具有正杠杆效应。在正常波动条件下，黄金、锌、菜籽油、玉米、豆粕和焦炭的流动性溢价具有反杠杆效应，即在坏消息条件下，流动性溢价更加明显，铜、铝、橡胶、甲醇和铁矿石期货的流动性溢价都表现正杠杆效应。所以异常波动下流动性溢价杠杆效应更能表现出一致性。

③对异常波动而言，没有区分好坏消息前，绝大多数的溢价关系不显著；区分好坏消息后，好消息或坏消息下的溢价关系多数期货品种都显著，并且在好消息条件下系数都为正，而在坏消息条件下系数都为负，换言之随着流动性的变大，市场收益的绝对值也会变大，考虑到期货市场的双向收益性，这种现象是合理的。

④从农产品、能源、金属三个期货种类进行分析，在正常波动情况下，金属产品中的铜和铝流动性溢价正杠杆效应最为显著，农副产品中的菜籽油和豆粕流动性溢价负杠杆效应最大。除了农产品中的白糖期货，其余种类期货在异常波动下 $|\beta^-/\beta^+|$ 均略大于 1，各种金属产品期货一致符合正杠杆效应，尽管能源期货中的甲醇与农产品期货中的玉米在异常波动下略有背离，但这不影响本文的基本结论。

3.6 结论与启示

不同于正常波动下的市场行为，异常波动条件下期货市场的流动性具有丰富的信息内涵。为此，本章利用 MRS-SGED 模型识别出各时期期货市场所处的状态，在此基础上比较正常波动和异常波动下，以及好消息和坏消息下，流动性及其决定要素的基本统计特征。通过研究，我们得到了以下结论。

第一，在研究异常波动的识别过程中，发现 MRS-SGED 模型能较好地识别收益率的异常波动情形；并且，异常波动呈现出稀疏性、非对称性和异常波动时期下的集聚效应。

第二，我们研究异常波动条件下期货市场流动性与高阶矩决定要素的统计特征时发现，基于价格信息的买卖价差指标与基于交易量信息的市场深度指标的变动强度虽然并不完全相一致，但仍具有较强的相关性，这也意味着买卖价差和市场深度之间具有一定程度的同步关系。同时，买卖价差的波动性明显要小于市场深度，这与两者对流动性的衡量方式有关，且无论是用买卖价差来衡量流动性还是以市场深度来衡量，各个品种流动性指标的中位数均显著小于均值，这说明流动性指标受极值的影响非常严重。此外，绝大部分期货品种的流动性指标在异常波动时期会减小，即流动性变差，但流动性指标的波动率上升，符合我们的预期。并且商品期货市场的流动性在好消息和坏消息条件下的运作机制是不同的，流动性的买卖价差和市场深度两种刻画指标在好消息和坏消息下的统计特征存在一定程度的非对称特征，不如区分异常波动和正常波动时的对称性强。异常波动条件下，商品期货市场成交量、波动性明显放大，而从偏度和峰度角度，异常波动情况下，收益率的"尖峰厚尾"和"偏度"现象会更加明显。比较好坏消息下的各个统计量，商品期货在收益率、成交量、波动性和偏度方面差别不大，唯一有所差别的在峰度上，坏消息情形下，收益率更容易呈现"尖峰厚尾"的特征。

第三，我们对流动性指标和其决定变量之间关系模型进行了实证分析，发现无论在正常还是异常波动情况下，流动性均与换手率、波动率、峰度密切相关，与收益关系较小，而偏度只有在异常波动情形下才会对流动性起作用。并且随着换手率的增加，波动率和峰度的减小，市场的流动性会不断改善。在区分好坏消息条件下，换手率、波动性和峰度可以一定程度上解释期货市场的流动性。整体上看，换手率在好消息下对于流动性的影响力更大，而峰度在坏消息条件下对流动性的影响更大，波动率在好坏消息下对于流动性影响力的大小取决于期货品种，金属和工业品期货在坏消息下的影响更大，而农产品期货在好消息下的影响更大。

如果把收益率的高阶矩特征当做一种外部性进行处理，我们的实证结果表明收益率的"尖峰厚尾"和"偏度"特征在异常波动时期表现得更为明显，并且市场的流动性会变差，流动性的波动率也会上升。因此对于投资者来说，在异常波动时期，一方面要更加注重高阶矩风险，将对高阶矩的分析纳入投资组合的构建当中；另一方面，要时刻警惕市场的流动性短缺，尽可能较多地配置流动性较好的资产。对于职业投资者来说，在异常波动时期，应及早地调整投资组合配置较高的流动性好的资产，而不是追求高收益继续持有流动性差的资产。

在 3.2 节中我们提到异常波动部分是由于异常交易引起的，假设异常交易是可以被识别的，那么对于该因素引起的异常波动，管理者可以从前端控制和事后处置机制来进行流动性管理。具体而言，期货异常交易的前端控制机制主要可归结为三个方面。

①价格限制。在期货市场异常交易的前端控制中，我们仍然坚持使用"涨跌停板"制度，但不放弃并适时（或部分时段）引入"熔断机制"。从而旨在防止单支证券交易发生在指定价格区间之外。虽然我国期货市场设有涨跌停板限制，但在程序化交易和高频交易的运作过程中，涨跌停板也无法有效防范异常交易所带来的影响。如果适时且适当地引入"熔断机制"，如美国"骑士资本"乌龙事件，在异常交易发生时，将会触动熔断的临界点，暂时中断交易，对市场起到"冷却"的作用，"稳定了价格"和"降低违约风险"，从而避免了异常交易对期货市场的巨大冲击，能够保障市场的有效运营。

②技术修正。交易所也可以通过交易算法的技术修正来达到控制异常交易发生的概率之目的。例如，包括过滤和价格验证功能程序，它们向进入市场的参与者和交易确认请求发布警报和错误消息[①]。算法修正包括量价过滤器、检测条件的算法[②]、订单数量限制、各种"警告"类型的消息。许多交易所几乎都采用了类似的措施，来使参与者应用这些"技术或程序"来避免错误交易，例如，过滤器、订单确认警报、信用控制、预执行审查、错误交易保护报警等。

③交易者要求。美国 17 家交易所指出，为最小化异常交易的发生，交易所为交易者制订了技术或程序要求。例如，包括在电子系统中加上了过滤、报警信息和订单确认程序，等等。为防范异常交易的发生，交易所仍需对参与期货的交易者在自成交、频繁撤单、大额撤单等方面加以限制。在对交易账户的撤单和交易次数等指标作绝对量限制的基础上，交易所可以根据交易账户资金量的大小来对异常交易中的阈值进行适度调整，比如当该账户资金规模达到数亿甚至数十亿时，交易所可以适当放宽相应的异常交易阈值的标准，这样在规范市场正常运作的同时也兼顾了证券期货交易的公平和公正性。

---

① 具有这些程序的交易所说明"在许多案例中，参与者具能力无视警告，推订单入市"。而另外一些交易所设计了一个条件检测程序，在条件中连续触发停止订单将会导致超过限定范围的交易发生。

② 这里的检测条件是指，当价格变动超过预定的范围，停止指令将被连续触发。

期货异常交易处置措施可以概括为以下几个方面[1]。

①临时停牌。临时停牌适用于交易异常仅涉及一只或几只股票时所采用的一种技术性暂停措施。在期货市场上，当出现异常交易情形时，可以临时停止交易期货。一般而言，如果交易价格出现重大异常波动、交易涉嫌存在违法违规行为等，可以采取暂时停止交易措施。还需要说明的是，原因消除后，临时停牌及其恢复交易的时间由本所决定，并予以公告。

②临时停市。临时停市则适用于异常交易涉及所有交易的情形时所采取的一项终止所有交易的举措。当异常交易导致大部分或者全部期货合约不能进行正常交易时，交易所可以采取临时停市，暂停交易所有上市品种，以保障交易公平和公正性，防范期货系统性风险的发生。例如，2008年12月17日多伦多交易所由于出现巨量交易指令而致使交易系统超负荷运行，最终不得不宣布临时停市，该措施的采取及时避免了异常交易的发生，对维护证券市场的稳定起到了积极作用。还需说明的是，当临时停市以及限制经营机构或者投资者交易的原因消除后，交易所恢复交易，并向市场公告。

③暂缓交收。暂缓交收是指对交易异常发生后的相关交易予以中止，使其暂不进入交收程序。例如，暂缓多空双方的开平仓以及当日的结算，或者暂缓期货的交割。不论是国内的证券市场还是期货市场，交易时间和结算时间都是分开进行的，交易系统和结算系统分别属于证券期货交易的前台和后台，这就为暂缓交收提供了操作上的可行性。此外，由于暂缓交收会影响交易参与人对于资金、证券期货的使用效率，证券期货交易不能长时间处于不确定的状态，因而暂缓交收不应当持续较长时间。

④取消交易。取消交易适用于异常交易为"错误交易"的一项举措，纽约证券交易所、NASDAQ证券交易所和伦敦证券交易所均采用了这一措施。伦敦证券交易所规定"交易所基于自己判断取消交易的情形包括但不限于：对公司的信息传达发生明显错误，或者由于错误订单的进入导致股票的收盘价发生重大扭曲"的情形；NASDAQ规定"应该废止明显错误的交易，以满足本文规定的标准交易的执行价格"；港交所也规定"倘有关的交易所参与者发现有错误

---

[1] 股指期货市场的异常交易行为的情节有轻有重，根据异常交易的判别手段，发现市场存在异常交易的嫌疑，可以对相关行为主体进行口头警示、书面警示、监管谈话、将合约账户列入监管关注账户、要求投资者提交合规交易承诺书等措施。如果发现异常交易有重大嫌疑，且已经造成比较严重影响市场的交易秩序，可以采用下面所介绍的更严厉的规范措施来予以应对。

并向本交易所报告，而董事会又确信错误并非故意造成，则董事会可发出指示取消该宗有错误的交易"。此外，交易所需要设立交易取消审核委员会，对取消交易事宜作出独立和专业判断并形成审核意见。然后，交易所根据交易取消审核委员会的审核意见，作出是否取消交易的决定，并向市场公告。

⑤自行补救。如果交易者严重破坏市场正常运行的交易，交易所可以宣布取消这一交易，由此造成的损失由违规交易者承担。事实上，为了减少交易所对市场的不必要干预，形成交易所自律监管的应有边界，对于某些异常交易，可以允许交易参与人自行采取补救措施，多数交易所赋予交易当事人自行解决一般性的错误交易之权利，我国交易所交易规则对此无明文规定，但在实践中也有采取该措施来应对异常交易，日本瑞穗证券公司"错误交易指令"事件、纳斯达克技术故障和交银施罗德 ETF 申购赎回清单差错事件就是很好的范例。

⑥强化交易规则。期货市场的异常交易发生后，交易所可以实施一系列新的交易规则，这些规则可以是临时性的。新实施的交易规则可以报考调整保证金标准（如将保证金从原来的 5%调整为 8%）、调整合约涨跌停板（如上海证券交易所曾将每个交易日股票交易的涨跌幅限制为 5%）、调整合约结算价格、调整合约到期日及交割方式、更正合约条款、调整期权经营机构或者投资者的持仓限额，等等。这些新规则要求交易者在常规交易时段维持买卖两方面的公平性，避免异常交易的持续干扰或冲击。

⑦交易所认定的其他处置措施。除以上异常交易的处置手段外，根据异常交易对期货市场的影响状况，可以考虑要求经营机构或投资者平仓；对于不予以平仓的，交易所可以强行平仓；对异常交易的经营机构，可以要求其限期整改；对异常交易的个人或机构，对市场影响严重的，可以对进行经济处罚和纪律处分[1]；对于特别严重的个人或机构，触犯法律的，可以依法追究当事人的法律责任，等等。

---

① 对情节严重的异常交易行为，交易所可以限制相关行为主体所拥有合约账户交易，认定合约账户持有人为不合格投资者等。

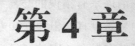

第4章
中国证券市场信息反映能力研究
——基于风险事件的视角

近年来，不断出现的消息往往会造成证券市场特别是燃料油期货市场的价格出现剧烈波动，并通过市场之间的联系作用于现货市场以及其他国家的期货和现货市场，从而使其影响辐射至更大的范围。本章将基于风险事件的视角，选取能源期货市场作为典型，研究我国能源期货市场的信息反映能力，检验其市场质量，为我国证券市场质量的研究提供借鉴。

4.1　问题提出与文献评述

4.1.1　问题提出

作为战略性资源，石油深刻影响着一国经济，且随着世界经济一体化进程的加快，其政治特性逐步显现，往往影响一国的稳定和安全。近年来，我国石油进口依存度逐渐加大，我国经济金融对国际石油价格也越发敏感。在我国石油及石油产品中，燃料油是目前市场化程度较高的一个品种，其进口量占燃料油资源的 50% 以上，已成为除原油以外进口量最大的石油产品。自 2004 年 8 月 25 日我国燃料油期货正式推出以来，燃料油期货的国际定价能力逐步提升。尽管如此，我国燃料油期货价格还不够稳定，暴涨暴跌行为仍时有发生。

一方面，这些暴涨暴跌行为的背后往往伴随着一些与能源相关事件的发生，这些能源事件多属于经济消息和政治消息。事实上，这些事件均与能源产业有关，对能源市场的影响也相对较大，为研究方便，这里统称为能源消息。

对于能源消息方面，我们可以进一步将其划分为两个部分。

①一些事件发生后，其所包含的信息能够在较短的时间内（一般为数天）被市场完全消化并予以反映，本文称之为短期能源消息。

②一些非常重大的能源事件，例如 2011 年国际能源署 IEA 历史上第三次动用石油储备平抑油价这一事件，从事件酝酿到发生，再到连带事件的跟进，最终事件所包含的信息完全被市场消化，其作用于市场的持续期往往为数月，甚至超过一年。对于这类事件，我们将之称为中长期能源消息。

另一方面，这些能源消息所引起的暴涨暴跌行为对于期货市场的风险控制提出了更高的要求。在能源消息发生时，市场投资者甚至是一些期货经纪公司在市场波动中资产大幅亏损甚至出现爆仓，从而引发市场交易中的违约风险。为尽可能防止这种风险的出现，期货交易所往往需要对于市场的风险有着足够的认识。这就需要期货市场监管者考虑能源消息对于市场风险的贡献，并根据度量的结果调整期货合约的保证金水平。

然而，能源消息对我国燃料油期货市场具有怎样的传导机制？在这一机制下，能源消息对燃料油期货市场影响的方向和程度如何？重大能源消息在市场中的中长期影响效应如何？对于国内外能源消息，中美两国燃料油期货市场的反映有何相似和不同之处？在能源消息冲击下，如何衡量和刻画市场中风险的变化情况？现有研究尚未对燃料油期货市场的上述问题进行系统回答。为此，本文试图从探究短期和中长期能源消息对于我国燃料油期货市场的影响机制入手，分别研究能源消息的短期效应及其原理和重大消息的中长期效应。

4.1.2 文献评述

根据所要研究的问题，本章从以下方面对于已有文献进行总结和评述：关于消息或事件短期效应的研究、关于重大消息中长期效应的研究以及关于度量和控制能源消息或事件的风险的研究。

1. 关于消息或事件短期效应及其原理的研究

（1）对于消息或事件短期效应的研究

根据消息来源的不同，我们可以将消息细分为：政治消息、经济消息和自然消息三类。目前已有的研究主要针对政治消息和经济消息对于市场展开。

对政治消息而言，Lobo（1999）利用随机波动模型研究了 1965—1996 年间美国选举和政党政见对股票市场每日股票收益的影响，发现与总统选举期间相比，中期选举对股票市场的影响更具不确定性，且小盘股和大盘股的跳跃风险分别增加了 10% 和 20%；Kim 和 Mei（2001）检测了香港政治风险对股票市场的可能冲击，发现香港的政治发展对股票市场的波动和收益有显著影响；McGarrity 和 Picou（2001）利用事件研究法研究了参议员突然去世对股票价格的影响；Vuchelen（2003）利用线性回归模型研究了 1974—2000 年间选举事件对布鲁塞尔股票市场的影响，发现政府选举事件对股票市场存在一定影响；类似地，Maillet 和 Michel（2005）检测了法国和美国股票市场对"9·11"恐怖袭击事件的反应，发现 2001 年 9 月份股票市场所受冲击明显大于 1987 年以来的重要历史事件；Masood 和 Sergi（2008）分析了 1947 年以来影响巴基斯坦股票市场的政治风险事件，发现政治风险事件发生的概率相对较高，每年平均约 1.5 个事件，且巴基斯坦政治风险的风险溢价在 7.5% 到 12% 之间。

对经济消息而言，自 Cook 和 Hahn（1989）检测了联邦储备货币政策对每股资产价格（如美国利率和股票价格等）的影响以来，大量文献对这类问题进行了研究；谈儒勇和曹江东（2005）采用市场模型研究了《证券投资基金法》颁布对股市的冲击效应；利用事件研究法，最近关于美国货币政策对国外资产价格冲击的主要文献有 Hausman 和 Wongswan（2006）、Wongswan（2006）等，这些研究一致表明，美国货币政策的变化的确会影响到全球的资产价格；之后，肖华和张国清（2008）检测了"松花江事件"对相关行业公司股价的影响，发现"松花江事件"发生后，吉林化工和样本公司股票的累积异常收益显著为负。

（2）对于消息或事件对于市场产生影响的原理研究

早期的连续信息到达假说（Copeland，1976）和混合分布假说（Clark，1973）已就消息对权益市场的影响机理进行了分析，这为相关问题的研究提供了一个可依赖的框架。其中，Copeland（1976）的连续信息到达假说认为：交易者相互独立，新信息的到达会使市场中的交易者改变自己的需求曲线，正面的信息会使他们的需求曲线上移，负面信息则相反。当市场信息的扩散为一个连续的过程时，市场价格和成交量会随市场信息的变化而变化。最终，当所有交易者得到相关的信息后，市场达到了最终的均衡。

而 Clark（1973）的混合分布假说则是为了解释金融收益率的尖峰特征而提出的。该假说认为：由于不同交易者对于新信息的反映不同，而这种市场上的不同反应总可以被分为 2 组，并且他们的影响均服从正态分布。由于市场的收益是由这两组不同反映共同决定的，因而，市场的收益率应该是一个混合正态分布。

2. 关于重大消息中长期效应的研究

本章对于重大消息的中长期效应的研究主要采用的是事件研究法。事件研究法起源于 20 世纪 30 年代，由 Dolley（1933）在其关于股票拆细的价格效应的研究中最先提出并予以运用的。到了 20 世纪 60 年代，Ball 和 Brown（1968）运用异常表现指数（Abnormal Performance Index）分析了异常会计收入出现时的市场反应；而 Fama 等（1969）基于有效市场理论，运用积累平均异常收益（CAR）研究了股票拆分对于股票收益率的影响。这两项研究最终共同创立了事件研究学，并确立了事件研究法的基本步骤。

而根据对于事件检验期的长短，事件研究法又可以分为：短期事件研究法和长期事件研究法。本文研究能源消息的中长期效应所采用的就是长期事件研究法。这种方法一般检验期在一年以上，是对于短期事件研究法的补充，主要用于检验消息或事件的长期效应。从研究步骤上看，长期事件研究法主要包含 6 个基本步骤：规定事件研究的窗口、选取样本、选择基准收益率、估计异常收益、检验异常收益的显著性、实证结果与解释。

虽然，检验步骤基本一致，但西方学者关于事件研究法方法论的争论却从未停止过。总结起来，研究界关于事件研究法的方法论争论主要集中在基准收益率的选取和异常收益的估计两个方面。

首先，关于基准收益率的选取方面，目前，国外已有的长期事件研究法文献中，根据基准收益选取的不同可分为：市场模型、Fama-French 三因素模型和市场指数收益率模型三类。市场模型方面，Bernard 和 Thomas（1989）根据资本资产定价模型，将证券的收益与市场证券组合收益相联系，运用该模型研究了证券市场中的盈余公告效应，并认为盈余公告效应的原因仍是一个谜。Fama-French 三因素模型方面，Fama 和 French（1992，1993）认为企业规模、BE/ME 与证券的收益是显著相关的，通过将证券收益与市场组合收益、企业规模和 BE/ME 联系在一起，他们构建了 Fama-French 三因素模型用于计算基准收益率。市场指数收益率模型方面，Brav 和 Alon（2000）就以标准—普尔 500 指数（the S&P Index）、纳斯达克综合指数（Nasdaq composite index）、CRSP 等权指数（CRSP equal weight index），以及 CRSP 价值加权指数（CRSP value weight index）等的收益率作为基准收益率，研究股票首发与增发对于其收益率的影响。

其次，在关于异常收益率的估计方面：一方面，Fama 等（1969）最先使用平均（或累积）月度异常收益率的方法来检验价格在较长的期间上（至少一月以上）对事件的反应，并运用这种方法考察了股票价格对于股票分割这一消息的反映过程。Jaffe（1974）、Mandelker（1974）在 Fama 等人研究的基础上最先提出了滚动的时间系列组合法，构建样本期间每一个日历月度上的企业组合，该组合由检验期内发生事件的企业所组成。在此基础上，计算各月度企业组合的等权或价值加权收益，并以此与正常收益率进行比较得到异常收益率。另一方面，Roll（1983）最先开始对购入—持有异常收益法（BHAR）进行了详细的理论探讨，并将它与其他计算长期收益的方法进行了比较研究。Barber 和 Lyon（1997）集中分析了长期事件研究中统计量的设定及其检验力。基于研究结果，他们认为，在计量长期异常收益时，应采用购入—持有异常收益（BHAR）方法，而非累积异常收益（CAR）方法。原因是：第一，累计异常收益率法是 BHARs 的有偏预测值；第二，即使基于 CAR 的推论是正确的，但所证实的程度与投资价值是不一致的。而 Mitchell 和 Stafford（2000）在他们关于股票长期异常收益的研究中将 BHAR 描述成"在预先设定的期间，在发生事件的所有企业和没发生事件的配对企业组合进行的同样投资的收益之差"，并认为这种方法能够明确事件—公司收益之间的相关性关系，从而能够得到更加稳健的结果。

3. 对于已有文献的总结和反思

综上，目前国内外已有文献对于外来事件或消息对于市场的短期冲击和重大事件的长期冲击效应这两个方面已经做了多方面的探索和研究。这些研究对于本文的研究内容有着重要的借鉴意义，与此同时，这些研究也存在着一些问题和不足，主要体现在以下几个方面。第一，事件或消息的短期效应方面，虽然现有研究已经对这种短期效应进行了多方面的分析，但对于这种效应背后的原理和机制的研究和分析却少之又少。第二，在研究事件短期效应的过程中，虽有部分研究使用随机波动模型对市场收益进行刻画,但是这些研究主要是针对某一分布进行模型构建。然而,对于市场收益等数据的分布情况很难通过特定分布来刻画。因此,对于不同分布情况下所建立模型进行比较分析,并从中找出与掌握数据最为接近的模型是十分必要的。第三,现有的研究主要是对于西方成熟市场的研究,而对于我国这种新型市场,特别是燃料油期货市场这类衍生市场的研究则少之又少。然而,随着我国经济的发展以及对于石油等化石能源需求的增加,与能源有关的现货以及期货市场的发展是十分必要且必不可少的。因此,对于我国现有的燃料油期货市场的研究对于未来市场的发展和成熟无疑具有重要的参考价值。

4.2　能源消息对燃料油期货市场的影响路径分析

燃料油期货市场中,能源消息的发生往往是难以预料的。然而,这些能源消息一旦发生则经常会在不同时间段内给燃料油期货市场的运行造成不同程度的影响。因此,本文将对能源消息的短期效应和中长期效应分别进行分析,以考察这种能源消息短期效应和中长期效应发生的机理及其对于市场运行产生影响的方式和程度。

4.2.1　能源消息对于我国燃料油期货市场的短期效应分析

1. 能源消息短期效应的机理分析及假设提出

早期的连续信息到达假说(Copeland,1976)和混合分布假说(Clark,1973)已就消息对权益市场的影响机理进行了分析,这为相关问题的研究提供了一个可依赖的框架。对燃料油市场而言,由于其兼具商品和金融两种属性,因此,消息在燃料油期货市场上的传播相对较为复杂,且具有自己的特性。本质上看,能源消息对燃料油期货市场的影响机理将主要集中在能源消息的扩散途径和传播方式上。接下来,我们主要从以下几个方面进行分析。

(1)能源消息分类和期货市场选择

在能源消息分类方面,本文所言的能源消息主要是指与能源市场相关的政治和经济等消息。根据不同的参照标准，能源消息可有不同的分类：根据是否属于国内消息可将能源消息分为国内能源消息和国际能源消息，根据能否产生正收益可将能源消息分为利好能源消息和利空能源消息。

在期货市场的选择方面，本文选择国内燃料油期货市场和国外燃料油期货市场，前者自然选择新兴的中国燃料油期货市场为代表，后者选择成熟的美国燃料油期货市场为代表；此外，无论对中国市场，还是对美国市场，研究的主要对象均考虑预期收益及其波动性（也称为市场风险）。

（2）能源信息的扩散途径和传播方式

能源消息影响燃料油期货市场的途径（也称消息的传播渠道）是很多的，既有直接方式，也有间接方式（如图 4-1 所示）。可以看出，图中包含两个信息源——国内能源消息和国际能源消息，两个期货市场——中国燃料油期货市场和美国燃料油期货市场，以及两个标的现货市场——中国黄埔燃料油现货市场和美国燃料油现货市场。能源消息必然通过不同（或相同）的途径影响中国或（和）美国的燃料油现货市场及其期货市场，当然，燃料油期货和现货市场之间的定价机制、国内和国外燃料油期货市场之间的内在联动关系均会给能源消息提供便捷的信息传播通道。

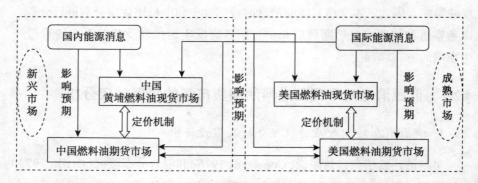

图 4-1　能源消息对中美燃料油期货市场的影响路径

从能源消息的传播方式上看，能源消息影响燃料油期货市场的方式主要包括两种：直接影响和间接影响。

①直接影响。先来分析能源消息对中国燃料油期货市场的直接影响渠道。无论是国内能源消息还是国际能源消息，它们均能影响中国燃料油期货交易者的预期，影响其买卖行为，进而对中国燃料油期货市场产生影响。类似地，国

内能源消息和国际能源消息也会直接对美国燃料油期货市场产生影响。此外，我们仍需注意的是，中美燃料油期货市场的市场化程度和发展程度是不同的，并且往往由于市场开放度和市场成熟度的不同，能源消息对中美燃料油期货市场的影响存在一定差异。

②间接影响。与直接影响相比，能源消息对中国燃料油期货市场的影响更多体现在间接影响上。国内能源消息和国际能源消息有可能率先对黄埔燃料油现货的供给和需求产生影响，进而对燃料油现货市场产生影响，然后，通过燃料油现货与期货市场之间的定价机制，进一步对中国燃料油期货市场产生影响。通过类似的途径，国内能源消息和国际能源消息也会对美国燃料油期货市场产生影响，借助于中美燃料油期货市场之间的内在联动关系来影响中国燃料油期货市场。类似地，国内能源消息和国际能源消息也会间接影响美国燃料油期货市场。

无论是通过直接方式还是通过间接方式，能源消息均可能对燃料油期货市场产生影响。然而，需要提及的是，如果燃料油期货和燃料油现货市场是完全开放和充分竞争的，商品的流通将不受任何限制，能源消息将会从一个市场迅速传递到另一市场，并在燃料油期货及其标的现货市场中得以体现；同时，由于套利的作用，不同市场上的价格将趋于均衡，这符合一价定律。这样，中国燃料油期货、燃料油现货和国际燃料油期货将被视为同一市场。然而，事实并非如此。国内燃料油期货市场及其标的现货市场之间存在着摩擦，中国和美国燃料油期货市场之间存在一定程度上的市场分割；并且，不同期货交易所在标的物的制定标准、合约设计以及交易制度、交割规则等方面也存在一定差异；在这一情况下，市场将不能被视为同一市场，各市场之间的关系尚需考证。此外，中美燃料油期货市场的市场化程度和发展程度是不同的，往往由于市场开放度和市场成熟度的不同，能源消息对中美燃料油期货市场的影响存在一定差异。另外，尚需提及的是，本文谈及的能源消息实际上是指能源消息公告；因此，无论是新兴市场还是成熟市场，能源消息对燃料油期货市场的影响既可能是短期的也可能是长期的。但是，就消息公告的传播特性而言，消息公告对资本市场的短期影响不容忽视，且往往具有较显著的影响（McGarrity 和 Picou，2001；Maillet 和 Michel，2005；Masood 和 Sergi，2008）。因而，对本文而言，我们将重点讨论能源消息对燃料油期货市场的短期影响（唐衍伟等，2007）。

在接下来的研究中，我们会提出能源信息能否对燃料油期货市场产生影响的假设，在此之前我们需检验黄埔燃料油现货价格和中国燃料油期货价格、美国燃料油现货价格和美国燃料油期货价格、中美燃料油期货市场之间的关系是否具有显著的证据支撑。

表4-1给出了相关市场对数收益之间的相关度与Granger因果关系检测值，可以看出黄埔燃料油现货价格和中国燃料油期货价格、美国燃料油现货价格和美国燃料油期货价格、中国和美国燃料油期货市场之间均具有很强的相关性，且相关市场收益之间均在5%的置信水平下存在双向的Granger因果关系；相对而言，中国（或美国）期货和现货市场之间的关系要强于国内外期货市场之间的关系。这些证据表明期货和现货市场之间的定价机制、中国和美国期货市场之间的内在联动关系是显著存在的，这为能源消息在市场之间的传播搭建了多个消息畅通的桥梁。

表4-1　相关市场对数收益之间的相关度与 Granger 因果关系检测值

	中国		美国		中美	
	上海期货	黄埔现货	美国期货	美国现货	中国期货	美国期货
两市场对数收益之间的相关度	0.3304		0.6528		0.1912	
期货（美国期货）是现货（中国期货）的 Granger 原因	126.0482**		158.7226**		14.6088**	
现货（美国期货）是期货（中国期货）的 Granger 原因	89.8045**		120.1029**		3.2072*	

注：**、*分别表示参数在1%和5%的置信水平下显著。

（3）假设提出

如前文所述，无论是通过直接途径还是间接途径，能源消息的传播渠道是畅通的，但能源消息能否真正到达燃料油期货市场，尚需论证；如果消息能够到达，这些能源消息能否显著影响燃料油期货市场的收益及其波动？若存在影响，其影响程度如何？事实上，这些问题我们还不十分清楚。为了研究能源消息对燃料油期货市场产生影响的具体状况，本文作如下假设。

假设1：能源消息能够对中国或美国燃料油期货市场产生影响。

假设2：国内和国际能源消息能分别对中国或美国燃料油期货市场产生影响。

假设3：国内和国际能源消息对中国或美国燃料油期货市场的影响分别具有杠杆效应。

假设 4：国内和国际能源消息对中国或美国燃料油期货市场的影响分别具有提前和滞后反映特征。

2. 能源消息对于我国燃料油期货市场短期效应存在性分析的模型构建

根据前文假设，下面将构建能源消息对燃料油期货市场影响的随机波动模型，并给出贝叶斯 MCMC 推断的参数估计方法。

（1）基于混合正态分布随机波动模型的构建

在构建模型之前，先来介绍混合正态分布，并以此作为随机变量条件均值方程中随机扰动项的具体分布。事实上，由于期货收益分布常具有尾部特性，我们分别对基于正态分布以及能够刻画厚尾性的学生分布、广义误差分布和混合正态分布的随机波动模型进行了实证研究，发现基于混合正态分布随机波动模型的拟合结果是最好的，并且，刘庆富和张金清（2013）和 Liu，Wang 和 An（2012）也对其进行了类似论证。

事实上，若条件均值方程中随机扰动项服从混合正态分布，即

$$\varepsilon_t \sim i.d.d. \quad MN(\tau, p) = \begin{cases} N(0, \delta^2) & p \\ N(0, \tau\delta^2) & 1-p \end{cases} \tag{4.1}$$

其中，$0 < \tau < 1$ 和 $\delta^2 = (1-p+\tau p)^{-1}$，$\mathrm{Var}[\varepsilon_t] = 1$。

那么，这一混合正态分布的概率密度函数为

$$f(\varepsilon_t) = \frac{p}{\sqrt{2\pi\tau\delta^2}}\exp\left(-\frac{\varepsilon_t^2}{2\tau\delta^2}\right) + \frac{1-p}{\sqrt{2\pi\tau\delta^2}}\mathrm{xp}\left(-\frac{\varepsilon_t^2}{2\tau\delta^2}\right) \tag{4.2}$$

①基于假设 1 的随机波动模型。为检测能源消息对中国或美国燃料油期货市场的影响，在条件均值和条件方差方程中分别引入能源消息的哑元变量。如此，所构建的随机波动模型为

$$r_t = \alpha + \beta r_{t-1,} + \lambda D_t + \varepsilon_t \nu_t, \quad \varepsilon_t \sim i.d.d. \ MN(\tau, p) \tag{4.3}$$

$$\nu_t = \exp(h_t / 2) \tag{4.4a}$$

$$h_t = \mu + \gamma r_{t-1} + \varphi(h_{t-1}\mu) + \kappa D_t + \delta\eta_t, \eta_t \sim \mathrm{NID}(0,1) \tag{4.4b}$$

其中，$r_t = \ln(P_t / P_{t-1})$ 为日收益，P_t 为 t 日中国或美国燃料油期货收盘价格；D_t 为能源消息的 0/1 哑元变量；λ 和 κ 分别为能源消息影响燃料油期货收益及其波动的参数，且 $|\lambda| < 1$ 和 $|\kappa| < 1$。

②基于假设 2 的随机波动模型。为检测国内和国际能源消息对中国或美国

燃料油期货市场的影响，在条件均值和条件方差方程中分别引入国内和国际能源消息的哑元变量。由此，所构建的随机波动模型为

$$r_t = \alpha + \beta r_{t-1} + \lambda_1 D_{1,\ t} + \lambda_2 D_{2,\ t} + \varepsilon_t \nu_t \ , \quad \varepsilon_t \sim i.d.d. \ MN(\tau, p) \qquad (4.5)$$

$$\nu_t = \exp(h_t / 2) \qquad (4.6)$$

$$h_t = \mu + \gamma r_{t-1} + \varphi(h_{t-1}\mu) + \kappa_1 D_{1,t} + \kappa_2 D_{2,t} + \delta \eta_t, \quad \eta_t \sim \mathrm{NID}(0,1) \qquad (4.7)$$

其中，$D_{1,t}$ 和 $D_{2,t}$ 分别为国内和国际能源消息的 0/1 哑元变量；λ_1 和 λ_2 为国内和国际能源消息影响燃料油期货收益的参数，κ_1 和 κ_2 为国内和国际能源消息影响燃料油期货波动的参数，且 $|\lambda_1|$、$|\lambda_2|$、$|\kappa_1|$ 和 $|\kappa_2|$ 均小于1。

③基于假设 3 的随机波动模型。为检测国内和国际能源消息对中国或美国燃料油期货市场的影响是否具有杠杆效应，在条件均值和条件方差方程中分别引入利好和利空国内能源消息的哑元变量与利好和利空国际能源消息的哑元变量。由此，所构建的随机波动模型为

$$r_t = \alpha + \beta r_{t-1} + \lambda_1^+ D_{1,t}^+ + \lambda_1^- D_{1,t}^- + \lambda_2^+ D_{2,t}^+ + \lambda_2^- D_{2,t}^- + \varepsilon_t \nu_t, \quad \varepsilon_t \sim i.d.d.MN(\tau, p) \qquad (4.8)$$

$$\nu_t = \exp(h_t / 2) \qquad (4.9)$$

$$h_t = \mu + \gamma r_{t-1} + \varphi(h_{t-1}\mu) + \kappa_1^+ D_{1,t}^+ + \kappa_1^- D_{1,t}^- + \kappa_2^+ D_{2,t}^+ + \kappa_2^- D_{2,t}^- + \delta \eta_t,$$
$$\eta_t \sim \mathrm{NID}(0,1) \qquad (4.10)$$

其中，$D_{1,t}^+$ 和 $D_{1,t}^-$ 分别为利好和利空国内能源消息的 0/1 哑元变量，$D_{2,t}^+$ 和 $D_{2,t}^-$ 分别为利好和利空国际能源消息的 0/1 哑元变量；λ_1^+ 和 λ_1^- 分别为利好和利空国内能源消息影响燃料油期货收益的参数，λ_2^+ 和 λ_2^- 分别为利好和利空国际能源消息影响燃料油期货收益的参数，κ_1^+ 和 κ_1^- 分别为利好和利空国内能源消息影响燃料油期货波动的参数，κ_2^+ 和 κ_2^- 分别为利好和利空国际能源消息影响燃料油期货波动的参数，且 $|\lambda_1^+|$、$|\lambda_1^-|$、$|\lambda_2^+|$、$|\lambda_2^-|$、$|\kappa_1^+|$、$|\kappa_1^-|$、$|\kappa_2^+|$ 和 $|\kappa_2^-|$ 均小于 1。

④基于假设 4 的随机波动模型。为检测国内和国际能源消息对中国或美国燃料油期货市场的影响是否分别具有提前和滞后反映特征，在条件均值和条件方差方程中分别引入提前一日、当日和滞后一日国内能源消息的哑元变量与提前一日、当日和滞后一日国际能源消息的哑元变量。由此，所构建的随机波动模型为

$$r_t = \alpha + \beta r_{t-1} + \lambda_1^1 D_{1,\ t+1} + \lambda_1^0 D_{1,t} + \lambda_1^{-1} D_{1,t-1} + \lambda_2^1 D_{2,t+1} + \lambda_2^0 D_{2,t} +$$

$$\lambda_2^{-1} D_{2,t-1} + \varepsilon_t \nu_t, \varepsilon_t \sim i.d.d.\mathrm{MN}(\tau, p) \tag{4.11}$$

$$\nu_t = \exp(h_t / 2) \tag{4.12}$$

$$h_t = \mu + \gamma r_{t-1} + \varphi(h_{t-1}\mu) + \kappa_1^1 D_{1,\ t+1} + \kappa_1^0 D_{1,t} + \kappa_1^{-1} D_{1,t-1} +$$

$$\kappa_2^1 D_{2,t+1} + \kappa_2^0 D_{2,t} + \kappa_2^{-1} D_{2,t-1} + \delta\eta_t, \eta_t \sim \mathrm{NID}(0,1) \tag{4.13}$$

其中，$D_{1,\ t+1}$、$D_{1,\ t}$ 和 $D_{1,\ t-1}$ 分别为提前一日、当日和滞后一日国内能源消息的 0/1 哑元变量，$D_{2,\ t+1}$、$D_{2,\ t}$ 和 $D_{2,\ t-1}$ 分别为提前一日、当日和滞后一日国际能源消息的 0/1 哑元变量；$\lambda_i^j\ (i=1,2; j=1,0,-1)$ 分别为哑元变量所对应的参数，且 $|\lambda_i^j| < 1(i=1,2; j=1,0,-1)$。

（2）随机波动模型的参数估计方法

尽管随机波动模型的结构相对简单，由于似然方程的不可得性，本文将采用具有强大计算优势的贝叶斯 MCMC 算法来估计随机波动模型的参数，即通过马尔科夫链的 Metropolis - Hasting 抽样获得随机波动参数的后验均值。对基于假设 2 的随机波动模型而言，贝叶斯 MCMC 算法将产生条件均值和条件方差方程的参数 α 和 β、μ、γ、ϕ 和 δ^2，国内和国际能源消息对燃料油期货收益和波动的影响参数 λ_1、λ_2、κ_1 和 κ_2 的后验均值估计。具体而言，类似于 Tsiakas（2009）估计步骤，本文所构建模型的贝叶斯 MCMC 的运算步骤如下。

第一步，将参量初始化，并将数据代入 $r_t^* = \ln((r_t - \alpha - \beta r_{t-1} - \lambda_1 D_{1,T} - \lambda_2 D_{2,t})^2 + 0.0001)$。

第二步，假设先验 $MN(\tau, p)$ 分布，利用 Metropolis-Hasting 算法和卡尔曼滤波技术，估计出参数 μ、γ、ϕ 和 δ^2。

第三步，类似于 Tsiakas（2006）中的 Gibbs 抽样步骤，利用 Metropolis-Hasting 算法抽样出参数 κ_1 和 κ_2。

第四步，从后验分布 h 中抽取对数方差向量 $\{h\}$。

第五步，基于混合正态分布先验值和以 h 为条件似然值集合的均值，抽取均值参数 α、β、λ_1 和 λ_2，然后代入 $r_t^* = \ln((r_t - \alpha - \beta r_{t-1} - \lambda_1 D_{1,T} - \lambda_2 D_{2,t})^2 + 0.0001)$。

第六步，回到第二步，继续进行迭代。

在这些参数估计中，不同于 Tsiakas（2008）采用的 Gibbs 抽样，本文主要采用基于正态分布的随机游走 Metropolis-Hasting 算法（Johannes 和 Polson, 2004; Ntzoufras, 2009）来进行计算。已有实证结果表明，这一算法显然要好于 Gibbs 算法。此外，还需说明的是，MCMC 参数均值是 θ 后验均值的一个不对称的有效估计，还需通过计算数值标准差来评价后验均值估计的统计显著性（Geweke, 1992；Tsiakas, 2008, 2009）。

4.2.2 能源消息对于我国燃料油期货市场的中长期效应分析

为对重大能源消息在燃料油市场中的中长期效应进行分析，本文将采用事件研究法分析全球金融危机和日本地震这两大重大事件对于燃料油期货市场的影响。

1. 事件研究的窗口选取

在开始研究重大能源消息对于燃料油期货市场的中长期效应前，我们有必要对于研究中所需要的样本窗口进行定义。本文设定了 3 个基本的样本窗口，即"事前窗口""事件窗口"以及"事后窗口"。其中，"事前窗口"是指在事件发生前，作为参考标准而选取的一段样本时期。而"事件窗口"则是代表事件发生发展时期的一段样本窗口，用于考察事件发生时市场运行所经历的变化情况。最后，"事后窗口"则是设定在事件发生后一段样本时期。一般地，样本窗口时间节点可以用图 4-2 来表示。

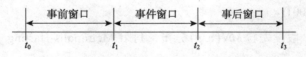

图 4-2　"事件窗口"时间节点设定

如图 4-2 所示，我们将 $[t_0, t_1]$ 定义为"事前窗口"，$[t_1, t_2]$ 定义为"事件窗口"，(t_2, t_3) 定义为"事后窗口"。这样定以后，我们不难发现，"事前窗口"的长度 $L_1 = t_1 - t_0$，而"事件窗口"的长度 $L_2 = t_2 - t_1 + 1$，"事后窗口"的长度 $L_3 = t_3 - t_2$。

2. 基准收益率的构建

在确定事件研究的样本窗口后，接下来，本文将采用 GARCH 模型来构建燃料油期货市场的基准收益率，以便于后续异常收益率水平的计算。具体来讲，本文所要构建的基准收益率模型的条件均值方程可表示如下：

$$R_t = \mu + \phi_1 R_{t-1} + \varepsilon_t \qquad (4.14)$$

上式中，市场收益率水平表现为一个自回归过程，而根据市场收益数据和 AIC 准则的检验，最终，本文在均值方程中将收益率的滞后项阶数确定为一阶，即本文将采用 AR（1）过程作为条件均值方程。

而 GARCH 模型的条件方差方程则可表示为

$$h_t = \omega + \alpha_i \epsilon_{t-i}^2 + \beta_i h_{t-i} + \zeta_t \qquad (4.15)$$

这样，我们构建起了燃料油期货市场的 AR（1）-GARCH（1,1）模型，之所以在条件方差方程中采用 GARCH（1,1）模型，主要是因为根据 AIC 准则 GARCH（1,1）模型能够较好的刻画市场收益率水平。在该模型中，我们设定均值方程中的随即扰动项 ε_t 的期望值为 0，而方差为 h_t。

在构建好基准模型后，本文利用构建的模型对于"事前窗口"的样本数据进行了分析，并对于模型的参数进行估计。

3. 异常收益的估计及其显著性检验方法

（1）异常收益率的估计方法

在完成了对于基准模型参数的估计后，本文将计算"事件窗口"这一样本区间中的异常收益率（abnormal return，AR），其计算方式如式（4.16）所示。

$$\text{AR}_t = R_t - \mu - \Phi_1 R_{t-1} \qquad (4.16)$$

在此基础上，我们不难计算出"事件窗口"持续区间中的平均异常收益率（average abnormal return，AAR）

$$\text{AAR}_t = \frac{1}{t_2 - t_1 + 1} \sum_{t=t_1}^{t_2} \text{AR}_t \qquad (4.17)$$

接下来，我们还可计算出累积异常收益率（cumulative abnormal return，CAR）

$$\text{CAR}_t = \sum_{t=t_1}^{t_2} \text{AR}_t \qquad (4.18)$$

同理，我们还可计算出"事件窗口"的异常收益率（AR）、平均异常收益率（AAR）以及累积异常收益率（CAR）。

（2）异常收益率显著性检验方法

在完成异常收益率的估算后，本文对于估算出的结果进行显著性检验。

根据中心极限定理，我们可知，即使燃料油期货市场收益率水平并不服从正态分布，但是只要样本足够大，其各时期异常收益率为独立同分布，则平均异常收益率（AAR）和累积异常收益率（CAR）将趋近于正态分布。利用这一原理，本文将平均异常收益率（AAR）和累积异常收益率（CAR）显著性检验的统计量设计如下。

$$t = \frac{\text{AAR}_t}{\sqrt{\text{VAR}(\text{AAR}_t)}} = \frac{\text{AAR}_t}{\frac{1}{N}\sqrt{\sum \text{VAR}(R_t)}} \sim N(0,1) \qquad (4.19)$$

$$t = \frac{\text{CAR}_t}{\sqrt{\text{VAR}(\text{CAR}_t)}} = \frac{\text{CAR}_t}{\sqrt{\sum \text{VAR}(R_t)}} \sim N(0,1) \qquad (4.20)$$

其中，$\text{VAR}(R_t)$ 代表根据 GARCH 模型计算出的 h_t，而 N 代表样本区间内所包含的天数。

在确定检验统计量后，接下来为了实施显著性检验，我们将显著性水平 α 确定为 1% 和 5%，并将实际数据拒绝域与置信区间进行比较，最终判断个体统计量是否显著。

4.3 数据选择与统计特征

4.3.1 数据选择

1. 能源消息的选择

本文对能源消息的选择须满足三个条件：第一，消息须直接或间接地与能源相关；第二，消息是基于政治、经济等政策的考量；第三，消息极有可能是对我国和国际影响较大的事件。鉴于此，本文的消息主要选择了我国政府机构所发布的与能源有关的决议、政策、法律等信息，各国政府、国际组织（如 OPEC）及国家联盟（如欧盟、东盟以及非洲联盟等）所发布的决议、政策，以及国家之间签署的能源合作协议等可能对能源供求产生较大影响的事件。例如，2006 年 1 月 23 日，中国与沙特政府签订《关于石油、天然气和矿产领域开展合作的议定书》等五个合作文件；6 月 29 日，国家发展改革委员会宣布，自 6 月 30 日零时起上调汽油和柴油等成品油价格；2011 年 5 月 18 日，俄罗斯将上调石油出口税；10 月 26 日，国家拟定"十二五"末我国战略石油储备能力将达 3.5 亿桶；11 月 7 日，欧盟对伊朗制裁升级，同意石油禁运措施。

按照以上标准，我们对 2006 年 1 月 1 日至 2011 年 12 月 31 日所发生的能源消息进行了选择，共有 106 个，其中国内消息 32 个、国际消息 75 个（如图 4-3 所示）。可以看出，本文所选择的能源消息是稀疏的，相对而言，2009 年和 2011 年消息比其他年份多，国际消息比国内消息多。

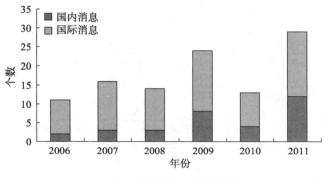

图 4-3　国内外能源消息分布

2. 中美燃料油期货数据的选择

燃料油期货数据将选择上海期货交易所（SHFE）和美国纽约商业交易所（NYMEX）每个交易日的收盘价格作为代表。本文之所以选择这两个市场，一是因为我国能源期货市场只有燃料油期货合约，且从交易量上看我国燃料油期货交易已成为全球第三大能源衍生品市场，具有一定的代表性；二是因为美国燃料油期货市场非常成熟，可以作为国际燃料油期货市场的代表，并可与我国市场进行比较。由于中美燃料油期货合约在月份设计上存在一定差异（如表 4-2 所示），为研究需要，本文选取最近期月份的期货合约作为代表；在最近期期货合约进入交割月后，选取下一个最近期期货合约，这样就得到一个连续的期货合约序列。这样，我们分别选择了 2006 年 1 月 4 日至 2011 年 12 月 31 日中美燃料油期货收盘价格连续数据作为代表，这些数据分别来源于 Wind 和 Bloomberg 数据库。

3. 事件窗口的选取

为了对重大能源消息对于燃料油期货市场的中长期影响进行分析，本文选择了 "2008 年的全球金融危机" 这一典型的重大消息作为样本。同时，本文还使用 2008 年 1 月 2 日至 2009 年 3 月 31 日（共计 302 个交易日）中美燃料油期货市场的收益率数据作为市场数据，以对重大能源消息中长期效应进行实证分析。

表 4-2　中美燃料油期货合约

	中国	美国
交易单位	10 吨/手	42000 加仑/手
报价单位	元（人民币）/吨	美元/加仑
最小变动价位	1 元/吨	0.0001 美元/加仑
每日价格最大波动限制	上一交易日结算价±5%	无
合约交割月份	1—12 月（春节月份除外）	连续 18 个月
交易时间	场内交易：上午 9:00—11:30，下午 1:30—3:00（北京时间）	场内交易：上午 9:00—下午 2:30；电子交易：下午 6:00—次日下午 5:15（东部时间）
最后交易日	合约交割月份前一月份的最后一个交易日	合约到期月份前一个月的最后一个交易日
交割日期	最后交易日后连续五个工作日	最后交易日后连续五个工作日
交割品级	180CST 燃料油或质量优于该标准的其他燃料油	参见 www.infinitytrading.com/futures/energy-futures
交割地点	交易所指定交割地点	一般业界等级的二号燃料油，交割地是纽约港
最低交易保证金	合约价值的 8%	参见 www.infinitytrading.com/futures/energy-futures
交割方式	实物交割	实物交割
上市交易所	上海期货交易所	纽约商品交易所

注：我国燃料油期货合约是 2008 年 3 月的修订版；自 2011 年 1 月开始，又将交易单位修订为 50 吨/手。

事件窗口的选取上，本文将 2008 年 1 月 2 日至 2008 年 9 月 12 日（总计 174 个交易日）这段样本区间作为"事前窗口"；将 2008 年 9 月 16 日至 2008 年 12 月 31 日（共计 71 个交易日）这段样本区间作为"事件窗口"；将 2009 年 1 月 5 日至 2009 年 3 月 31 日（共计 57 个交易日）这段样本区间作为"事件窗口"。具体的窗口选取情况如图 4-4 所示。

图 4-4　中美燃料油期货价格数据与"事件窗口"的选取情况

4.3.2 统计特征

图 4-5 给出了中美燃料油期货价格的走势图。可以看出，中国燃料油期货价格虽与美国燃料油期货价格存在一定的联动性，但其运动趋势并不完全一致。例如，自 2006 年初至 2008 年末，中美燃料油期货价格之间的联动关系比较强，特别是在 2008 年全球金融危机期间，其联动关系非常密切；然而，自 2009 年以后，这一关系发生了变化，中美燃料油期货价格之间的联动关系开始减弱，虽然表现出一定程度上的同涨同跌趋势，但中美燃料油期货的价格走势已出现明显分歧。

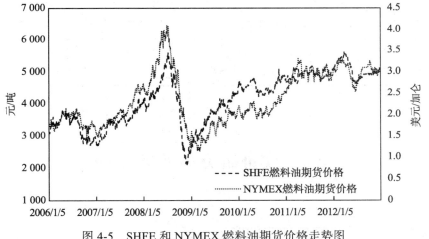

图 4-5   SHFE 和 NYMEX 燃料油期货价格走势图

表 4-3 给出了中国和美国燃料油期货收益的描述性统计量。可以看出，中美燃料油期货收益的差别不大，但方差却存在显著差异；相对而言，中国燃料油期货收益的方差要小于美国的方差，这意味着中国燃料油期货市场的风险要小于美国的风险。从偏度看，中国燃料油期货收益是正偏，而美国是负偏，这说明中国燃料油期货正收益的尾部要厚于负收益的尾部，这也意味着极端好消息的影响要大于极端坏消息的影响，从而表现出反杠杆效应，这与美国燃料油期货的收益则表现刚好相反。从峰度看，中美燃料油期货收益均具有"尖峰厚尾"特征。从 J-B 值来看，中美燃料油期货收益均为非正态的。从 LB（6）和 LB^2（6）来看，两国燃料油期货收益序列均存在自相关性和异方差性。此外，从带有截距项和趋势项的 ADF 检验可知，中国燃料油期货收益均为一阶平稳序列。以上特征为随机波动模型的建立提供了证据。

表 4-3　中美燃料油期货收益的描述性统计量

	中国	美国
A：基本统计量		
均值（10^{-4}）	2.9274	3.1500
最大值	0.1598	0.2130
最小值	−0.1047	−0.2035
标准差	0.0163	0.0236
偏度	0.1291	−0.2329
峰度	9.3935	11.8135
J-B 值	5,986.26**	9,475.59**
LB（6）	28.98**	21.41**
LB^2（6）	160.31**	150.92**
B：平稳性检验		
ln(P_t)	−1.3819	−1.5326
的 ADF	−45.6352**	−43.6480**

注：　*和**分别表示在 5%和 1%的置信水平下统计显著。

4.4　实证研究与结果分析

4.4.1　能源消息短期效应的实证分析

借助于 WinBUGS 软件，本文利用基于混合正态分布的随机波动模型对中国燃料油期货市场进行了实证研究。同时，为进行比较研究，本文对于美国燃料油期货市场进行了类似的分析。在模拟试验中，样本的抽样次数为 6 000 次，并选择四千次迭代变量作为参数估计的后验均值样本，参数估计结果如表 4-4 所示。

表 4-4 给出了能源消息对中美燃料油期货市场影响的参数估计结果。可以看出，所有参数均在 5%置信水平下显著。具体而言，从条件均值方程的参数估计结果看，中国燃料油期货前一日收益均会对其当日收益产生显著的负向影响，且与美国相比，中国燃料油期货前一日收益的影响较小。从能源消息对收益的影响关系看，能源消息对中国燃料油期货市场收益具有显著的负向影响，这与美国市场的情况一致；相对而言，能源消息对中国燃料油期货市场收益的

表 4-4 能源消息对中美燃料油期货市场影响的参数估计结果

参数	中国			美国		
	均值	标准差	95%置信区间	均值	标准差	95%置信区间
条件均值						
α	0.0008**	0.0003	[0.0003, 0.0013]	0.0008*	0.0004	[−0.0002, 0.0018]
β	−0.1301**	0.0246	[−0.1773, −0.0817]	−0.0377*	0.0178	[−0.0884, 0.0116]
λ	−0.0017*	0.0008	[−0.0037, 0.0003]	−0.0002*	0.0001	[−0.0047, 0.0043]
条件对数方差						
μ	−5.7000**	0.7496	[−7.0940, −4.1630]	−6.3960**	0.3087	[−6.8670, −5.6590]
γ	−0.7355*	0.3354	[−2.2610, 0.8106]	−1.9150**	0.4821	[−2.8990, −1.0270]
ϕ	0.9955**	0.0032	[0.9880, 0.9994]	0.9822**	0.0073	[0.9658, 0.9943]
κ	−0.0270*	0.0134	[−0.1412, 0.0893]	0.0097*	0.0043	[−0.0861, 0.1180]

注：*和**分别表示参数在 5%和 1%的显著性水平下统计显著。

影响要大于其对美国燃料油期货市场收益的影响。从条件对数方差方程的参数估计结果看，中美燃料油期货的滞后一期收益对其期货市场波动均具有显著的负向影响，这意味着如果坏消息出现，市场将表现出更大的波动；相比而言，美国燃料油期货市场的这一特征要比中国更加明显。并且，中美燃料油期货市场均表现出很强的持续性。从能源消息对波动的影响关系看，能源消息对中国燃料油期货市场波动的影响显著为负，而对美国燃料油期货市场波动的影响显著为正，相对而言，前者比后者的影响更大。此外，通过对中美市场的比较，发现能源消息对中国燃料油期货市场收益（和波动）的影响要大于其对美国燃料油期货市场收益（和波动）的影响。

既然能源消息对中国燃料油期货市场具有显著影响，那么，是国内能源消息影响大还是国际能源消息影响大？为此，表 4-5 给出了国内和国际能源消息对中国燃料油期货市场影响的实证结果。可以看出，系数 β、γ 和 φ 与表 4-4 的研究结果基本一致。接下来，我们主要就国内和国际能源消息对中国燃料油期货市场的影响进行分析，并与美国市场进行对比。从条件均值方程来看，可以发现国内和国际能源消息对中国燃料油期货市场收益均具有显著的负向影响；虽然国内能源消息对美国燃料油期货市场收益不能产生显著的影响，但国际能源消息对美国燃料油期货市场收益具有显著的负向影响，相对而言，国际能源消息对中国或美国燃料油期货市场收益的影响要大于国内能源消息的影响。从条件对数方差方程来看，无论对中国市场还是对美国市场，国内和国际

中国证券市场质量及其资本配置

能源消息均能对燃料油期货市场波动产生显著的影响。此外，国际能源消息对
中国或美国燃料油期货市场波动的影响也大于国内能源消息的影响。通过比较
中美市场发现，国内和国际能源消息对中国燃料油期货市场收益（和波动）的
影响均分别大于其对美国燃料油期货市场收益（和波动）的影响，这一结论与
表 4-4 的实证结果相一致。

表 4-5　国内和国际能源消息对中美燃料油期货市场影响的参数估计结果

参数	中国			美国		
	均值	标准差	95%置信区间	均值	标准差	95%置信区间
条件均值						
α	0.0008**	0.0003	[0.0003, 0.0013]	0.0008*	0.0004	[−0.0002, 0.0019]
β	−0.1301**	0.0246	[−0.1789, −0.0821]	−0.0395*	0.0168	[−0.0919, 0.0131]
λ_1	−0.0015*	0.0007	[−0.0048, 0.0017]	−0.0002	0.0042	[−0.0086, 0.0079]
λ_2	−0.0018*	0.0009	[−0.0044, 0.0008]	−0.0006*	0.0003	[−0.0060, 0.0047]
$|\lambda_2/\lambda_1|$	1.2000			—		
条件对数方差						
μ	−5.6860**	0.7017	[−6.9290, −4.3310]	−6.4790**	0.3752	[−7.0510, −5.6800]
γ	−0.6951*	0.2946	[−2.1560, 0.8773]	−1.9340**	0.5741	[−3.1040, −0.8855]
ϕ	0.9959**	0.0028	[0.9884, 0.9995]	0.9781**	0.0109	[0.9549, 0.9955]
κ_1	−0.0625*	0.0071	[−0.2853, 0.2365]	−0.0295*	0.0342	[−0.2549, 0.1206]
κ_2	−0.0711*	0.0133	[−0.1946, 0.1384]	0.0364*	0.0430	[−0.0947, 0.3091]
$|\kappa_2/\kappa_1|$	1.1376			1.2339		

注：*和**分别表示参数在 5%和 1%的显著性水平下统计显著；"—"表示存在不显著参数
的情况。

在检测了国内和国际能源消息对中美燃料油期货市场的影响之后，表 4-6 给
出了国内和国际能源消息对中国和美国燃料油期货市场影响的杠杆参数估计
结果。实证结果显示，中国市场的$|\lambda_1^-/\lambda_1^+|$、$|\lambda_2^-/\lambda_2^+|$和$|\kappa_1^-/\kappa_1^+|$均小于 1；
美国市场的$|\lambda_2^-/\lambda_2^+|$和$|\kappa_2^-/\kappa_2^+|$均大于 1。这说明国内和国际能源消息对中国燃
料油期货市场的影响是非对称的，同时美国市场也表现出类似的情况。具体而
言，中国燃料油期货市场具有反杠杆效应，这意味着利好能源消息对中国燃料
油期货市场的影响要大于利空能源消息的影响；然而，美国燃料油期货市场则具
有杠杆效应，这意味着利空能源消息对美国燃料油期货市场的影响要大于利好
能源消息的影响。国内和国际能源消息对中国或美国燃料油期货市场影响的非
对称特性与其本国市场特点是有很大关系的（马超群等，2009；戴毓等，2011）。

表 4-6　国内和国际能源消息对中美燃料油期货市场影响的杠杆参数估计结果

参数	中国			美国		
	均值	标准差	95%置信区间	均值	标准差	95%置信区间
条件均值						
α	0.0008**	0.0003	[0.0003, 0.0013]	0.0009*	0.0004	[−0.0002, 0.0019]
β	−0.1277**	0.0237	[−0.1736, −0.0810]	−0.0504*	0.0246	[−0.1025, −0.0017]
λ_1	−0.0091**	0.0023	[−0.0137, −0.0047]	0.0076	0.0051	[−0.0026, 0.0174]
λ_2	−0.0060**	0.0022	[−0.0103, −0.0017]	−0.0227**	0.0035	[−0.0298, −0.0159]
$|\lambda_2/\lambda_1|$	0.6593			—		
λ_2^+	0.0067**	0.0022	[0.0027, 0.0115]	−0.0097*	0.0046	[−0.0220, 0.0025]
λ_2^-	0.0012*	0.0006	[−0.0022, 0.0047]	0.0213**	0.0029	[0.0158, 0.0271]
$|\lambda_2^-/\lambda_2^+|$	0.1791			2.1959		
条件对数方差						
μ	−5.5490**	0.5655	[−6.5910, −4.3620]	−6.4860**	0.2792	[−6.9390, −5.8210]
γ	−0.8457*	0.4161	[−2.2880, 0.6398]	−1.7770**	0.6621	[−2.9660, −0.4054]
ϕ	0.9959**	0.0023	[0.9903, 0.9993]	0.9751**	0.0101	[0.9517, 0.9910]
κ_1	0.2891*	0.1496	[−0.0617, 0.6619]	0.0180	0.1540	[−0.3027, 0.3091]
κ_2	−0.1369*	0.0642	[−0.3559, 0.1123]	0.2033*	0.1027	[−0.0434, 0.4754]
$|\kappa_2/\kappa_1|$	0.4735			—		
κ_2^+	−0.5040*	0.2043	[−0.9009, −0.1001]	−0.1134*	0.0571	[−0.4085, 0.2085]
κ_2^-	−0.0524	0.1145	[−0.2714, 0.1791]	−0.2156*	0.1008	[−0.4596, 0.0162]
$|\kappa_2^-/\kappa_2^+|$	—			1.9012		

注：*和**分别表示参数在 5%和 1%的显著性水平下统计显著；"—"表示不显著变量间比值的情况。

以上分析主要是基于能源消息对燃料油期货市场是否产生显著影响的探讨，其最大特点是考虑了当日能源消息对当日燃料油期货市场的同步影响。然而，有些能源消息往往会提前预知或泄露，从而使得燃料油期货市场会对能源消息提前反映；而有些能源消息的扩散比较慢，燃料油期货市场对这些消息的反应则比较迟钝，从而会表现出滞后反映特征。鉴于此，在前文分析的基础上，表 4-7 给出了国内和国际能源消息对中国和美国燃料油期货市场提前和滞后反映的实证结果。在此表中，反映国内和国际能源消息对燃料油期货市场同步关系的参量 λ_1^0、λ_2^0、κ_1^0 和 κ_2^0 的实证结论基本与表 4-5 的研究结果相一致。下文重点研究提前和滞后的能源消息对燃料油期货市场的影响。

表 4-7　国内和国际能源消息对中美两国市场提前和滞后反映参数估计结果

参数	中国			美国		
	均值	标准差	95%置信区间	均值	标准差	95%置信区间
条件均值						
α	0.0006*	0.0003	[0.0001, 0.0012]	0.0009	0.0005	[−0.0001, 0.0019]
β	−0.0086*	0.0040	[−1.9920, 2.0130]	−0.0081	0.9896	[−1.9190, 1.9360]
λ_1^1	−0.0003	0.0016	[−0.0035, 0.0029]	−0.0039	0.0034	[−0.0109, 0.0025]
λ_1^0	−0.0015*	0.0007	[−0.0060, 0.0029]	0.0011	0.0054	[−0.0094, 0.0117]
λ_1^{-1}	−0.0006	0.0015	[−0.0036, 0.0025]	−0.0027	0.0042	[−0.0108, 0.0056]
λ_2^1	0.0021*	0.0009	[−0.0002, 0.0045]	0.0012*	0.0006	[−0.0033, 0.0058]
λ_2^0	−0.0026*	0.0013	[−0.0058, 0.0005]	−0.0008	0.0032	[−0.0071, 0.0055]
λ_2^{-1}	−0.0002	0.0012	[−0.0026, 0.0022]	−0.0010	0.0029	[−0.0066, 0.0047]
条件对数方差						
μ	−5.6260**	0.6837	[−6.8720, −4.1800]	−6.3390**	0.3202	[−6.8280, −5.5680]
γ	−0.5919*	0.2531	[−1.9660, 0.8360]	−1.8260**	0.4965	[−2.8440, −0.8533]
φ	0.9946**	0.0032	[0.9868, 0.9991]	0.9852**	0.0056	[0.9717, 0.9940]
κ_1^1	−0.9049**	0.2860	[−1.4730, −0.3623]	−0.9991**	0.3109	[−1.7300, −0.5121]
κ_1^0	0.7398*	0.3646	[0.0598, 1.4130]	0.4275*	0.2090	[−0.3261, 1.4730]
κ_1^{-1}	0.0470	0.2988	[−0.5185, 0.6617]	0.4680*	0.2281	[−0.1724, 1.0070]
κ_2^1	−0.7061**	0.1978	[−1.0910, −0.3437]	−0.7818**	0.1226	[−1.0370, −0.5797]
κ_2^0	0.4918*	0.2434	[−0.0325, 1.0360]	0.3072*	0.1564	[−0.1495, 0.7575]
κ_2^{-1}	0.1516	0.2124	[−0.2462, 0.5574]	0.5031**	0.1782	[0.1433, 0.9036]

注：*和**分别表示参数在 5%和 1%的显著性水平下统计显著。

　　从条件均值方程来看，没有显著的证据表明中国或美国燃料油期货市场收益对国内能源消息提前和滞后反应能力；然而，中国燃料油期货市场收益虽不对国际能源消息具有显著的滞后反应能力，却对国际能源消息具有显著的提前反应能力，在美国市场也出现了类似的情况。相对而言，中国市场的提前反应能力要强于美国市场。从条件对数方差方程来看，中国燃料油期货市场波动均具有国内和国际能源消息的提前反应能力，但均不具备显著的滞后反应能力；而美国燃料油期货市场波动均具有国内和国际能源消息的提前和滞后反应能力；相比来看，美国对国内和国际能源消息的提前和滞后反应能力均强于中国市场。特别需要说明的是，由于中国和美国燃料油期货市场的交易也是非同步的，在燃料油期货价格的选择上进行了调整〔类似于华仁海和刘庆富（2008）的处理方式，将美国期货价格提前一日〕，然后进行了类似计算。实证研究发现，$\lambda_i^0(i=1,2)$ 值变大了，而 $\kappa_i^{-1}(i=1,2)$ 值变小了，其显著性水平仍与本文的研究结果一致。上述结论也基本是与现实情况一致的，因为多数国内或国际能源消息在一定程度上可以进行预期。

4.4.2 能源消息中长期效应的实证分析

全球金融危机起源于 2007 年美国的次级房屋信贷危机，之后这一危机逐渐恶化，并开始对美国实体经济产生影响。终于，在 2008 年 9 月 15 日，以"美国第四大投行雷曼兄弟公司申请破产保护"以及"美林证券被美国银行收购"为导火索，这场危机开始失控并引发了全球金融市场的一场海啸，燃料油期货市场作为世界金融市场的一部分也难以独善其身。在此之后，这场危机又引发了美国货币市场发生动荡、房利美和房地美被美联储接管、冰岛银行危机、美国三大汽车制造厂商濒临倒闭等一系列的连锁反应，这也使得这一危机持续了较长的时间。

为对全球金融危机的中长期效应进行分析，本文将事件窗口设定如下：首先，2008 年 1 月 2 日至 2008 年 9 月 12 日（共计 173 个交易日）的这段样本区间被设定为"事前窗口"；其次，2008 年 9 月 16 日（雷曼兄弟倒闭后的第一个交易日）至 2008 年 12 月 31 日（总计 71 个交易日）被设定为"事件窗口"；最后，2009 年 1 月 5 日至 2009 年 3 月 31 日（共 57 个交易日）被设定为"事后窗口"。

下面，为了对全球金融危机这一重大能源消息在燃料油期货市场的中长期效应进行分析，本文首先根据前文所述的事件研究方法，使用 WinRATS 软件对于基准收益率模型，即 AR(1)-GARCH(1,1)模型进行了估计，估计的结果如表 4-8 所示。

从表 4-8 和表 4-9 分析结果中，我们不难看出：首先，全球金融危机发生期间，中美燃料油期货的平均异常收益率（AAR）显著为负。这主要是由于这次全球金融危机影响到了实体经济的运行，从而抑制了国际市场对于原油产品的需求，最终打破金融危机前该市场上的供求关系，使得燃料油期货价格下行。

表 4-8　全球金融危机前中美两国燃料油期货市场基准收益率模型的估计结果

变量	SHFE 燃料油期货市场	NYMEX 燃料油期货市场
μ	0.1111	0.0495
ϕ_1	−0.1188	−0.0451
ω	0.1158	2.7354
α	0.0384	0.0471
β	0.9241	0.4145
Log Likelihood	−337.697	−386.164
AIC	3.962	4.522
SBC	4.053	4.613
$\overline{R_t} = \hat{\mu} + \hat{\phi}_1 \overline{R_{t-1}}$	0.0011	0.0005
h_t	0.0003	0.0005

表 4-9　中美两国市场平均异常收益率（AAR）的均值和标准差估计结果

	中国燃料油期货市场		美国燃料油期货市场	
	AAR	δ_{AAR}	AAR	δ_{AAR}
全球金融危机期间	−0.0094**	0.0022	−0.0104**	0.0027
全球金融危机之后	0.0028*	0.0023	0.0023	0.0030

注：*和**分别表示参数在 5%和 1%的显著性水平下统计显著。

　　其次，从市场波动性方面看，金融危机发生期间和之后的一段时期内，中美两国燃料油期货市场的波动性与全球金融危机发生前相比显著提高。其中，我国燃料油期货市场的波动率由危机前的 0.0003 迅速提高到 0.0022，而美国燃料油期货市场的波动率则由危机前的 0.0005 暴涨至金融危机期间的 0.0027。这也揭示了此次全球金融危机本身导致了市场参与者对于未来的预期产生很大的不确定性，而这种对于未来预期的不确定性又会造成市场参与者交易行为的改变，最终导致燃料油期货市场的运行出现较大的波动。

　　最后，从平均收益率的显著性来看，金融危机期间，中美两国燃料油期货市场平均异常收益率（AAR）均在 1%的显著性水平下显著为负。而在金融危机过后，中国燃料油期货市场的平均异常收益率（AAR）变为正值，且只是在 5%的显著性水平下通过了检验；美国燃料油期货市场的平均异常收益率（AAR）则更是没能通过显著性检验。这说明金融危机过后，随着市场对于全球金融危机中所包含信息的逐步吸收，这一重大能源消息对于市场的冲击效应逐渐减弱，并趋消失。

接下来，在分析了中美两国燃料油期货市场在金融危机期间及其后的平均异常收益率（AAR）表现后，未验证之前的分析结果，本文有对金融危机期间及其后的累积异常收益率（CAR）的情况进行了分析，分析的结果如表 4-10 所示。

表 4-10　中美两国市场累积异常收益率（CAR）的均值和标准差估计结果

	中国燃料油期货市场		美国燃料油期货市场	
	CAR	δ_{CAR}	CAR	δ_{CAR}
全球金融危机期间	−0.6667**	0.1580	−0.7381**	0.1899
全球金融危机之后	0.1617*	0.1345	0.1351	0.1717

注：*和**分别表示参数在 5% 和 1% 的显著性水平下统计显著。

累积异常收益率（CAR）的结果与平均异常收益率（AAR）的结果类似。金融危机期间两国燃料油期货市场均表现出负收益，且这一收益水平在 1% 的显著性水平下显著。另外，全球金融危机期间两国燃料油期货市场的波动性明显增强。但在危机过后，这一现象逐渐减弱。

4.5　结论与启示

随着能源市场的快速发展，能源在经济发展中的地位愈加凸显，能源消息对燃料油期货价格的影响，也越来越受到人们关注。为此，本文利用基于混合正态分布的随机波动模型分析了能源消息对中美燃料油期货市场的影响关系，得出了较有实践价值的结论。第一，从能源消息对燃料油期货市场产生的短期效应方面看，能源消息对中国燃料油期货市场收益具有显著的负向影响；而对中国燃料油期货市场波动的影响显著为负，且与美国燃料油期货市场相比，中国燃料油市场对于能源消息的反映更大。而在将能源消息细分为国内消息和国际消息后，本文发现国际消息的影响大于国内消息。另外，针对利好和利空能源消息的分析结果表明，国内和国际能源消息对我国燃料油期货市场的影响是非对称的，且这种非对称性表现为反杠杆效应，即利好能源消息对中国燃料油期货市场的影响要大于利空能源消息的影响。第二，根据重大能源消息在燃料油市场的中长期效应分析结果，本文发现，金融危机发生期间，我国燃料油期货的平均异常收益率（AAR）和累积异常收益率（CAR）显著为负。且金融危机发生期间和之后的一段时期内，我国燃料油期货市场的波动率由危机前的0.0003迅速提高到0.0022，可见我国燃料油期货市场的波动性与全球金融危机发生前相比显著提高，市场风险明显增大。

事实上，出现这些状况的影响因素主要可概况为三个方面。第一，能源消息对中美燃料油期货市场的影响渠道是畅通的。我国自2001年12月11日加入WTO以来，我国在原油、燃料油等国际贸易领域和燃料油期货市场领域的发展持续加快，燃料油现货及其期货市场的发展也初具规模，已经具备一定程度的国际影响力，这些能源消息的确会通过直接或（和）间接的信息传播渠道到达中国和美国燃料油期货市场。第二，中美燃料油期货市场对能源消息的反应存在着差异。从微观角度看，由于中美燃料油期货合约设计、交易和交割制度、市场结构、投资群体和市场个性等因素的不同将会导致市场对消息的反应存在差异。相对地，我国能源市场仍存在一定程度上的市场分割。第三，国内能源消息和国际能源消息在经济和政治属性上也存在着一定个性。这自然决定了国内和国际能源消息在燃料油期货市场的传播也留有自己的独特印记。

鉴于能源消息对于中国燃料油期货市场具有显著的影响效应，及时、准确地搜集市场信息将成为市场参与者规避市场风险的必要条件，同时也是监管当局应在控制市场风险中应予以充分认识的。具体来讲，市场参与者应做好以下几个方面。第一，由于国际能源消息对于中国燃料油期货市场的影响大于国内能源消息所造成的影响，投资者对于国际能源消息应给予更多关注，并采取措施应对国际能源消息所带来的风险。第二，根据前文所分析的"能源消息对我国燃料油期货市场的影响表现为反杠杆性"这一现象，本文认为，燃料油期货市场中空头合约的持有者应对其头寸的风险暴露情况予以充分重视，尽量选择套期保值等方式规避市场风险。另外，市场监管当局也应在保证金设计中将空头保证金水平比率予以适当的提高。第三，在市场经历重大能源事件或消息时，市场波动性将显著提高。在这种情况下，市场参与者应提高警惕，并对于多头和空头两个方面头寸所暴露的风险进行评估，并进一步寻找市场风险增大后应对市场风险的有效措施。

第5章

中国证券市场的价格发现机制

——基于提前和延迟交易时段的视角

金融市场微观机制的安排将影响市场的定价效率和质量。我国股票市场和股指期货市场作为新兴市场，其价格形成机制的重要性不言而喻。不同交易制度的安排会影响市场对信息的反应速度、市场的质量以及价格发现功能的实现，因此，研究提前和延迟交易时段对我国证券市场中定价效率和市场质量的影响是非常有必要的。

5.1　问题提出与文献评述

5.1.1　问题提出

探究提前与延迟期货市场交易时间的影响是一个成熟的研究课题。2010年4月16日，中国金融期货交易所（CFFEX）开始交易 HS 300 指数期货（HSIF，中国沪深 300 股指期货或沪深 300 指数）。期货市场比股市正常交易时间早 15分钟开盘，晚 15 分钟收盘，上午的提前交易时段从上午 9:15 开始，至 9:30结束，而下午的延迟交易时段是从 15:00 开始，至 15:15 结束（最后交易日除外）[①]。

---

① 经验更为丰富的交易者和机构投资者可以使用套期保值和套利策略在延长的交易时段捕捉更多的交易信息（Cheng 等，2004）。

通过对比全球股票现货市场与股指期货市场的交易时间，可以发现，绝大多数市场上，这两个市场的交易时间并不一致，股指期货市场的交易时间存在提前和延迟的情况。股指期货市场提前和延迟交易的时间安排的主要原因是开市前的交易时段可以通过股指期货市场来揭示现货价格，收盘后的交易时段可以消化流动性，有助于市场预估后续价格。如果股指期货提供了重要的价格发现功能，那么市场参与者需要在开盘前和收盘后的交易时段尽早积极地进行交易。本章将对延长交易时段的交易者是否更知情进行深入分析。

在股票现货市场非交易时段，股指期货市场的交易对股票现货市场的开盘定价机制有何影响？相对于不存在股指期货交易时股票现货市场的开盘定价，在有股指期货市场提前交易的情况下，股票现货市场的开盘定价机制有何区别？股票现货市场开盘定价效率是否得到了提升？在仅存在股指期货交易而股票现货市场没有交易的时段（9:15—9:30，15:00—15:15），股指期货市场对市场信息将做出怎样的反应？股指期货交易隐含着怎样的信息？这种信息对现货市场会产生怎样的影响？此时影响股指期货市场价格波动的主要因素是什么？股指期货市场上的投资者有何特征？这种交易时间的安排对股票现货市场和股指期货市场会产生怎样的影响？

5.1.2 文献评述

以往的文献研究了延长交易时长后，股票现货市场对股指期货市场的影响。这些研究侧重于开市前和收盘后交易时段的波动性和价格发现功能。Chang 等（1995）研究了 S&P500 指数期货市场收盘后的交易特征，他们发现，在现货市场收盘后，股指期货市场整体波动性立即大幅下降，且在收盘后的交易时间内呈现出 U 形波动特征。Ho 和 Lee（1998）研究了 1994 年 7 月至 1995 年 8 月香港指数期货市场收盘后的交易特征，研究的结果与 Chang 等（1995）的结果一致。Cheng 和 Cheng（2000）研究了延长交易时间前后香港期货和标的指数之间的平均差异。研究结果显示，这一变化后，两个市场的波动性以及开盘前交易时段的波动性之间的相关性都有所降低。Fong 和 Frino（2001）发现波动性在收盘后显著下降，这与 Cheng 和 Cheng（2000）的观点一致，部分原因是买卖价差缩小导致的。

除了对波动性的研究之外，部分学者（Chan，2005；Cheng 等，2004）还研究了期货市场在延长交易时段的价格发现功能[①]。Cheng 等（2004）发现在香港期货市场的延长交易时段中存在更多有用的信息。结果表明，开市前期货交易比收盘后交易时段和正常时段的前 15 分钟交易更具信息性。Chan（2005）还研究了香港期货市场的延长交易。实证结果表明，交易时间的延长刺激了期货市场的开市交易量，开市前后的期货收益波动性较小，误差也比延长前小。这些结果表明，内部信息会在提前交易时段公布[②]。

先前的研究已经检验了能够通过延长交易时段揭示私人信息。Foster 和 Viswanathan（1990）认为，知情的交易者在证券市场上战略性地交易他们的私人信息，如果他们的私人信息随着时间的推移变得不那么有价值，知情的交易者会在收盘后的延长期内更积极地交易，直到这些信息在一夜之间公开。Hiraki 等（1995）研究在大阪日经期货市场的延长交易中是否存在私人信息。实证结果表明，延长期货交易时段包含有用的私人信息，据此可以用于解释随后的潜在现金回报以及提前和延迟交易时段对价格发现有不同的影响。Barclay 和 Hendershott（2003）的研究表明，虽然纳斯达克在交易日中比盘后披露的信息更多，但个人交易在延迟时段比正常时段包含的信息更多。他们指出，信息不对称在一天中逐渐减少。因此，本研究中开盘前的交易时段比收盘后的交易时段提供了更多的私人信息。

我们的研究在以下方面对文献有所贡献。

第一，探讨了新兴的中国 HS 300 指数期货和 HS 300 交易所交易基金（ETF）市场，这是过去十年来世界上扩张最迅速的市场。中国现在是世界第二大经济体，并一直在开放其金融市场。然而，与其他发达市场相比，中国的股票市场并不被认为是信息有效的。相反，它"经常被称为赌场，股价与潜在的经济状况几乎没有关系"（Economist, 2015）。因此，研究期货交易是否会影响交易所交易基金价格的定价效率是很有意思的。

HS 300 指数期货合约在 2014 年全球所有指数期货和期权合约中排名第 10[③]。然而，与中国香港、日本和美国的指数相比，中国市场仍不完善。指数

① 由于公开和私人信息都是在一夜之间积累起来的，所以应该建立有效的开盘价。

② Barclay 和 Hendershott（2008）给出了纳斯达克预提前交易时段的交易和非交易价格发现机制。他们发现，开盘价变得更加有效，价格发现从开放交易向提前交易时段转移，这表明提前交易时段的交易有助于提高开盘价的效率。

③ 2014 年交易的合同数量是 2170 亿。参见 FIA 2014 年年度交易量调查。

期货和股票市场只在这个阶段对国内投资者开放，80%的投资者是小散户。然而，在发达市场中，通常是机构投资者占据主导地位。此外，通过合格境外机构投资者（QFII）计划配额制度的外国投资者一直仅限于对冲交易，例如，Duggan（2015）和 Wildau（2015）。

就结构和制度特征而言，中国市场与发达市场还有其他区别。例如，中国期货和 ETF 的交易实行每日价格限制，但美国市场没有停止交易的价格限制。中国不允许卖空，投资者必须是交易所批准的少数几个经纪商的客户，并且其已开户不得少于 6 个月，才能与该经纪商进行保证金或空头股票交易。详情参见，Gregoriou（2012）等。对卖空的严格限制和政府的严格监管使这份期货合同成为押注市场下跌和上涨的重要金融产品。正如 Chen 等（2013）所建议的，期货市场为中国的日常投机交易提供便利。不过，Yang 等（2012）发现处于婴儿期的期货市场对中国股指的价格发现没有显著贡献。

中国期货的交易机制、合同规范和交付系统也不同于美国或其他成熟市场的期货。因此，中国期货市场可能有不同于其他市场的价格发现过程。此外，我们特别选择易于交易的 ETF 合约作为研究对象，而不是基础的 HS 300 指数，研究结果除了提高我们对交易和价格发现之间相互作用的总体理解之外，也对广泛的市场参与者具有重要的实际意义。

第二，我们重点研究指数期货市场在提前和延迟交易时段使用逐笔高频数据的价格发现功能。我们发现，提前交易时段的回报和波动性对 ETF 市场前 15 分钟的回报有显著影响[1]。这些结果表明，期货市场的延长交易时段为正常交易时间提供了价格发现[2]。Cheng 等（2004）也报道了在恒生指数期货市场中类似的发现。此外，提前交易时段比延迟交易时段具有更大的信息含量，15 分钟内可实现重大价格发现，提示 ETF 市场中延长交易时段的交易信息发布迅速高效。

第三，利用买卖期货数据、知情交易概率（PIN）、加权价格贡献（WPC）和加权每量价格贡献（WPCV）模型估计了知情交易者在延长交易时段的贡献。

---

[1] 此外，我们同时使用收益和波动性来探索价格发现。价格信息不仅包括收益，还包括波动率。波动率通常有更多的信息内容（French 和 Roll, 1986；Mayhew, 2002）。

[2] 这些结果也与纳斯达克预开交易市场一致（Cao 等，2000）。与 Gao 等人在美国股票市场的研究不同，我们对 ETF 和期货市场的价格发现和信息效率进行了详细的分析。

结果显示，开市前交易时段的信息大于闭市后交易时段的信息，这表明开市前交易时段的知情交易比例较高，闭市后交易时段的流动性动机交易比例较高[①]。然而，尽管延长的交易时段具有足够的价格发现能力，但是在 ETF 市场上交易的前 15 分钟具有最高的价格发现量。

第四，我们发现知情交易者先进入期货市场，后进入 ETF 市场。期货和 ETF 市场在第一个交易小时后提供几乎相同的 Hasbrouck（1995）的信息股票。这种对价格发现过程的详细分析并没有经过前期研究的检验。因此，我们通过提供更多关于 ETF 市场的经验证据来阐明延长交易时段的信息作用，从而为文献做出了贡献。

第五，在引入期货交易后，由 Hasbrouck（1993）模型中定价误差方差表示的 ETF 市场定价效率没有显著变化。尽管该模型在其他领域已经被普遍使用，但在此之前，没有文献使用这个模型来检验延长交易时段中的定价效率。

第六，通过探索知情交易背后的经济学原理，我们使用 Barclay 和 Hendershott（2004）模型研究了延长交易时段价格发现过程中的逆向选择。结果表明，开市前交易时段的价差的选择成分大于期货市场的常规交易时段和收盘后交易时段的价差。这一发现与 Barclay 和 Hendershott（2004）报道的纳斯达克上市股票盘后交易的结果一致。此外，第一个 15 分钟 ETF 交易的逆向选择部分与期货市场的期货开盘前交易相当。这些结果表明，知情的交易者更喜欢开盘前的期货交易时段和 ETF 开盘时段。

本章的其余部分组织如下：5.2 节提供了我们的数据选择、信息变量和延长交易时段的描述性统计；5.3 节考察了线性回归模型中提前和延迟交易时段的价格发现；5.4 节讨论了在价格发现和定价效率中使用不同计量经济学模型的知情和不知情交易，包括 Easley 等（1996，1997）的知情交易模型的概率、Barclay 和 Hendershott（2003）的加权价格贡献，Hasbrouck（1995）的信息份额，Hasbrouck（1993）的定价效率；5.5 节调查了价格发现中知情和不知情交易的经济学原理；5.6 节为结论与启示。

---

① 在纳斯达克股票市场，Barclay 等（2003）、Barclay 和 Hendershott（2003）研究表明，知情的交易者很重视与电子通信网络交易相关的速度和匿名性。但这些论文并没有研究在 ETF 和期货市场之间的信息份额（Hasbrouck，1995）和定价效率（Hasbrouck，1993）。特别是对价格发现过程的调查比以前的研究更详细。

5.2　数据选择与统计特征

5.2.1　数据选择

我们对中国沪深 300 股指期货（也称为沪深 300 指数或 HS 300 指数）和嘉实 HS 300 ETF 采用逐笔报价。HS 300 指数期货的提前交易时段、正常交易时段和延迟交易时段的交易数据来源于从中国金融期货交易所（CFFEX），嘉实 HS 300 ETF 的日内常规交易数据来自嘉实基金管理数据库。

根据期货文献中的数据处理惯例，HS 300 指数期货价格系列是通过将最近的有效合约的收盘价滚动至到期日并在交割月之前的最后一个交易日进行构建的。HS 300 指数期货市场的交易时段为上午 9:15—11:30，下午 13:00—15:15（除最后一个交易日外），而嘉实 HS 300 ETF 市场的交易时段为上午 9:15—11:30，下午 13:00—15:00。对于每个数据集，我们有开盘价、收盘价、最高价和最低价，样本涵盖区间为：2010 年 4 月 16 日至 2014 年 9 月 30 日期间[①]。2009 年 1 月 5 日至 2010 年 4 月 15 日期间被视为期货交易前的期间。

5.2.2　统计特征

日内 ETF 的收益率计算为

$$R_t^S = \ln S_t - \ln S_{t-\Delta t} \tag{5.1}$$

其中，S_t 表示 ETF 在 t 时刻的价格。如果考虑 $\Delta t = 15$，那么我们将获得 15 分钟的收益率。

自变量主要集中在延长交易时段的收益和波动性。开盘前和收盘后的期货率分别由式（5.2）和式（5.3）给出。

$$R_t^A = \ln F_t^{9:30} - \ln F_t^{9:15} \tag{5.2}$$

$$R_t^P = \ln F_t^{15:15} - \ln F_t^{15:00} \tag{5.3}$$

---

① 和中国香港市场一样，HS 300 指数期货和 HS 300 ETF 市场都是由指令驱动的市场，使用电脑交易系统按价格和时间优先顺序操作，没有开仓看涨市场或指定交易商。

其中，$\ln F_t^{9:15}$、$\ln F_t^{9:30}$、$\ln F_t^{15:00}$、$\ln F_t^{15:15}$ 分别表示 HS 300 指数期货在 9:15、9:30、15:00、15:15 时刻的收盘价。

价格波动是信息流的一种度量（French 和 Roll，1986）。我们使用每笔交易价格的标准差来衡量长期的波动性。

$$\text{Volatility}_t = \sqrt{\sum_{i=1}^{N}(p_{i,t}-\overline{p}_t)^2 \Big/ (N-1)} \qquad (5.4)$$

其中，$p_{i,t}$ 是 t 期内第 i 笔交易价格，$\overline{p}_t$ 是 t 期内所有交易价格的平均值，N 是该期间的交易总数。

表 5-1 报告了提前交易时段（9:15—9:30）、正常交易时段（9:30—15:00）和延迟交易时段（15:00—15:15）的收益、波动性和买卖价差的汇总统计数据[①]。通过计算每天的收益、波动性和买卖价差，我们发现，在这三次交易时间段，回报与"0"没有显著差异。提前交易时段（2.04）的平均波动性高于延迟交易时段（1.38）和正常交易时段（1.01）。提前交易时段（0.0046）的平均价差也高于延迟交易时段（0.0038）和正常交易时段（0.0034）。

表 5-1　期货市场收益率、波动性和买卖价差的汇总统计

	提前交易时段 （9:15—9:30）			正常交易时段 （9:30—15:00）			延迟交易时段 （15:00—15:15）		
	收益率	波动性	价差	收益率	波动性	价差	收益率	波动性	价差
均值	2.80E−05	2.037	0.0046	3.92E−05	1.015	0.0034	6.72E−05	1.381	0.0038
中值	6.82E−05	1.585	0.0042	8.54E−05	0.983	0.0030	0.0000	1.103	0.0042
最大值	0.0134	14.711	0.0075	0.0177	8.079	0.0064	0.0099	10.267	0.0069
最小值	−0.0154	0.411	0.0036	−0.0154	0.000	0.0028	−0.0073	0.000	0.0024
标准差	0.0033	1.517	0.0019	0.0024	0.925	0.0013	0.0018	1.101	0.0027

注：本表报告期货市场在延长交易时段和常规交易时段的汇总统计数据。每天计算收益、波动性和买卖价差。样本来自 2010 年 4 月 16 日至 2014 年 9 月 30 日，使用的数据来自 CFFEX。

5.3　提前和延迟交易时段的价格发现

当 HS 300 指数期货市场在上午 9:15 开盘时，交易者可以根据收盘后的价

---

① 与延长交易时间相比，正常交易时段的买卖价差平均每 15 分钟计算一次买卖价差。

格信息和隔夜信息进行交易。当 ETF 市场在下午 3 点收盘时，指数期货仍然可以继续交易 15 分钟，直到下午 3:15 结束。这些额外的 15 分钟交易确实为交易者提供了机会。延长交易时段的回报和波动性可能包含许多关于指数期货市场的信息。由于 ETF 市场的开放晚于 HS 300 指数期货市场，价格发现过程首先在指数期货市场开始。为了检验提前交易时段的价格发现，我们构建了如下回归模型：

$$R_t^S = \alpha^A + \beta_1^A R_t^A + \beta_2^A \text{Volatility}_t^A + \varepsilon_t^A \qquad (5.5)$$

其中，R_t^S 是 ETF 市场在 t 时刻的回报率，R_t^A 和 Volatility_t^A 分别代表提前交易时段中指数期货的收益和波动率。R_t^S 的时间 t 将在 ETF 市场日内交易开始的前 15 分钟设定。

同样，为了检验延迟交易时段的价格发现，我们构建了如下回归模型：

$$R_{t+1}^S = \alpha^P + \beta_1^P R_t^P + \beta_2^P \text{Volatility}_t^P + \varepsilon_t^P \qquad (5.6)$$

其中，R_t^S 是 ETF 市场在 t 时刻的收益率，R_t^P 和 Volatility_t^P 分别代表延迟交易时段中指数期货的收益率和波动率。

表 5-2 分别给出了面板 A 和面板 B 中从提前和延迟交易时段到 ETF 交易的领先—滞后关系的结果。面板 A 中报告的显著系数 $\beta_1 = 0.291$（$t-\text{stat} = 8.42$）表明收益对 ETF 交易市场有显著的正向影响。系数 $\beta_2 = 1.10$（$t-\text{stat} = 1.71$）表明期货风险与 ETF 收益率之间存在显著的负相关关系，提前交易时段存在负风险溢价。这些结果与开市时投资者偏好低波动性的观点一致，正如开市前观察到的那样，同时也体现了提前交易时段的价格发现功能。

表 5-2　提前和延迟交易时段与 ETF 交易的主要关系

	面板 A：提前交易时段	面板 B：延迟交易时段
$\alpha(10^{-4})$	2.393（1.46）	−1.700（−1.05）
β_1	0.291***（8.42）	0.259***（4.69）
$\beta_2(10^{-4})$	−1.102*（−1.71）	1.289（1.42）

注：$R_t^S = \alpha^A + \beta_1^A R_t^A + \beta_2^A \text{Volatility}_t^A + \varepsilon_t^A$，其中 R_t^S 是 ETF 市场在 t 时刻的收益率，R_t^A 和 Volatility_t^A 分别代表提前交易时段中指数期货的收益率和波动率。$R_{t+1}^S = \alpha^P + \beta_1^P R_t^P + \beta_2^P \text{Volatility}_t^P + \varepsilon_t^P$，其中 R_t^S 是 ETF 市场在 t 时刻的收益率，R_t^P 和 Volatility_t^P 分别代表延迟交易时段中指数期货的收益率和波动率。样本区间为 2010 年 4 月 16 日到 2014 年 9 月 30 日。*、**和***分别表示 10%、5%和 1%显著水平的显著性。

在表 5-2 的面板 B 中，系数 $\beta_1 = 0.259$（$t-stat = 4.70$）表明延迟交易时段的收益对 ETF 交易市场具有显著的正向影响，与提前交易时段相比，收益对 ETF 交易市场也具有显著的一致性影响。相比之下，波动性对次日 ETF 交易市场没有显著影响。

Cheng 等（2004）和 Chan（2005）发现，恒生指数市场的开市前期货交易包含了解释后续股票收益率的有用信息。Cao 等（2000）、Barclay 和 Hendershott（2003）研究了纳斯达克市场的开盘前交易并得出了类似的结果。我们的结果与所有这些研究一致，但我们进一步表明，开市前交易时段的收益率和波动性比收盘后交易时段的信息含量更大。特别是，这些信息不仅有助于 ETF 市场的价格发现，而且有助于提前交易时段的回报和波动性，以及延迟交易时段的收益。我们的结果表明，提前交易时段的交易更加知情，延迟交易时段的交易更加具有流动性。我们将在下一节研究这个问题。

5.4　价格发现中的知情和不知情交易

无论市场是由专业交易者还是准专业交易者主导，延长交易时段是否存在有效的价格发现？如果有，那么交易者是谁，为什么？考虑到这些问题，我们在接下来的几节中研究了在延长交易时段中拥有私人信息的知情交易者和不知情交易者。

5.4.1　PIN 模型下的知情交易者

先前的研究（如 Hiraki 等，1995；Cheng 等，2004）建议，延长期货交易纳入私人信息，以解释在正常交易时段的股票收益率。在本文中，我们明确估计了期货和 ETF 市场在不同交易时段进行知情交易的概率。

我们通过使用 Easley 等（1996,1997）开发的知情交易概率（PIN）模型来研究知情交易者的相对参与率。借鉴 Barclay 和 Hendershott（2003）的研究，我们使用买卖交易量的可观察数据来估计基于信息的交易量。这种结构模型将期货或 ETF 市场中正常的买卖水平解释为不知情交易，然后使用这些信息来识别 ε。异常买入或卖出交易量被解释为基于知情交易，用于识别 μ。出现异常买入或卖出数量的周期数用于识别 α 和 δ 。继 Barclay 和 Hendershott（2003）、Jackson（2013）之后，PIN 模型如下：

$$PIN = \frac{\alpha\mu}{2\varepsilon + \alpha\mu} \qquad (5.7)$$

假设知情交易者的订单遵循到达率为 μ 的泊松过程，不知情交易者的订单遵循到达率为 ε 的泊松过程，上述变量可以使用如下最大似然估计方法进行估计：

$$\theta = \arg\text{Max}(L(B,S)) \qquad (5.8)$$

其中，$\theta = (\varepsilon,\mu,\alpha,\delta)$ 是一个系数向量，B 和 S 分别代表整体买入交易和卖出交易，以及延长交易时段的似然函数 $L(B,S)$ 。

$$L(B,S) = \sum\left\{\ln\begin{bmatrix}\alpha(1-\delta)P(\mu+\varepsilon,B_t)P(\varepsilon,S_t)+\alpha\delta P(\varepsilon,B_t)\\ *P(\mu+\varepsilon,S_t)+(1-\alpha)P(\varepsilon,B_t)P(\varepsilon,S_t)\end{bmatrix}\right\} \qquad (5.9)$$

其中，$P(\lambda,x)$ 是泊松概率质量函数，平均 λ 在交易计数 x 处评估（Jackson，2013）。

表 5-3 报告了期货和 ETF 市场中不同时间段的知情交易概率的均值和标准差。结果显示，期货市场知情交易的概率在延长的交易时段（提前交易时段为 0.190，延迟交易时段为 0.184）明显大于正常交易时段（9:30—15:00）（0.157）。这些结果表明，在期货交易的延长期内包含着私人信息。

表 5-3 沪深 300 股指期货与沪深 300 指数收益率序列描述性统计量

面板 A：期货市场的 PIN		
交易时段	9:15—9:30	9:30—15:00	15:00—15:15
PIN	0.190*** (0.095)	0.157*** (0.078)	0.184** (0.087)
面板 B：ETF 市场的 PIN		
交易时段	9:30—9:45	9:45—14:45	14:45—15:00
PIN	0.345*** (0.160)	0.149*** (0.101)	0.268** (0.116)

注：该表显示了期货市场 15 分钟开仓前和 15 分钟收盘后回报以及 ETF 市场 15 分钟交易的延长交易时段的知情交易（PIN）概率。样本从 2010 年 4 月 16 日到 2014 年 9 月 30 日，括号内为标准偏差。Pairwise Mann-Whitney 测试用于确定不同时间段之间差异的单侧 p 值。**和***分别表示 5%和 1%水平的显著性。

与表 5-3 中的面板 A 一样，面板 B 显示第一个 15 分钟时段（9:30—9:45）

的 ETF 市场 PIN 值最高为 0.345，随后是最后 15 分钟时段（14:45—15:00）为 0.268，以及正常的其余时间段（9:45—14:45）为 0.149。在期货提前交易时段，知情交易的概率明显低于 ETF 市场的前 15 分钟交易时段，这表明知情交易较少。预计重要的信息传输将发生在期货延迟交易时段及其附近的 ETF 交易时段之间。知情的期货交易者可以在开市前期货市场收盘后进入 ETF 市场，知情的 ETF 交易者也可以在正常的日内交易结束后进入期货市场[①]。

尽管我们对 PINs 和知情交易与未知情交易的比率有很强的先验知识，但该理论对信息事件的概率提供的指导较少。然而，这些结果表明，在开盘前的交易时段比收盘后的交易时段更容易产生私人信息，因为交易者在开盘前的交易时段有更多的机会利用这些信息进行交易和获利。与正常日内交易期间的 PINs 相比，信息事件也更有可能发生在开盘前的交易时段，因为当交易很少或没有交易时，公共和私人信息往往会在一夜之间积累。信息交易的高概率可能反映收盘后发现的新信息，也可能反映开市前交易时段发现的信息。然而，信息事件的可能性并不能衡量这些事件的严重程度，在下一节中，我们将展示在开盘前交易时段发生信息事件的更高概率可以产生更多的价格发现。

5.4.2　基于 WPC 模式的知情交易

在这一部分，我们扩展了对价格发现的分析，以检查在延长的交易时段中反映的新信息量。为了量化每个时期的价格发现的数量和时间，在 Barclay 和 Hendershott（2003）之后，我们使用高频数据计算加权价格贡献（WPC）并基于 WPC 来衡量不同交易时段的价格发现，这是因为 WPC 可以捕捉信息驱动型交易与流动型交易的相对重要性[②]。

因此，对于每个时间段 k，WPC 被定义为

$$\text{WPC}_k = \sum_t^T \left(\frac{|\text{Ret}_t|}{\sum_t^T |\text{Ret}_t|} \right) \left(\frac{\text{Ret}_{k,t}}{\text{Ret}_t} \right) \tag{5.10}$$

[①] 考虑期货的延长交易时段与临近的 ETF 交易时段的相关性，我们发现在上午和下午的相关系数分别为 0.45 和 0.35。

[②] 因为对于流动性驱动型交易者来说，它往往是暂时的，并且随着时间的推移与价格变化呈负相关，流动性驱动型交易的 WPC 和 WPCV 应该较低，而信息驱动型交易的 WPC 和 WPCV 应该较高。

其中，$\text{Ret}_{k,t}$ 表示时间 t 上的时刻 k 的对数收益，Ret_t 是时间 t 上的总近似回报。借鉴 Barclay 和 Hendershott（2003）的研究，我们计算了每个时段的平均 WPC，并使用 WPC 的时间序列标准误差进行统计推断。

为了衡量每卷的价格发现量，我们进一步将每个时间段的 WPC 除以这些时间段发生的量的加权分数，这被称为 WPCV。设 $V_{k,t}$ 为时间段 k 的交易量，V_t 为所有时间段的 $V_{k,t}$ 之和。因此，对于每个时间段 k，WPCV 定义为

$$\text{WPCV}_k = \text{WPC}_k \Bigg/ \sum_t^T \left(\frac{|\text{Ret}_t|}{\sum_t^T |\text{Ret}_t|} \right) \left(\frac{V_{k,t}}{V_t} \right) \tag{5.11}$$

其中，Ret_t 是时间 t 上的总近似回报。我们计算每个时段的平均 WPCV，并使用 WPCV 的时间序列标准误差进行统计推断。

我们首先比较三个交易时段的 WPC 和 WPCV：期货提前交易时段、第一个 15 分钟 ETF 交易时和期货延迟交易时段。表 5-4 显示了 WPC 和 WPCV 的结果，它们都至少在 5% 的统计水平上是显著的。这些结果表明，尽管在大小和显著性水平方面有不同的值，但 WPC 和 WPCV 有基本相似的趋势。这些发现表明，在提前交易时段，WPC 和 WPCV 分别比延迟交易时段高得多。这些结果表明，知情交易者利用开市前的延长期货交易时段充分发挥私人信息优势，而流动性交易者可能利用延迟交易时段。

表 5-4　WPC 和 WPCV 模型的估计结果

	9:15—9:30 （期货提前交易时段）	9:30—9:45 （ETF 交易时段）	15:00—15:15 （期货延迟交易时段）
WPC	0.309***	0.323***	0.098**
WPCV	344***	488***	128***

注：本表提供了期货市场 15 分钟提前交易时段收益、15 分钟延迟时段收益和 ETF 市场第一个 15 分钟收益的加权价格贡献（WPC）和加权交易量价格贡献（WPCV）。样本从 2010 年 4 月 16 日到 2014 年 9 月 30 日，**和***分别表示 5% 和 1% 水平的显著性。

与期货市场提前交易时段相比，ETF 市场第一个 15 分钟交易时段的 WPC 和 WPCV 大于提前交易时段，这表明 ETF 市场第一个 15 分钟交易时段的交易者拥有更多的信息，这也与 Barclay 和 Hendershott（2003）的发现一致，即信息驱动的交易集中在开市前的交易时段。

一般来说，提前交易时段的交易比延迟交易时段的交易更知情。这一结果

表明，提前交易时段的交易可以产生显著的价格发现，尽管价格发现由于价格噪声较大而效率较低。这些结果还表明，信息驱动的交易在提前交易时段普遍存在，知情交易者在提前期货交易时段中发挥了他们的私人信息优势，而流动性交易者可能在延迟交易时段占主导地位。更重要的是，我们可以从 WPC 和 WPCV 中看到，提前交易时段仍然有更多知情的交易者，这与表 5-2 和表 5-3 的结果一致。

5.4.3　提前和延迟交易时段的价格发现过程

为了说明信息共享模型，我们考虑 Engle 和 Granger（1987）的向量误差修正模型：

$$\Delta X_t = \Pi X_{t-1} + \sum_{i=1}^{k} A_i \Delta X_{t-i} + \varepsilon_t \tag{5.12}$$

其中，$X_t = (F_t, E_t)^T$ 是 t 时两个协整价格序列的列向量。F_t 和 E_t 分别是期货和 ETF 市场的对数价格。$\Pi = \alpha \beta^T$，α 和 β 是 2×1 的矩阵。误差校正项为 α，β 由一个协整向量组成。残差 ε_t 是连续不相关的，其协方差矩阵用 Σ 来表示。

Stock 和 Watson（1988）将式（5.12）改写为

$$X_t = X_0 + \Psi(1) \sum_{i=1}^{t} \varepsilon_i + \Psi^*(L)\varepsilon_t \tag{5.13}$$

其中，$\beta^T \Psi(1) = 0$，$\Psi(1)\alpha = 0$，Ψ^* 是滞后算子多项式。

令 $\psi = (\psi_1, \psi_2)$ 是 $\Psi(1)$ 的同一行，然后，市场 j 的信息份额（IS）由 Hasbrouck（1995）给出，公式如下：

$$\text{IS}_i = ([\psi F]_j)^2 / \psi \sum \psi^T \tag{5.14}$$

其中，F 是 Σ 的 Cholesky 因式分解，并且是一个下三角矩阵。$[\psi F]_j$ 是行向量 ψF 的第 j 个元素。特别是，如果协方差矩阵是对角的，那么市场 j 的信息份额（IS）定义为 $\psi_j^2 \sigma_{jj} / \psi \sum \psi^T$。正如 Baillie（2002）、Booth 等（2002）和 Tse（1999）等人所建议，我们使用由不同顺序的变量给出的式（5.14）中估计的信息份额的下限和上限的平均值。

为了检验价格发现中延迟交易时段对 ETF 市场的影响，我们使用 20 秒时间序列研究了期货和 ETF 价格序列之间的高度相关残差对 Hasbrouck 模型的影响。表 5-5 的面板 A 给出了 ETF 市场整个交易时段的总样本信息份额：9:30—

15:00。这一结果表明，沪深 300 指数期货市场对价格发现的贡献为 51.2%，而沪深 300 ETF 市场的贡献为 48.8%，这表明期货市场在价格发现中的作用略大于 ETF 市场。

表 5-5　期货和 ETF 市场的信息份额

面板 A：总体信息份额（9:30—15:00）		
市场	期货市场	ETF 市场
均值	0.512	0.488
上限	0.525	0.498
下限	0.502	0.475

面板 B：分段信息份额（9:30—10:45）										
	9:30—9:45		9:45—10:00		10:00—10:15		10:15—10:30		10:30—10:45	
市场	期货	ETF	期货	ETF	期货	ETF	期货	ETF	期货	ETF
均值	0.611	0.398	0.528	0.472	0.489	0.512	0.490	0.510	0.510	0.490
上限	0.647	0.444	0.529	0.473	0.544	0.567	0.507	0.527	0.519	0.500
下限	0.557	0.353	0.527	0.471	0.433	0.456	0.473	0.493	0.500	0.481

注：信息份额是由 Hasbrouck（1995）模型使用 20 秒的间隔在所有交易日里联合估计的。面板 A 显示了从上午 9:30 开始使用所有样本共享的信息（9:30—15:00）。面板 B 显示了使用子样本的 15 分钟间隔的信息共享，具体时间段包括 9:30—9:45、9:45—10:00、10:00—10:15、10:15—10:30、10:30—10:45。样本从 2010 年 4 月 16 日到 2014 年 9 月 30 日。

为了研究 ETF 市场初始阶段的价格发现过程，我们进一步估计了从上午 9:30 开始到上午 10:45 之间，每 15 分钟间隔内期货和 ETF 市场的信息份额。如表 5-5 的面板 B 所示，在第一个 15 分钟间隔内，我们发现期货和 ETF 市场的信息份额分别为 61.1% 和 39.8%。这些结果表明，在 ETF 交易开始时，期货市场仍然在发现中发挥着更重要的作用。然而，ETF 对价格发现的贡献随后增加：在 9:45—10:00 期间增加了 47.2%，上午 10:30—10:45 的期间增加了 49.0%。

正如我们所展示的，在开盘前的交易时段，交易集中在期货上，这包括许多知情的交易者。ETF 市场开放后，交易者将开始在 ETF 市场交易，一些知情的交易者将继续在期货市场交易。即便如此，ETF 市场开放后，仍有更多的交易者留在期货市场。因此，在最初的 15 分钟内，期货市场仍然在价格发现中发挥着更重要的作用。随着越来越多的交易者进入 ETF 市场，交易信息逐渐积累。因此，价格发现也变得比前 15 分钟更强。这个价格发现的过程告诉我们，期货的预开交易在 ETF 市场的价格发现中起着不可或缺的作用。

5.4.4 期货交易对 ETF 价格信息效率的影响

前面小节的整体结果表明，指数期货提供了重要的价格发现。知情的交易者首先进入期货市场，然后进入 ETF 市场。然而，结果并没有显示期货交易是提高还是降低了 ETF 的定价效率。

以往的理论和实证研究大多集中于期货交易对基础股票市场的影响。Stein（1987）和 Danthine（1978）提供了两个早期矛盾的理论论点。Stein 认为，消息不灵通的投机者进行期货交易会破坏现货市场的稳定；而 Danthine 指出，期货交易可以提高市场深度，降低波动性。美国市场的实证结果也没有给出确定的结论，如 Harris（1989）发现，标准普尔 500 指数股票在期货交易后波动相对较大，这种差异在统计上是显著的，但在经济上并不显著。Bessembinder 和 Seguin（1992）没有发现期货交易导致股票市场价格不稳定的证据。

我们使用 Hasbrouck（1993）模型来检验期货交易对 ETF 价格信息效率的影响。许多论文使用这一模型来研究一些市场结构变化后的定价效率和新金融产品的交易[①]。

Hasbrouck（1993）模型将定价误差（s_t）估计为市场价格（p_t）和不可观察的有效价格（m_t）之间的差异。有效价格反映了新的信息，而定价误差是由市场不完善性给出的，如交易成本、价格离散性和库存效应。由 σ_s^2 表示的定价误差方差 $\mathrm{var}(s_t)$ 越低，定价效率越高。

Hasbrouck（1993）使用以下风险值模型来描述价格变化和交易动态。

$$\Delta p_t = \sum_i a_i \Delta p_{t-i} + \sum_i b_i x_{t-i} + e_{1t} \tag{5.15}$$

$$x_t = \sum_i c_i \Delta p_{t-i} + \sum_i d_i x_{t-i} + e_{2t} \tag{5.16}$$

其中，Δp_t 是连续的当天价格变化，x_t 是交易指标（+1 表示买入指令，–1 表示卖出指令）。具体内容见 Hasbrouck（1993）的计量经济学。Hasbrouck（1993）、Kumar 等（1998）以及其他学者也讨论了使用式（5.15）和式（5.16）推导出的定价误差方差的好处，如买卖价差。

我们紧密遵循 Hasbrouck（1993）的程序，估算了 2009 年 1 月 5 日至 2010

① 例如，Kumar 等（1998）研究期权交易、Tse 和 Zabotina（2001）研究电子交易、Boehmer 和 Kelly（2009）研究机构交易，这些论文都没有考虑到新兴市场。

年 4 月 15 日和 2010 年 4 月 16 日至 2011 年 7 月 30 日两个时间段每天的 σ_s^2。第一个代表 2010 年 4 月 16 日期货交易之前的时期（前期），第二个代表之后的时期（后期），前期和后期都是 15 个半月。由于 2008 年的全球金融危机，我们不使用早于 2009 年的年份，更长的时间可能会因为价格的潜在结构性变化而影响结果。σ_s^2 的平均值（以基点计）在前期和后期分别为 0.176 和 0.173。t 值为 0.36，这两个值之间的差异不明显。如果排除 2010 年 4 月的过渡月份，结果是相似的。

由于本小节中提到的先前研究也考虑了市场质量的价差和波动性，我们估计了这两个时期的价差百分比和波动性，以供参考。前期和后期的利差分别为 0.138 和 0.139，差异的 t 统计量为 0.59。波动率为 0.424 和 0.340，差异的 t 统计量为 4.38[①]。

这些结果很重要，因为中国的投资者和政策制定者一直担心期货交易可能会恶化市场质量。平均而言，ETF 市场的定价效率在期货交易后没有显著变化。延长期货交易时段为 ETF 市场提供价格发现，同时保持了市场的定价效率。

5.5 知情交易的经济学原理：逆向选择的解释

在表 5-1 中，我们报告了延长的交易时段比正常交易时段有更大的买卖价差。为了研究这些较宽利差的原因，我们将有效利差分解为逆向选择和固定（包括经销商利润）两部分（Lin 等，1995；Barclay 和 Hendershoot，2004）[②]。

我们假设 $M_t = (A_t + B_t)/2$ 是时间 t 的报价中点，$Z_t = P_t - M_t$ 是有效的半价差。为了反映交易在时间 t 揭示的可能不利信息，报价修订被假定为 $B_{t+1} = B_t + \lambda Z_t$ 和 $A_{t+1} = A_t + \lambda Z_t$，其中 $0 < \lambda < 1$ 是由于逆向选择造成的差价部分。由于 λ 反映了对交易的报价修正作为有效价差的一部分，因此可以使用以

---

① 我们还估计了 ETF 市场前期和后期的 PIN 值分别为 0.451 和 0.475，表明期货交易后的交易较为知情。然而，由于极大似然估计在如此短的时间内可能不可靠，所以报告的结果仅供参考。我们也不能对这两个时期之间的差异提供统计推断。

② 价差由逆向选择、库存成本和包括经销商利润在内的固定成分组成，而库存成分是最难衡量的（Barclay 和 Hendershott，2004）。

下回归模型进行估计：

$$\Delta M_{t+1} = \lambda Z_t + e_{t+1} \qquad\qquad (5.17)$$

$$Z_{t+1} = \theta Z_t + \eta_{t+1} \qquad\qquad (5.18)$$

其中，$\Delta M_{t+1} = M_{t+1} - M_t$，$e_{t+1}$ 和 η_{t+1} 是随机扰动项，假设它们是不相关的。

表 5-6 提供了买卖价差的逆向选择和固定组成部分。面板 A 的第一行显示，从上午 9:30 开始，期货市场价差的逆向选择部分在提前交易时段（9:15—9:30，0.589）远大于延迟交易时段（15:00—15:15，0.394）和正常盘中时段（9:30—15:00，0.081）。原因可能是交易量很大，大多数期货交易是由知情交易者在延长的交易时段进行的。相比之下，面板 B 的第一行显示，ETF 市场在第一个 15 分钟时段（9:30—9:45，0.641）的价差逆向选择成分大于最后一个 15 分钟时段（14:45—15:00，0.408）和正常日内时段（9:45—14:45，0.151）。实证结果表明，逆向选择成分值在期货提前交易时段和 ETF 基金开市时第一个 15 分钟时段最大[①]。

表 5-6　有效半差的逆向选择和固定成分

面板 A：期货市场的逆向选择和固定成分		
	9:15—9:30	9:30—15:00	15:00—15:15
逆向选择成分 λ	0.5894*** (0.254)	0.0813*** (0.078)	0.3935*** (0.178)
固定成分 θ	0.1599** (0.029)	0.9115** (0.005)	0.3019* (0.013)
面板 B：ETF 市场的逆向选择和固定成分		
	9:30—9:45	9:45—14:45	14:45—15:00
逆向选择成分 λ	0.6413*** (0.450)	0.1510*** (0.172)	0.4079** (0.241)
固定成分 θ	0.2329*** (0.038)	0.5635** (0.037)	0.3508*** (0.156)

注：期货市场的逆向选择和固定价差成分的计算时段包括 9:15—9:30、9:30—15:00 和 15:00—15:15，ETF 市场的逆向选择和固定价差成分的计算时段包括 9:30—9:45、9:45—14:45 和 14:45—15:00。样本区间为 2010 年 4 月 16 日到 2014 年 9 月 30 日。时段的平均值用括号中的标准差表示。**和***分别表示 5% 和 1% 水平的显著性。

对价差逆向选择部分的这些分析支持了这样一个假设，即全权委托交易者在正常的日内交易中合并交易会导致在延长的交易时段中出现明显更高的逆

---

① 这些结果与 Barclay 和 Hendershott（2004）对纳斯达克上市股票的实证结果是一致的，尽管他们没有检查逆向选择的组成部分差价。

向选择。总之，逆向选择成本在提前交易时段的早期最高，随着开盘时间的临近而降低，在延迟交易时段立即再次增加。这些结果还表明，流动性交易者在延迟交易时段比提前交易时段获得更好的价格，而信息驱动的交易者更喜欢提前交易时段而不是延迟交易时段。

5.6　结论与启示

为了检验延长期货交易时段是否具有显著的价格发现，我们使用 2010 年 4 月 16 日至 2014 年 9 月 30 日的逐笔数据调查了 HS 300 指数期货和 HS 300ETF 市场。结果表明，ETF 市场的前 15 分钟收益受开市前期货收益率的影响。开市前期货收益的波动性也会影响开市后的 ETF 收益率。收盘后的期货收益率通常也很显著，而期货波动性并不显著。这些结果表明，开市前交易时段的价格发现信息确实比收盘后交易时段多得多，而以前的研究主要集中在开市前交易。

我们检查开盘前期货、收盘后期货和前 15 分钟 ETF 交易时段是否由知情或不知情的交易者主导。研究结果显示，开市前交易时段的知情交易数量多于收盘后交易时段，而收盘后交易时段的知情交易数量少于 ETF 市场前 15 分钟的盘中交易。我们进一步研究了延长交易时段的价格发现过程。研究结果表明，知情的交易者在期货市场开市前利用交易机会，然后在 ETF 市场开市后进行交易。然而，引入期货市场后，交易所交易基金价格的信息效率并没有显著变化。因此，延长期货交易时段为 ETF 市场提供了有用的信息，而不会降低市场质量。

我们还发现，开市前交易时段的价差的逆向选择部分比其他时段更大。总体结果对期货和 ETF 市场的市场参与者具有实际意义，此外，还扩宽了对延长交易时段中信息传导机制和交易行为的理解。

第6章
中国资本市场的投资组合策略研究

金融市场中，资产收益率分布往往偏离正态分布，呈现非对称性和厚尾性特征，这种偏离反映的是真实市场中资产价格运动的非平稳性、非对称风险和极端波动等。高阶矩（偏度、峰度等）可以刻画这种偏离正态性，捕捉这部分来自真实市场的信息，利用高阶矩进行资产配置和投资组合管理，已成为具有重要理论意义和实践价值的课题。

6.1   问题提出与文献评述

6.1.1   问题提出

在现实的投资实践中，投资者面对着诸多不确定性，除了资产价格的日常波动外，还需要考虑风险的非对称性，例如资产下跌的概率可能比上涨的概率更大、极端事件突发并因此蒙受重大损失的尾部风险。不仅如此，投资者进行投资选择，手中握有的历史数据往往不能提供关于未来市场的足够好的预测，如何处理预测本身存在的偏误也是投资实践中的难题。

若从统计的视角上看这些现实问题，非对称风险和尾部风险的存在意味着资产价格运动非平稳，资产收益率分布不符合正态分布，呈现有偏性和厚尾性。而"预测不准"意味着投资者对资产未来的收益与风险的点估计存在估计误差，未来的收益与风险事实上是随机变量，而非普通的估计参数。然而，这些真实市场中存在的信息在经典理论中往往是被忽略的，而进一步考虑这些信息，对于丰富投资理论和改进投资实践无疑有着十分重要的意义。本文将高阶矩信息引入考虑不确定收益风险的投资组合框架，即是在这一方向上的一次探索性尝试。

从统计特征看最基本的信息内涵，高阶矩是真实的、非平稳的、风险因子联动着的资产价格运动在统计特征上的反映，或至少是部分地反映。重大政治、经济或自然灾害的极端事件所造成的资产价格跳跃，市场间的波动溢出造成的资产价格剧烈震荡，或是其他原因造成的资产价格运动轨迹的结构性变化，都会在统计特征上呈现为厚尾性，反映在四阶矩上；而如果大跌的概率明显大于大涨的概率，即收益率的分布上左边的尾部明显拖得更长，则会在收益率统计特征上呈现为负偏，反映在三阶矩上；如果特定资产往往在市场出现大波动时也跟着下跌，即在发生系统风险时无法提供风险补偿或抗风险性，就会在统计上呈现为较低的系统偏度（也称为"协偏度"①），这类资产往往会有一定的风险溢价；如果特定资产的收益率与市场收益的偏斜程度相关度高，例如，市场呈现负偏时下跌，市场呈现正偏时上涨，就会在统计上呈现为较高的系统峰度（也称协峰度），这类资产往往也会有一定的风险溢价。

然而，理解了高阶矩包含着丰富的信息内涵，并不意味着它就能够被顺利地应用于现实的投资实践。投资组合问题、资产配置问题固然已有大量的金融学文献研究，然而，从理论到现实，"预测"始终是难点所在。即，能否通过"样本外"的经验检验，是衡量理论是否在现实投资中有实际价值的关键。

投资实践对"预测"的需要使得一些虽然出色但缺乏预测功能的方法难以应用，例如前些年热点的跳跃类模型，同样是对资产收益率非平稳性、非正态性的建模，但由于其本身模型设定了跳跃的"不可预测性"，因此虽然在其他方面的金融研究中做出了巨大贡献，但对于投资组合、资产配置的问题意义有限。高阶矩则不同，这些统计量本身具有连续性，从而能够具备一定的可预测性，这个特性是其能够应用于投资实践的基础。

从研究对象上看，尽管投资相关的文献往往聚焦传统的股票市场，但是，

---

① 协偏度（co-skewness）、协峰度（co-kurtosis）的概念与协方差（covariance）无关，这两个概念来自四阶矩的 CAPM 模型；系统偏度（systematic skewness）、系统峰度（systematic kurtosis）分别刻画的是市场波动对个别资产收益率、市场偏度对个别资产收益率的影响。

随着金融市场的日渐成熟、金融工具的日益丰富，期货等衍生品市场也愈发呈现出了投资价值（Bessler 和 Wolff，2015），因而从投资品而非套期保值工具等传统视角看待期货产品，就成了一个前人研究较少、又值得探索的新视角。实际上，期货等衍生品市场具有偏性、高流动性、低交易成本、与传统资产的低相关性、非正常收益、杠杆性等特点或优势，期货产品完全可以成为一个可选择的投资品。而探索期货等衍生品市场的高阶矩常具有怎样的信息内涵，在资产定价、风险测度及其投资组合中扮演怎样的角色，对资产的有效配置具有怎样的作用，即考察基于高阶矩的期货投资组合理论并将之用于中国资本市场，显然是一个富有探索意义的主题。

6.1.2 文献评述

自 1952 年马科维茨提出了里程碑意义的投资组合模型以来，投资组合理论得到了很大发展。同时，鉴于期货和期权等衍生品市场具有有偏性、高流动性、低交易成本、与传统资产的低相关性、非正常收益等特点，使期货等衍生品逐渐成为一种可选择的较理想的证券来帮助投资和进行风险分散化（Chong 和 Miffre，2010；You 和 Daigler，2013）。事实上，已有很多学者对期货等衍生产品的投资性进行了分析，这些分析主要限于期货等衍生品的投资机理以及它们作为投资品的市场表现。

1. 期货等衍生品的投资机理研究现状

期货等衍生品的投资机理主要体现在如下四个方面。第一，期货等价格倾向于具有它与其他证券收益之间较低的相关性。Bodie 和 Rosansky（1980）比较了 1950—1976 年间商品期货与普通股的投资收益，发现在股票收益不佳的年份，期货产品的收益却表现良好；Edwards 和 Park（1996）研究了 1983—1992 年期间期货投资品单独投资和与传统工具搭配投资的绩效，发现将期货产品加入对投资组合夏普比率的提升可以高达 28%，并指出这种提升的关键在于期货产品与股票、债券的低相关性。第二，含有商品期货的投资组合能够提供一个通胀对冲。Bodie 和 Rosansky（1980）以及 Bodie（2009）都发现商品期货可以作为良好的通胀对冲工具，期货产品表现出色的年份多数也是通货膨胀加速的年份；Edwards 和 Park（1996）检验了期货投资品与 CPI 之间的相关性，发现尽管在月度的频率上，期货投资与 CPI 变化率之间的相关性几乎为 0，但在年度频率上，两者的关系显著为正，因此支持了期货品在较长时段中的通胀对冲作用。Bjornson 和 Carter（1998）在关于农产品商品期货的研究中进一步发现，如果期货价格与利率呈现负相关，含有商品期货的投资组合还能够对冲高利率风险，商品期货事实上发挥了对商业周期的对冲作用。第三，作为有用工具的衍生品，能够使得投资经理更好地利用信息、管理风险和减少交易成本（Schole，1981；Merton，1995），因此，相对于没有利用衍生产品的投资者，利用衍生品的经理的投资组合会改进投资绩效。Koski 和 Pontiff（1999）的经验研究比较了使用衍生品和不使用衍生品的共同基金的绩效，发现虽然使用衍生品的基金在收益上没有呈现显著优势，但风险确实比不使用衍生品工具的基金要低得多，支持了衍生品被基金经理用于管理风险的假设。第四，相对于股票、债券等基础类资产投资者，期货等衍生品常具有高收益回报、高流动性等优点。Miffre 和 Rallis（2006）在针对期货市场中常用策略的投资效果的研究中发现了 13 种有利可图的动量策略，平均年收益可达 9.38%；You 和 Daigler（2013）在考察使用马科维茨均方差最优模型构建期货与传统工具的投资组合时，发现在事前最优组合中，组合收益显著优于股票或债券的基准组合收益，而 VaR 尾部风险也明显低于传统组合。

2. 期货等产品投资组合的相关研究现状

关于衍生品的投资组合问题的研究还是比较多的，这主要可分为期货、期权以及混合投资组合研究。从期货产品投资上看，现有文献对期货投资组合表现的评价并不一致。Bodie（2009）、Irwin 和 Brorsen（1985）、Irwin 和 Landa（1987）认为管理期货产品能够带来有利的或适当的投资收益；Anson（1998）研究发现将非金融的期货合约加入股票和债券的良好分散化组合将会提高组合的夏普比率。相反地，Elton 等（1990）却发现期货管理通常会带来不良的投资组合绩效；McGough（1995）认为含有衍生产品的投资组合将会有更多风险；Edwards 和 Park（1996）发现在 1989—1992 年间期货管理一般表现出较糟糕的绩效；Fong 等（2005）通过考察包含（主动投资型）基金经理月度持仓量和日度交易量的数据库发现，衍生品的使用无论在绩效上还是风险上都对基金没有显著的影响。此外，还有许多研究给出了依赖期货投资类型和期限的混合结果。例如，Irwin 和 Landa（1987）发现在 70 年代末商品池提供了颇具吸引力的收益。从期权产品投资上看，Guay（1999）发现在凸性加入管理者的组合选择方面股票期权是一个重要手段。为此，Knopf 等（2002）研究了管理者股票期权投资组合对股票价格及其波动的 Black-Scholes 敏感性,发现随着其对股票价格的敏感性增加,公司倾向于更多的套期保值,反之则反是。从衍生证券混合投资来看,Jensen 等(2000)给出了商品期货在股票、债券、短期国债和房地产投资组合中所承担角色的证据。通过在一系列不同风险水平下的投资组合优化,发现商品期货的权重占有相当的比重,因此提高了投资组合收益。进一步地,如果将样本分为扩张和紧缩的货币政策期间,在紧缩货币政策区间,这一绩效得以延续,而在扩张货币政策期间,商品期货展现出较少的权重甚至不被考虑,且在所有风险水平下收益也没有增加。

3. 高阶矩的优势及其对投资决策的影响现状

由于高阶矩往往具有更多信息含量,因此,高阶矩多用于资产定价和风险测度中。

在资产定价研究中,Kraus 和 Litzenberge(1976)首次提出高阶矩也应该被“定价”,他们认为如果收益率不是正态分布的话,投资者理应同样关心组合回报的偏度和峰度,由此提出了加入协偏度的资产定价模型。Sears 和 Wei(1985)强调市场风险溢价,认为市场超额收益会影响 CAPM 模型对 beta 和系统高阶矩的估计,于是提出了一种新的考虑高阶矩的定价模型变体。Hwang 和 Satchell(1999)在 CAPM 中加入偏度、峰度因素的同时,在模型中建立 DGP(data generating process)来估计协偏度和协峰度;Hung(2008)继续使用 CAPM 模型,但已从横截面数据、时间序列和混合数据三方面展开实证,综合考虑了时变性与高阶矩,更重要的贡献在于检验了模型的预测能力。Agarwal 等(2009)将高阶矩的变化量引入定价模型,并基于月度数据进行了实证检验,Doan 等(2014)除了考虑高阶矩因子,还在方程中仿照三因子模型加入非市场风险因素,其实证检验揭示了高阶矩在发现收益在不同市场条件(牛市和熊市)下非对称变化中的重要作用。Liu 等(2016)检测了高阶矩与中国商品期货的买卖价差间的关系,发现总体来看,偏度与价差负相关,峰度与价差正相关,并通过门限回归模型发现上述关系在好坏消息、大小波动、正负偏度、高低峰度不同情形下存在非对称性。Tse(2016)在针对 1988—2013 年内 55 种期货产品的经验研究中,提供证据支持了系统偏度以及资产个体长期偏度与期货产品定价之间的相关性,并指出偏度与系统偏度对定价的影响来源于市场中的非对称风险和风险厌恶的投资者对于此类风险的对冲需要。

在风险测度中,Navatte 和 Villa(2000)创新地使用 Gram-Charlier 展开,

中国证券市场质量及其资本配置

从而能够运用高阶矩刻画"潜在波动"，他们证明了潜在分布（即负偏尖峰的分布）比正态分布对未来的预测效果更好，尽管包含的信息随着矩的阶数升高而减少，但高阶矩使 B-S 定价更准确。Doan 等（2014）的研究表明，在不同的市场条件下，对高阶矩的偏好的变化会对市场风险产生影响。Galai 和 Kedar-Levy（2005）在研究周末效应时用传统虚拟变量回归得出的结论之一，是日数据的收益波动性的高阶矩也不可忽略；而 Navatte 和 Villa（2000）和 Lo 等（2008）的研究结果显示了隐含波动率、偏斜度和峰度在期权定价中的作用。Doan 等（2014）用双 β 模型实证检验了偏、峰度对 β 非对称的解释力，并得出偏度的解释力比峰度更大（至少在澳洲市场）的结论。近年另一些学者在此方面的开拓——如可较好刻画对数收益率分布的高阶矩统计特征的 HMS-MND 模型——提供了较好的市场转换机制的视角。You 和 Daigler（2010）提出了四阶矩 VaR 测度，并发现从四阶矩意义上的尾部风险看，等权重的期货组合总是优于股票指数组合。

在关于构造高阶矩投资组合的文献中，现有的工作包括：在效用函数中考虑更高的矩来优化资产分配（Jondeau 和 Rockinger，2006；Jondeau 和 Rockinger，2012），收益分布中高阶矩和不对称性的考虑（Doan 等，2014；Ghysels 等，2016），以及定价内核时对峰度偏好的考虑（Dittmar，2002）。我们通过使用简单的方法将更高的矩信息结合到现有的均值—方差框架（Lai 等，2011）中来区别于这些文献，该框架能够完全捕捉参数不确定性，更有可能在实践中可以使用更高的矩、更好的方法来描述回归偏斜度和肥尾。

此外研究了与高阶矩和贝叶斯建模相关的文献，这些文献提供了另一种不同于传统频率法的方法来正式说明参数不确定性。具体来说，有 Kon（1984）、Mills（1995）、Peiro（1999）、Premaratne 和 Bera（2005）等大量文献，其中 Cascon 等（2003）主张股票收益抽样分布的均值和方差的点估计不足以概括未来收益的可用信息。

4. 现有文献评述及其发展趋势

可以看出，关于期货等衍生品的投资组合以及高阶矩在其中的角色的研究还是比较多的，这为研究的开展奠定了良好基础。需要说明的是，上述研究仍存在诸多不足及可能的发展趋向：第一，上述文献几乎没有针对中国期货市场的研究，事实上，中国期货市场已经在世界上占有举足轻重的地位，对这一庞大期货市场的相关研究严重缺失；第二，现有研究没有对商品期货投资组合的绩效给出更系统全面的研究，多数研究只给出了低频数据的分析，并没有给出基于高频数据的研究，没有给出对于高频交易的投资者也适用的策略；第三，现有文献并未给出期货产品作为可投资品的内在机理，也缺乏对其的深入系统分析；第四，高阶矩具有较大的优势，尚未在收益和风险中同时加入高阶矩信息。虽然有部分学者给出了基于高阶矩的风险测度，但这其中并未对收益进行更深入的分析，更没有综合考虑收益和风险的基于高阶矩的综合效应；第五，多数投资组合研究局限于事后分析，没有提出基于高阶矩的对未来跨期的投资组合研究，而后者才是投资者更为关心的关键；第六，现有文献对投资组合的估计方法相对单一，具有较大的局限性，特别是在求解可预测问题时，往往受样本和初值等方面的影响，所得估计结果往往不尽人意。鉴于此，本文的研究将力图对以上问题逐一加以解决，以给出一个更加科学有效的期货投资组合策略，这也是投资理论的发展方向和对现有研究的拓展。

6.2 模型构建及估计方法

高阶矩是相对低阶矩而言的，而低阶矩是经典理论中考虑的阶矩数，例如，经典的马科维茨投资组合理论中，考虑了均值（一阶矩）和方差—协方差矩阵（二阶矩），因此相对而言偏度（三阶矩）和峰度（四阶矩）便构成了高阶矩信息。本文中，将但凡包含二阶矩、三阶矩、四阶矩信息的指标统称为"高阶矩"，并将重点关注三阶矩、四阶矩。

6.2.1 个体高阶矩信息的引入：各阶矩的基本特征与信息内涵

高阶矩的具体呈现形式中，最简单和最常见的就是方差、偏度和峰度，以它们为例，我们可以从中看到二、三、四阶矩的基本特征和基本含义。

方差、偏度和峰度的定义为

$$\text{Variance} = E(x - \mu)^2 \tag{6.1}$$

$$\text{Skewness} = \frac{E(x - \mu)^3}{\sigma^3} \tag{6.2}$$

$$\text{Kurtosis} = \frac{E(x - \mu)^4}{\sigma^4} \tag{6.3}$$

其中，μ 是 x 的均值，σ 是 x 的标准差，$E(\cdot)$ 表示数学期望。

方差是随机变量对其算术平均值的偏离程度，是离散程度的测度，其值非负。偏度是对数据相对于均值的不对称程度的测度。如果偏度为负，则数据更多分布在均值的左侧；如果偏度为正，则数据更多分布在均值的右侧。对称分布（如正态分布）的偏度为 0。峰度是对分布中离群值倾向（outlier-prone）的测度，正态分布的峰度为 3。分布如比正态分布有更强的离群值倾向，峰度就会大于 3，反之则小于 3。

考虑到 $(x-\mu)/\sigma$ 是一种常见的标准化方式，因此，在上述指标的构成中，真正具备信息内涵的正是其幂次。

①方差指标中能刻画出对称风险的关键是二次幂，即 Variance $\sim (\cdot)^2$。

②偏度指标中能刻画出非对称性的关键是三次幂，即 Skewness $\sim (\cdot)^3$。

③峰度指标中能刻画出厚尾性的关键是四次幂，即 Kurtosis $\sim (\cdot)^4$。

本文中，为了便于试验，我们将会淡化"标准化"的具体形式，而着重幂次本身来把握高阶矩信息。具体而言，本文将以收益率滞后期的二次方、三次方、四次方来捕捉对称风险、非对称性、厚尾性的信息。具体而言，关于个别资产自身的个体高阶矩信息由自身滞后阶的三个阶矩代表，形成个体高阶矩因子集：

$$\Theta_{HM_i,t} = \{r_{i,t-1}^2, \ r_{i,t-1}^3, \ r_{i,t-1}^4\} \tag{6.4}$$

6.2.2 系统高阶矩信息的引入依据：四阶矩的 CAPM 模型

除了个体高阶矩，文献中已经发现另一类不容忽视的高阶矩信息：系统高阶矩，即个别资产收益率是市场收益率各阶矩之间的关联。具体而言，经典的 CAPM 模型只提及了市场收益率（一阶矩）对个别资产收益率的影响，该系数被称为系统方差（systematic variance）；但既有研究发现，市场收益率的二阶矩、三阶矩对个别资产收益率也有影响，其系数也就被称为系统偏度（systematic skewness）和系统峰度（systematic kurtosis），而扩展包含这两部分影响的模型即为"四阶矩的 CAPM 模型"（Fang 和 Lai，1997）。

Fang 和 Lai（1997）关于"四阶矩的 CAPM"模型的基本构建思路如下。

假设有 n 个风险资产和 1 个无风险资产，风险资产只有资本收益，风险资产的收益向量为 R，方差—协方差矩阵为 V；又假设市场完全竞争、无摩擦、不分割，投资者对资产收益具有同质信念，且都希望最大化包含了四阶矩信息的期望效用，风险资产的权重向量为 X，则投资者所持有的投资组合的超额收益的均值、方差、偏度、峰度分别为 $X'(\overline{R}-R_f)$、$X'VX$、$E[X'(R-\overline{R})/(X'VX)^{1/2}]^3$
和 $E[X'(R-\overline{R})/(X'VX)^{1/2}]^4$，将方差 $X'VX$ 标准化为 1，则投资者的最优化函数为

$$\text{Max } U\{X'(\overline{R}-R_f), E[X'(R-\overline{R})]^3, E[X'(R-\overline{R})]^3\} - \lambda(X'VX-1) \qquad (6.5)$$

其中 λ 是每个标准化方差的拉格朗日乘子。根据一阶条件解均衡方程就能获得

$$\overline{R}-R_f = \varphi_1 VX + \varphi_2 \text{cov}((X'(R-\overline{R}))^2, R) + \varphi_3 \text{cov}((X'(R-\overline{R}))^3, R) \qquad (6.6)$$

其中，$\varphi_1 = 2\lambda/U_1$，$\varphi_2 = -3U_2/U_1$，$\varphi_3 = -4U_3/U_1$，这里 U_i 表示第 i 项的偏导数。

要达到市场一般均衡，使用分离定理，每个投资者都必须持有市场组合从而市场出清，即满足 $R_m = X_m'(R-R_f)$ 和 $X_m'VX_m = 1$，这样式（6.6）就可以写成

$$\overline{R}-R_f = \varphi_1 \text{cov}(R_m, R) + \varphi_2 \text{cov}(R_m^2, R) + \varphi_3 \text{cov}(R_m^3, R) \qquad (6.7)$$

式（6.6）中的即为"四阶矩的 CAPM"理论模型，φ_1、φ_2、φ_3 分别是对系统方差、系统偏度、系统峰度的市场定价，称为方差溢价、偏度溢价和峰度溢价。

该理论模型的经验版本为

$$\overline{R}_i - R_f = b_1\beta_i + b_2\gamma_i + b_3\delta_i, \; i = 1, \cdots, n \qquad (6.8)$$

其中，$\overline{R}_i$ 表示第 i 个风险资产的期望收益，$\beta_i = \text{cov}(R_i, R_m)/\text{Var}(R_m)$ 是第 i 个风险资产的系统方差，$\gamma_i = \text{cov}(R_i, R_m^2)/E[(R_m - E(R_m))^3]$ 为第 i 个风险资产的系统偏度，$\delta_i = \text{cov}(R_i, R_m^3)/E[(R_m - E(R_m))^4]$ 是第 i 个风险资产的为系统峰度，b_1, b_2, b_3 分别为方差溢价、偏度溢价和峰度溢价。

而与"四阶矩的 CAPM"经验模型相一致的市场模型为

$$R_{it} = \alpha_i + \beta_i R_{mt} - \gamma_i R_{mt}^2 + \delta_i R_{mt}^3 + \varepsilon_{it}, \; i = 1, \cdots, n; \; t = 1, \cdots, T \qquad (6.9)$$

其中，β_i、γ_i、δ_i 的定义与上面一致，分别表示系统方差（贝塔）、系统偏度（协偏度）、系统峰度（协峰度）。

系统方差 β_i 的含义与经典 CAPM 模型中的贝塔的含义一致。系统偏度 γ_i 是市场收益率的平方项对特定资产收益率的影响系数，其含义是市场波动对个别资产收益率的影响。系统偏度较高意味着在市场出现大波动的情况下，个别资产的收益率相对较高、表现较好，意味着该资产能够在系统性风险下表现良好，因此较高的系统偏度对投资者往往是更合意的，系统偏度对资产定价往往

会产生一个负的偏度溢价。

系统峰度 δ_i 则是市场收益率的立方项对特定资产收益率的影响系数，其含义是市场收益的偏度对个别资产收益率的影响。系统偏度较低意味着，当市场出现较大的负偏时，个别资产的收益率的表现相对较好，意味着该资产在存在较大概率的系统性下行风险时能够有较好的表现，因此较低的系统偏度对投资者往往是合意的，系统偏度对资产定价往往会产生一个正的峰度溢价。

经验研究发现了系统偏度、系统峰度在资产定价中存在影响的证据，因此本文也引入阶矩高于经典 CAPM 模型中一阶矩市场收益的因子作为系统高阶矩因子集。需要注意，在市场模型（6.9）中，刻画未来收益的因子 R_{mt}^2 虽然本身是二阶矩，但其系数是系统偏度，即该因子的存在意味着考虑了系统三阶矩的信息。类似地，因子 R_{mt}^3 虽然本身是三阶矩，但其存在意味着考虑了系统四阶矩的信息。因此，本文使用考虑了三、四系统高阶矩信息的因子作为系统高阶矩因子。

$$\Theta_{HM_m}, t = \{r_{m,t-1}^2, r_{m,t-1}^3\} \tag{6.10}$$

6.2.3 高阶矩信息引入对资产收益率的刻画：因子模型视角

想要分别考察各个阶矩的信息内涵存在一个困难，即各阶矩之间并非完全独立，而是存在一定的相关性。尤其是三阶矩与四阶矩之间，尽管两者信息内涵有本质差别、不可能相互取代，但二者包含的关于尾部的信息仍然存在交叉。

对此，本文采用因子模型的视角，将不同但又有联系的各种高阶矩信息视为因子集（factor set）中的一部分，具体如下：

$$r_{i,t|\Omega_{t-1}} = \alpha_i + \beta_i I_{t-1} + \gamma_i M_{t-1} + \varphi_i E_{t-1} + \varepsilon_{i,t} \tag{6.11}$$

其中，I 表示与资产特质属性相关的因子集（微观），M 表示与行业或市场状态相关的因子集（中观），E 表示与国家经济形势、货币政策变化等金融市场所在的整体生态相关的因子集（宏观）。这三个因子集之间固然多少存在一定的联系，但总体而言，相关性不是很高。

过去，由于统计和计算能力有限，建模注重寻找某个或某几个"主要"因子，但在正在到来的大数据时代，计算机能够快速处理多维度、价值密度低的海量数据，对建模的要求有所降低，可以只是知道特定的"一族"因子有效，至于这"一族"中具体哪些因子有效可以根据具体情况再进行计算拟合。

因此，对于存在内在关联的不同高阶矩信息，本文并不对它们进行过多的区分和处理，而是将它们视为"一族"因子，作为一个整体看待，着重关注其整体的有效性，而非每个单个因子的有效性。如果高阶矩因子集包含的信息能够产生投资价值，这对于今后利用大数据进行数据挖掘和量化投资，无疑是很有价值的。

6.2.4 投资组合框架的引入依据：不确定收益和风险下的均方差最优模型

本文采用 Lai 等（2011）给出的推广的均方差最优投资组合框架，其优点在于，首先也是最重要的，该方法具有现实投资价值，通过使用随机最优化方法很好地处理了现实的投资中在预测和参数估计过程中必然会遭遇的参数不确定性问题；其次，这一方法被认为是经典马科维茨投资组合理论的推广，即经典的马科维茨投资组合理论是其特例；最后，这一框架也具有相当的灵活性，使用该框架只需要对下一期的收益与方差—协方差矩阵做出后验一步预测，而这个一步预测所能够采用的形式则可以多种多样，从最简单的历史收益，到相对复杂的 AR、GARCH 等时间序列模型，都可以适用，有利于我们便捷地加入高阶矩信息和其他各类信息。下面就对这一方法做一简介。

Lai 等（2011）指出了经典的马科维茨投资理论中资产的均值与方差（方差—协方差矩阵）是未知的，而这部分的参数误差没有被考虑进模型中，具体来说，令 $W = \boldsymbol{w}^T \boldsymbol{r}_{n+1}$ 表示下一期的组合收益，$\sum_n$ 表示给定信息集 $\mathfrak{R}_n$ 下的后验协方差矩阵，有

$$\text{Var}(W) = E[\text{Var}(W \mid \mathfrak{R}_n)] + \text{Var}[E(W \mid \mathfrak{R}_n)]$$
$$= E\left(\boldsymbol{w}^T \sum\nolimits_n \boldsymbol{w}\right) + \text{Var}(\boldsymbol{w}^T \boldsymbol{\mu}_n) \tag{6.12}$$

于是，经典的马科维茨理论无论采用何种方式获得对组合方差的估计，它总是一种点估计，实际上就是用式（6.12）中的第一项代替了整个 $\text{Var}(W)$，忽视了第二项 $\text{Var}(\boldsymbol{w}^T \boldsymbol{\mu}_n)$ 的存在，从而造成了估计偏差。

为了克服这一困难，Lai 等（2011）不再像经典理论中那样用 $\boldsymbol{w}^T \widehat{\sum} \boldsymbol{w}$ 代替 $\text{Var}(\boldsymbol{w}^T \boldsymbol{r}_{n+1})$，而是求解一个更一般的随机优化方程

$$\max\{E(\boldsymbol{w}^T \boldsymbol{r}_{n+1}) - \lambda \text{Var}(\boldsymbol{w}^T \boldsymbol{r}_{n+1})\} \tag{6.13}$$

在这里，收益与风险都被视为随机变量，因此不能简单地用历史数据的均

值替代期望、用历史数据的协方差替代方差。

通过引入参数 $\eta = 1 + 2\lambda E(W_B)$，他们获得了该随机优化方程的解。其中 $W_B = w_B^{\mathrm{T}} r_{n+1}$，$w_B$ 表示贝叶斯权重向量。解法如下

令 $E(r_{n+1} | \Re_n) = \mu_n$，$E(r_{n+1} r_{n+1}^{\mathrm{T}} | \Re_n) = V_n$，

$$\max_{\eta} \; C(\eta) := E[w^{\mathrm{T}}(\eta) \mu_n] + \lambda (E[w^{\mathrm{T}}(\eta) \mu_n])^2 - \lambda [w^{\mathrm{T}}(\eta) V_n w(\eta)]$$

$$w(\eta) = \arg \min_{w: \, w^{\mathrm{T}} 1 = 1, w \geqslant 0} \{ \lambda w^{\mathrm{T}} V_n w - \eta w^{\mathrm{T}} \mu_n \}, \quad (6.14)$$

注意到，这里的 $C(\eta)$ 实际上就等于 $E(w^{\mathrm{T}} r_{n+1}) - \lambda \mathrm{Var}(w^{\mathrm{T}} r_{n+1})$。

简言之，该方法通过引入参数 η，将无法一步解得的随机优化方程分成可解的两小步进行求解：第一步，给定 η，求解一个普通的二次优化问题，获得不同 η 取值下的最优权重 w；第二步，选择 η，使得效用函数[此处即 $C(\eta)$]最大化。能够通过数学方式从理论上证明，两步法得出的解与原随机优化方程的最优解是一致的。

具体的程序和设定将参照 Lai 等（2011）中非参数经验贝叶斯方法（nonparametric empirical Bayes，NPEB）进行，首先对收益率历史数据进行 Bootstrap，而后选择能将 $E(w_n^{\mathrm{T}} r_{n+1}) - \lambda \mathrm{Var}(w_n^{\mathrm{T}} r_{n+1})$ 的 Bootstrap 值最大化的参数 η，获得 $\eta *$ 后自然可以得到最优资产配置权重 $w *$。估计过程中主要用到的技术是 Bootstrap 模拟，估计方法是极大似然估计。该过程可以通过 Matlab 予以实现。[①]

6.2.5　考虑高阶矩信息的投资组合模型

以上我们介绍了高阶矩的信息内涵和两类表现形式，也介绍了能够处理不确定收益和风险的投资组合模型，然而，为了构建考虑高阶矩信息的投资组合模型，还需要考虑高阶矩与投资组合模型如何结合。

为解决现实投资中的预测问题，本文需要使用 Lai 等（2011）关于收益和风险不确定情况下的均方差最优框架，我们采用在对资产收益率刻画中加入高阶矩的方式来对接这一框架。

从式（6.14）可注意到，该式中最重要的输入参数有且仅有 μ_n 和 V_n，它们是基于历史信息集对收益率一阶矩和二阶矩的一步预测或后验估计。Lai 等

---

① Lai 等(2011)提供了这一过程的 Matlab 程序，可在 DOI: 10.1214/10-AOAS422SUPP 下载。

（2011）指出，这两个参数的取值可以简单地基于历史收益，也可以使用任何的回归模型或时间序列模型。因此，只需要在资产收益率的刻画中加入高阶矩信息，通过其获得对资产收益率一阶矩和二阶矩的一步预测，即可以获得将高阶矩信息应用到不确定收益与风险的投资组合模型中。本文并不改变"均方差最优"的基本投资框架[①]（从而维持了与传统框架的可比性），而只是在收益率的一步预测中考虑加入高阶矩信息。

亦即，仍然根据式（6.14）给出最优化框架。

$$\max_{\eta} \ C(\eta) := E[\boldsymbol{w}^{\mathrm{T}}(\eta)\boldsymbol{\mu}_n] + \lambda(E[\boldsymbol{w}^{\mathrm{T}}(\eta)\boldsymbol{\mu}_n])^2 - \lambda[\boldsymbol{w}^{\mathrm{T}}(\eta)\boldsymbol{V}_n\boldsymbol{w}(\eta)]$$

$$w(\eta) = \arg \min_{w: \, w^{\mathrm{T}}\mathbf{1}=1, w \geqslant 0} \{\lambda \boldsymbol{w}^{\mathrm{T}}\boldsymbol{V}_n\boldsymbol{w} - \eta \boldsymbol{w}^{\mathrm{T}}\boldsymbol{\mu}_n\}, \quad （6.15）$$

但对收益率的刻画采用通过高阶矩回归项进行预测的方式，从而比较研究各阶矩对投资绩效的影响。

（1）Benchmark（不考虑任何高阶矩信息）

$$r_{i,t} = \beta_0 + \beta_1 r_{i,t-1} + \varepsilon_{it} \quad （6.16）$$

（2）考虑特定资产受市场运动的影响（基于四阶矩 CAPM 的市场模型）

$$r_{i,t} = \beta_0 + \beta_1 r_{i,t-1} + \beta_2 r_{m,t-1} + \varepsilon_{it} \quad （6.17）$$

$$r_{i,t} = \beta_0 + \beta_1 r_{i,t-1} + \beta_2 r_{m,t-1} + \beta_3 r_{m,t-1}^2 + \varepsilon_{it} \quad （6.18）$$

$$r_{i,t} = \beta_0 + \beta_1 r_{i,t-1} + \beta_2 r_{m,t-1} + \beta_3 r_{m,t-1}^2 + \beta_4 r_{m,t-1}^3 + \varepsilon_{it} \quad （6.19）$$

（3）考虑特定资产自身滞后阶的高阶矩（考察特定资产自身的各阶矩信息）

$$r_{it} = \beta_0 + \beta_1 r_{i,t-1} + \beta_2 r_{i,t-1}^2 + \varepsilon_{it} \quad （6.20）$$

$$r_{it} = \beta_0 + \beta_1 r_{i,t-1} + \beta_2 r_{i,t-1}^2 + \beta_3 r_{i,t-1}^3 + \varepsilon_{it} \quad （6.21）$$

$$r_{it} = \beta_0 + \beta_1 r_{i,t-1} + \beta_2 r_{i,t-1}^2 + \beta_3 r_{i,t-1}^3 + \beta_4 r_{i,t-1}^4 + \varepsilon_{it} \quad （6.22）$$

（4）两类高阶矩信息的混合（示例）

$$r_{it} = \beta_0 + \beta_1 r_{i,t-1} + \beta_2 r_{m,t-1} + \beta_3 r_{m,t-1}^2 + \beta_4 r_{m,t-1}^3 + \beta_5 r_{i,t-1}^2 + \beta_6 r_{i,t-1}^3 + \beta_7 r_{i,t-1}^4 + \varepsilon_{it} \quad （6.23）$$

[①] 本文简便起见，不做过多讨论。但在后续的研究中，可以进一步考虑这一基本框架的推广。因为学界对这一直觉有基本的共识：在收益与风险相同的两个资产比较中，理性投资者会选择高偏度、低峰度的资产，以规避偏度风险和峰度风险。并且，根据 Ghysels 等（2016）基于国际基金投资的证据，三阶矩对于未来收益三阶矩的影响十分显著，意味着，不仅二阶矩存在着"波动率集聚"，类似的现象可能也存在于三阶矩中，在高阶矩的维度上利用高阶矩的可预测性可能有更大的价值。

6.2.6 绩效评价

对于投资组合的绩效评价，本文将考虑如下指标。

1. 收益率、偏度与峰度

投资者总是希望获得超额收益，因此收益率无疑是考虑投资绩效的重要指标之一。关于二阶矩风险的考虑将在后面的夏普比率指标中予以考虑。

而关于投资者对于资产偏度与峰度的要求，投资者会偏好高偏度、低峰度的组合绩效，这意味着组合的非对称风险较小（如果是正偏，则说明组合收益上涨的概率比下跌的概率大，出现较大上行波动的概率比出现较大下行波动的概率要大，这种情况显然更受偏好），尾部风险也较小。

2. 夏普比率

夏普比率是金融中十分常用的绩效指标，也是本文最重要的绩效评价指标之一，它衡量的是单位风险下的超额收益，其计算公式为

$$\text{SharpeRatio} = \frac{\mu - r_f}{\sigma} \tag{6.24}$$

简便起见，本文这里设定无风险收益率为 0。

3. 调整的夏普比率

夏普比率的缺点是，没有考虑偏度和峰度的存在，而调整的夏普比率考虑了所有四个阶矩。

$$\text{ASR} = \text{SR}[1 + (\text{Skewness}/6)\text{SR} - ((\text{Kurtosis} - 3)/24)\text{SR}^2] \tag{6.25}$$

因此，即使投资组合收益率序列具有较高的均值和可接受的方差，如果出现较大的负偏度或高峰度，ASR 将会对其施予额外的惩罚，调整后的结果可能会差于均值较低而方差较高的组合策略。这种惩罚背后的直觉是，投资者一般并不偏好自己的投资策略，输钱的概率大于盈利的概率，也不偏好自身投资策略具有较大的尾部风险。

4. Omega 比率

Omega 比率衡量能够取得某事先给定收益的可能性，这个给定收益可以是最低可接受收益（minimum acceptable return，MAR），也可以是目标收益（target return）。Omega 的值越高，能够达到或超过这个给定收益的概率也就越大。

$$\Omega(r) = \frac{\int_r^b (1 - F(x)) \mathrm{d}x}{\int_a^r F(x) \mathrm{d}x} \tag{6.26}$$

这里 x 是收益率，a、b 分别为其上下界，r 即是事先给定的目标收益或最低可接受收益（门限值）。可以看到，Omega 比率是达到门限值的累积概率比上未能达到门限值的累积概率，简言之，赢的可能性比上输的可能性。Omega比率的值大于1，则取得预定收益的概率更大（赢面更大），反之则反是。Omega比率的值越高，认为其绩效越好。

使用 Omega 比率的优点是，它不预设任何形式的收益率分布，它并不假设收益率是服从理论上的正态分布或是任何对称分布，因而相当于是使用了真实的收益率分布，因而更能准确地度量真实的投资绩效。它能够包含均值、方差、偏度、峰度等多方面的信息，对于收益率分布呈现非正态的投资工具尤其适用，期货就是其中一种。

简便起见，本文中 Omega 比率的门限值设为 0。

5. Sortino 比率

Sortino 比率是对夏普比率的下行风险调整版，它与夏普比率的关键区别在于，分母中会用到下行波动（downside volatility），而非单纯使用波动率。这种调整的背后，是投资者对下行风险的风险厌恶。如果投资者的投资组合收益出现正向的波动，这部分可能还是受投资者欢迎的，但如果出现负向的波动，那么则是必定不合意的。因此，投资者对不同方向的风险的主观评价可能是不同的，然而统计指标方差或标准差却对两者做同等处理，因此 Sortino 比率就针对这一点做出修正，着重关注必定不合意的组合收益下行波动，从而为投资实践提供更有意义的参考。

Sortino 比率的计算方式为

$$\text{Sortino} = \frac{\mu - T}{\text{TDD}} \tag{6.27}$$

其中，T 表示目标收益率，而 TDD 表示目标下行偏差（target downside deviation），其计算方式为

$$\text{TDD} = \sqrt{\frac{1}{N} \sum_{i=1}^{N} (\text{Min}(0, X_i - T))^2} \tag{6.28}$$

其中，X 为收益率序列，N 为序列的个数。

本文为简便起见，目标收益率也定为 0。

6.3 数据选择与统计特征

6.3.1 数据选择

本文选择国内期货市场上的 10 种主力期货品种的主连数据（即按成交价加权处理后的主力合约连续数据），这 10 种期货分别为上海期货交易所（SHFE）的铜、铝、锌和橡胶，大连商品交易所（DCE）的大豆、玉米、豆粕，郑州商品交易所（ZCE）的棉花、白糖和 PTA。这些期货品种都具备交易时间较长（最晚开始交易的锌期货也已有将近 10 年的交易历史）和流动性较高、交易较活跃（数据选取过程中，筛去了日数据中有很多天交易量为 0 从而收益率为 0 的品种）的特点。从类别构成看，所选数据中包括了 2 种化工能源期货，3 种基本金属期货，以及 5 种农产品期货。

本文选取 3 种不同频度的数据集——周数据、日数据、30 分钟数据，样本期为 2010 年 6 月 30 日至 2015 年 6 月 30 日，其中周数据 251 个，日数据 1210 个，30 分钟数据 8968 个。我们将周数据、日数据视为低频数据的代表，而 30 分钟数据视为高频数据的代表。

本文将基于 CCFI（China Commodity Futures Index，中国商品期货指数）的权重配比构建市场组合。CCFI 历年的权重配比调整数据不可得，因此将基于其 2016 年的权重数据，并将存在历史数据缺省的期货品种替换为有历史数据的品种（缺省主要是由于历史数据不可得，例如铁矿石品种在期货市场的推出时间是 2013 年 10 月，因此该日期之前就没有铁矿石数据）。经过调整后，本文最终使用的市场组合权重配比为如表 6-1 所示。

表 6-1 中国商品期货市场组合的权重配比

品种	权重/%	品种	权重/%	品种	权重/%
铜	18.40	螺纹钢	5.64	PTA	3.27
铝	11.58	大豆	5.37	小麦	3.26
金	8.82	玉米	4.80	豆油	3.06
橡胶	7.43	豆粕	3.50	棕榈油	2.76
燃油	6.39	棉花	3.49	LLDPE	2.73
锌	6.01	糖	3.49		

6.3.2 统计特征

针对本文所采用的两个低频数据集和一个高频数据集计算基本统计量，表 6-2～表 6-4 报告了其描述性统计情况。

从均值看，所有数据中都是均值为负的居多，总体均值为负的情形与股票市场相似。而在均值为正的情形中，除了锌期货以外都是农产品期货。在所有数据频度中，尽管个别期货品种的平均收益率有正有负，但最终合成的市场指

表 6-2　周数据中所有期货品种及市场指数收益率的描述性统计

	均值	标准差	偏度	峰度	Jarque-Bera 统计量
橡胶	−0.0025	0.0363	0.1318	4.7227	31.8[***]
PTA	−0.0016	0.0315	−0.6394	8.8544	375.5[***]
铝	−0.0005	0.0116	−0.0863	4.4295	21.7[***]
铜	−0.0009	0.0263	−0.4312	9.3143	424.8[***]
锌	0.0001	0.0240	−0.5572	7.2161	198.9[***]
大豆	0.0002	0.0197	−0.0199	4.3256	18.4[***]
玉米	0.0006	0.0263	1.4563	11.4383	833.4[***]
棉花	−0.0016	0.0292	−0.2453	13.0206	1052.7[***]
豆粕	−0.0005	0.0316	−0.2559	5.8961	90.5[***]
白糖	0.0002	0.0238	−0.0998	8.8232	355.1[***]
市场指数	−0.0008	0.0236	−0.1664	6.7374	147.2[***]

表 6-3　日数据中所有期货品种及市场指数收益率的描述性统计

	均值	标准差	偏度	峰度	Jarque-Bera 统计量
橡胶	−0.0005	0.0164	0.1775	6.3599	575.5[***]
PTA	−0.0003	0.0134	−0.2777	12.1001	4190.7[***]
铝	−0.0001	0.0059	−0.1951	10.5856	2908.7[***]
铜	−0.0002	0.0117	−0.5037	7.5913	1113.9[***]
锌	0.0000	0.0117	−0.5473	8.0423	1342.3[***]
大豆	0.0001	0.0111	−0.1217	12.7115	4758.0[***]
玉米	0.0001	0.0129	1.5297	48.8341	106385.3[***]
棉花	−0.0003	0.0125	−2.1247	38.5240	64534.1[***]
豆粕	−0.0001	0.0145	−0.8398	14.6358	6968.2[***]
白糖	0.0000	0.0119	−1.1705	38.6952	64514.6[***]
市场指数	−0.0001	0.0046	−0.3300	5.8504	431.6[***]

表 6-4　30 分钟数据中所有期货品种及市场指数收益率的描述性统计

	均值	标准差	偏度	峰度	Jarque-Bera 统计量
橡胶	-1.27×10^{-4}	0.0054	−0.1926	8.2991	10548.2***
PTA	-3.04×10^{-5}	0.0037	−0.5282	14.7347	51872.0***
铝	-1.96×10^{-5}	0.0017	−0.9272	29.6352	266377.5***
铜	-1.14×10^{-5}	0.0029	−0.3444	14.4075	48802.9***
锌	-2.72×10^{-5}	0.0031	−1.1820	25.2252	186664.1***
大豆	-2.33×10^{-6}	0.0024	−0.1753	18.1015	85262.6***
玉米	-4.29×10^{-7}	0.0016	−0.4151	20.1734	110461.5***
棉花	1.64×10^{-6}	0.0031	0.6458	25.4287	188595.7***
豆粕	3.26×10^{-5}	0.0027	−0.3242	10.7990	22885.2***
白糖	7.33×10^{-6}	0.0029	0.1519	16.2224	65363.5***
市场指数	-2.31×10^{-5}	0.0019	−0.5393	12.8513	36698.0***

数收益率均值在所有数据集中都为负。低频数据（周数据、日数据）中，均值最高的是玉米期货，均值最低的是橡胶期货；高频数据中，均值最高的是白糖期货，均值最低的仍然是橡胶期货。

从标准差看，市场组合的标准差普遍低于个别期货的标准差，即市场指数的二阶矩风险往往低于个别期货，这可能是由于不同期货品种收益率正负相抵、使得加总的市场组合收益率对均值的偏离减少。比较不同频度数据，随着数据频度的降低，标准差数值的量纲随之增大，可见波动率随着时段的拉长不断累积。低频数据中，标准差最高的是橡胶期货，而最低的是铝期货；高频数据中，标准差最高的也是橡胶期货，而标准差最低的是玉米期货。

从偏度看，多数品种的偏度系数都为负，少数偏度为正的期货品种都是农产品期货。这一点与美国市场的情况不同，在 Bessler 和 Wolff 采用的美国期货市场数据中，其所选取的 7 个期货品种或指数的偏度指标上几乎正负参半，因此，从规避偏度风险的角度来看，中国商品期货的投资组合可能不及美国的期货组合。在市场组合与个别期货的对比中，市场组合的偏度值居中，市场组合对偏度的分散能力有限。比较不同频度数据，不同频度的数据的偏度量纲近似，偏度值没有随数据频度变化而有明显增大或减小的趋势，偏度的值并不必然随时段的拉长而累积，也未必因频度的提高而减小。周数据中，偏度最高的是玉米（正偏），偏度最低的是 PTA；日数据中，偏度最高的也是玉米，而偏度最低的是棉花；高频数据中，偏度最高的却是棉花（正偏），偏度最低的则是锌。

从峰度看，期货个别品种及市场组合的所有频度数据都超过了 3，显示尖峰厚尾现象在期货品种中普遍存在。市场组合的峰度值相比多数期货较低，这种情况在日数据中表现得最为明显。比较不同频度的数据，峰度总体来说呈现出随着数据频度降低而升高的趋势，意味着高频交易中可能更需要注意厚尾性的问题。周数据中，峰度最高的是棉花，峰度最低的是大豆；日数据中，峰度最高的是玉米，最低的是市场指数；高频数据中，峰度最高的是铝，峰度最低的是橡胶。

从 Jarque-Bera（JB）统计量上看，所有频度、所有期货品种以及市场组合的 JB 统计量值都显示，资产的收益率分布显著背离正态分布。尽管如此，在每一个频度内的数据相比较，市场指数的 JB 统计量的值还是显著低于多数的个别期货品种的 JB 统计量值，即更接近正态分布。比较不同频度数据，随着数据频度的升高，JB 统计量值的量纲也显著增大，即较高频度的数据背离正态分布的程度更大。周数据中，JB 统计值最高的是棉花，最低的是大豆；日数据中，JB 统计值最高的是玉米，最低的是市场指数；而在高频数据中，JB 统计值高的是铝，而最低的是橡胶。

6.4 实证结果与分析

6.4.1 高阶矩信息对未来收益率刻画的有效性

根据 6.2.3 节，本文需要通过在资产收益率的一步预测中引入高阶矩，从而将这部分信息应用于投资组合绩效考量中。为了检验这种做法的合法性，需要首先验证高阶矩对期货市场未来资产收益率是否存在显著的影响、能否进行一步预测。

考察系统高阶矩对未来资产收益率的影响。

$$r_{i,t} = \beta_0 + \beta_1 r_{m,t-1} + \beta_2 r_{m,t-1}^2 + \beta_3 r_{m,t-1}^3 + a_t, \ a_t \sim \mathrm{AR}(p) \qquad (6.29)$$

考察个体高阶矩对未来资产收益率的影响。

$$r_{i,t} = \beta_0 + \beta_1 r_{i,t-1}^2 + \beta_2 r_{i,t-1}^3 + \beta_3 r_{i,t-1}^4 + a_t, \ a_t \sim \mathrm{AR}(p) \qquad (6.30)$$

同时考察系统高阶矩和个体高阶矩对未来资产收益率的影响。

$$r_{i,t} = \beta_0 + \beta_1 r_{m,t-1} + \beta_2 r_{m,t-1}^2 + \beta_3 r_{m,t-1}^3 + \gamma_1 r_{i,t-1}^2 + \gamma_2 r_{i,t-1}^3 +$$
$$\gamma_3 r_{i,t-1}^4 + a_t,\ a_t \sim \mathrm{AR}(p) \tag{6.31}$$

其中，阶数 p、q 的取值范围都在 0 至 3 之间，阶数的选择将根据最小 BIC 信息准则进行，残差项服从自回归过程以考虑一阶矩可能存在的一期滞后影响，该方程通过极大似然估计法估计。

为稳健起见，本文也考虑残差项为 $\mathrm{ARMA}(p,q)$ 而非 $\mathrm{AR}(p)$ 的情形，但发现对结果影响不大，故正文只报告 $\mathrm{AR}(p)$ 残差下的结果，$\mathrm{ARMA}(p,q)$ 的结果放在附录中。表 6-5 至表 6-7 分别报告日数据与 30 分钟数据的方程估计结果、显著性等。

由于涉及 10 个期货品种、多种不同的回归变量以及多个阶数，为了看清楚各个阶矩因子对未来收益率的总体影响，这里使用一个相对简明的方式整理表 6-5～表 6-7 的数据：省去具体的系数估计值，只考察显著性（5% 置信水平下）；省去具体的期货品种，只统计对应系数显著的期货品种的数量。如果某个估计系数在超过半数（超过 5 个）的期货品种中都显著，则本文认为该变量对期货收益率有普遍的显著影响。

整理结果列在表 6-8 中，即上述实证中低频、高频 2 个数据集下的 5 个估计模型中各个系数在 10 个期货品种中统计显著的个数。例如，面板 A 的方程 1 中 $r_{m,t-1}^2$ 栏的值为 "4" 表示，在 10 个期货品种中，估计方程 1 中 $r_{m,t-1}^2$ 项系数显著的品种为 4 个，显著的情形未过半，说明本数据集下，低频数据中考虑系统偏度信息对商品期货未来收益率的影响不普遍。

从表 6-8 中可见，当只考察系统各阶矩对商品期货未来收益率的影响时（方程 1），在低频数据（日数据）中，$r_{m,t-1}$、$r_{m,t-1}^2$、$r_{m,t-1}^3$ 三个因子的系数在 10 个期货品种中显著的个数分别为 4 个、4 个和 10 个，在高频数据（30 分钟数据）中，$r_{m,t-1}$、$r_{m,t-1}^2$、$r_{m,t-1}^3$ 三个因子的系数在 10 个期货品种中显著的个数分别为 7 个、8 个和 10 个。

当只考察个体各阶矩对商品期货未来收益率的影响时（方程 2），在低频数据（日数据）中，$r_{i,t-1}^2$、$r_{i,t-1}^3$、$r_{i,t-1}^4$ 三个因子的系数在 10 个期货品种中显著的个数分别为 5 个、5 个和 9 个，在高频数据（30 分钟数据）中，$r_{i,t-1}^2$、$r_{i,t-1}^3$、$r_{i,t-1}^4$ 三个因子的系数在 10 个期货品种中显著的个数分别为 8 个、10 个和 10 个。

表6-5 系统各阶矩对期货商品未来收益率的影响

	橡胶	PTA	铝	铜	锌	大豆	玉米	棉花	豆粕	白糖
低频数据（日数据）										
常数项	-0.0009*	-0.0002	-0.0003	-0.0002	0.0001	0.0003	0.0004	-0.0006	-0.0002	0.0000
$r_{i,t-1}^2$	0.114	0.0506	-0.0972***	-0.1122*	-0.3520***	0.0361	-0.0438	0.0533	0.3247***	-0.1717***
$r_{i,t-1}^3$	17.2572**	-5.0111	6.1362**	3.3534	-3.0157	-12.2574***	-13.677	14.2171***	6.2063	1.1348
$r_{i,t-1}^4$	149.8904***	309.2733***	-492.237***	-84.9721***	455.7901***	243.9938***	-1207.80***	1080.854***	-1113.78***	1888.904***
AIC	-6495.692	-6993.526	-8988.778	-7318.543	-7323.113	-7472.726	-7094.273	-7170.661	-6802.903	-7275.975
高频数据（30分钟数据）										
常数项	-0.0001**	-0.0001	0.0000	0.0000	0.0000	0.0000	0.0000	0.0000	0.0000	0.0000
$r_{i,t-1}^2$	0.0576**	0.0274*	0.0267***	0.0316***	0.0183	0.0251**	-0.0007	0.0757***	0.0306***	0.0641***
$r_{i,t-1}^3$	6.9774	7.3766***	-2.1606***	-0.4474***	-0.4972**	1.3381	5.7603***	0.4430***	2.6636***	9.8875***
$r_{i,t-1}^4$	16.9140***	625.1159***	157.9921***	-37.2909***	220.8822***	-73.5918***	359.7109***	-124.634***	-212.076***	338.5352***
AIC	-68265.501	-74859.008	-88478.327	-79643.936	-77916.623	-82965.943	-90445.058	-78047.815	-80875.587	-79090.732

注：本表报告日数据及30分钟数据下，$r_{i,t} = \beta_0 + \beta_1 r_{i,t-1}^2 + \beta_2 r_{i,t-1}^3 + \beta_3 r_{i,t-1}^4 + a_t$，$a_t \sim AR(p)$ 的系数估计结果及模型拟合指标 AIC 的结果；其中"***"、"**"、"*"分别表示在1%、5%、10%置信水平下显著。

表 6-6 个体各阶矩对期货商品未来收益率的影响

	橡胶	PTA	铝	铜	锌	大豆	玉米	棉花	豆粕	白糖
低频数据（日数据）										
常数项	-0.0007	-0.0001	-0.0004**	-0.0002	-0.0004	0.0001	0.0002	-0.0002	-0.0001	-0.0001
$r_{i,t-1}^2$	0.8074	-2.5219***	11.5716***	-0.9012	6.9585***	-1.1062**	-0.53	-0.9931**	-0.1885	0.3812
$r_{i,t-1}^3$	6.7313	-46.5142***	-226.253***	-25.1265**	23.3942	-74.3333***	-2.3582	21.9871***	6.9876	-3.181
$r_{i,t-1}^4$	-98.5493***	542.2612***	-11162.0***	712.650***	-3035.56***	457.9870***	32.3202	164.7990***	104.3305***	-15.0414***
AIC	-6492.539	-7038.817	-8981.197	-7320.398	-7330.857	-7475.476	-7086.828	-7165.037	-6797.476	-7267.624
高频数据（30 分钟数据）										
常数项	-0.0001**	0.0000	-0.0000**	0.0000	-0.0001	0.0000	0.0000	0.0000	0.0000	0.0000
$r_{i,t-1}^2$	0.5369	-2.3580***	10.5358***	3.4243***	3.6729***	4.0109***	4.5071***	1.2461***	-0.1560***	0.7515
$r_{i,t-1}^3$	38.1119***	157.6049***	-176.881***	-193.792***	-20.1519***	-28.9990***	-859.102***	-80.8212***	88.2730***	3.3537***
$r_{i,t-1}^4$	907.0075***	5384.451***	-44266.95***	-8032.08***	-3090.41***	-4789.26***	-34516.0***	830.1260***	7522.910***	764.2452***
AIC	-68264.124	-74860.909	-88518.892	-79648.944	-77921.717	-82968.777	-90448.672	-78067.206	-80871.772	-79073.045

注：本表报告日数据及 30 分钟数据下，$r_{i,t} = \beta_0 + \beta_1 r_{i,t-1}^2 + \beta_2 r_{i,t-1}^3 + \beta_3 r_{i,t-1}^4 + a_t$，$a_t \sim AR(p)$ 的系数估计结果及模型拟合指标 AIC 等；其中，***、**、* 分别表示在 1%、5%、10%置信水平下显著。

表 6-7 系统各阶矩与个体各阶矩对期货商品未来收益率的影响

	橡胶	PTA	铝	铜	锌	大豆	玉米	棉花	豆粕	白糖
低频数据（日数据）										
常数项	-0.0009	-0.0001	-0.0004**	-0.0001	-0.0003	0.0003	0.0004	-0.0005	-0.0003	0.0000
$r_{m,t-1}$	0.1148	-0.0408	-0.0935**	-0.1472	-0.3374***	-0.0517	-0.0465	0.0484	0.3207***	-0.1640**
$r_{m,t-1}^2$	17.7915**	-3.924	5.0854	-10.3622	-15.1690**	-11.3871**	-13.5632	15.1309***	6.3724	0.5359
$r_{m,t-1}^3$	163.9229***	219.0735***	-357.440***	1145.315***	-71.3260***	449.7269***	-1187.04***	988.0549***	-1114.99***	1867.43***
$r_{i,t-1}^2$	-0.2195	-2.3317***	8.2777***	0.6257	8.2771***	-0.7892	-0.3786	-1.0880**	-0.1439	0.3497
$r_{i,t-1}^3$	-0.9908	-47.0080***	-129.884***	-46.6992***	9.2611	-75.0984***	-2.5076	10.6863	6.5462	-3.1575
$r_{i,t-1}^4$	64.2412**	521.5791***	-9151.84***	640.4123***	-3016.03***	379.9352***	24.4138***	102.9901***	96.6720***	-12.4538***
AIC	-6489.824	-7033.205	-8990.511	-7317.002	-7330.609	-7473.72	-7089.636	-7165.982	-6798.359	-7271.415
高频数据（30 分钟数据）										
常数项	-0.0002**	0.0000	-0.0000*	0.0000	0.0000	0.0000	0.0000	0.0000	0.0000	0.0000
$r_{m,t-1}$	0.0517**	0.0194	0.0393***	0.0497***	0.0273**	0.0272**	0.0072	0.0497***	0.0274**	0.0662***
$r_{m,t-1}^2$	3.3113***	7.4075***	-2.6773***	-5.2934***	-7.9907***	-1.3852	6.2703***	-1.3830***	2.4349***	10.1927***
$r_{m,t-1}^3$	-97.2546***	416.3421***	-234.115***	426.9071***	309.1535***	-46.8997***	475.1559***	-77.6459***	-218.411***	351.4152***
$r_{i,t-1}^2$	0.455	-2.8271***	12.0440***	6.1479***	5.2733***	4.7206***	3.2038***	1.1146***	-0.6750***	-0.9810***
$r_{i,t-1}^3$	22.0254***	104.0052***	-228.042***	-399.152***	-75.8585***	-66.2600***	-1142.81***	-135.050***	83.1906***	-22.1525***
$r_{i,t-1}^4$	529.2243***	4358.708***	-48707.0***	-11564.1***	-3642.76***	-6120.89***	-43658.9***	1357.980***	5942.163***	1645.770***
AIC	-68260.556	-74859.092	-88526.369	-79660.474	-77925.497	-82966.635	-90467.194	-78076.007	-80870.374	-79086.802

注：本表报告日数据及 30 分钟数据下，$r_{i,t} = \beta_0 + \beta r_{m,t-1} + \beta_2 r_{m,t-1}^2 + \beta_3 r_{m,t-1}^3 + \gamma_1 r_{i,t-1}^2 + \gamma_2 r_{i,t-1}^3 + \gamma_3 r_{i,t-1}^4 + a_t$，$a_t \sim AR(p)$ 的系数估计结果及模型拟合指标 AIC 等；
其中***、**、*分别表示在 1%、5%、10%置信水平下显著。

表 6-8　各高阶矩系数 5%置信水平下显著的期货品种个数

	$r_{m,t-1}$	$r_{m,t-1}^2$	$r_{m,t-1}^3$	$r_{i,t-1}^2$	$r_{i,t-1}^3$	$r_{i,t-1}^4$
Panel A　低频数据（日数据）系数显著的品种数						
方程1[①]	4	4	10			
方程2[②]				5	5	9
方程3[③]	4	4	10	4	4	10
Panel B　高频数据（30分钟数据）系数的显著品种数						
方程1[①]	7	8	10			
方程2[②]				8	10	10
方程3[③]	8	9	10	9	10	10

注：本表整理 10 个期货品种在低频（日数据）、高频（30 分钟数据）两个数据集下，三个估计方程中的各个系数在 5%置信度下统计显著的期货品种个数。其中 $r_{m,t-1}$ 代表滞后一期的市场收益，$r_{i,t-1}$ 代表单个期货品种滞后一期的收益率。方程 1 只考察系统各阶矩对商品期货未来收益率的影响，方程 2 只考察个体各阶矩对商品期货未来收益率的影响，方程 3 同时考察系统与个体各阶矩对商品期货未来收益率的影响。

方程1为$r_{i,t} = \beta_0 + \beta_1 r_{m,t-1} + \beta_2 r_{m,t-1}^2 + \beta_3 r_{m,t-1}^3 + a_t,\ a_t \sim \mathrm{AR}(p)$;

方程2为$r_{i,t} = \beta_0 + \beta_1 r_{i,t-1}^2 + \beta_2 r_{i,t-1}^3 + \beta_3 r_{i,t-1}^4 + a_t,\ a_t \sim \mathrm{AR}(p)$;

方程3为$r_{i,t} = \beta_0 + \beta_1 r_{m,t-1} + \beta_2 r_{m,t-1}^2 + \beta_3 r_{m,t-1}^3 + \gamma_1 r_{i,t-1}^2 + \gamma_2 r_{i,t-1}^3 + \gamma_3 r_{i,t-1}^4 + a_t,\ a_t \sim \mathrm{AR}(p)$。

而当同时考察系统各阶矩和个体各阶矩对商品期货未来收益率的影响时（方程 3），在低频数据（日数据）中，$r_{m,t-1}$、$r_{m,t-1}^2$、$r_{m,t-1}^3$、$r_{i,t-1}^2$、$r_{i,t-1}^3$、$r_{i,t-1}^4$ 六个因子的系数在 10 个期货品种中显著的个数分别为 4、4、10、4、4、10 个，在高频数据（30 分钟数据）中，$r_{m,t-1}$、$r_{m,t-1}^2$、$r_{m,t-1}^3$、$r_{i,t-1}^2$、$r_{i,t-1}^3$、$r_{i,t-1}^4$ 六个因子的系数在 10 个期货品种中显著的个数分别为 8、9、10、9、10、10 个。

可以发现，整体上看，在 10 个品种中统计显著情形过半的系数占大多数，尤其是，在各阶矩中，阶矩越高，系数统计显著的情况越普遍，系统四阶矩和个体四阶矩的影响最为普遍，可见高阶矩因子加入的必要性；而在低高频数据的对比中，显然高频数据中系数统计显著的情形更普遍，因此进一步考虑高阶矩因子在高频数据中的作用是有意义的；个体高阶矩与系统高阶矩两组的对比中，系统高阶矩系数显著的情形相对更普遍一些，说明市场高阶矩因子对未来收益的影响更稳健。

由此可见，总体而言，高阶矩对未来商品期货收益率有统计显著的影响，并且这种影响在高频数据中体现得比低频数据中体现得更明显。这为下一步将高阶矩信息加入投资组合模型进行检验，尤其加入高频数据进行检验奠定了良好的基础。

6.4.2 各绩效指标下考虑高阶矩信息的期货投资组合绩效

本文将基于 6.2.5 节中给出的考虑高阶矩的投资组合模型以及 6.2.6 节中的绩效评价指标，针对包含不同阶矩信息的投资组合绩效进行对比和考察。

投资采用滚动窗口，逐期向前滚动、逐期再平衡。绩效根据每一期投资获得组合收益率进行计算。

受限于计算机的计算速度①，投资绩效的部分我们将采用较短的时间跨度。其中，低频数据将采用 2012 年 1 月至 2014 年 12 月三年的数据，具体而言，样本期内周数据共有 150 个观测值，以 50 期为窗口，逐周向前滚动；日数据共有 726 个观测值，以 250 期为窗口，逐日向前滚动；高频数据将采用 2014 年下半年的 30 分钟数据，共计 856 个观测值，窗口期长度与日数据保持一致，也以 250 期为窗口，逐期向前滚动。

1. 日度数据下的投资绩效

日数据下，考虑不同阶矩的投资策略的绩效如表 6-9 所示，其中各个投资组合策略的不同，在于其对未来收益的一步预测（及其相应的二阶矩一步预测）包含的高阶矩信息不同，参见本书 6.2.5 节。

从表中可以看到，相对于第一个基准组合马科维茨投资组合策略（基于历史收益计算均值与方差—协方差矩阵），包含高阶矩信息的投资绩效都呈现相对较高的收益和相对较高的标准差，并且除了 Ri2（包含个别资产自身前两个阶矩的信息），包含各阶矩信息的投资绩效（SR、ASR、Omega、Sortino）都优于 Markowitz 组合策略。

---

① 两个部分造成了计算量的大幅增加，一是收益与风险不确定下的投资组合权重计算需要两层循环，其中里层需要使用 bootsrap，两层循环嵌套后，计算一次投资策略（权重）就需要 1500 次运算；二是滚动窗口，以作为现实中投资者每期都要根据对未来的预期进行投资决策的简化反映，由于逐期滚动，那么滚动多少期，权重就要计算多少次，因此进一步大大增加了计算量。例如，30 分钟数据的总样本期尽管只选取了半年，但用个人电脑运算，全过程需要耗费约一周。因此，投资部分的计算只选取了原数据样本中的一小段，后续如果有进一步的硬件支持，可以考虑扩大样本期，检验结果在长时段中的稳健性。

表 6-9　日数据中考虑个体与系统各阶矩信息的投资组合策略绩效

	均值	标准差	偏度	峰度	SR	ASR	Omega	Sortino
AR(1)	0.0018	0.0346	0.0981	22.3970	0.0526	0.0653	1.1820	0.0745
Rm1	0.0034	0.0325	0.7864	19.3450	0.1054	0.1309	1.3797	0.1639
Rm2	0.0029	0.0357	1.9383	23.7920	0.0818	0.1016	1.2954	0.1344
Rm3	0.0033	0.0349	1.7233	23.9180	0.0938	0.1164	1.3510	0.1546
Ri2	0.0003	0.0308	−1.4620	13.5820	0.0109	0.0135	1.0326	0.0142
Ri3	0.0014	0.0376	1.3725	26.8010	0.0380	0.0472	1.1366	0.0580
Ri4	0.0018	0.0361	1.2028	22.2830	0.0506	0.0628	1.1783	0.0774
Rm1-Ri2	0.0028	0.0320	0.8717	19.7490	0.0874	0.1085	1.3050	0.1345
Rm1-Ri3	0.0029	0.0347	1.5937	24.6940	0.0845	0.1050	1.3081	0.1345
Rm1-Ri4	0.0035	0.0337	1.2283	17.4250	0.1050	0.1304	1.3810	0.1706
Rm2-Ri2	0.0038	0.0318	1.3222	17.0310	0.1203	0.1494	1.4435	0.2021
Rm2-Ri3	0.0039	0.0343	2.1778	25.3750	0.1136	0.1410	1.4315	0.1984
Rm2-Ri4	0.0039	0.0345	1.8320	19.2770	0.1136	0.1411	1.4129	0.1958
Rm3-Ri2	0.0038	0.0354	2.0496	26.7900	0.1068	0.1327	1.4058	0.1824
Rm3-Ri3	0.0045	0.0351	1.7427	23.3660	0.1294	0.1608	1.5116	0.2200
Rm3-Ri4	0.0054	0.0376	1.6971	18.6740	0.1427	0.1772	1.5650	0.2507

注：表中各行表示不同的投资组合策略，包括两个 Benchmark 策略：传统的 Markowitz 投资组合策略以及只包含一阶滞后信息的 AR(1)策略；随后的 Rm1~3 分别表示包含系统方差、系统偏度、系统峰度信息（即一步预测中包含市场指数一次方、二次方、三次方变量）的策略，Ri2~4 分别表示包含个别资产滞后阶的方差、偏度、峰度信息的策略；随后的 Rm#-Ri#表示上述两类信息同时包含的策略。注意数字包含该阶数及其低阶的信息，如 Rm3 不仅包含系统峰度信息，也包含比其低阶的系统方差和系统偏度信息。表中各列表示不同的绩效评价指标，SR 表示夏普比率，ASR 表示调整的夏普比率，Omega 表示 Omega 比率，Sortino 表示 Sortino 比率。指标的详细计算公式参见本书 3.7。

　　但是，相对于第二个基准组合，即 AR(1)策略，包含高阶矩信息的组合并没有表现出明显的优势。如 Ri2~Ri4（分别为，考虑个体前二阶矩、前三阶矩和前四阶矩）三个策略的夏普比率则低于 AR(1)策略。

　　对比马科维茨组合和考虑 AR(1)信息的组合，相较于仅含有历史均值和协方差矩阵的投资组合，包含 AR(1)信息的基准组合进一步考虑了商品自身一阶滞后项的信息，且从绩效上看也有明显提高，这与 Lai（2011）等的实证结果一致。因此后文中，将统一以考虑 AR(1)信息的组合作为基准组合，不再报告马科维茨组合的绩效。

　　表格后三列是三种对夏普比率（SR）可能存在的不足进行调整的指标（例如 ASR 进一步体现投资者对组合偏度和峰度的考虑，而 Sortino 比率着重考虑投资者更关心下行风险）。我们尝试对比这四个主要绩效指标的相关性，看使用不同的绩效指标是否会显著影响绩效评价。图 6-1 中绘制了 SR、ASR 和 Sortino 比率在不同投资组合中的表现，可以发现，尽管 ASR、Omega 比率和 Sortino 比率从各自不同的角度对传统的夏普比率进行了修正，但是从这里的结果看，它们对这些策略孰优孰劣的相对评价是一致的。图中没有出现 Omega 比率，是因为 Omega 的量纲比这三个指标大很多，会使得图形不够清晰，但即使加入 Omega 比率也会发现，其走势与另三个指标是一致的。

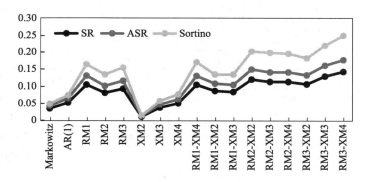

图 6-1　日数据投资绩效中 SR、ASR、Sortino 比率的结果对比

　　既然四个主要绩效指标的走势具有一致性，那么本文选其一进行考察也就可以了，这里本文选取最为广泛承认和使用的夏普比率（SR）来作为投资绩效的主要衡量指标之一。后文将不再报告 ASR、Omega 和 Sortino 比率的结果。

　　这样，本文对表 6-9 中的数据进行重新规整，以更清晰地对绩效结果进行对比：并抽取投资组合的均值、标准差、偏度、峰度、夏普比率五个指标试图全面考察日数据结果的绩效，如表 6-10 所示。

　　下面对表 6-10 逐个 Panel 进行考察。

　　在 Panel A（投资组合收益率的均值）中，横向比较，在系统高阶矩信息给定的情况下，前两行中（不加入系统高阶矩信息，和只出现系统方差信息时），资产个体高阶矩信息的增加不必然对投资收益率带来正向影响，但总体为正，后两行中（进一步加入系统偏度、系统峰度信息时），资产个体高阶矩信息的增加对投资收益率带来的是非常一致的正向影响；纵向比较，在个体高阶矩信

表 6-10　日数据中考虑个体与系统各阶矩信息下的五个绩效指标汇总

面板 A：投资组合收益率的均值

	$r_{i,t-1}$	$r_{i,t-1}+r_{i,t-1}^2$	$r_{i,t-1}+r_{i,t-1}^2+r_{i,t-1}^3$	$r_{i,t-1}+r_{i,t-1}^2+r_{i,t-1}^3+r_{i,t-1}^4$
[ ]	0.0018	0.0003	0.0014	0.0018
$r_{m,t-1}$	0.0034	0.0028	0.0029	0.0035
$r_{m,t-1}+r_{m,t-1}^2$	0.0029	0.0038	0.0039	0.0039
$r_{m,t-1}+r_{m,t-1}^2+r_{m,t-1}^3$	0.0033	0.0038	0.0045	0.0054

面板 B：投资组合收益率的标准差

	$r_{i,t-1}$	$r_{i,t-1}+r_{i,t-1}^2$	$r_{i,t-1}+r_{i,t-1}^2+r_{i,t-1}^3$	$r_{i,t-1}+r_{i,t-1}^2+r_{i,t-1}^3+r_{i,t-1}^4$
[ ]	0.0981	-1.4625	1.3725	1.2028
$r_{m,t-1}$	0.7864	0.8717	1.5937	1.2283
$r_{m,t-1}+r_{m,t-1}^2$	1.9383	1.3222	2.1778	1.8320
$r_{m,t-1}+r_{m,t-1}^2+r_{m,t-1}^3$	1.7233	2.0496	1.7427	1.6971

面板 C：投资组合收益率的偏度

	$r_{i,t-1}$	$r_{i,t-1}+r_{i,t-1}^2$	$r_{i,t-1}+r_{i,t-1}^2+r_{i,t-1}^3$	$r_{i,t-1}+r_{i,t-1}^2+r_{i,t-1}^3+r_{i,t-1}^4$
[ ]	0.0346	0.0308	0.0376	0.0361
$r_{m,t-1}$	0.0325	0.0320	0.0347	0.0337
$r_{m,t-1}+r_{m,t-1}^2$	0.0357	0.0318	0.0343	0.0345
$r_{m,t-1}+r_{m,t-1}^2+r_{m,t-1}^3$	0.0349	0.0354	0.0351	0.0376

面板 D：投资组合收益率的峰度

	$r_{i,t-1}$	$r_{i,t-1}+r_{i,t-1}^2$	$r_{i,t-1}+r_{i,t-1}^2+r_{i,t-1}^3$	$r_{i,t-1}+r_{i,t-1}^2+r_{i,t-1}^3+r_{i,t-1}^4$
[ ]	22.3972	13.5820	26.8014	22.2831
$r_{m,t-1}$	19.3454	19.7494	24.6938	17.4250
$r_{m,t-1}+r_{m,t-1}^2$	23.7917	17.0310	25.3749	19.2769
$r_{m,t-1}+r_{m,t-1}^2+r_{m,t-1}^3$	23.9185	26.7896	23.3660	18.6739

面板 E：投资组合的夏普比率

	$r_{i,t-1}$	$r_{i,t-1}+r_{i,t-1}^2$	$r_{i,t-1}+r_{i,t-1}^2+r_{i,t-1}^3$	$r_{i,t-1}+r_{i,t-1}^2+r_{i,t-1}^3+r_{i,t-1}^4$
[ ]	0.0526	0.0109	0.0380	0.0506
$r_{m,t-1}$	0.1054	0.0874	0.0845	0.1050
$r_{m,t-1}+r_{m,t-1}^2$	0.0818	0.1203	0.1136	0.1136
$r_{m,t-1}+r_{m,t-1}^2+r_{m,t-1}^3$	0.0938	0.1068	0.1294	0.1427

注：五个面板分别报告各阶矩下投资组合收益率的均值、标准差、偏度、峰度、夏普比率。每个面板中，各行表示考虑各系统阶矩信息（对应表 6-9 中的 Rm1~3，"[ ]"表示不包含系统信息），各列表示不同的个体高阶矩信息（对应表 6-9 中的 Ri2~4），表格中的数字表示投资策略在考虑对应的个体和系统各阶矩信息时所获得的绩效值，其中，每个面板左上角的绩效表示 AR(1)基准策略下的绩效。

息给定的情况下，除了第一列（不加入个体高阶矩信息时）以外，随着系统高阶矩信息的增加，投资组合的收益率都会随之提高。故在面板 A 中，当给到系统方差及个体二阶矩的信息时，高阶矩信息的增加即会一致地对应投资收益率的提高。

在面板 B（投资组合收益率的标准差）中，横向比较，给定系统各阶矩信息，个体阶矩信息的增加与标准差的变化之间几乎相互独立，没有呈现比较典型的趋势；纵向比较，在个体高阶矩信息给定的情形下，总体而言，随着系统高阶矩信息的增加，投资组合的风险会随之提高，且四列数据中有三列是在给到系统前三阶矩时，组合标准差达到最大值。

在面板 C（投资组合收益率的偏度）中，横向比较，在系统高阶矩信息给定的情况下，随着个体高阶矩信息的增加，组合收益率的偏度总体存在上升趋势，但顶点并不出现在个体高阶矩信息给到最高阶矩（四阶矩）的情况下，而是主要出现在给到个体三阶矩的情况下；纵向比较，在个体高阶矩信息给定的情况下，也有类似的发现，随着系统高阶矩信息的增加，组合收益率的偏度总体存在上升趋势，但顶点并不出现在系统高阶矩信息给到最高阶矩（四阶矩）的情况下，而是主要出现在给到系统三阶矩的情况下。故在面板 B 中，当给到的个体和系统高阶矩在三阶矩及以下时，高阶矩信息的增加就会一致地对应投资组合偏度的提高。

在面板 D（投资组合收益率的峰度）中，横向比较，在系统高阶矩信息给定的情况下，随着个体高阶矩信息的增加，组合收益率的峰度变化不太规则。但如果抽去中间两阶矩，只比较考虑个体四阶矩信息和不考虑个体高阶矩信息的情况（第一列和第四列的横向对比），则个体高阶矩信息的加入都会带来组合峰度的下降；纵向比较，在个体高阶矩信息给定的情况下，随着系统高阶矩信息的增加，组合的峰度的变化也不太规则。当只给到个体前两阶矩的信息时，系统高阶矩的增加并不能带来组合峰度的下降、反而对应其上升，但是，当给到的个体三阶矩、四阶矩信息时，系统高阶矩的增加则一致地带来了投资组合收益率的峰度的下降。

在面板 E（投资组合收益率的夏普比率）中，横向比较，在系统高阶矩信息给定的情况下，个体高阶矩信息的增加没有对绩效产生有规律的影响。例如，在首行与末行中，投资绩效都随着 $r_{i,t-1}$ 阶矩的升高而升高，但在中间两行中，则没有这个趋势；纵向比较，在个体高阶矩信息给定的情况下，随着系统高阶矩信息的增加，发现当给定个体高阶矩信息达到三阶矩或四阶矩时，绩效会随着系统高阶矩信息的增加而稳定上升。

观察表 6-10 的总体趋势，尽管在横向、纵向上没有出现预期中特别清晰、一致的随着高阶矩信息的增加绩效相应单调递增的趋势，但是绩效（从均值、SR 两个指标上看）表现最优的是所有阶矩信息都提供到的情形（表格右下角），并且，绩效表现较优的也集中出现在表格的右下角的这一区域。如果只对比每个 Panel 右下角与左上角的数值会发现，假设将不考虑高阶矩（左上角数值）的绩效称为"基准"绩效，则考虑所有高阶矩信息的情况下，组合收益率是基准收益的 3 倍，组合偏度是基准偏度 16 多倍（都为正），组合峰度下降了 16.6%，组合夏普比率是基准夏普比率的 2.71 倍，这些变化在量上非常大，是值得研究的。整张表格中，组合均值和夏普比率的角度看，最优和次优的情形发生在给定系统所有阶矩，给定个体四阶矩和三阶矩时；组合偏度的角度看，最合意的情形也发生在给定个体和系统所有阶矩时；但从组合标准差和组合峰度的角度看，风险较低的情形是在不考虑系统信息、只考虑个体前两阶矩的情形下。此外，系统高阶矩与个体高阶矩信息似乎存在着某种联系，当两方面的信息都加到最高阶矩时，投资绩效的改善更容易呈现较为明显的趋势。

总体而言，从各个面板的左上角（不加入任何高阶矩信息）到右下角（加入高阶矩信息），组合收益的均值总体是递增的、标准差总体是递增的、偏度总体是递增的、峰度总体是趋小的、夏普比率总体是递增的。因此，至少在所选用的样本期数据中，高阶矩信息的加入对于投资收益率的改善存在明显的改进作用。

2. 周度数据下的投资绩效

考虑到交易成本可能造成的巨大影响，这里也报告周度数据下的投资绩效[①]。接着，我们对表 6-11 逐个面板进行考察。

在面板 A（投资组合收益率的均值）中，横向比较时，在系统高阶矩信息给定的情况下，除了最后一行（系统高阶矩给到系统峰度），个体高阶矩信息的增加都清晰地对应投资组合收益率均值的提高；纵向比较时，在个体高阶矩信息给定的情况下，系统高阶矩信息的增加对投资组合收益率均值的影响不规律，尽管有一定提高的趋势，但趋势不明显。

---

① 与日数据相似，SR、ASR、Omega、Sortino 指标呈现相同趋势，篇幅所限，这里不再报告。完整数据可以联系作者取得。

表 6-11　周数据中考虑个体与系统各阶矩信息下的五个绩效指标汇总

面板 A：投资组合收益率的均值

	$r_{i,t-1}$	$r_{i,t-1}+r_{i,t-1}^2$	$r_{i,t-1}+r_{i,t-1}^2+r_{i,t-1}^3$	$r_{i,t-1}+r_{i,t-1}^2+r_{i,t-1}^3+r_{i,t-1}^4$
[ ]	−0.0019	0.0011	0.0103	0.0083
$r_{m,t-1}$	−0.0037	0.0000	0.0011	0.0060
$r_{m,t-1}+r_{m,t-1}^2$	−0.0011	0.0014	0.0025	0.0054
$r_{m,t-1}+r_{m,t-1}^2+r_{m,t-1}^3$	0.0066	0.0033	0.0101	0.0100

面板 B：投资组合收益率的标准差

	$r_{i,t-1}$	$r_{i,t-1}+r_{i,t-1}^2$	$r_{i,t-1}+r_{i,t-1}^2+r_{i,t-1}^3$	$r_{i,t-1}+r_{i,t-1}^2+r_{i,t-1}^3+r_{i,t-1}^4$
[ ]	0.0679	0.0620	0.0639	0.0635
$r_{m,t-1}$	0.0680	0.0643	0.0596	0.0649
$r_{m,t-1}+r_{m,t-1}^2$	0.0635	0.0666	0.0674	0.0709
$r_{m,t-1}+r_{m,t-1}^2+r_{m,t-1}^3$	0.0647	0.0663	0.0659	0.0736

面板 C：投资组合收益率的偏度

	$r_{i,t-1}$	$r_{i,t-1}+r_{i,t-1}^2$	$r_{i,t-1}+r_{i,t-1}^2+r_{i,t-1}^3$	$r_{i,t-1}+r_{i,t-1}^2+r_{i,t-1}^3+r_{i,t-1}^4$
[ ]	0.5289	0.1933	0.7334	0.3551
$r_{m,t-1}$	−0.0127	−0.3559	0.4276	−0.2691
$r_{m,t-1}+r_{m,t-1}^2$	−0.4154	−0.0856	0.3751	0.5665
$r_{m,t-1}+r_{m,t-1}^2+r_{m,t-1}^3$	0.2072	−0.2608	0.9986	0.6654

面板 D：投资组合收益率的峰度

	$r_{i,t-1}$	$r_{i,t-1}+r_{i,t-1}^2$	$r_{i,t-1}+r_{i,t-1}^2+r_{i,t-1}^3$	$r_{i,t-1}+r_{i,t-1}^2+r_{i,t-1}^3+r_{i,t-1}^4$
[ ]	5.2094	4.3343	4.4805	3.6039
$r_{m,t-1}$	5.5750	4.3671	5.3995	3.9587
$r_{m,t-1}+r_{m,t-1}^2$	3.1058	3.8386	4.4358	5.7612
$r_{m,t-1}+r_{m,t-1}^2+r_{m,t-1}^3$	3.3885	5.3353	5.0893	6.0191

面板 E：投资组合收益率的夏普比率

	$r_{i,t-1}$	$r_{i,t-1}+r_{i,t-1}^2$	$r_{i,t-1}+r_{i,t-1}^2+r_{i,t-1}^3$	$r_{i,t-1}+r_{i,t-1}^2+r_{i,t-1}^3+r_{i,t-1}^4$
[ ]	−0.0281	0.0176	0.1619	0.1308
$r_{m,t-1}$	−0.0543	0.0000	0.0186	0.0927
$r_{m,t-1}+r_{m,t-1}^2$	−0.0177	0.0208	0.0374	0.0768
$r_{m,t-1}+r_{m,t-1}^2+r_{m,t-1}^3$	0.1020	0.0504	0.1537	0.1360

注：五个面板分别报告各阶矩下投资组合收益率的均值、标准差、偏度、峰度、夏普比率。每个面板中，各行表示考虑各系统阶矩信息（对应表 6-9 中的 Rm1~3，"[ ]"表示不包含系统信息），各列表示不同的个体高阶矩信息（对应表 6-9 中的 Ri2~4），表格中的数字表示投资策略在考虑对应的个体和系统各阶矩信息时所获得的绩效值，其中，每个面板左上角的绩效表示 AR(1)基准策略下的绩效。

在面板 B（投资组合收益率的标准差）中，横向比较，在系统高阶矩信息给定的情况下，在不考虑系统高阶矩信息和只给定系统方差信息的情形下，个体高阶矩信息的增加总体对应投资组合标准差的降低，但给定系统偏度与系统峰度的信息时，个体高阶矩信息的增加反而会对应投资组合标准差的增加；纵向比较，除了仅仅给定个体一阶矩的情形外，在个体二阶矩、三阶矩、四阶矩信息给定的情况下，系统高阶矩信息的增加总体都会带来投资组合标准差的上升。

在面板 C（投资组合收益率的偏度）中，横向比较，在系统高阶矩信息给定到三阶矩以上（即系统偏度及以上）的情况下，个体高阶矩信息的增加总体能够带来组合偏度的提高，但在给定系统高阶矩信息较少的情况下，效果则相反；纵向比较，在个体高阶矩信息给定的情况下，类似地，在个体高阶矩信息给定到三阶矩及以上时，系统高阶矩信息的增加总体能够带来组合偏度的提高，但在给定个体高阶矩信息在二阶矩及以下时，效果则相反。总体而言，高阶矩信息对组合偏度的改善不是非常规律，但阶矩较高时，出现改善的概率相对更大。

在面板 D（投资组合收益率的峰度）中，横向比较，在系统高阶矩信息给到二阶矩（系统方差）及以下时，个体高阶矩信息的增加总体能带来组合峰度的降低，但在增加系统高阶矩信息后，效果则相反；纵向比较，在个体高阶矩信息给定的情况下，类似发现，给到较高阶矩的个体高阶矩信息后，系统高阶矩信息的增加对组合峰度无法改善，只有不给出个体高阶矩信息时，系统高阶矩信息的增加才能带来投资组合收益率的峰度下降（改善）。

在面板 E（投资组合收益率的夏普比率）中，横向比较，在系统高阶矩信息给定的情况下，个体高阶矩信息的增加总体能带来组合夏普比率的提升；纵向比较，在个体高阶矩信息给定的情况下，除了第三列，系统高阶矩信息的增加总体也对应投资组合夏普比率的提升。

总体观察表 6-11，如果对比各个面板左上角的基准绩效，与右下角的考虑所有高阶矩信息的绩效，可以发现后者投资组合收益率的均值和夏普比率相比基准绩效由负转正，尤其夏普比率存在非常明显的上升，偏度相比基准偏度增加了 25.8%，但标准差和峰度都有所上升。从收益和 SR 看，全表绩效最优的是只考虑个体前三阶矩的情形，次好的是考虑个体前三阶矩以及系统所有阶矩时。

总体而言，尽管在横向、纵向上没有特别清晰一致的绩效单调递增的趋势，但是从左上角（不加入任何高阶矩信息）到右下角（加入高阶矩信息），绩效（以收益、SR 为主要衡量）还是呈现一定的改善趋势。

相比于日数据的结果，周数据呈现出的规律性要少一些，尤其在偏度、峰度这两个维度上，这可能与本文中高阶矩主要用于优化对未来收益率的预测，在设定上没有以规避偏度风险和峰度风险为目标有关。

3. 高频数据下的投资绩效

随着大数据和金融科技（FinTech）纪元的到来，算法交易、高频交易的现实应用呈现不断上升的趋势，这也就使得，基于高频数据的研究是愈发必要的。

表 6-12 报告了 30 分钟高频数据下的实证结果。

接着我们对表 6-12 逐个面板进行考察。

在面板 A（投资组合收益率的均值）中，横向比较，在系统高阶矩信息给定的情况下，除了最后一行（给定系统峰度）外，个体高阶矩信息的增加总体而言都对应投资组合收益率均值的提高；纵向比较，在个体高阶矩信息给定的情况下，如果只给定个体一阶矩或二阶矩，系统高阶矩信息的增加总体能够带来投资组合收益率均值的改善，但给定个体三阶矩或四阶矩的情形中，趋势并不明朗。

在面板 B（投资组合收益率的标准差）中，横向比较，在系统高阶矩信息给定的情况下，个体高阶矩信息的增加总体对应投资组合标准差的升高；纵向比较，情形类似，在个体高阶矩信息给定的情况下，系统高阶矩信息的增加总体对应投资组合标准差的升高。总体而言，更多阶矩信息的加入会提高组合风险。

在面板 C（投资组合收益率的偏度）中，横向比较，在系统高阶矩信息给定情形下，除了给定系统峰度信息的情况外，个体高阶矩信息的增加总体都能够带来组合偏度的提升，给定系统偏度信息的情形中，增加考虑更多个体高阶矩信息甚至使得组合偏度由负转正；纵向比较，在个体高阶矩信息给定的情况下，发现系统高阶矩信息的增加总体能够带来组合偏度的提高。总体而言，高阶矩信息对组合偏度的改善不是非常规律，但阶矩较高时，出现改善的概率相对更大。

在面板 D（投资组合收益率的峰度）中，横向比较时，在给定系统峰度或

中国证券市场质量及其资本配置

表 6-12　30 分钟数据中考虑个体与系统各阶矩信息下的五个绩效指标汇总

面板 A：投资组合收益率的均值

	$r_{i,t-1}$	$r_{i,t-1}+r_{i,t-1}^2$	$r_{i,t-1}+r_{i,t-1}^2+r_{i,t-1}^3$	$r_{i,t-1}+r_{i,t-1}^2+r_{i,t-1}^3+r_{i,t-1}^4$
[ ]	−0.0002	0.0004	0.0006	0.0003
$r_{m,t-1}$	0.0001	0.0005	0.0003	0.0002
$r_{m,t-1}+r_{m,t-1}^2$	0.0000	0.0006	0.0004	0.0003
$r_{m,t-1}+r_{m,t-1}^2+r_{m,t-1}^3$	0.0004	0.0006	0.0004	0.0002

面板 B：投资组合收益率的标准差

	$r_{i,t-1}$	$r_{i,t-1}+r_{i,t-1}^2$	$r_{i,t-1}+r_{i,t-1}^2+r_{i,t-1}^3$	$r_{i,t-1}+r_{i,t-1}^2+r_{i,t-1}^3+r_{i,t-1}^4$
[ ]	0.0081	0.0088	0.0086	0.0083
$r_{m,t-1}$	0.0087	0.0087	0.0093	0.0089
$r_{m,t-1}+r_{m,t-1}^2$	0.0081	0.0089	0.0088	0.0089
$r_{m,t-1}+r_{m,t-1}^2+r_{m,t-1}^3$	0.0089	0.0093	0.0092	0.0092

面板 C：投资组合收益率的偏度

	$r_{i,t-1}$	$r_{i,t-1}+r_{i,t-1}^2$	$r_{i,t-1}+r_{i,t-1}^2+r_{i,t-1}^3$	$r_{i,t-1}+r_{i,t-1}^2+r_{i,t-1}^3+r_{i,t-1}^4$
[ ]	−0.2295	0.1826	0.2947	−0.2247
$r_{m,t-1}$	0.1139	0.1709	0.1621	0.3170
$r_{m,t-1}+r_{m,t-1}^2$	−0.0678	0.0527	0.1772	0.2482
$r_{m,t-1}+r_{m,t-1}^2+r_{m,t-1}^3$	0.4574	0.3057	0.3629	0.0478

面板 D：投资组合收益率的峰度

	$r_{i,t-1}$	$r_{i,t-1}+r_{i,t-1}^2$	$r_{i,t-1}+r_{i,t-1}^2+r_{i,t-1}^3$	$r_{i,t-1}+r_{i,t-1}^2+r_{i,t-1}^3+r_{i,t-1}^4$
[ ]	5.7132	5.6401	5.8209	5.2645
$r_{m,t-1}$	5.8354	7.0730	6.2820	6.0843
$r_{m,t-1}+r_{m,t-1}^2$	4.8715	4.9608	5.6085	6.0121
$r_{m,t-1}+r_{m,t-1}^2+r_{m,t-1}^3$	6.1081	5.2020	6.1477	5.9372

面板 E：投资组合收益率的夏普比率

	$r_{i,t-1}$	$r_{i,t-1}+r_{i,t-1}^2$	$r_{i,t-1}+r_{i,t-1}^2+r_{i,t-1}^3$	$r_{i,t-1}+r_{i,t-1}^2+r_{i,t-1}^3+r_{i,t-1}^4$
[ ]	−0.0219	0.0471	0.0740	0.0302
$r_{m,t-1}$	0.0139	0.0627	0.0360	0.0240
$r_{m,t-1}+r_{m,t-1}^2$	0.0058	0.0643	0.0458	0.0282
$r_{m,t-1}+r_{m,t-1}^2+r_{m,t-1}^3$	0.0452	0.0690	0.0454	0.0252

注：五个面板分别报告各阶矩下投资组合收益率的均值、标准差、偏度、峰度、夏普比率。每个
面板中，各行表示考虑各系统阶矩信息（对应表 6-9 中的 Rm1~3，"[ ]"表示不包含系统信息），
各列表示不同的个体高阶矩信息（对应表 6-9 中的 Ri2~4），表格中的数字表示投资策略在考虑对
应的个体和系统各阶矩信息时所获得的绩效值，其中，每个面板左上角的绩效表示 AR(1)基准策
略下的绩效。

不考虑系统信息的情况下，个体高阶矩信息的增加总体能带来组合峰度的降低，而在给定系统方差和系统偏度的情形中，效果则相反；纵向比较时，在个体高阶矩信息给定的多数情况下，系统高阶矩信息的增加带来组合峰度的升高，系统高阶矩信息的增加不能改善投资组合收益的峰度。

在面板 E（投资组合收益率的夏普比率）中，横向比较，在系统高阶矩信息给定的情况下，个体高阶矩信息的增加总体能带来组合夏普比率的提升；纵向比较，在个体高阶矩信息给定的情况下，给定个体前两阶矩，系统高阶矩信息的增加总体也对应投资组合夏普比率的提升，给定后两阶矩，效果总体相反。

总体观察表 6-12，对比左上角（不考虑任何高阶矩信息）与右下角（考虑所有阶矩的高阶矩信息），能看到收益和夏普比率由负转正，偏度也由负转正，标准差和峰度都有所提高。

与周数据、日数据的结果不同，右下角考虑全部高阶矩信息情形下的绩效并不是最优的。对考虑均方差最优的投资者而言，从最关心的收益率均值与夏普比率两项上看，取得最好绩效的情形发生在考虑个体前三阶矩信息、不考虑系统高阶矩信息的情况下次好的情况则发生在考虑个体前两阶矩信息以及系统所有高阶矩信息时。从偏度指标看，最合意的情形几乎都发生在给定系统所有阶矩信息时（面板 C 的最后一行）。从峰度指标看，最合意的两个情形发生在给定系统三阶矩信息、个体给定一阶矩或二阶矩信息时。

从这些情况看来，本文中所尝试的考虑高阶矩信息的方式，尽管高频数据中没有出现具有趋势性的、一致的绩效改善（这可能与高频数据间隔短，噪声相对多有关），但也存在一些绩效改善的证据。

6.4.3　高阶矩信息整体作为因子集的有效性

本文罗列了所有三种频度数据的五个主要绩效指标下的所有绩效结果，然而正如本书 6.2.5 中所述，由于高阶矩信息相互间本身就存在一些重叠，因此本文观察的重点是高阶矩因子集作为一个整体的有效性，而不要求每个因子都要在所有情形下有效。这里我们就将所有高阶矩信息视为高阶矩因子集，对其有效性做一整体的评价。

所采用的方式是，对比带有高阶矩信息的组合绩效与不含有高阶矩信息的基准组合绩效，根据两者的差值进行判断，如果差值多数为正，则说明高阶矩因子的加入相对于基准组合总体有绩效改善，相反如果差值多数为负，则说明高阶矩因子的加入相对于基准组合总体绩效没有改善。这里的绩效指标，本文选取均值和夏普比率作为代表。

基于 6.4.2 节中的结果，本文分别基于两个基准组合进行比较，一个是个体一阶矩信息的组合，另一个是仅包括个体一阶矩和系统二阶矩的组合。

1. 绩效比较：以仅包含个体一阶矩信息的组合为基准组合

以仅包含个体一阶矩信息的组合（即 AR(1)信息组合）绩效为基准的组合绩效，表 6-13 和表 6-14 分别报告各组合与该基准组合的在收益和夏普比率两个绩效指标上的差。

表 6-13 考虑高阶矩信息的各投资组合与 AR(1)基准组合的收益率差值

	$r_{i,t-1}$	$r_{i,t-1}+r_{i,t-1}^2$	$r_{i,t-1}+r_{i,t-1}^2+r_{i,t-1}^3$	$r_{i,t-1}+r_{i,t-1}^2+r_{i,t-1}^3+r_{i,t-1}^4$
面板 A：周数据				
[ ]	Benchmark	0.0030	0.0123	0.0102
$r_{m,t-1}$	−0.0018	0.0019	0.0030	0.0079
$r_{m,t-1}+r_{m,t-1}^2$	0.0008	0.0033	0.0044	0.0074
$r_{m,t-1}+r_{m,t-1}^2+r_{m,t-1}^3$	0.0085	0.0052	0.0120	0.0119
面板 B：日数据	$r_{i,t-1}$	$r_{i,t-1}+r_{i,t-1}^2$	$r_{i,t-1}+r_{i,t-1}^2+r_{i,t-1}^3$	$r_{i,t-1}+r_{i,t-1}^2+r_{i,t-1}^3+r_{i,t-1}^4$
[ ]	Benchmark	−0.0015	−0.0004	0.0000
$r_{m,t-1}$	0.0016	0.0010	0.0011	0.0017
$r_{m,t-1}+r_{m,t-1}^2$	0.0011	0.0020	0.0021	0.0021
$r_{m,t-1}+r_{m,t-1}^2+r_{m,t-1}^3$	0.0015	0.0020	0.0027	0.0035
面板 C：30 分钟数据	$r_{i,t-1}$	$r_{i,t-1}+r_{i,t-1}^2$	$r_{i,t-1}+r_{i,t-1}^2+r_{i,t-1}^3$	$r_{i,t-1}+r_{i,t-1}^2+r_{i,t-1}^3+r_{i,t-1}^4$
[ ]	Benchmark	0.0006	0.0008	0.0004
$r_{m,t-1}$	0.0003	0.0007	0.0005	0.0004
$r_{m,t-1}+r_{m,t-1}^2$	0.0002	0.0008	0.0006	0.0004
$r_{m,t-1}+r_{m,t-1}^2+r_{m,t-1}^3$	0.0006	0.0008	0.0006	0.0004

注：三个面板分别表示周数据、日数据、30 分钟数据下的对 AR(1)基准组合的收益率差。各行分别表示不考虑系统信息、考虑系统前两阶矩、系统前三阶矩、系统前四阶矩，各列分别表示考虑个体一阶矩、个体前两阶矩、个体前三阶矩、个体前四阶矩信息的结果。其中"Benchmark"所在位置即包含 AR(1)信息的基准投资组合的位置。表中数字表示对应投资组合与基准组合的收益率差。差为正值表示收益率好于基准组合，负值表示收益率差于基准组合。负值已用下划线标出。

表 6-14　考虑高阶矩信息的各投资组合与 AR(1)基准组合的夏普比率差值

面板 A：周数据			
	$r_{i,t-1}$	$r_{i,t-1}+r_{i,t-1}^2$	$r_{i,t-1}+r_{i,t-1}^2+r_{i,t-1}^3$	$r_{i,t-1}+r_{i,t-1}^2+r_{i,t-1}^3+r_{i,t-1}^4$
[ ]	Benchmark	0.0457	0.1900	0.1589
$r_{m,t-1}$	−0.0262	0.0281	0.0467	0.1208
$r_{m,t-1}+r_{m,t-1}^2$	0.0104	0.0489	0.0655	0.1049
$r_{m,t-1}+r_{m,t-1}^2+r_{m,t-1}^3$	0.1301	0.0785	0.1818	0.1641

面板 B：日数据			
	$r_{i,t-1}$	$r_{i,t-1}+r_{i,t-1}^2$	$r_{i,t-1}+r_{i,t-1}^2+r_{i,t-1}^3$	$r_{i,t-1}+r_{i,t-1}^2+r_{i,t-1}^3+r_{i,t-1}^4$
[ ]	Benchmark	−0.0417	−0.0146	−0.0020
$r_{m,t-1}$	0.0529	0.0349	0.0320	0.0525
$r_{m,t-1}+r_{m,t-1}^2$	0.0293	0.0678	0.0610	0.0610
$r_{m,t-1}+r_{m,t-1}^2+r_{m,t-1}^3$	0.0412	0.0543	0.0769	0.0901

面板 C：30 分钟数据			
	$r_{i,t-1}$	$r_{i,t-1}+r_{i,t-1}^2$	$r_{i,t-1}+r_{i,t-1}^2+r_{i,t-1}^3$	$r_{i,t-1}+r_{i,t-1}^2+r_{i,t-1}^3+r_{i,t-1}^4$
[ ]	Benchmark	0.0690	0.0959	0.0521
$r_{m,t-1}$	0.0358	0.0846	0.0579	0.0459
$r_{m,t-1}+r_{m,t-1}^2$	0.0277	0.0862	0.0677	0.0501
$r_{m,t-1}+r_{m,t-1}^2+r_{m,t-1}^3$	0.0671	0.0909	0.0673	0.0471

注：三个面板分别表示周数据、日数据、30 分钟数据下的对 AR(1)基准组合的夏普比率的差值。各行分别表示不考虑系统信息、考虑系统前两阶矩、系统前三阶矩、系统前四阶矩，各列分别表示考虑个体一阶矩、个体前两阶矩、个体前三阶矩、个体前四阶矩信息的结果。其中 "benchmark" 所在位置即包含 AR(1)信息的基准投资组合的位置。表中数字表示对应投资组合与基准组合的夏普比率差值。差为正值表示夏普比率好于基准组合，负值表示夏普比率差于基准组合。负值已用下划线标出。

根据表 6-13，周数据中，在 15 个相对于基准组合增加了高阶矩信息的组合中，出现收益率低于基准组合的个数仅为 1 个，出现在给定系统一阶矩和个体一阶矩的情形下；日数据中，在 15 个相对于基准组合增加了高阶矩信息的组合中，出现收益率低于基准组合的个数仅为 2 个，出现在不考虑系统信息、而仅考虑个体二、三阶矩的情况下；30 分钟数据中，在 15 个相对于基准组合增加了高阶矩信息的组合收益率，全部高于基准组合。

由此，如以收益率为绩效衡量指标，这里考察的 45 个情形中低于基准组合的情况仅有 3 例，加入高阶矩信息在超过 90%的情形中都能带来绩效改善；而对比周数据、日数据和 30 分钟数据的结果，明显发现高频数据（30 分钟数据）中，加入高阶矩信息带来绩效改善作用的情形更普遍。

根据表 6-14，周数据中，在 15 个相对于基准组合增加了高阶矩信息的组合中，出现夏普比率低于基准组合的个数仅为 1 个，出现在给定系统一阶矩和个体一阶矩的情形下；日数据中，在 15 个相对于基准组合增加了高阶矩信息的组合中，出现夏普比率低于基准组合的个数为 3 个，发生在不考虑系统信息、而仅考虑个体二、三、四阶矩的情况下；30 分钟数据中，在 15 个相对于基准组合增加了高阶矩信息的组合夏普比率，全部高于基准组合。

由此，如以夏普比率为绩效衡量指标，这里考察的 45 个情形中低于基准组合的情况仅有 4 例，加入高阶矩信息仍然在超过 90% 的情形中都能带来绩效改善；而对比周数据、日数据和 30 分钟数据的结果，明显发现高频数据（30分钟数据）中，加入高阶矩信息带来绩效改善作用的情形更普遍。

总体而言，以只考虑个体一阶矩信息的 AR(1) 组合为基准，进一步考虑高阶矩信息的组合绩效总体都是优于基准组合的，仅有的几个例外情形也悉数出现在没有考虑较高阶的系统高阶矩的情形下。并且，30 分钟数据中，高阶矩信息加入对绩效改善的影响更稳健。

2. 绩效比较：以仅包含个体和系统一阶矩信息的组合为基准组合

进一步考虑市场收益率一阶矩的信息，以仅包含个体一阶矩和系统一阶矩信息的组合（即 AR(1)+CAPM 信息组合）绩效为基准的组合绩效，表 6-15 和表 6-16 分别报告各组合与该基准组合的在收益率和夏普比率两个绩效指标上的差。

表 6-15　考虑高阶矩信息的各投资组合与 AR(1)+CAPM 基准组合的收益率差值

	$r_{i,t-1}$	$r_{i,t-1}+r_{i,t-1}^2$	$r_{i,t-1}+r_{i,t-1}^2+r_{i,t-1}^3$	$r_{i,t-1}+r_{i,t-1}^2+r_{i,t-1}^3+r_{i,t-1}^4$
面板 A：周数据				
$r_{m,t-1}$	Benchmark	0.0037	0.0048	0.0097
$r_{m,t-1}+r_{m,t-1}^2$	0.0026	0.0051	0.0062	0.0091
$r_{m,t-1}+r_{m,t-1}^2+r_{m,t-1}^3$	0.0103	0.0070	0.0138	0.0137
面板 B：日数据				
$r_{m,t-1}$	Benchmark	−0.0006	−0.0005	0.0001
$r_{m,t-1}+r_{m,t-1}^2$	−0.0005	0.0004	0.0005	0.0005
$r_{m,t-1}+r_{m,t-1}^2+r_{m,t-1}^3$	−0.0002	0.0003	0.0011	0.0019

续表

面板 C：30 分钟数据			
	$r_{i,t-1}$	$r_{i,t-1}+r_{i,t-1}^2$	$r_{i,t-1}+r_{i,t-1}^2+r_{i,t-1}^3$	$r_{i,t-1}+r_{i,t-1}^2+r_{i,t-1}^3+r_{i,t-1}^4$
$r_{m,t-1}$	Benchmark	0.0004	0.0002	0.0001
$r_{m,t-1}+r_{m,t-1}^2$	<u>−0.0001</u>	0.0005	0.0003	0.0001
$r_{m,t-1}+r_{m,t-1}^2+r_{m,t-1}^3$	0.0003	0.0005	0.0003	0.0001

注：三个面板分别表示周数据、日数据、30 分钟数据下的对该基准组合的收益率差。各行分别表示不考虑系统信息、考虑系统前两阶矩、系统前三阶矩、系统前四阶矩，各列分别表示考虑个体一阶矩、个体前两阶矩、个体前三阶矩、个体前四阶矩信息的结果。其中"Benchmark"所在位置即基准投资组合的位置。表中数字表示对应投资组合与基准组合的收益率差。差为正值表示收益率好于基准组合，负值表示收益率差于基准组合。负值已用下划线标出。

表 6-16　考虑高阶矩信息的各投资组合与 AR(1)+CAPM 基准组合的夏普比率差值

面板 A：周数据			
	$r_{i,t-1}$	$r_{i,t-1}+r_{i,t-1}^2$	$r_{i,t-1}+r_{i,t-1}^2+r_{i,t-1}^3$	$r_{i,t-1}+r_{i,t-1}^2+r_{i,t-1}^3+r_{i,t-1}^4$
$r_{m,t-1}$	Benchmark	0.0543	0.0729	0.1469
$r_{m,t-1}+r_{m,t-1}^2$	0.0365	0.0751	0.0917	0.1311
$r_{m,t-1}+r_{m,t-1}^2+r_{m,t-1}^3$	0.1563	0.1047	0.2080	0.1903
面板 B：日数据			
	$r_{i,t-1}$	$r_{i,t-1}+r_{i,t-1}^2$	$r_{i,t-1}+r_{i,t-1}^2+r_{i,t-1}^3$	$r_{i,t-1}+r_{i,t-1}^2+r_{i,t-1}^3+r_{i,t-1}^4$
$r_{m,t-1}$	Benchmark	<u>−0.0180</u>	<u>−0.0209</u>	<u>−0.0004</u>
$r_{m,t-1}+r_{m,t-1}^2$	<u>−0.0236</u>	0.0149	0.0082	0.0082
$r_{m,t-1}+r_{m,t-1}^2+r_{m,t-1}^3$	<u>−0.0116</u>	0.0014	0.0240	0.0372
面板 C：30 分钟数据			
	$r_{i,t-1}$	$r_{i,t-1}+r_{i,t-1}^2$	$r_{i,t-1}+r_{i,t-1}^2+r_{i,t-1}^3$	$r_{i,t-1}+r_{i,t-1}^2+r_{i,t-1}^3+r_{i,t-1}^4$
$r_{m,t-1}$	Benchmark	0.0488	0.0221	0.0101
$r_{m,t-1}+r_{m,t-1}^2$	<u>−0.0081</u>	0.0504	0.0319	0.0143
$r_{m,t-1}+r_{m,t-1}^2+r_{m,t-1}^3$	0.0312	0.0550	0.0314	0.0113

注：三个面板分别表示周数据、日数据、30 分钟数据下的对基准组合的夏普比率的差值。各行分别表示不考虑系统信息、考虑系统前两阶矩、系统前三阶矩、系统前四阶矩，各列分别表示考虑个体一阶矩、个体前两阶矩、个体前三阶矩、个体前四阶矩信息的结果。其中"Benchmark"所在位置即基准投资组合的位置。表中数字表示对应投资组合与基准组合的夏普比率差值。差为正值表示夏普比率好于基准组合，负值表示夏普比率差于基准组合。负值已用下划线标出。

　　根据表 6-15，周数据中，在 11 个相对于基准组合增加了高阶矩信息的组合收益，全部好于基准组合；日数据中，在 11 个相对于基准组合增加了高阶矩信息的组合中，出现收益率低于基准组合的个数为 4 个，分别出现在不考虑系统信息、而仅考虑个体二、三阶矩的情况下，以及只考虑个体一阶矩、并考虑系统三、四阶矩的情况下；30 分钟数据中，在 11 个相对于基准组合增加了高阶矩信息的组合中，出现收益率低于基准组合的个数仅为 1 个，出现在考虑系统三阶矩信息和个体一阶矩信息的情形下。

由此，如以收益率为绩效衡量指标，这里考察的 33 个情形中低于基准组合的情况仅有 5 例，加入高阶矩信息在超过 84%的情形中都能带来绩效改善；而对比周数据、日数据和 30 分钟数据的结果，发现周数据中加入高阶矩信息带来绩效改善作用的情形更普遍，30 分钟数据次之，日数据再次。

根据表 6-16，周数据中，在 11 个相对于基准组合增加了高阶矩信息的组合夏普比率，全部好于基准组合；日数据中，在 11 个相对于基准组合增加了高阶矩信息的组合中，出现夏普比率低于基准组合的个数为 5 个，分别出现在不考虑系统信息、而仅考虑个体二、三阶矩的情况下，以及只考虑个体一阶矩、并考虑系统三、四阶矩的情况下；30 分钟数据中，在 11 个相对于基准组合增加了高阶矩信息的组合中，出夏普比率低于基准组合的个数仅为 1 个，出现在考虑系统三阶矩信息和个体一阶矩信息的情形下。

由此，如以夏普比率为绩效衡量指标，这里考察的 33 个情形中低于基准组合的情况仅有 6 例，加入高阶矩信息在超过 84%的情形中都能带来绩效改善；而对比周数据、日数据和 30 分钟数据的结果，发现周数据中加入高阶矩信息带来绩效改善作用的情形更普遍，30 分钟数据次之，日数据再次。

总体而言，个体一阶矩和系统一阶矩信息的组合（即 AR(1)+CAPM 信息组合）的绩效为基准，进一步考虑高阶矩信息的组合绩效总体都是优于基准组合的，几个例外情形也悉数出现在没有给出系统信息或只给出个体一阶矩信息的情形下。总体而言，高阶矩信息加入对周数据绩效改善的影响更稳健，30 分钟数紧随其后，日数据中的表现相对差强人意。

总体而言，表 6-13 至表 6-16 的绩效比较结果为高阶矩因子集的总体有效提供了证据。综合考察两种基准组合的结果，30 分钟数据中高阶矩因子集的表现最为稳健。

6.4.4　各阶矩信息对投资绩效的影响

鉴于本文考虑了两组高阶矩信息：个体高阶矩与系统高阶矩，为了能够考察各个高阶矩因子的总体影响，这里的处理方法是，对另一个维度的高阶矩信息进行平均，由此考察，各个高阶矩信息对投资绩效的影响。例如，要考察系统四阶矩因子对绩效的影响，就将给定系统四阶矩时，个体从一阶矩到四阶矩的四个绩效结果求平均，获得系统四阶矩因子对绩效的平均影响。

表 6-17 和表 6-18 分别报告了系统各阶矩和个体各阶矩下的平均投资绩效（以均值和夏普比率衡量）。

表 6-17　周数据、日数据、30 分钟数据中系统各阶矩的平均投资绩效

面板 A：给定系统各阶矩信息时投资组合收益的均值			
	周数据	日数据	30分钟数据
[ ]	0.00445	0.00133	0.00028
$r_{m,t-1}$	0.00085	0.00315	0.00028
$r_{m,t-1} + r_{m,t-1}^2$	0.00205	0.00363	0.00033
$r_{m,t-1} + r_{m,t-1}^2 + r_{m,t-1}^3$	0.00750	0.00425	0.00040
面板 B：给定系统各阶矩信息时投资组合夏普比率的均值			
	周数据	日数据	30分钟数据
[ ]	0.0706	0.0380	0.0324
$r_{m,t-1}$	0.0143	0.0956	0.0342
$r_{m,t-1} + r_{m,t-1}^2$	0.0293	0.1073	0.0360
$r_{m,t-1} + r_{m,t-1}^2 + r_{m,t-1}^3$	0.1105	0.1182	0.0462

注：本表报告周数据、日数据、30 分钟数据下考虑系统信息、考虑系统前两阶矩、系统前三阶矩和系统前四阶矩时的平均绩效。表格中的数字，表示在对应频度的数据中，给定第一列的系统阶矩数，四个个体阶矩信息下得到的绩效的平均值。面板 A 中报告收益率的均值，面板 B 中报告夏普比率的均值。周数据、日数据、30 分钟数据中的投资频度不同，绩效不能横向对比。

基于表 6-17 分析系统各阶矩对绩效的影响。

在面板 A 报告的收益指标上，相比于不考虑系统信息的情形，加入系统二阶矩信息（对比第一行与第二行），绩效在日数据中发生改善，在 30 分钟数据与原先持平，而在周数据中反而恶化；而加入系统二、三阶矩信息（对比第一行与第三行），绩效在日数据和 30 分钟数据中都发生改善，但在周数据中仍然不如不考虑系统信息的情形；而加入系统二、三、四阶矩信息后（对比第一行和第四行），绩效在所有三个频度中都发生改善。总体而言，在日数据和 30 分钟数据中，随着系统高阶矩信息的不断加入，收益率都在不断改善，而周数据虽然没有出现这个线性趋势，但考虑所有系统高阶矩的结果确实好于不考虑任何系统信息的绩效。

而在面板 B 报告的夏普比率指标上，相比于不考虑系统信息的情形，加入系统二阶矩信息（对比第一行与第二行），绩效在日数据和 30 分钟数据中都

表 6-18　周数据、日数据、30 分钟数据中个体各阶矩的平均投资绩效

面板 A：给定个体各阶矩信息时投资组合收益的均值			
	周数据	日数据	30 分钟数据
$r_{i,t-1}$	−0.00003	0.00285	0.00008
$r_{i,t-1} + r_{i,t-1}^2$	0.00145	0.00268	0.00053
$r_{i,t-1} + r_{i,t-1}^2 + r_{i,t-1}^3$	0.00600	0.00318	0.00043
$r_{i,t-1} + r_{i,t-1}^2 + r_{i,t-1}^3 + r_{i,t-1}^4$	0.00743	0.00365	0.00025
面板 B：给定个体各阶矩信息时投资组合夏普比率的均值			
	周数据	日数据	30 分钟数据
$r_{i,t-1}$	0.0005	0.0834	0.0108
$r_{i,t-1} + r_{i,t-1}^2$	0.0222	0.0814	0.0608
$r_{i,t-1} + r_{i,t-1}^2 + r_{i,t-1}^3$	0.0929	0.0914	0.0503
$r_{i,t-1} + r_{i,t-1}^2 + r_{i,t-1}^3 + r_{i,t-1}^4$	0.1091	0.1030	0.0269

注：本表报告周数据、日数据、30 分钟数据下考虑个体一阶矩、个体前两阶矩、个体前三阶矩和个体前四阶矩时的平均绩效。表格中的数字，表示在对应频度的数据中，给定第一列的个体阶矩数，四个系统阶矩信息下得到的绩效的平均值。面板 A 中报告收益率的均值，面板 B 中报告夏普比率的均值。周数据、日数据、30 分钟数据中的投资频度不同，绩效不能横向对比。

发生改善，而在周数据中反而恶化；而加入系统二、三阶矩信息（对比第一行与第三行），绩效在日数据和 30 分钟数据中进一步发生改善，但在周数据中仍然不如不考虑系统信息的情形；而加入系统二、三、四阶矩信息后（对比第一行和第四行），绩效在所有三个频度中都发生改善。总体而言，在日数据和 30 分钟数据中，随着系统高阶矩信息的不断加入，收益都在不断改善，而周数据虽然没有出现这个线性趋势，但考虑所有系统高阶矩的结果确实好于不考虑任何系统信息的绩效。

　　基于表 6-18 分析个体各阶矩对绩效的影响。

　　在面板 A 报告的收益率指标上，相比于只考虑个体一阶矩信息（只考虑 AR(1) 信息）的情形，加入个体二阶矩信息（对比第一行与第二行），绩效在周数据和 30 分钟数据中发生改善，其中周数据的平均绩效由负转正，但日数据的绩效有所下降；而加入个体二、三阶矩信息（对比第一行与第三行），绩效在所有三个频度的数据中都发生改善；而加入个体二、三、四阶矩信息后（对比第一行和第四行），绩效仍然呈现在所有三个频度中都发生改善。总体而言，随着个体高阶矩信息的不断加入，在周数据中收益呈现清晰的提升趋势，日数据总体呈现收益提升的趋势，但 30 分钟数据的趋势不明朗，尽管加入高阶矩信息相对于仅考虑一阶矩的情形收益全部改善了，但是随着阶矩的加高，改善的程度并没有上升反而下降。

而在面板 B 报告的夏普比率指标上，相比于仅考虑个体一阶矩的情形，加入个体二阶矩信息（对比第一行与第二行），绩效在周数据和 30 分钟数据中都发生改善，而在日数据中有所下降；而加入个体二、三阶矩信息（对比第一行与第三行），绩效在所有三个频度的数据中都发生改善；而加入个体二、三、四阶矩信息后（对比第一行和第四行），绩效仍然呈现在所有三个频度中都发生改善。总体而言，随着个体高阶矩信息的不断加入，在周数据中收益呈现清晰的、并且是大幅的提升趋势，日数据中总体呈现绩效提升的趋势，而 30 分钟数据中则趋势不明朗。

综合表 6-17 与表 6-18，我们发现，相比于只考虑最低阶矩的信息，考虑高阶矩在绝大多数的情况下能带来平均投资绩效的提升。系统高阶矩中，加入系统四阶矩信息能相对稳健地带来绩效改善，个体高阶矩中，加入个体三、四阶矩的信息能够相对稳健地带来绩效改善。

为了更细致地考察各个阶矩间对投资绩效的相对影响，表 6-19 进一步报告加入高阶矩信息后，相对于考虑最低阶矩信息时绩效增长的相对值。由于收益率与夏普比率两种指标的结果趋势基本一致，因此这里只报告夏普比率的结果。

从表 6-19 中可以看到，在系统各阶矩的对比中（面板 A 中），平均来看，系统二、三、四阶矩的不断加入，分别能为夏普比率带来相对于基准绩效 25.7%、45.06% 和 103.42% 的提升，每一个更高的系统阶矩信息的加入，带来的平均绩效提升幅度都非常大，几乎可以达到不断翻倍的效果。而这种绩效幅度的改善其实主要是来自 30 分钟数据中的表现，在周数据中，只有系统最高阶矩的加入带来了绩效的决定性改善。而无论周数据、日数据、还是 30 分钟数据，系统四阶矩信息的加入都带来了最大幅度的绩效改善（无论是相对于基准绩效，还是相对于考虑系统前两阶矩、系统前三阶矩的绩效）。其次是系统二阶矩，再次是系统三阶矩。

而在个体各阶矩的对比中（面板 B 中），平均来看，个体二、三、四阶矩的不断加入，分别能为夏普比率带来相对于基准绩效 1679%、6612% 和 7679% 的提升。这里需要说明的是，这个百分比数字本身不具有与面板 A 中数字对比的意义，这样的量纲主要源于周数据中作为基准绩效的平均夏普比率数字很小，因此它做分母时才导致了所计算得的平均涨幅量纲巨大。但是，可以对比的是这几个数值之间的相对量，显然，个体高阶矩中，个体三阶矩信息的加入

表 6-19　周数据、日数据、30 分钟数据中高阶矩信息对平均投资绩效的提升幅度

面板 A：系统高阶矩信息加入对夏普比率的提升（%）			
	周数据	日数据	30分钟数据	平均提升幅度
[ ]	Benchmark	Benchmark	Benchmark	
$r_{m,t-1}$	−79.80	151.35	5.56	25.70
$r_{m,t-1} + r_{m,t-1}^2$	−58.43	182.25	11.36	45.06
$r_{m,t-1} + r_{m,t-1}^2 + r_{m,t-1}^3$	56.66	210.78	42.81	103.42
面板B：个体高阶矩信息加入对夏普比率的提升（%）			
	周数据	日数据	30分钟数据	平均提升幅度
$r_{i,t-1}$	Benchmark	Benchmark	Benchmark	
$r_{i,t-1} + r_{i,t-1}^2$	4573.68	−2.46	465.35	1678.86
$r_{i,t-1} + r_{i,t-1}^2 + r_{i,t-1}^3$	19457.89	9.56	367.91	6611.79
$r_{i,t-1} + r_{i,t-1}^2 + r_{i,t-1}^3 + r_{i,t-1}^4$	22863.16	23.47	150.23	7678.95

注：本表报告周数据、日数据、30分钟数据下各阶矩信息的加入对于投资组合平均绩效（以夏普比率衡量）的提升幅度。表中标为"Benchmark"的该列的基准绩效。表格中的前三列的数字表示相对于该列的基准绩效，加入对应高阶矩信息能够带来多少绩效的改善（百分数），表格最后一列的数字，是所在行三个百分数的平均，表示加入高阶矩信息在三个不同频度的数据里带来的投资绩效的平均改善幅度。面板 A 中报告系统高阶矩对夏普比率的改善，面板 B 中报告个体高阶矩对夏普比率的改善。

带来了最大幅度的绩效提升，其次是个体二阶矩，再次是个体四阶矩。

　　因此，基于表 6-19 的信息，在不同频度的投资中，系统四阶矩稳健地在不同频度数据中表现最好且加入会带来很大的平均绩效提升；个体各阶矩对绩效的改善率则需要视投资频度而定，总体而言，个体三阶矩信息对绩效提升的贡献最大。

6.4.5　数据频度与各阶矩信息的有效性

　　一些问题引起了我们的好奇，考虑高阶矩信息的投资组合在什么样的数据频段中更有效？组合策略适用于相对低频的交易，还是更高频的交易？考虑不同阶矩的信息是否适用不同的数据频度？

　　为便于不同频度的数据进行比较，我们将绩效结果重新整理，将周数据与30 分钟数据的绩效转到日的尺度上，例如，将周数据计算得的平均投资收益除以 5 获得平均日收益，以便于与日数据绩效结果在同一个尺度上进行比较。

　　表 6-20 与表 6-21 分别报告了从个体高阶矩和系统高阶矩视角展开的、基于不同频度数据的绩效结果。

第6章

中国资本市场的投资组合策略研究

表6-20 周数据、日数据、30分钟数据下的组合绩效对比：固定个体各阶矩

面板A 组合收益率

	$r_{i,t-1}$			$r_{i,t-1}+r_{i,t-1}^2$			$r_{i,t-1}+r_{i,t-1}^2+r_{i,t-1}^3$			$r_{i,t-1}+r_{i,t-1}^2+r_{i,t-1}^3+r_{i,t-1}^4$		
	周	日	30分钟	周	日	30分钟	周	日	30分钟	周	日	30分钟
[]	−0.0004	0.0018	−0.0027	0.0002	0.0003	0.0062	0.0021	0.0014	**0.0096**	0.0017	0.0018	**0.0038**
$r_{m,t-1}$	−0.0007	**0.0034**	0.0018	0.0000	0.0028	**0.0082**	0.0002	0.0029	0.0050	0.0012	0.0035	0.0032
$r_{m,t-1}+r_{m,t-1}^2$	−0.0002	0.0029	0.0007	0.0003	0.0038	**0.0086**	0.0005	0.0039	**0.0060**	0.0011	**0.0039**	**0.0038**
$r_{m,t-1}+r_{m,t-1}^2+r_{m,t-1}^3$	0.0013	0.0033	**0.0061**	0.0007	0.0038	**0.0096**	0.0020	0.0045	0.0062	0.0020	**0.0054**	0.0035

面板B 组合夏普比率

	$r_{i,t-1}$			$r_{i,t-1}+r_{i,t-1}^2$			$r_{i,t-1}+r_{i,t-1}^2+r_{i,t-1}^3$			$r_{i,t-1}+r_{i,t-1}^2+r_{i,t-1}^3+r_{i,t-1}^4$		
	周	日	30分钟	周	日	30分钟	周	日	30分钟	周	日	30分钟
[]	−0.0126	0.0526	−0.0848	0.0079	0.0109	0.1825	0.0724	0.0380	**0.2866**	0.0585	0.0506	**0.1170**
$r_{m,t-1}$	−0.0243	**0.1054**	0.0539	0.0000	0.0874	0.2428	0.0083	0.0845	0.1394	0.0414	0.1050	0.0931
$r_{m,t-1}+r_{m,t-1}^2$	−0.0079	0.0818	0.0225	0.0093	0.1203	0.2491	0.0167	**0.1136**	0.1774	0.0343	**0.1136**	0.1093
$r_{m,t-1}+r_{m,t-1}^2+r_{m,t-1}^3$	0.0456	**0.0938**	**0.1749**	0.0225	0.1068	**0.2671**	0.0687	0.1294	0.1756	0.0608	**0.1427**	0.0977

注：本表报告了随着个体高阶矩的阶数增加，基于周数据、日数据和30分钟数据三种不同数据频度的组合绩效对比结果。报告组合收益率，面板B报告组合夏普比率。绩效采取两个指标，以便于日为量纲，以便于与日数据告组合收益率，面板B报告组合夏普比率。日数据的结果与先前的表格结果一致，而周数据与30分钟数据的结果则转为了以日为量纲，以便于与日数据结果比较。表格中的加粗的数字表示对应的个体阶矩下，基于三种数据频度的12个组合绩效结果中，绩效最好的三个结果；下划线数字表示这12个绩效结果中最优的结果。

−207−

表6-21 周数据、日数据、30分钟数据下的组合绩效对比：固定系统各阶矩

面板A 组合收益率

	[]			$r_{m,t-1}$			$r_{m,t-1}+r_{m,t-1}^2$			$r_{m,t-1}+r_{m,t-1}^2+r_{m,t-1}^3$		
	周	日	30分钟	周	日	30分钟	周	日	30分钟	周	日	30分钟
$r_{i,t-1}$	−0.0004	0.0018	−0.0027	−0.0007	0.0003	0.0018	−0.0002	0.0014	0.0007	0.0013	0.0018	**0.0061**
$r_{i,t-1}+r_{i,t-1}^2$	0.0002	0.0034	**0.0062**	0.0000	0.0028	**0.0082**	0.0003	0.0029	**0.0086**	0.0007	0.0035	**0.0096**
$r_{i,t-1}+r_{i,t-1}^2+r_{i,t-1}^3$	0.0021	0.0029	**0.0096**	0.0002	0.0038	**0.0050**	0.0005	0.0039	**0.0060**	0.0020	0.0039	**0.0062**
$r_{i,t-1}+r_{i,t-1}^2+r_{i,t-1}^3+r_{i,t-1}^4$	0.0017	0.0033	0.0038	0.0012	0.0038	0.0032	0.0011	**0.0045**	0.0038	0.0020	0.0054	0.0035

面板B 组合夏普比率

	[]			$r_{m,t-1}$			$r_{m,t-1}+r_{m,t-1}^2$			$r_{m,t-1}+r_{m,t-1}^2+r_{m,t-1}^3$		
	周	日	30分钟	周	日	30分钟	周	日	30分钟	周	日	30分钟
$r_{i,t-1}$	−0.0126	0.0526	−0.0848	−0.0243	0.0109	0.0539	−0.0079	0.0380	0.0225	0.0456	0.0506	**0.1749**
$r_{i,t-1}+r_{i,t-1}^2$	0.0079	0.1054	**0.1825**	0.0000	0.0874	**0.2428**	0.0093	0.0845	**0.2491**	0.0225	0.1050	**0.2671**
$r_{i,t-1}+r_{i,t-1}^2+r_{i,t-1}^3$	0.0724	0.0818	**0.2866**	0.0083	**0.1203**	**0.1394**	0.0167	0.1136	**0.1774**	0.0687	0.1136	**0.1756**
$r_{i,t-1}+r_{i,t-1}^2+r_{i,t-1}^3+r_{i,t-1}^4$	0.0585	0.0938	**0.1170**	0.0414	0.1068	0.0931	0.0343	**0.1294**	0.1093	0.0608	0.1427	0.0977

注：本表报告了随着系统高阶矩的阶数增加，基于周数据、日数据和30分钟数据三种不同数据频度的组合绩效对比结果。绩效采取两个指标，面板A报告组合收益率，面板B报告组合夏普比率。表格结果与之前的表格结果一致，而周数据与30分钟数据的结果则转为日为量纲，以便于日数据与30分钟数据频度的结果一致。基于三种数据频度下，系统阶矩对应的数字表示在对应的系统阶矩下，绩效最好的三个结果；下划线数字表示这12个绩效结果中最优的结果。

从粗体数字的位置可以看到，无论是固定特定的个体高阶矩还是特定的系统高阶矩，表现较好的三个值都大概率出现在 30 分钟数据结果中。具体而言，表 6-20 中，分别固定各个个体高阶矩的所有情形中，绩效前三的 25 个值（加粗数字）中有 16 个是基于 30 分钟数据，其余 8 个是基于日数据，绩效最优的 8 个值（下划线数字）中，有 6 个是基于 30 分钟数据，其余 2 个是基于日数据；而在表 6-21 中，分别固定各个系统阶矩的所有情形中，绩效前三的 24 个值中有 20 个（加粗数字）是基于 30 分钟数据，其余 4 个是基于日数据，绩效最优的 8 个值（下划线数字）悉数出现在 30 分钟数据的结果中。

在两个表格的所有情形中，考虑同样高阶矩信息的周数据绩效几乎都差于基于日数据、30 分钟数据的绩效。这一结果为将考虑高阶矩信息的策略用于高频交易提供了一定程度的支持性证据。

此外，从各个绩效前三的值（加粗数字）的位置看，当固定个体二阶矩、个体三阶矩或者系统最高阶矩信息时，前三的值都会出现在 30 分钟数据的位置，故至少在这里的样本窗口内，个体二、三阶矩与系统最高阶矩在较高频的交易具备更多的信息价值；而固定个体四阶矩时，前三的值会有两个出现在日数据的位置，并且最优值也是基于日数据，可以推断，个体四阶矩的信息更适用较低频度的日数据的投资。这一结果的原因有待探究。

6.5　结论与启示

本章以投资品的视角研究中国商品期货，通过引入个体高阶矩与系统高阶矩两组高阶矩因子集，并基于随机最优的投资组合模型处理收益与风险不确定的问题，构建了期货市场投资组合模型，探讨了中国期货市场中，在不同频度数据下，高阶矩信息是否是能够带来投资绩效改善的有效因子集、各个高阶矩信息对于投资绩效的相对贡献对比，数据频度与各阶矩信息的有效性等问题。

实证研究结果发现：第一，在日度数据下，考虑高阶矩信息总体会比较一致地带来合意的绩效改善（在收益率、偏度、峰度、夏普比率等绩效指标维度上）；周度数据下，考虑高阶矩信息也会带来一定的绩效改善，主要体现在收益率和夏普比率的维度上，绩效在偏度和峰度上的改善相对有限；高频数据（30

分钟数据）下，部分高阶矩信息的加入带来了非常明显的绩效改善。尽管绩效改善与阶矩的增加之间并不存在线性关系，但总体而言可以看到阶矩信息对绩效有改善的证据。第二，在针对高阶矩因子集整体有效性的考察中，通过将对比考虑高阶矩信息的各个组合与两个基准组合（只考虑个体—阶矩，和只考虑个体与系统—阶矩）的绩效指标（收益与夏普比率），发现较高阶矩信息的加入分别在超过 90%和超过 84%的情形中带来了对基准组合的绩效改善，从而为高阶矩整体作为能够改善投资绩效的因子集提供了支持性证据。第三，对于不同阶矩对投资的相对贡献率对比，发现在系统高阶矩因子集中，系统四阶矩在所有数据频度中，对投资绩效带来改善的作用最稳健且幅度最大，系统二阶矩次之，系统三阶矩再次；而在个体高阶矩因子集中，阶矩对投资绩效的影响与数据频度有关，最好分别考察，但如果要总体考察，则个体三阶矩信息的加入，在所有数据频度中带来的平均绩效提升幅度最大，个体二阶矩次之，个体四阶矩再次。第四，在对数据频度与各阶矩信息有效性的针对性研究中，通过对比固定特定阶矩时周数据、日数据和更高频的 30 分钟数据结果，发现考虑高阶矩信息的组合策略在 30 分钟数据中表现最优的情形最多，日数据次之，周数据几乎在所有情形的绩效都弱于两个较高频段数据的结果。并且，基于本章的样本和结果，考虑个体二、三阶矩与系统最高阶矩的信息在 30 分钟频度的投资中表现更优，而个体四阶矩信息在日频度的投资中表现更优。不同高阶矩信息可能在不同频度数据中发挥不同程度的信息价值，这对于实践中高阶矩因子的选取具有一定的指导意义。

　　鉴于高阶矩因子集能够有效改善投资绩效，本章建议投资者在投资中考虑高阶矩因子，并根据自身的投资期限选择相应期限下对绩效贡献度较高的高阶矩因子集。对于投资期限较短、偏好较高频投资的投资者，需要结合考虑个体高阶矩信息和系统高阶矩信息，具体而言，可以重点考虑个体前二、三阶矩与系统前四阶矩的信息；而对于投资期限较长、对投资组合再平衡频度较低的投资者，可以只考虑个体高阶矩信息，如个体前四阶矩的信息。

第7章

中国资本配置的套利机制研究

随着金融产品的不断创新与发展，市场参与者对套利获利或套保避险的需求也日益迫切。那么，如何调整资本配置以实现套利呢？本文将选择A股市场最重要的大盘指数对应的ETF——沪深300ETF为研究对象，深入分析其发行前后股指期货与现货市场的运行效率、价格发现机制的变化以及其作为投资工具的收益、风险特征，以丰富我国资本配置的套利机制研究。

7.1 问题提出与文献评述

7.1.1 问题提出

在证券交易所上市交易时，为跟踪特定指数，形成的相应一系列证券申赎的证券投资基金，叫交易型开放式指数基金ETF（Exchange Traded Fund）。根据马科维茨投资组合理论和Fama的有效市场假说，这种被动投资（passive investment）工具有着可靠的理论基础。1993年1月22日美国证券交易所发行了第一支ETF——以S&P500股价为追踪目标的SPDR基金。

尽管在20世纪90年代的初创期，ETF的发展速度并不快。但自2006年以来，随着美国经济增长带动的全球股市的强劲增长，复制各大证券指数的ETF以其良好的市场表现受到投资者的追捧，基金数量直线上升。

2006 年 10 月，我国开始股指期货的仿真交易，为确保准确安全，仿真模拟长达 4 年之久，终于在 2008 年奥运会后两年 4 月推出沪深 300 股指期货，这终结了中国股市不能做空的单边市局面，变成了做空、做多皆可以的双边局面。但是，由于按比例买入 300 支股票的难度较大，一般人难以跨入，且为现货标的沪深 300 指数和沪深 300 股指期货相对应，加上我国在现货工具交易市场的交易工具一直比较缺乏，所以不仅套利交易，甚至套期保值都不容易。为改善这种状况，我国第一支 ETF——上证 50ETF，于 2004 年 11 月在上海证券交易所推出。ETF 不负众望，很快在 A 股市场占领一席之地。我国股指期货市场在对应现货工具方面不足的情况的终结，则是 2012 年 5 月 28 日嘉实沪深 300ETF（代码：159919）在深交所上市和华泰柏瑞沪深 300ETF（代码：510300）在上交所上市。沪深 300 指数作为 A 股市场最重要的大盘指数之一，成份股横跨沪深两市，同时也是目前中国唯一股指期货合约的标的。那么他们推出前后股指期货与现货市场的价格发现机制和运行效率会产生怎样的变化呢？这很值得我们去研究。

在明确期现市场之间的价格发现关系的前提下，期现套利是沪深 300ETF 上市之后十分重要的投资策略。2012 年 5 月 28 日，首批两支沪深 300ETF 上市交易。根据国外经验，大量的套利资金的出现是 ETF 与股指期货双市场形成初期的必然现象。这就直接导致，在走势图上，上市后的沪深 300ETF 与股指期货的曲线基本重合，这也意味着套期保值头寸的建立，从而不必进行中间调整。因此对沪深 300ETF 不太熟悉或不那么相信的投资者们，便可以放心大胆地借助它与股指期货间的价格差进行套现操作。

而在关注沪深 300ETF 上市后的投资价值的收益特征的同时，本章也尝试从风险特征的方面了解套利策略执行中头寸的风险情况，以便从风险和收益两个角度全面地看待沪深 300ETF 的投资价值。

7.2.1 文献评述

对于 ETF 及其定价效率和投资价值功能，国外学者已经进行了大量的研究，具体的文献综述将分为价格发现与定价效率、投资价值—收益、投资价值—风险三部分。

1. 价格发现与定价效率相关文献

国外关于价格发现的文献可追溯至 Garbade 和 Silber（1979）第一次以价

格发现能力的强弱区分主导（dominant）和卫星（satellite）两种市场：主导市场对于新信息反应快、价格调整迅速并对价格形成做出更多贡献；而卫星市场则相反，对新信息反应较慢、价格变化部分来自于主导市场信息的传播。

特别地，对于证券指数、以该指数为标的的期货以及该指数 ETF 市场之间是否有类似的价格发现能力的不同，前人研究的方法主要集中在 VECM 和 Information Share 上。其中，主要使用 VECM 的文献有：Kawalle 和 Paul Koch（1987）、Edwards（1988）初次尝试研究美国市场股指期货与股指的关系，其后 Chu 等（1999）利用日内高频数据研究了标普 500 现货、期货和 ETF 市场的价格发现功能，发现由于市场具有杠杆交易和提价规则等特性导致期货市场为价格发现过程中的主导市场。同时 Booth 等（2015）研究了德国市场股指期货、股指与对应指数三个市场间的价格发现关系，得到了同样的结论。而 Ryoo 和 Smith（2004）、Zhong 等（2004）以及 Bose（2007）则分别研究了韩国、墨西哥、印度市场的股指期货与指数的关系，结论也相同。So 和 Tse（2004）研究了香港恒生指数、恒指期货和恒指跟踪基金三个市场的价格发现效率，发现期货市场贡献度最高，其次是现货市场，最后是 ETF 市场。而在波动溢出方面，期货与现货之间存在双向溢出效应，并且期货的溢出强度要大于现货；期货、现货市场对 ETF 市场有着单向波动溢出效应，不存在反方向的溢出。而基于 Hasbrouck（1995）提出的 Information Share 框架，Hasbrouck（2003）发现大部分的价格发现功能来自 ETF 和标准化股指期货合约，他是通过控制变量法，对标的的 ETF 指数、标准化股指期货合约以及小额股指期货合约的价格分别进行控制，然后分析了美国股票市场以发现过程得出这些结论的。

国内关于股票指数、指数期货、对应 ETF 市场价格发现关系的文献同样主要使用 VECM 与 IS 模型及其修正 MIS 模型。主要有：唐婉岁（2003）使用 VECM 模型研究美国市场得出 ETF 市场价格发现贡献度最高的结论；陈龙志和徐清俊（2006）使用 VECM 结合方差分解研究台湾市场，发现指数本身占价格发现引导地位；詹司如（2009）同样在台湾市场使用 Granger 因果检验得到相反的结论；华仁海和刘庆富（2010）使用 MIS 模型，并对信息比率进行了修正，探讨了国内股指期货与股指的关系，认为国内股指期货在价格发现过程中占主导地位，刘向丽和张雨萌（2012）、何诚颖和张龙斌（2011）、郑鸣和庄金良（2011）等文献也得到了相同的结论。

总的来看，无论国内或是国外文献，VECM 与 IS 模型是主要研究方法，

中国证券市场质量及其资本配置

而结论也以期货市场占价格发现主导地位为主。

2. 统计套利相关文献

国际学界已经对套利交易做了大量理论和实证研究。Cornell 和 French（1983），使用 Cost-of-carry 模型，研究 S&P500 股指期货的日数据，进行分析后，得出股指期货与现货市场存在长期稳定的定价误差的结论，而造成该差异的原因则是成分股在收盘时存在未成交的部分指数。20 世纪末，基于数据挖掘的统计套利方法得到世界性的认可，并被普遍使用，其主要思想为基于协整回归，利用回归残差与残差标准差的比值为阈值，设定开平仓标准进行套利。Burgess（1999）以采用此策略为主要交易策略来对 FTSE100 指数进行套利，收益显著。Park 和 Switzer（1995）依据日本数据，同样应用该套利模型，分析了改变市场交易量的影响。Board 和 Sutcliffe（1996）也利用该方法策略找出套利交易机会。Engle（2002）是第一个使用 ETF 高频交易数据的学者，他认为，就标的指数的基金 tracking error 而言，美国较其他国家要好。Switzer 等（2000）分析了股指期货是如何随着 ETF 变化的，他们的研究基于小时数据。

国内也有较多相关研究文献。仇中群和程希骏（2008）采用基于模拟盘交易的数据，进行了一定研究，但数据的不真实问题导致结果稳健性不高。刘伟等（2009）使用 Cost-of-carry 模型和无套利定价理论研究了两支国内早期 ETF 的一、二级市场之间的套利交易。葛翔宇等（2012）尝试性地研究了基于门限协整回归进行期现货套利的策略。

3. Copula-VaR 相关文献

Embrechts 等（1999）将 Copula 技术引入金融风险分析，开辟了金融市场风险分析的新领域，继而，不少有识之士在该领域留下了自己的脚印。Jondeau 和 Rockinger（2006）利用 Copula-GARCH 进行相关性研究，对国际性的股票市场相关性继续进行研究。Lai 等（2009）在该基础上进行了创新，二元的 Copula-threshold-GARCH 模型在他们的文章中提出，该模型能够对一元非对称非线性行为和其二元相关性进行刻画与描述。Clemente 和 Romano（2016）结合极值理论和 Copula 技术探讨了意大利的资本市场，其中对于 VaR 值的计算是运用 Monte Carlo Simulation 方法对多个资本进行投资组合得到的，后验检验结果表明，多元条件正态分布假设下的传统 VaR 模型得出的结果没有基于极值理论的 Copula 模型优秀。

国内也有相应研究。雷丽和张世英（2007）在金融投资组合风险分析时，利用 Copula-SV 模型和 Copula-GARCH 模型对比了金融资产组合风险分析方法，得出边缘分布的选择会对变量的联合分布产生较大影响的结论，同时发现，在刻画组合风险 VaR 值方面，Copula-GARCH 比 Copula-SV 效果差。为规避上述缺点，韦艳华和张世英（2003）综合 Copula-GARCH 和 Copula-SV 模型建立了多元 Copula-GARCH 模型，实验表明，该模型对非线性相关性在金融市场中的体现具有较好的灵敏性，同时使得资产投资组合 VaR 分析更加灵活。胡荣才和龙飞凤（2010）研究了投资组合 VaR 的分解，尝试通过边际 VaR 和成分 VaR 的方法进行的，研究分量 VaR 的特性：更多更全面的投资组合的风险信息可以通过边际 VaR 和成分 VaR 获得。

可以看出，Copula 方法正越来越成为多元资产组合 VaR 计算的主流方法，而相关的研究也越来越多。其刻画非线性的相关关系的能力使得通过其计算 VaR 更加精确，越来越成熟的 Copula 技术也使得通过 Copula 计算 VaR 的方法更加方便的同时也更加多样。

7.2 沪深 300ETF 对中国证券市场的影响机制研究

作为现货市场的未来价格锚，期货市场的核心职能一直是价格发现，学界对期现货市场之间的价格关系进行了大量的研究。其中，以持有期成本（Cost-of-Carry）模型最为被学界接受作为期现货市场定价机制的研究基础。而本文对于定价效率的研究的理论基础也是基于该模型进行的。本文以该模型中对套利者套利意愿、套利机会和套利收益均有关键性影响的交易成本作为研究切入点，考察沪深 300ETF 的引入对于中国股指期、现货市场交易成本的影响，进而考察其对期、现货市场定价效率的影响。

7.2.1 期、现货市场的定价机制

固定利率期限结构下的短期期现货市场的价格关系可以按照 Taylor（2000）使用 Cost-of-Carry 定义。具体模型为

$$F_t = S_t e^{(r-\delta)(T-t)} \tag{7.1}$$

其中，F_t 为期货价格，S_t 为现货价格，r 为无风险利率，δ 为标的资产期望红利率，$(T-t)$ 为距期货合约到期时间。

该模型的含义为，在 t 时刻，一单位现货的价格相当于一单位期货价格以无风险收益率和资产红利率等为贴现率的现值；同样地，一单位期货价格等于一单位现货价格以无风险收益率和资产红利率等为贴现率的终值。这样，期现货价格就有了共同的内在价值，期现货市场价格这种仿射的相互关系也就有了理论基础。

而在现实的期现货市场中，期货与现货的关系并非总是如 Cost-of-Carry 模型那样，完美地反映了现值和终值的关系，基差过大的现象时有发生。这就是说，期货与现货市场的价格关系并非静态的僵化的固定关系，而是动态的互相影响的仿射关系。

对于上述模型而言，若期货合约持有到期，则在给定交易成本 c 的如下情况中套利交易会出现：

$$\frac{F_t}{S_t}e^{(r-\delta)(T-t)} < 1-c \tag{7.2}$$

$$\frac{F_t}{S_t}e^{(r-\delta)(T-t)} > 1+c \tag{7.3}$$

由于套利活动需要一定时间，因此套利机会会有 d 阶的延迟。若我们定义定价误差（pricing error）Z_t 为

$$z_t = \ln\frac{F_t}{S_t} - (r-\delta)(T-t) \tag{7.4}$$

则上面的不等式可以表示为

$$|z_{t-d}| > c \tag{7.5}$$

即一旦滞后 d 阶的定价误差的绝对值 $|z_{t-d}|$ 大于交易成本 c，套利机会就会出现。这种套利机会使得市场参与者进行期现套利的行为又使得期现货价格趋同从而消除套利机会，具体原理如图 7-1 所示。

由图 7-1 可看出，当期货价格 F_t 大于由现货价格 S_t、交易成本 c、无风险利率 r 和资产期望红利率 δ 决定的无套利区间上界时，套利者认为套利机会出现，可以通过买入现货的同时卖空期货构建一个自融资组合进行套利。根据供求关系理论，期货价格会由于供给增加而下降至无套利区间内，同时现货价格由于需求增加而上升，套利机会由于套利行为而逐渐消失。当 F_t 小于上述无套

利区间的下界时，套利者同样可以构建一个买入期货，卖出现货的自融资组合进行套利，这样也会导致期货价格由于需求增加而上升、现货价格由于供给增加而下降的结果，套利机会同样由于套利行为的出现而逐渐消失。

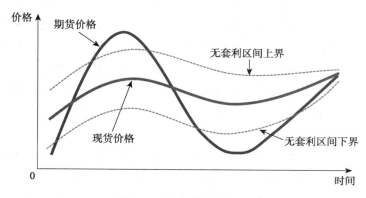

图 7-1　无套利定价原理

7.2.2　沪深 300 指数 ETF 的引入对沪深 300 指数期、现货定价效率影响的机制分析

由图 7-1 不难看出套利在期现货市场的定价关系中发挥了纽带作用，它将期货、现货市场的价格动态地联系起来。在某个市场价格被高估时套利行为增加该市场的供给使得价格下降，在某个市场价格被低估时套利行为增加该市场的需求使得价格上升。正是套利活动给了期现货市场价格发现的原动力，期现货市场的套利效率也很大程度上代表了这两个市场间定价效率的强弱。套利效率越高，期现货市场价格长期偏离可能性越小，其定价效率也就越高；相反，套利效率越低，期现货市场价格长期偏离的可能性就越大，其定价效率就越低。

而在给定无风险利率 r 和资产期望红利率 δ 的情况下，交易成本 c 实际上决定了无套利区间的大小：交易成本 c 影响交易者套利的意愿，即交易成本越高交易者越不愿意进行开仓套利；影响交易者套利的机会，即交易成本越高无套利区间的宽度越大，套利机会也就越小；影响交易者套利的收益，即每次交易承担的成本越高则套利收益越低。交易成本从上述三方面影响了期现货市场的套利效率，进而影响其定价效率的高低。可见，交易成本 c 对于我们研究期现货市场的定价效率至关重要。

具体到沪深 300 指数期现货市场，若投资者想建立自融资组合进行套利交易，则其将面临的交易成本的主要构成有：①资金机会成本；②交易所、券商、基金公司手续费；③指数复制成本；④利率期限结构变动成本；等等。

这里特别要指出的是，指数复制误差成本是沪深 300 股指期现货市场所独有的交易成本。在沪深 300ETF 引入前，由于沪深 300 股指期货对应的现货的缺失，想就沪深 300 股指期货进行期现货套利就必须进行沪深 300 指数复制，而当时复制沪深 300 指数有两种方法：①使用上证 50ETF，②进行沪深 300 指数完全复制。这两种方法的前者为由于标的股票品种的不完全导致复制误差成本，后者则由于进行全指数复制所需资金量过大，导致流动性缺失进而导致复制成本。

而在沪深 300ETF 的引入后，上述问题得到了很好的解决，股指期货的对应现货市场不再缺位，指数复制成本得到有效降低，交易所、券商、基金公司三重手续费也降至基金公司申购费用一重。这些交易成本的降低会使得投资者的套利意愿增强、套利机会增多、套利收益增大。同时，由于套利效率的增加，期现货市场的定价效率有一定的提高，活跃的套利交易逐渐消除了套利机会。

本文对交易成本的建模主要集中在不同交易者所面临的交易成本的异质性上。众所周知，机构投资者较个人投资者而言通常享有更低的交易税费，在类似棘轮效应的前提假设下，若我们的模型反映的整个市场所有交易者面临的交易成本的异质性在引入沪深 300ETF 后显著降低，则可以视作此时个人投资者的交易成本向机构投资者的交易成本靠拢，也就是说整个市场的平均交易成本在降低，而整个市场平均交易成本的降低也就意味着市场定价效率在提高。这也就是本文的研究逻辑和切入点。

7.3 沪深 300ETF 的引入对中国证券市场影响的模型构建

如 7.2 节所述，本文的建模核心和切入点是沪深 300ETF 的引入前后中国股指期现货市场的交易成本的异质性变化。为了刻画这种在特定时点前后的机制变化，本文创新性地引入基于平滑转换的误差修正模型来捕捉其交易成本异质性的改变。之后构建基于协整回归的统计套利模型来研究沪深 300ETF 引入前后套利机会与收益的改变。最后构建 Copula-VaR-MSR 模型进行稳健性评价。

7.3.1　平滑转换向量误差修正模型的构建

1. STVECM 模型概述

就研究方法来看，前人的研究主要集中在由 Engle 和 Granger（1987）提出的基于协整向量的 VECM 模型来研究价格发现过程中的引导关系。但这种固定参数的模型无法刻画市场的经济环境的动态变化以及由此带来的模型的变动。这种非线性关系让我们将目光放在了机制转换类模型上，即马尔可夫转换模型、门限自回归模型与平滑转换模型。

平滑转换模型最早由 Granger 等（1993）在 *Smoothing Transition Auto Regression*（STAR）一书中提出并使用其刻画经济变量间的非线性关系，当时书中只使用了平衡转换自回归模型，即 STVAR，后由 Gonzalez 等（2005）拓展至面板数据应用，即面板平滑转换回归模型（panel smooth transition regression）。而 Anderson（1997）将平滑转换与向量误差修正模型结合发明了平滑转换向量误差修正模型 STVECM。

纵观非线性机制转换模型的最新发展，平滑转换向量误差修正（STVECM）模型具有独特的优势，如图 7-2 所示。

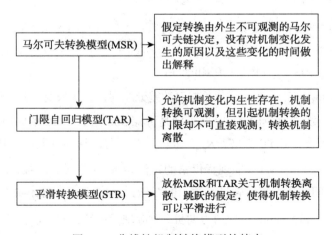

图 7-2　非线性机制转换模型的特点

因此，它可选择内外生解释变量作为转移变量、允许两个机制之间的转移行为是平滑渐变而非离散跳跃的过程、能够捕捉机制转换中的非对称现象等有点使其我们选中作为本文的建模基准。

2. STVECM 模型的建立

具体而言，我们给一个传统的 Bivariate-VECM 模型加上非线性的平滑转换部分和外生的流动性部分即得到模型：

$$
\begin{aligned}
R_{f,t} = &\ \mathrm{u}_{1,1} + A_{f,1}R_{f,t-1} + A_{s,1}R_{s,t-1} + \alpha_{f,1} \cdot z_{t-d} + \\
&\ (\mathrm{u}_{1,2} + B_{f,1}R_{f,t-1} + B_{s,1}R_{s,t-1} + \alpha_{f,2} \cdot z_{t-d}) \cdot G(z_{t-d};\gamma) + \\
&\ C_{f,1}\mathrm{Illi}_{f,t} + C_{s,1}\mathrm{Illi}_{s,t} + \varepsilon_{1,t}
\end{aligned}
\tag{7.6}
$$

$$
\begin{aligned}
R_{s,t} = &\ \mathrm{u}_{2,1} + A_{f,2}R_{f,t-1} + A_{s,2}R_{s,t-1} + \alpha_{s,1} \cdot z_{t-d} + \\
&\ (\mathrm{u}_{2,2} + B_{f,2}R_{f,t-1} + B_{s,2}R_{s,t-1} + \alpha_{s,2} \cdot z_{t-d}) \cdot G(z_{t-d};\gamma) + \\
&\ C_{f,2}\mathrm{Illi}_{f,t} + C_{s,2}\mathrm{Illi}_{s,t} + \varepsilon_{2,t}
\end{aligned}
\tag{7.7}
$$

$$
G(z_{t-d};\gamma) = 1 - \exp\left(-\gamma\frac{{z_{t-d}}^2}{\sigma_{z_{t-d}}^2}\right)
\tag{7.8}
$$

为研究期现货市场间的波动溢出效应，同样分线性与非线性部分建立波动性方程：

$$
\begin{aligned}
\sigma_{1,t}^2 = &\ (\mu_{1,1} + a_{f,1,1}\varepsilon_{1,t-1}^2 + a_{s,1,1}\varepsilon_{2,t-1}^2 + b_{f,1,1}\sigma_{1,t-1}^2 + b_{s,1,1}\sigma_{2,t-1}^2 + c_{f,1} \cdot z_{t-d}) + \\
&\ (\mu_{1,2} + a_{f,1,2}\varepsilon_{1,t-1}^2 + a_{s,1,2}\varepsilon_{2,t-1}^2 + b_{f,1,2}\sigma_{1,t-1}^2 + b_{s,1,2}\sigma_{2,t-1}^2 + c_{f,2} \cdot z_{t-d}) \cdot \\
&\ G(z_{t-d};\gamma) + d_{f,1}\mathrm{Illi}_{f,t} + d_{s,1}\mathrm{Illi}_{s,t} + \nu_{1,t}
\end{aligned}
\tag{7.9}
$$

$$
\begin{aligned}
\sigma_{2,t}^2 = &\ (\mu_{2,1} + a_{f,2,1}\varepsilon_{1,t-1}^2 + a_{s,2,1}\varepsilon_{2,t-1}^2 + b_{f,2,1}\sigma_{1,t-1}^2 + b_{s,2,1}\sigma_{2,t-1}^2 + c_{s,1} \cdot z_{t-d}) + \\
&\ (\mu_{2,2} + a_{f,2,2}\varepsilon_{1,t-1}^2 + a_{s,2,2}\varepsilon_{2,t-1}^2 + b_{f,2,2}\sigma_{1,t-1}^2 + b_{s,2,2}\sigma_{2,t-1}^2 + c_{s,2} \cdot z_{t-d}) \cdot \\
&\ G(z_{t-d};\gamma) + d_{f,2}\mathrm{Illi}_{f,t} + d_{s,2}\mathrm{IIli}_{s,t} + \nu_{2,t}
\end{aligned}
\tag{7.10}
$$

其中，$R_{s,t} = \ln(s_t/s_{t-1})$ 表示现货价格对数差分序列，具体来说，在 Pre-ETF 时期为沪深 300 指数，在 Post-ETF 时期分别是沪深 300 指数、华泰柏瑞沪深 300ETF 价格、嘉实沪深 300ETF 价格；$R_{f,t} = \ln(f_t/f_{t-1})$ 为沪深 300 股指期货价格对数差分序列，$z_t = \ln(f_t/s_t)$ 为期现货价格的定价误差，d 为滞后阶数，$G(z_{t-d};\gamma)$ 为值域在 0 到 1 间的指数平滑转换函数；$\mathrm{Illi}_{f,t} = R_{f,t}/\mathrm{Volume}_{f,t}$ $\mathrm{Illi}_{s,t} = R_{s,t}/\mathrm{Volume}_{s,t}$ 里的 $\mathrm{Volume}_{f,t}$ 和 $\mathrm{Volume}_{s,t}$ 分别为期货、对应现货的交易量；$\varepsilon_{2,t}$、$\varepsilon_{2,t}$ 为残差，且 $(\varepsilon_{1,t}, \varepsilon_{2,t}) \sim N_2(O, \Sigma_t)$，其中 Σ_t 为 $\varepsilon_{1,t}$ 和 $\varepsilon_{2,t}$ 的协方差矩阵，$O = [0,0]$，

$$\sigma_{1,t} = \varepsilon_{1,t} / e_{1,t}, \quad \sigma_{2,t} = \varepsilon_{2,t} / e_{2,t}, \quad (e_{1,t}, e_{2,t}) \sim N_2(O, \Sigma_t), \quad \nu_{1,t}, \quad \nu_{2,t} \text{ 为残差}。$$

就式（7.8）而言，当定价误差 pricing error 较大时，G 作为转换函数取值应当接近 1，当 pricing error 较小时则接近 0。这种平滑转换实际上刻画了同一市场里交易成本的异质性，γ 度量这种交易成本上的异质性，即 γ 越大说明该市场的 pricing error 的异质性较低，范围较窄，转换较快。而沪深 300ETF 的引入理论上应当降低所有投资者的交易成本。这种交易成本的共同降低反映在 STVECM 中应表现为在沪深 300ETF 引入后 γ 值变大。γ 值变大会导致转换总在 0 值附近进行，也就是线性特征更加明显。必须指出的是 γ 在式（7.6）与式（7.7）中均出现，我们认为 γ 代表的是交易成本异质性的平均值。我们期望看到的是引入沪深 300ETF 后 γ 增大，同时必须指出的是 γ 的改变与价格发现具体贡献之间的关系并不明晰。我们还需要通过另一测度进行刻画。

在建立了上述模型后，为进一步分析期现货市场在价格发现过程中的引导与被引导关系，我们需要一种测度来度量每个市场在价格发现过程中的贡献度。以往研究的测度方法主要分两种：一种是由 Gonzalo 和 Granger（1995）提出的 Permanent-Transitory 测度；另一种则是 Hasbrouck（1995）提出的 IS 模型，其后由 Lien（2009）改进为 MIS 模型。但这两种测度均为静态的度量，无法满足基于平滑转换的 STVECM 模型的动态的刻画要求，因此本文引入 Anne-Laure Delatte 等（2011）提出的时变的 Gonzalo-Granger 测度进行价格发现贡献的动态测量。

$$\lambda_f = \alpha_{f,1} + \alpha_{f,2} \cdot G(z_{t-d}; \gamma) \tag{7.11}$$

$$\lambda_s = \alpha_{s,1} + \alpha_{s,2} \cdot G(z_{t-d}; \gamma) \tag{7.12}$$

其中，$\alpha_{f,1}$、$\alpha_{f,2}$ 与 $\alpha_{s,1}$、$\alpha_{s,2}$ 分别为 STVECM 模型中期货、现货的定价误差即误差修正项的线性部分、非线性部分的系数。这两部分系数的和 λ_f 与 λ_s 的相对大小体现了期现货市场在价格发现中的贡献度。若为现货市场引导价格发现，则表示现期货市场吸收了新信息而需要进行价格调整，则 λ_f 应当显著；而若现货市场吸收了新信息而需要进行价格调整，则 λ_s 应当显著。若 λ_f 与 λ_s 均显著，则绝对值较小即调整速度较慢的那个市场视为价格发现中的引导市场，占主导地位。该测度的另外一种表示方法如式（7.13）所示。

$$GG = \frac{\lambda_s}{\lambda_s - \lambda_f} = \frac{\alpha_{s,1} + \alpha_{s,2} \cdot G(z_{t-d}; \gamma)}{[\alpha_{s,1} + \alpha_{s,2} \cdot G(z_{t-d}; \gamma)] - [\alpha_{f,1} + \alpha_{f,2} \cdot G(z_{t-d}; \gamma)]} \tag{7.13}$$

当 GG>0.5 时则期货市场（F）在价格发现中占主导地位；GG<0.5 则现货

市场（S）占主导地位。

3. STVECM 模型的估计

（1）STVECM 模型的估计步骤

该模型的估计通过 Matlab R2012b 软件编程实现，其一般步骤如下。

第一步

①使用由 Namir Shammas 提供的二维晶格搜寻（grid search）方法寻找在一个多维初始值空间中使得式（7.6）与式（7.7）的残差平方和最小的参数初值。

②将步骤①得到的参数初值作为 NLS 方法迭代的起始点，通过 Matlab 的 Sparse nonlinear least squares solver 和 lsqnonlin，使用 Levenberg-Marquardt 算法求得各参数最优值，包括转换速度 γ。

③按照式（7.8）基于参数估计值计算每一时点的转换函数 G 的具体数值。

④使用模型估计所得参数按照式（7.13）计算时便的 GG 测度。

第二步

①为使得波动性模型与 STVECM 在机制间的转换位置保持一致，我们将计算好的转换函数值 G 作为已知量代入式（7.9）与式（7.10）中。

②同第一步操作，首先使用二维晶格搜寻（grid search）方法寻找模型参数初值，再通过基于 Levenberg-Marquardt 算法的 NLS 方法得到相应的参数估计值。

至此模型估计完毕。

（2）STVECM 模型的估计方法

平滑转换模型可以使用 NLS、GMM、模拟退火、遗传算法四种方法进行参数估计，关于这四种方法的优劣并未找到相关文献，所以目前的理由是综合考虑易用性、计算效率、结果显著性和精确度后做出的决定。非线性最小二乘法（NLS）的估计模型一般为

$$\min \; Q(\theta, \gamma)_{\mathbb{R}} = \sum_{k=1}^{N} \left[y_k - f(x_k, \theta, \gamma) \right]^2 \tag{7.14}$$

该方法的核心思想为最小化目标函数的估计残差之平方和。

7.3.2 统计套利模型的构建

1. 期现套利概述

正如第 3 章所述，期货和现货市场的价格发现以 Cost-of-carry 模型和无套

利定价理论为基础，以套利活动为纽带，形成一种动态的、互相影响的仿射关系。大量的实证分析证明，现货与期货存在某种相对稳定的关系，一旦他们之间的价格差超过了这个稳定的阈值，那么就存在套利机会。

当前，期现套利的策略主要分两种：第一种是基于持有期成本的无套利区间方法（在 7.2.1 节中已述）；第二种则是基于协整回归的统计套利方法。本文拟采用第二种基于协整回归的统计套利方法，具体原因有三。

①两交易所的规则对两支沪深 300ETF 的约束使得第一种方法并不适用于上交所，即两所对于 ETF 申购和赎回的现金替代的不同规定使得无套利区间无法确定。

②在中国股票市场，作为标的资产期望红利率的股票分红率 δ 无法统一确定，且沪深 300ETF 的现金分红计算较为复杂。

③利用前文中已经建立的 STVECM 模型。

2. 统计套利模型的建立

20 世纪 80 年代，来自 MorganStanley 的 Quantitative Research 团队首创了统计套利策略。该策略的主要思想是通过对两个相互之间有着稳定联系的商品的价格走势的分析，在其价差偏离正常范围时，在较短的时间内利用该差值进行套利。该团队研究的统计套利策略，被发达国家以及广泛的投资者广泛利用。

Hogan 等（2004）给出了该策略的理论依据，即 Chebyshev's Inequality，并系统地总结了统计套利的基本思想。按照 Chebyshev's Inequality 的阐述，若给定一个随机的变量 Z_t，在其期望 $E(Z_t)$ 以及方差 $D(Z_t)$ 都存在的前提条件下，则对所有的 ε>0，总是可以得到如下不等式：

$$P\{|Z_t - E(Z_t)| \geqslant \varepsilon\} \leqslant D(Z_t) / \varepsilon^2 \tag{7.15}$$

即时间序列 Z_t 偏离其期望的可能性一定小于其方差与某个正数的比值。

在统计套利策略中，配对交易是应用最为广泛的一种，它让交易者通过卖空证券同时利用卖证券的资金买入其他的证券，通过两者股票之间的相互联系以及利益差进行套利，实现零资金的投入，因此配对交易也称作利差交易。摩根士丹利的最初的逃离策论就是一个比较典型的利差交易，该理论通过对两支有相互联系的股票进行做空而对另一支进行做多。而上述两者之间的关系可以通过市场价值或者经济学关系进行判断。比如，建筑行业与钢材行业属于上下游的关系，所以在证券市场中会呈现出一定相关性，如果在较短的时间内，因为市场波动的关系，造成两个行业的股价差距较大，但是这种差距会在后来一定的时间内回归于正常，与此同时，投资者利用这种股价波动进行平仓获利。当然，上述论断的前提是投资者在投资的时候并没有将某种可以打破以前关系的因素列入考虑范围。例如，建筑行业的原材料钢材被一种新兴的材料代替，那建筑行业持续走高的时候，钢材行业并不一定会随着增加，反而有着减小的趋势，因为其地位被其他的行业所代替。综上所述，套利策略不适合处于被动的投资基金，因为它需要一定的主观性，所以套利策略适合那些对股票有着主观判断，非常主动的基金。

综上所述，基于 Cost-of-carry 模型，股指期货与现货 ETF 之间存在着天然的配对交易的基因。而由于上文提到的原因，协整回归可以更好地捕捉其期现货市场价格偏离均衡的时点，进而更好地捕捉套利机会。

3. 基于协整回归的统计套利步骤

第一步，建立自融资配对套利组合 P：1 单位现货多头和 1 单位期货空头。

第二步，给定阈值 $\alpha = 1$，设统计量 $\lambda_{2,t} = \varepsilon_{2,t} / \delta_{2,t}$，其中 $\varepsilon_{2,t}$ 为现货市场残差序列，$\delta_{2,t}$ 为残差序列的标准差。

第三步，当残差与其标准差的比值高于 α 或者低于 $-\alpha$ 时，我们认为期现货两市场价格偏离均衡程度较高，预期其价格差将会收缩，开仓套利；当 $\lambda_{2,t}$ 大于两倍阈值或小于两倍阈值的负数时，为防止爆仓平仓；当 $\lambda_{2,t}$ 在 $(-\alpha, \alpha)$ 时，认为期现货两市场价格偏离均衡程度较低，套利机会较小，平仓。综上，我们将开平仓的标准设定如表 7-1 所示。

表 7-1　开平仓标准

	$\lambda_{2,t} \leqslant -2$	$-2 < \lambda_{2,t} \leqslant -1$	$-1 < \lambda_{2,t} \leqslant 1$	$1 < \lambda_{2,t} \leqslant 2$	$\lambda_{2,t} > 2$
操作	平仓	开仓并持有	平仓	开仓并持有	平仓

总的来说，就是在残差绝对值大于阈值且小于阈值的 2 倍时开仓并持有投资组合 P，此时有套利机会；而在残差的绝对值阈值小于阈值或者大于阈值的 2 倍时平仓出局，前者是因为此时没有套利机会，后者是为了防止极端事件导致爆仓。

这里必须指出的是，虽然理论上来说套利活动应当是完全无风险的，否则就不能称之为套利。但在现实的金融市场中，金融风险总是无法完全避免的。

就我们的股指期货与 ETF 的套利活动而言,就存在着期货市场价格短期波动过大击穿阈值导致爆仓的流动性风险、现货市场的申购赎回的时滞风险、ETF 对于股指期货复制的 tracking error 风险等。因此,在本文研究期现套利的机会和收益的同时也重点研究期现套利头寸的市场风险与稳健性状况,并在引入蒙特卡罗模拟法进行 Copula-VaR 定量分析的基础上,尝试构建基于 Copula-VaR 的修正的夏普比率(即 Copula-VaR-MSR 模型)对组合进行业绩评价以更加全面地探讨沪深 300ETF 引入后的中国股指期、现货套利效率以及由此决定的定价效率特征。

7.3.3　Copula-VaR-MSR 模型的构建

在分析了沪深 300ETF 在套利方面的套利收益的同时,为全面考量其作为一种金融工具的投资价值,我们引入基于 Copula-VaR-MSR(即基于 Copula-VaR 的修正夏普比率)作为稳健性检验的业绩评价指标对 7.3.2 中上述套利组合的风险特征进行研究。该方法主要考量的是我们的投资组合中期货市场与现货市场的相关性以及由此带来的市场风险。具体而言,Copula-VaR 给出了套利组合在正常市场情况下给定置信度下的最大损失可能值,而 Copula-VaR-MSR 模型则给出投资者在进行套利时承担每单位 VaR 所获得的补偿。

1. Copula-VaR 方法概述

(1)VaR 概述

VaR 描述了在正常市场情况下,一定的持有期和置信水平下,投资者持有某个资产组合 P 可能产生的最大损失值。如果 α 代表置信水平,VaR 对应的则是低尾区域 $1-\alpha$,且通常为正值。设 L 为某资产组合在持有期 t 内的损失,VaR 可表示为

$$\text{Prob}\{L > \text{VaR}\} \leqslant 1-\alpha \tag{7.16}$$

假设 W_0 为初始投资金额,R 为随机回报率。假设头寸不变,则投资组合价值在投资期 t 期满时为:$W = W_0(1+R)$。在给定置信水平 α 下,该组合的最低价值(即遭遇最大损失后的价值)$W^* = W_0(1+R^*)$。则 VaR 值为

$$\text{相对VaR(均值)} = E(W) - W^* = -W_0(R^* - \mu)\sqrt{\Delta t} \tag{7.17}$$

$$\text{绝对VaR(零值)} = W_0 - W^* = -W_0 R^* \sqrt{\Delta t} \tag{7.18}$$

如果组合收益率 R 服从概率密度为 $f(r)$ 的任意分布,不论是离散还是连续

分布，粗尾还是细尾分布，在置信水平 α 下，R^* 总可通过式（7.19）求解。

$$\alpha=\int_{R^*}^{+\infty} f(r)\mathrm{d}r \text{ 或 } 1-\alpha=\int_{-\infty}^{R^*} f(r)\mathrm{d}r \tag{7.19}$$

如果 $R \sim N\left(\mu,\sigma^2\right)$，则有

$$1-\alpha = \mathrm{Prob}\left\{R \leqslant R^*\right\} = \mathrm{Prob}\left\{\frac{R-\mu}{\sigma} \leqslant \frac{R^*-\mu}{\sigma}\right\} = \Phi\left(\frac{R^*-\mu}{\sigma}\right) \tag{7.20}$$

$\Phi(x)$ 为标准正态分布。据此可将 R^* 定义为标准正态偏差，其中 $a>0$。

$$-a = \frac{-\left|R^*\right|-\mu}{\sigma} \tag{7.21}$$

恒等变换可得

$$R^* = -a\sigma + \mu \tag{7.22}$$

将式（7.11）分别代入式（7.7）与式（7.8）得

$$\text{相对VaR} = -W_0\left(R^*-\mu\right) = W_0 a\sigma\sqrt{\Delta t} \tag{7.23}$$

$$\text{绝对VaR} = W_0 - W^* = -W_0 R^* = W_0\left(a\sigma\sqrt{\Delta t} - \mu\Delta t\right) \tag{7.24}$$

需要指出的是，传统 VaR 多基于资产收益率的多元正态分布假定，且假定资产组合中的各个资产的收益率相关系数都为线性的。而在现实的金融市场中，大部分变量的分布各异，且各个资产的收益率的相依性也是较少表现出完全线性的特征。为此，本文引入 copula 方法以度量资产收益率的非线性相关性，以及利用收益率边缘分布的选择来应对资产收益率的实际分布。

（2）Copula 方法概述

这里首先以 2 维 Copula 函数为例简单介绍 Copula 函数相关概念。给定两个随机变量 X_1、X_2，以及它们的各自的边缘分布函数 $F(X_1)$、$F(X_2)$，这两个随机变量的联合分布函数为 $H(X_1, X_2)$，根据 Sklar 定理可知这里存在一个链接函数 $C(\cdot)$ 使得 $H(X_1, X_2) = C(F(X_1), F(X_2))$，这里的链接函数 $C(\cdot)$ 就是我们将使用的 Copula 函数。又根据 Nelsen（1998）的推论，可知：$C(X_1, X_2) = H(F^{-1}(X_1), F^{-1}(X_2))$。

目前常用的 Copula 函数主要有椭圆形 Copula 函数族（包括 Normal Copula、Normal mixture Copula、Student-t Copula）、阿基米德 Copula 函数族（包括 Gumbel Copula、Frank Copula、Clayton Copula）等，本文将根据其与实际收益序列的拟合情况选择相应的 Copula 函数。

2. Copula-VaR 的计算方法

传统的 VaR 计算方法中,变量之间的相关性质通常由线性的相关系数来表示,而其只有在金融变量的联合分布服从正态分布等椭圆分布的时候才能准确地描述这些变量之间的相依关系,现实金融市场中各变量的联合分布往往较椭圆分布相去甚远。另外由于上文提到 VaR 方法有多元正态性假设的问题,Copula 在处理这个问题时可谓得心应手,因而大量文献使用 Copula 方来计算 VaR 也就在常理之中了。目前进行基于 Copula 的 VaR 的计算方法主要有三种。

（1）Copula-VaR 公式推导解析法

给定一个资产组合,其中资产分别为 X、Y,相应的这两种资产的收益率为 x、y,相应的比例为 w、$1-w$,设资产组合的整体收益率为 r,对应的连接函数为 $C(u,v)$,则可以根据连续区间上概率分布的积分法则得到分布函数。

$$P(r \leqslant \text{VaR}) = P(w \cdot x + (1-w) \cdot y \leqslant \text{VaR})$$

$$= P\left(x \leqslant \frac{1}{w}\text{VaR} - \frac{1-w}{w}y, y = y \right)$$

$$= \int_{-\infty}^{+\infty} \left(\int_{-\infty}^{\frac{1}{w}\text{VaR}-\frac{1-w}{w}y} c(u,v) f_1(x)\mathrm{d}x \right)\mathrm{d}y \qquad （7.25）$$

根据式（7.25）,在给定边缘分布和 copula 函数的情况下,可直接计算 VaR 的解析解。

（2）秩相关系数的 VaR 方法

基于传统 VaR 的 Risk Metircs 方法,可知 $\text{VaR} = \mu - \alpha\sigma_p$,其中 $\sigma_p = \sqrt{\sigma_1^2 + \sigma_2^2 + 2\rho\sigma_1\sigma_2}$,这里的 ρ 为正态假定下的线性相关系数。而我们知道金融资产的收益分布特征一般并非正态,其相关性也就不能单纯地以线性表示,因此,可以将 ρ 替换为性质更好的秩相关系数,如 Kendall 的 τ。特别地,τ 可由 Copula 函数表示出来,即:$\tau = 4\int_0^1 C(u,v)\mathrm{d}C(u,v) - 1$。这样我们的 VaR 的计算公式可以转换为

$$\text{VaR} = \mu - \alpha\sqrt{\sigma_1^2 + \sigma_2^2 + 2\tau\sigma_1\sigma_2}$$

$$= \mu - \alpha\sqrt{\sigma_1^2 + \sigma_2^2 + 2\sigma_1\sigma_2\left[4\int_0^1 C(u,v)\mathrm{d}C(u,v) - 1 \right]} \qquad （7.26）$$

（3）蒙特卡罗模拟法

蒙特卡罗模拟法是一种路径依赖的模拟方法。它在给定变量可能的运行路

径机制后，不断自初始点重复模拟变量在时间终点可能所到达的位置，最后由多次模拟的结果给出变量可能的分布。而一旦变量的分布给定，我们就可以按照 VaR 的定义取分位数算出 VaR 的具体数值。具体来说，给定二元随机变量 (x,y) 随机序列，已知其边缘分布函数 $u = F_1(x)$，$v = F_2(y)$。此时 u、v 都服从（0,1）的均匀分布，根据 Sklar 定理（Patton，2001）在条件分布下的推论：给定 u、$v \in [0,1]$，当条件分布函数 $C_u = \partial C(u,w)/\partial u$ 时，总存在一个 $v = C_u(w) = \partial C(u,w)/\partial u$，且有 w 服从[0,1]均匀分布成立。其中，C 为联合分布函数。这样我们可以通过先产生随机数 (u,v)，根据 Copula 函数得到另外一个随机数 w，则 $x = F_1^{-1}(u)$、$y = F_2^{-1}(w)$，并重复多次后根据置信度取资产组合收益的相应分位数作为 VaR。这种方法适用于 VaR 的回测。

综合以上三种方法，在考虑方法精确度和效率的前提下，我们采用蒙特卡罗模拟法进行仓位的 VaR 模拟与回测。

3. Copula-VaR-MSR 模型的建立

1990 年 William Sharpe 基于资本资产定价模型提出了 Sharpe Ratio，用以衡量持有某个投资组合的市场参与者承担了单位组合风险可获得的超额报酬率，具体为

$$SR = \frac{E(R_p) - R_f}{\sigma_p} \tag{7.27}$$

而在 VaR 出现后，一些研究人员使用 VaR 代替 σ_p 对投资者承受单位最大可能损失而获得的超额报酬进行了定义，即修正的夏普比率。

$$MSR = \frac{E(R_p) - R_f}{VaR_p} \tag{7.28}$$

7.4 实证结果与分析

在 7.3 节我们首先基于平滑转换函数构建了平滑转换误差修正模型并给出了估计方法；之后基于平滑转换协整回归残差序列构建了统计套利模型并给出

了套利组合和套利开平仓标准；最后基于 Copula-VaR 方法构建了以 Copula-VaR-MSR 为评价指标的稳健性检验模型。

我们将在本节利用前文构建的模型进行实证研究，探讨沪深 300ETF 的引入是如何影响中国股指期现货市场的交易成本异质性，进而影响期现货市场的定价效率的，同时考察沪深 300ETF 引入前后中国股指期现货市场的套利机会、套利收益是否发生明显变化，投资者承担单位风险所获得的报酬是否会发生改变。

7.4.1　数据

1. 数据分组

表 7-2　数 据 分 组

数据频率：1 分钟	数据时间	组 1	组 2	组 3
Pre ETF	2012/2/27 2012/5/28	期：Futures 现：Spot	期：Futures 现：Spot	期：Futures 现：Spot
Post ETF	2012/12/1 2013/2/28	期：Futures 现：Spot	期：Futures 现：Huatai CSI300 ETF	期：Futures 现：Jiashi CSI300 ETF

本文使用的数据如表 7-2 所示，Pre-ETF 时期表示沪深 300ETF 引入前即 2012/2/27—2012/5/28，Post-ETF 时期表示沪深 300ETF 的引入后即 2012/12/1—2013/2/28。Futures 表示沪深 300 股指期货价格，Spot 表示沪深 300 指数价格，华泰沪深 300ETF 表示华泰柏瑞沪深 300ETF 价格，嘉实沪深 300ETF 表示嘉实沪深 300ETF 价格。数据频率均为 1 分钟数据。需要指出的是沪深 300 股指期货价格数据是指主力连续合约价格，取该时刻交易量最高的合约的买卖价均价表示。另外，由于股指期货、ETF 市场交易时间不尽相同，我们仅选取两市场相重叠的交易时段的价格数据，即每个交易日的 9:31—11:30 和 13:01—15:00。在计算 Δs_t、Δf_t 时对隔夜收益进行线性平滑。定价误差的计算参照 $z_t = \ln(f_t / s_t)$。流动性指标 Illiquidity 的计算参照 $Illi_{f,t} = R_{f,t} / Volume_{f,t}$，$Illi_{s,t} = R_{s,t} / Volume_{s,t}$，其中 $Volume_{f,t}$ 和 $Volume_{s,t}$ 分别为期货、现货的交易量。

必须指出的是，我们选取的数据区间 Pre-ETF 为 2012/2/27—2012/5/28，Post-ETF 为 2012/12/1—2013/2/28，各三个月。去掉 2012/5/29—2012/11/30 期

间数据的原因是嘉实沪深300ETF在此期间报价的格式、量纲与另外的沪深300指数期货、沪深300指数以及华泰沪深300ETF的报价格式、量纲有较大差异，为保持数据一致性以及分析的合理性基础，因此删去此间数据不考虑。另外，在沪深300ETF引入后为市场保留一定的适应与调整时间也是原因之一。

2. 基本变量图示

从图7-3~图7-14可看出，在沪深300ETF引入前，沪深300指数期货价格与沪深300指数直接由较大的定价误差；而引入沪深300ETF后，无论是在沪深300指数还是华泰柏瑞沪深300ETF价格抑或嘉实沪深300ETF价格与沪深300股指期货价格的差距不再显著。

图7-3 引入沪深300ETF前沪深300指数期货与沪深300指数的价格序列

图7-4 引入沪深300ETF后沪深300指数期货与沪深300指数的价格序列

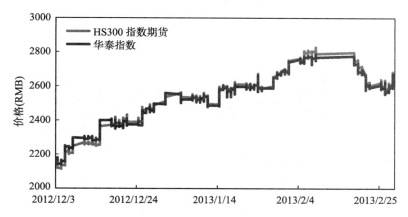

图 7-5　引入沪深 300ETF 后沪深 300 指数期货与华泰沪深 300ETF 的价格序列

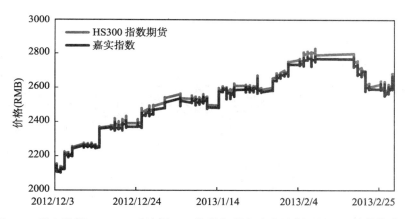

图 7-6　引入沪深 300ETF 后沪深 300 指数期货与嘉实沪深 300ETF 的价格序列

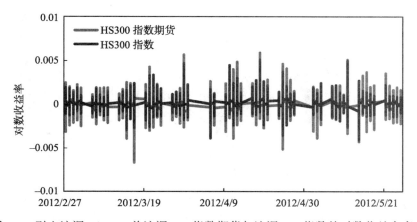

图 7-7　引入沪深 300ETF 前沪深 300 指数期货与沪深 300 指数的对数收益率序列

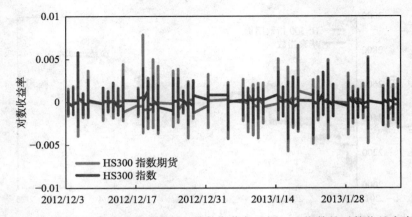

图 7-8 引入沪深 300ETF 后沪深 300 指数期货与沪深 300 指数的对数收益率序列

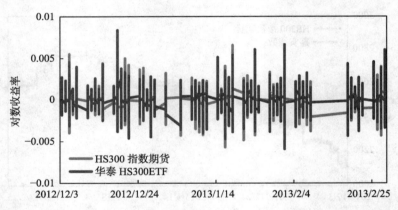

图 7-9 引入沪深 300ETF 后沪深 300 指数期货与华泰沪深 300ETF 的对数收益率序列

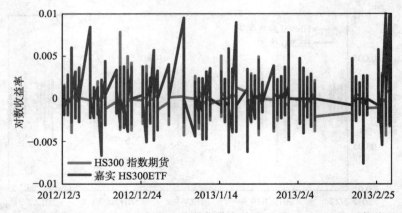

图 7-10 引入沪深 300ETF 后沪深 300 指数期货与嘉实沪深 300ETF 的对数收益率序列

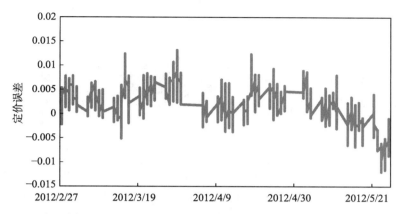

图 7-11　引入沪深 300ETF 前沪深 300 指数期货与沪深 300 指数的定价误差序列

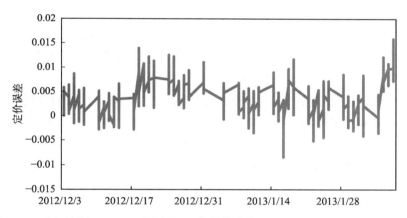

图 7-12　引入沪深 300ETF 后沪深 300 指数期货与沪深 300 指数的定价误差序列

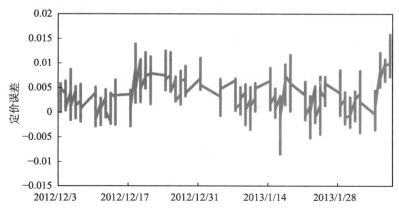

图 7-13　引入沪深 300ETF 后沪深 300 指数期货与华泰沪深 300ETF 的定价误差序列

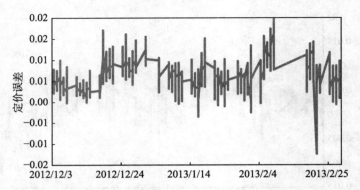

图 7-14　引入沪深 300ETF 前沪深 300 指数期货与嘉实沪深 300ETF 的定价误差序列

3. 平稳性检验

为检查基本变量的平稳性，本文采用 Augmented Dickey-Fuller（ADF）检验价格序列和对数收益序列的平稳性，检验使用的滞后阶由舒瓦茨信息准则 SIC 给定。

表 7-3 的结果显示沪深 300 股指期货价格在引入沪深 300ETF 前后均非平稳；沪深 300 指数价格在引入沪深 300ETF 前非平稳，在引入后平稳；华泰柏瑞沪深 300ETF 价格与嘉实沪深 300ETF 价格在 99% 置信度下非平稳。所有的对数差分序列均平稳。据此，股指期货与现货市场间可能存在着以（1，–1）为协整向量的误差修正关系。

表 7-3　非平稳性 ADF 检验结果

时期	ETF 种类	z_t	f_t	Δf_t	s_t	Δs_t	$\text{Illi}_{f,t}$	$\text{Illi}_{s,t}$
Pre-ETF		−10.9677***	−0.5284	−118.2249***	−0.5820	−74.8954***	−61.2662***	−52.2319***
Post-ETF	沪深 300 指数	−9.5078***	3.1864***	−99.1235***	3.8841***	−66.8636***	−47.0430***	−46.8169***
	华泰沪深 300 ETF	−6.3931***	−	−	1.9998**	−114.7791***	−	−113.0602***
	嘉实沪深 300 ETF	−8.7798***	−	−	2.0763**	−118.5885***	−	−119.3584***

注：***、**和*分别代表结果在 1%、5% 和 10% 置信度下显著。

4. 非线性检验

Swanson（1999）提出了用于非线性检验的 LM 方法。具体来说令式（7-6）

和式（7-7）为线性模型的零假设 H_0 的 γ 为 0，同时式（7-6）和式（7-7）的关于定价误差的 3 阶泰勒近似展开可以写成

$$
\begin{aligned}
\Delta f_t = &\phi(f_{t-1} + s_{t-1} + z_{t-d}) + \phi_1(f_{t-1} + s_{t-1} + z_{t-d})z_{t-d} \\
&+ \phi_2(f_{t-1} + s_{t-1} + z_{t-d})z_{t-d}^2 \\
&+ \phi_3(f_{t-1} + s_{t-1} + z_{t-d})z_{t-d}^3 + \xi_t
\end{aligned}
\tag{7.29}
$$

此时零假设 H_0：$\gamma = 0$ 等价于 H_0：$\phi_1 = \phi_2 = \phi_3 = 0$，则可以使用 LM 类检验来检测该线性假设。表 7-4 为 $d = \{1,2,3,4,5\}$ 时各变量的非线性情况。综合考量 P 值可以看出，$d = 3$ 时各变量的非线性特征最为明显。

表 7-4　非线性检验

时期	变量	$d=1$	$d=2$	$d=3$	$d=4$	$d=5$
Pre-ETF	Δf_t	32.6356*** (0.0000)	163.4911*** (0.0000)	559.4244*** (0.0000)	0.7796 (0.9412)	0.6604 (0.9851)
	Δs_t	50.4547*** (0.0000)	12.9023*** (0.0016)	57.4129*** (0.0000)	645.8422*** (0.0000)	317.8679*** (0.0000)
Post-ETF	Δf_t	48.7438*** (0.0000)	232.3198*** (0.0000)	692.5375*** (0.0000)	4.6814 (0.3216)	0.8217 (0.9756)
	Δs_t	4.1027** (0.0428)	4.7344* (0.0937)	103.5355*** (0.0000)	757.8993*** (0.0000)	363.8864*** (0.0000)
	Δs_{Huatai}	2.5538 (0.1100)	2.6778 (0.2621)	2.6262 (0.4529)	106.0264*** (0.0000)	4.9501 (0.4220)
	Δs_{Jiashi}	1.6614 (0.1974)	2.2655 (0.3221)	3.3885 (0.3355)	1609.0291*** (0.0000)	281.0632 (0.8747)

注：***、**和*分别代表结果在 1%、5%和 10%置信度下显著。

7.4.2　STVECM 模型的实证结果

1. STVECM 均值方程的估计结果

为估计 STVECM 模型，我们首先利用 Grid Search 寻找 NLS 的迭代初值，再使用 NLS 方法进行模型估计，所得出的结果和相关 t 统计量如表 7-5 所示。

之后使用表 7-5 估计所得的转换函数 G 值的均值代表非线性部分的影响，将线性部分系数+非线性部分系数和 G 的乘积的均值算出，将这个总值设为各个变量对 STVECM 模型的影响的代表。其具体数值和显著性如表 7-6 所示。

基于表 7-5 和表 7-6 的结果我们可以初步得知，在沪深 300 指数 ETF 引入前，

（1）在沪深 300 指数期货市场上，①沪深 300 指数期货对数收益率、沪深 300 指数对数收益率、两者之间的定价误差、两者各自的流动性的系数均显著；②沪深 300 指数期货对数收益率的影响明显大于沪深 300 指数对数收益率的影响。

（2）在沪深 300 指数市场上，①沪深 300 指数期货对数收益率、沪深 300 指数对数收益率、两者之间的定价误差、两者各自的流动性的系数均显著；②沪深 300 指数期货对数收益率和沪深 300 指数对数收益率对沪深 300 指数的对数收益率影响均较为明显；③就幅度而言沪深 300 指数期货的影响略大一些。

（3）对比两个市场，①沪深 300 指数期货的对数收益率在两个市场的影响均大于沪深 300 指数的对数收益率的影响；②定价误差在沪深 300 指数市场上影响更明显，但非线性部分显著性稍弱。结论是沪深 300 指数期货引导沪深 300 指数。

沪深 300 指数 ETF 引入后，股指期、现货市场的均值方程结果分析如下。

组 1：沪深 300 指数期货—沪深 300 指数

（1）在沪深 300 指数期货市场上，①沪深 300 指数期货对数收益率、沪深 300 指数对数收益率、两者各自的流动性的系数均显著；②沪深 300 指数期货对数收益率的影响明显大于沪深 300 指数对数收益率的影响；③定价误差对其对数收益率的影响线性部分 90%显著，非线性部分不显著。

（2）在沪深 300 指数市场上，①沪深 300 指数期货对数收益率、沪深 300 指数对数收益率、两者之间的定价误差、两者各自的流动性的系数均显著；②沪深 300 指数期货对数收益率和沪深 300 指数对数收益率对沪深 300 指数的对数收益率影响均较为明显；③就幅度而言，沪深 300 指数期货的影响略大一些。

（3）对比两个市场，①沪深 300 指数期货的对数收益率在两个市场的影响均大于沪深 300 指数的对数收益率的影响（在沪深 300 指数期货市场上更明显）；②定价误差在沪深 300 指数市场上数值更大，影响更明显，且显著性更强。

（4）结论是沪深 300 指数期货引导沪深 300 指数。

组 2：沪深 300 指数期货—华泰沪深 300ETF

（1）在沪深 300 指数期货市场上，①沪深 300 指数期货对数收益率、华泰沪深 300ETF 对数收益率的系数的线性部分较显著，非线性部分则在 90%显著或者不显著；②两者之间的定价误差（无论线性还是非线性）均只在 90%置信水平下显著；③两者各自的流动性的系数均显著；④且沪深 300 指数期货对数收益率的影响明显大于华泰沪深 300ETF 对数收益率的影响。

（2）在华泰沪深 300ETF 市场上，①沪深 300 指数期货对数收益率、华泰沪深 300ETF 对数收益率的系数的线性部分较显著，非线性部分则在 90%显著或者不显著；②两者之间的定价误差（无论线性还是非线性）均在 95%置信水平下显著，较期货市场有所提高；③两者各自的流动性的系数均显著；④沪深 300 指数期货对数收益率对华泰沪深 300ETF 的对数收益率影响较为明显。

表 7-5　STVECM 均值模型的参数估计结果

时期	市场	d	u_1	A_f	A_s	α_1	u_2	B_f	B_s
Pre-ETF	期货	3	0.0000***	0.0202***	−0.0065***	0.0033***	0.0000***	−0.0243***	0.0278***
	t		−132.5035	20.5372	−4.8032	32.5080	−19.9270	−8.7122	7.1961
	现货		0.0000***	0.4018***	0.4146***	0.0056***	0.0001***	0.0364***	−0.0598***
	t		−114.5395	375.6295	718.6391	34.1943	37.7416	9.3010	−14.0842
Post-ETF Spot	期货	3	0.0000***	0.0719***	0.0395***	0.0060*	0.0000*	−0.0209***	−0.0595***
	t		−6.8124	14.7009	4.5150	1.3058	−1.7986	−4.1107	−7.5741
	现货		−0.0001***	0.4595***	0.3709***	0.0390***	0.0000***	−0.0103***	−0.0234***
	t		−24.0675	1014.3609	133.5855	32.5808	5.4143	−60.4520	−4.5159
Post-ETF 华泰	期货	3	0.0000**	0.0388***	0.0121***	0.0057*	0.0000	0.0113	0.0149*
	t		−1.9175	12.3439	3.3340	1.3929	−0.0058	0.6039	1.3296
	现货		0.0000**	0.5175***	−0.2608***	0.0138**	0.0000	0.0499*	0.0195
	t		−2.1311	44.0245	−56.9911	2.2077	0.4790	1.5502	0.6897
Post-ETF 嘉实	期货	3	0.0000	0.0620	0.0838*	0.0045	0.0000	−0.0073	−0.0986**
	t		0.4824	0.9319	1.8924	0.2946	−0.2562	−0.1079	−2.0699
	现货		−0.0003***	0.4543***	−0.0504***	0.0255	0.0004***	−0.0583	−0.0053
	t		−15.2831	6.6634	−5.0119	0.2836	10.9281	−0.8594	−0.5245

时期	市场	d	α_2	C_f	C_s	γ	AIC
Pre-ETF	期货	3	−0.0045***	3.3545E+06***	2.8744E+06***	0.3096***	−25.2899
	t		−129.1437	5.7292E+13	2.3891E+14	13.6312	
	现货		0.0004*	−1.9201E+05***	1.0909E+07***		−24.8106
	t		1.2936	−6.0529E+11	2.2757E+14		
Post-ETF Spot	期货	3	−0.0050	6.8148E+07***	1.2347E+07***	1.4663*	−30.3570
	t		−1.0886	1.6232E+15	1.5771E+15	1.8561	
	现货		−0.0294***	−5.2266E+07***	2.1754E+07***		−31.1641
	t		−28.4255	−1.7134E+15	1.2634E+15		

续表

时期	市场	d	α_2	C_f	C_s	γ	AIC
Post-ETF 华泰	期货	3	−0.0078*	5.5463E+07***	4.0280E+03***	2.5936***	−33.5394
	t		−1.3298	7.0757E+14	1.6919E+08	2.3886	
	现货		−0.0145**	4.8581E+06***	4.9180E+02***		−34.7218
	t		−2.0933	8.2964E+14	1.1147E+07		
Post-ETF 嘉实	期货	3	−0.0074	5.5193E+07***	2.8399E+00***	1.1740	−18.0961
	t		−0.4838	3.6347E+15	1.0574E+04	0.8934	
	现货		−0.0191	−5.1296E+07***	−4.5288E+01***		−20.6943
	t		−0.2062	−1.6357E+14	−6.0658E+04		

注：***、**和*分别代表结果在 1%、5%和 10%置信度下显著。定价误差的滞后阶数基于表 7-4 的结果设定为 3 阶，AR 项滞后阶数由 AIC 定为 1 阶。

表 7-6　转换函数 G 取均值后的 STVECM 均值方程

时期	市场	G_{avg}	γ	A_f	B_f	A_s	B_s	α_1	α_2	$A_f+B_f\cdot G_{avg}$ 期货影响	$A_s+B_s\cdot G_{avg}$ 现货影响	$\alpha_1+\alpha_2\cdot G_{avg}$ 定价误差影响
Pre-ETF	期货	0.2615	0.3096***	***	***	***	***	***	***	0.0138	0.0008	0.0021
	现货			***	***	***	***	***	*	0.411	0.3990	0.0057
Post-ETF Spot	期货	0.6357	1.4663*	***		***	***	*		0.0586	0.0017	0.0028
	现货			***	***	***	***	***	***	0.4530	0.3560	0.0203
Post-ETF 华泰	期货	0.6328	2.5936***	***		***	*	*		0.0460	0.0215	0.0008
	现货			***		***		**		0.5491	−0.2485	0.0046
Post-ETF 嘉实	期货	0.9069	1.1740			*	**			0.0554	−0.0056	−0.0022
	现货			***		***				0.4014	−0.0552	0.0082

注：***、**和*分别代表结果在 1%、5%和 10%置信度下显著。定价误差的滞后阶数基于表 7-4 的结果设定为 3 阶，AR 项滞后阶数由 AIC 定为 1 阶。

（3）对比两个市场，①沪深 300 指数期货的对数收益率在两个市场的影响均大于华泰沪深 300ETF 的对数收益率的影响（在沪深 300 指数期货市场上更明显）；②定价误差在华泰沪深 300ETF 市场上数值更大，影响更明显，且显著性更强。

（4）结论是沪深 300 指数期货引导华泰沪深 300ETF。

组 3：沪深 300 指数期货—嘉实沪深 300ETF

（1）在沪深 300 指数期货市场上，①沪深 300 指数期货对数收益率的影响较大，但其线性、非线性部分系数均不显著；②反观嘉实沪深 300ETF 对数收益率的系数虽然数值较小，但其线性部分 90%显著，非线性部分则在 95%显著；

③两者之间的定价误差（无论线性还是非线性）的系数均不显著；④两者各自的流动性的系数均显著。

（2）在嘉实沪深300ETF市场上，①沪深300指数期货对数收益率、嘉实沪深300ETF对数收益率的系数的线性部分较显著，非线性部分则不显著；②两者之间的定价误差（无论线性还是非线性）的系数均不显著；③两者各自的流动性的系数均显著；④且沪深300指数期货对数收益率和嘉实沪深300ETF对数收益对嘉实沪深300ETF的对数收益率影响均较为明显且就幅度而言沪深300指数期货的影响略大一些。

（3）对比两个市场，①沪深300指数期货的对数收益率在两个市场的影响均大于嘉实沪深300ETF的对数收益率的影响（在沪深300指数期货市场上更明显）；②定价误差在嘉实沪深300ETF市场上数值更大，影响更明显，但其在两个市场上均不显著。

（4）结论是沪深300指数期货引导嘉实沪深300ETF。

值得我们注意的是：对于交易成本异质性的代表变量 γ 在引入沪深300ETF后显著增大，说明引入沪深300ETF后交易成本异质性降低，各个投资者的交易成本趋同，也意味着市场效率的提升；对于各市场而言，无论在沪深300ETF引入前后，其流动性指标和非线性部分的系数均在较高置信水平下显著，说明各市场流动性指标与非线性影响一直较为明显；对于沪深300指数、华泰沪深300ETF和嘉实沪深300ETF在ETF入市后的时期各自现货市场的定价误差系数 α_1、α_2 的绝对值均大于沪深300指数期货的 α_1、α_2，且除嘉实沪深300ETF市场外系数均显著，这说明沪深300指数、华泰沪深300ETF和嘉实沪深300ETF在价格发现过程中均被沪深300指数期货所引导；引导的程度在沪深300 ETF的引入前后是否有变化，需要引入时变的GG测度进行讨论。

2. STVECM波动性模型参数估计

为进一步研究各个市场间波动溢出效应，我们建立了类似GARCH模型的波动性方程，将波动性拆分为线性、非线性两部分，在给定转换函数G的前提下各自对STVECM的残差、波动性自身、定价误差、流动性指标进行NLS回归，所得结果如表7-7所示。

表7-7给出了在划分线性、非线性影响部分的前提下基于STVECM的波动性模型的参数估计结果。其中90%置信度的临界值为1.28，95%置信度的临界值为1.96，99%置信度的临界值为2.33。

类似表 7-6 使用 G 的均值作为非线性部分的代表性影响,算出线性部分系数＋非线性部分系数和 G 的乘积的均值,将这个总值设为各个变量对波动性模型的影响的代表。结果如表 7-8 所示。

基于表 7-7 和表 7-8 的结果我们可以初步得知(这里大部分系数在 90% 置信水平下显著,下文未着重讨论显著性),在沪深 300 指数 ETF 引入前:

(1)在沪深 300 指数期货市场上,①沪深 300 指数期货和沪深 300 指数的均值方程的残差对沪深 300 指数期货的条件波动的影响远大于沪深 300 指数期货和沪深 300 指数的条件波动的滞后阶对条件波动的影响;②其中沪深 300 指数的均值方程的残差的影响是期货的 10 倍。③这说明该市场易受沪深 300 指数市场的新信息冲击。

(2)在沪深 300 指数市场上,①沪深 300 指数期货和沪深 300 指数的均值方程的残差对沪深 300 指数的条件波动的影响同样远大于沪深 300 指数期货和沪深 300 指数的条件波动的滞后阶对条件波动的影响;②其中沪深 300 指数的均值方程的残差的影响是期货的 40 倍;③这也说明该市场易受沪深 300 指数市场的新信息冲击。

(3)对比两个市场,沪深 300 指数期货和沪深 300 指数的均值方程的残差在两个市场上的影响远大于其条件波动的影响,因此这两个市场均易受沪深 300 指数市场的新信息冲击;两个市场有双向波动溢出;定价误差在沪深 300 指数期货市场上作用更明显。

沪深 300 指数 ETF 引入后,股指期、现货市场的波动性方程结果分析如下。

分组 1:沪深 300 指数期货—沪深 300 指数

(1)在沪深 300 指数期货市场上,①沪深 300 指数期货和沪深 300 指数的均值方程的残差对沪深 300 指数期货的条件波动的影响远大于沪深 300 指数期货和沪深 300 指数的条件波动的滞后阶对条件波动的影响;②其中沪深 300 指数的均值方程的残差的影响是期货的 3 倍;③这说明该市场易受沪深 300 指数市场的新信息冲击。

(2)在沪深 300 指数市场上,①沪深 300 指数期货和沪深 300 指数的均值方程的残差对沪深 300 指数的条件波动的影响同样远大于沪深 300 指数期货和沪深 300 指数的条件波动的滞后阶对条件波动的影响;②其中沪深 300 指数的均值方程的残差的影响是期货的 2 倍;③这也说明该市场易受沪深 300 指数市场的新信息冲击。

表 7-7 基于 STVECM 的波动性模型参数估计结果

时期	市场	d	线性部分					流动性部分		
			μ_t	$a_{f,1}$	$a_{s,1}$	$b_{f,1}$	$b_{s,1}$	c_t	d_f	d_s
Pre	期货	3	13.9783***	-1.6918E+06***	-5.9460E+06***	0.0106*	-1.3239***	-1182.6200***	7.9309E+11***	-2.6871E+12***
	t		34.4232	-5.105	-51.3101	1.6848	-12.4521	-70.9471	2.7385E+10	-7.9067E+10
	现货		-0.0014***	-1737.3418***	4381.0118***	0.0001***	-0.0011***	-2.2528	-2.5271E+08***	2.0493E+09***
	t		-4.2925	-6.8729	39.1923	19.1306	-13.7305	-188.5006	-8.0662E+10	1.0459E+11
Post 指数	期货	3	-0.0001***	-182.8255***	-552.3288***	0.0031***	-0.0010***	1.1283***	4.6235E+09***	-2.8662E+04***
	t		-4.6903	2119.0499	-1.4353E+04	112.9759	-99.6411	120.9884	4.9005E+15	-1.6844E+09
	现货		0.1793***	3.6814E+05***	-6.1557E+05***	2.3562*	-0.1337***	-271.2044***	3.9700E+11***	-3.4700E+07***
	t		117.1148	4.9681E+04	-1.8645E+05	990.3327	-158.7658	-3401.0117	1.8228E+15	-2.5674E+10
Post 华泰	期货	3	-0.0001***	-182.8255***	-552.3288***	0.0031***	-0.0010***	1.1283***	4.6235E+09***	-2.8662E+04***
	t		-6.8849	-1.6859	-2.7906	-5.4890	4.9718	2.0820	5.7052E+10	3.5737E+04
	现货		0.1793***	3.6814E+05***	-6.1557E+05**	2.3562*	-0.1337***	-271.2044***	3.9700E+11***	-3.4700E+07***
	t		2.7221	1.9751	-1.9925	6.8325	-3.5956	-5.7653	-3.3540E+09	3.2843E+04
Post 嘉实	期货	3	-0.0047	-1223.3412***	-202.6725***	0.0095*	-0.0013	1.4552	2.2529E+10***	-1369.4744***
	t		-0.4867	-4.4270	-4.1895	1.4542	-0.5788	0.2473	3.1642E+12	-888.5233
	现货		0.2402***	1.1156E+05***	-1.4589E+05*	2.1875***	-0.1121***	-276.3592***	-3.3197E+08***	-4042.2916***
	t		3.6275	1.8336	-1.5044	6.5995	-3.9952	-5.7598	-4.2929E+08	-2.7682

续表

时期	市场	d	非线性部分						AIC
			μ_2	$a_{f,2}$	$a_{s,2}$	$b_{f,2}$	$b_{s,2}$	c_2	
Pre	期货	3	−19.2015***	4.4809E+06***	1.8677E+06***	−0.4166*	2.3490***	1456.1831***	−3.1614
	t		−230.2342	19.3813	2.5903	1.7168	34.0621	73.3331	
	现货		0.0090***	6443.4434***	−2.5455E+04***	−0.0031***	−0.0002***	4.4339***	−9.2086
	t		144.5612	35.1260	−787.8195	−19.1350	−3.9737	254.2233	
Post 指数	期货	3	−0.0015***	167.7484***	461.9779***	−0.0099***	0.0010***	−1.1717***	−15.973
	t		−115.0841	3457.8552	1.4082E+04	−133.9573	99.6341	−121.7931	
	现货		0.7840***	−1.0294E+06***	1.7800E+06***	−6.5820***	0.1335***	173.4876***	−15.3785
	t		687.9615	−2.4767E+05	6.3172E+05	−1032.9843	158.3713	211.4659	
Post 华泰	期货	3	−0.0015***	167.7484**	461.9779	−0.0099***	0.0010***	−1.1717	−9.4135
	t		−7.0686	2.1078	0.1278	6.0390	−4.9760	−1.2586	
	现货		0.7840***	−1.0294E+06***	1.7800E+06***	−6.5820***	0.1335***	173.4876***	−4.9569
	t		8.3228	−2.6349	2.6213	−6.8626	3.5766	4.3166	
Post 嘉实	期货	3	−0.0022	−279.4750	1020.2728***	−0.0291***	0.0013	−1.5503	−10.1959
	t		−0.3792	−1.2438	2.5602	−2.5862	0.5688	−0.2661	
	现货		0.8433***	−6.6148E+05***	1.1297E+06***	−6.0836***	0.1119***	179.8688***	−13.5130
	t		8.7831	−2.7023	2.7070	−6.6519	3.9841	4.3351	

注：***、**和*分别代表结果在1%、5%和10%置信度下显著。定价误差的滞后阶数基于表7-4的结果设定为3阶，AR项滞后阶数由AIC定为1阶。

表 7-8 转换函数 G 取均值后的 STVECM 波动性模型的结果

时期	市场	G_{avg}	γ	$a_{f,1}$	$a_{f,2}$	$a_{s,1}$	$a_{s,2}$	$b_{f,1}$	$b_{f,2}$	$a_{f,1}+a_{f,2}\cdot G_{avg}$ 期货均值方程残差影响	$a_{s,1}+a_{s,2}\cdot G_{avg}$ 现货均值方程残差影响	$b_{f,1}+b_{f,2}\cdot G_{avg}$ 期货条件波动影响
Pre	期货	0.2615	0.3096***	***	***	***	***	*	*	−520044.6500	−5457596.4500	−0.0983
Pre	现货			***	***	***	***	***	***	−52.3814	−2275.4707	−0.0007
Post 指数	期货	0.6357	1.4663*	***	***	***	***	***	***	−76.1878	−258.6494	−0.0032
Post 指数	现货			***	***	***	***	***	***	−286249.5800	515976.0000	−1.8280
Post 华泰	期货	0.6328	2.5936***	*	**	***	***	***	***	−76.6743	−259.9892	−0.0032
Post 华泰	现货			***		**	***		***	−283264.3200	510814.0000	−1.8089
Post 嘉实	期货	0.9069	1.174	***		***	***			−1476.7971	722.6129	−0.0169
Post 嘉实	现货			*	***	*	***	***	***	−488336.2120	878634.9300	−3.3297

时期	市场	$b_{s,1}$	$b_{s,2}$	c_1	c_2	$b_{s,1}+b_{s,2}\cdot G_{avg}$ 现货条件波动影响	$c_1+c_2\cdot G_{avg}$ 定价误差影响	d_f 期货流动性	d_s 现货流动性
Pre	期货	***	***	***	***	−0.7096	−801.8281	7.9309E+11***	−2.6871E+12***
Pre	现货	***	***	***	***	−0.0012	−1.0933	−2.5271E+08***	2.0493E+09***
Post 指数	期货	***	***	***	***	−0.0004	0.3835	4.6235E+09***	−2.8662E+04***
Post 指数	现货	***	***	***	***	−0.0488	−160.9183	3.9700E+11***	−3.4700E+07***
Post 华泰	期货	***	***	***	***	−0.0004	0.3868	4.6235E+09***	−2.8662E+04***
Post 华泰	现货	***	***	**	***	−0.0492	−161.4214	3.9700E+11***	−3.4700E+07***
Post 嘉实	期货	***	***	***		−0.0001	0.0492	2.2529E+10***	−1369.4744***
Post 嘉实	现货	***	***	***	***	−0.0106	−113.2362	−3.3197E+08***	−4042.2916

注: ***、**和*分别代表结果在 1%、5%和 10%置信度下显著。定价误差的滞后阶数基于表 7-4 的结果设定为 3 阶, AR 项滞后阶数由 AIC 定为 1 阶。

（3）对比两个市场，沪深 300 指数期货和沪深 300 指数的均值方程的残差在两个市场上的影响远大于其条件波动的影响，且沪深 300 指数的残差影响更大，因此这两个市场均易受沪深 300 指数市场的新信息冲击。

（4）两个市场有双向波动溢出。

（5）定价误差在沪深 300 指数市场上作用更明显。

分组 2：沪深 300 指数期货—华泰沪深 300ETF

（1）在沪深 300 指数期货市场上，①沪深 300 指数期货和沪深 300 指数的均值方程的残差对沪深 300 指数期货的条件波动的影响远大于沪深 300 指数期货和沪深 300 指数的条件波动的滞后阶对条件波动的影响；②其中沪深 300 指数的均值方程的残差的影响是期货的 3 倍；③这说明该市场易受华泰沪深 300ETF 市场的新信息冲击。

（2）在沪深 300 指数市场上，①沪深 300 指数期货和沪深 300 指数的均值方程的残差对沪深 300 指数的条件波动的影响同样远大于沪深 300 指数期货和沪深 300 指数的条件波动的滞后阶对条件波动的影响；②其中沪深 300 指数的均值方程的残差的影响是期货的 2 倍；③这也说明该市场易受华泰沪深 300ETF 市场的新信息冲击。

（3）对比两个市场，沪深 300 指数期货和沪深 300 指数的均值方程的残差在两个市场上的影响远大于其条件波动的影响，且华泰沪深 300ETF 的残差影响更大，因此这两个市场均易受沪深 300 指数市场的新信息冲击。

（4）两个市场有双向波动溢出。

（5）定价误差在华泰沪深 300ETF 市场上作用更明显。

分组 3：沪深 300 指数期货—嘉实沪深 300ETF

（1）在沪深 300 指数期货市场上，①沪深 300 指数期货和沪深 300 指数的均值方程的残差对沪深 300 指数期货的条件波动的影响远大于沪深 300 指数期货和沪深 300 指数的条件波动的滞后阶对条件波动的影响；②其中沪深 300 指数期货的均值方程的残差的影响是现货的 2 倍；③这说明该市场易受沪深 300 指数期货市场的新信息冲击。

（2）在沪深 300 指数市场上，①沪深 300 指数期货和沪深 300 指数的均值方程的残差对沪深 300 指数的条件波动的影响同样远大于沪深 300 指数期货和沪深 300 指数的条件波动的滞后阶对条件波动的影响；②其中沪深 300 指数的均值方程的残差的影响是期货的 2 倍；③这说明该市场易受嘉实沪深 300ETF

市场的新信息冲击。

（3）对比两个市场，沪深 300 指数期货和嘉实沪深 300ETF 的均值方程的残差在两个市场上的影响远大于其条件波动的影响，但这两个市场各自倾向受自身新信息的冲击。

（4）嘉实沪深 300ETF 作为现货时对沪深 300 指数期货没有波动溢出影响，而其本身波动性显著受沪深 300 指数期货波动性影响。

（5）定价误差在嘉实沪深 300ETF 市场上作用更明显。

值得注意的是，在沪深 300 指数 ETF 引入前，沪深 300 指数市场的均值方程残差对期现货市场条件波动性的影响远远大于沪深 300 指数期货均值方程残差的影响，即市场波动性易受现货市场新信息冲击。而在 Post–ETF 时期，这种趋势有所改观：虽然沪深 300 指数、华泰沪深 300ETF 市场中，现货均值方程残差对其波动性的影响依然大于期货残差，但其超越的幅度已经大为减少，且在嘉实沪深 300ETF 市场上现货均值方程残差对其波动性的影响甚至略小于于期货残差的影响。这说明尽管期现货市场仍然主要受现货市场冲击，但沪深 300ETF 的引入使得期现货市场对期货市场的新信息冲击的敏感性提高了；定价误差在沪深 300 指数 ETF 引入前在沪深 300 指数期货市场的波动性上作用明显，而在沪深 300 指数 ETF 引入后则在沪深 300 指数、华泰沪深 300ETF 和嘉实沪深 300ETF 市场的波动性上作用明显，这一改变值得研究。

3. 引入沪深 300ETF 前后交易成本异质性的变化

表 7-5 和表 7-6 的结果结合图 7-15 至图 7-17 可以得出以下结论。

（1）无论在哪一组数据组中，γ 都在引入沪深 300ETF 后显著变大了，意味着引入后所有交易者面临的交易成本同质性变强、异质性变弱。同时变大的 γ 带来的变窄的转换函数的值域使得其更接近 0，这表示定价误差的非线性特征实际上在引入沪深 300ETF 后变小，即交易成本异质性降低，特别地对于小投资者而言交易成本显著减小，定价效率增高。

（2）对比三个沪深 300 指数 ETF 引入后现货市场，可以发现，虽然 $\gamma_{post\text{-}huatai}$、$\gamma_{post\text{-}index}$、$\gamma_{post\text{-}jiashi}$ 均大于 γ_{pre}，但是 $\gamma_{post\text{-}huatai}$ 最大，$\gamma_{post\text{-}index}$ 次之，而 $\gamma_{post\text{-}jiashi}$ 则相对小一些。这表示在 Post-ETF 时期的沪深 300 指数、华泰沪深 300ETF、嘉实沪深 300ETF 三个现货与沪深 300 指数期货市场上的投资者尤其是中小投资者面临的交易成本的异质性降低最快的是华泰沪深 300ETF 市场、其次是沪

中国证券市场质量及其资本配置

深 300 指数市场、最后为嘉实沪深 300ETF 市场，这也就是说华泰沪深 300ETF（现货）与沪深 300 指数期货（期货）之间的市场平均交易成本较引入沪深 300ETF 前有了最快速的下降。

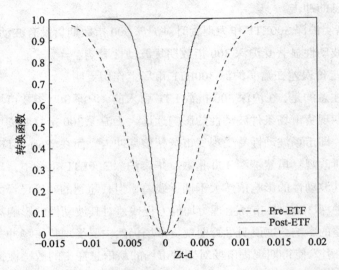

图 7-15 引入沪深 300ETF 前后，沪深 300 指数期货和沪深 300 指数的转换函数变化
（ $\gamma_{pre} = 0.3096$ ， $\gamma_{post\text{-}index} = 1.4663$ ）

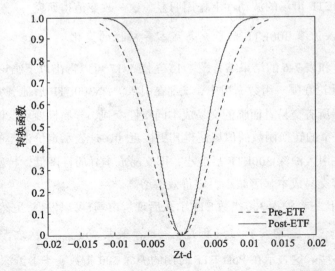

图 7-16 引入沪深 300ETF 前后，沪深 300 指数期货和华泰沪深 300ETF 的转换函数变化
（ $\gamma_{pre} = 0.3096$ ， $\gamma_{post\text{-}huatai} = 2.5936$ ）

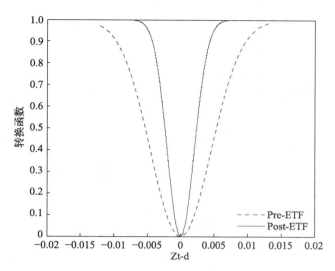

图 7-17　引入沪深 300ETF 前后，沪深 300 指数期货和嘉实沪深 300ETF 的转换函数变化

（ $\gamma_{\mathrm{pre}} = 0.3096$ ， $\gamma_{\mathrm{post\text{-}jiashi}} = 1.1740$ ）

5.2.4　引入沪深 300ETF 前后价格发现贡献的动态变化

根据式（7.13）和表 7-5 的数据我们得到图 7-18 至图 7-20，分别刻画了引入沪深 300ETF 前后沪深 300 指数期货（期货）市场与沪深 300 指数、华泰沪深 300ETF 市场、嘉实沪深 300ETF 市场三个现货市场之间的动态价格发现贡献关系。

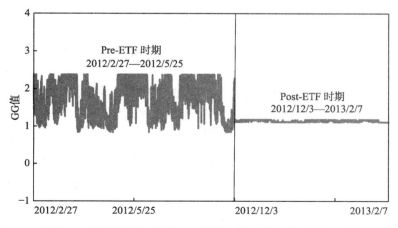

图 7-18　沪深 300 股指期货与沪深 300 指数市场间的价格发现的时变 GG 测度

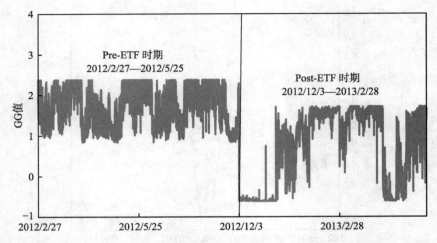

图 7-19　沪深 300 股指期货与华泰沪深 300ETF 市场间的价格发现的时变 GG 测度

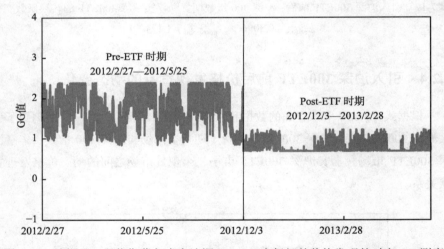

图 7-20　沪深 300 股指期货与嘉实沪深 300ETF 市场间的价格发现的时变 GG 测度

当 GG>0.5 时则期货市场（F）在价格发现中占主导地位；GG<0.5 则现货市场（S）占主导地位。

由图 7-18 至图 7-20 可以得到以下结论。

（1）引入沪深 300ETF 后，沪深 300 指数期货—沪深 300 指数、沪深 300 指数期货—嘉实沪深 300ETF 这两对期现货市场的价格发现贡献中，沪深 300 指数期货（期货）市场仍然占据价格发现的引导地位，只是在引入了沪深 300ETF 后这种引导地位有一定的削弱，这说明沪深 300ETF 的引入加强了现货市场的价格发现能力、增强了其吸收市场信息的能力与速度，但并没有改变沪深 300 指数期货市场在价格发现中的引导地位。

（2）引入沪深 300ETF 后，明显地，沪深 300 指数期货—沪深 300 指数、沪深 300 指数期货—嘉实沪深 300ETF 这两对期现货市场的 GG 值的波动性变小，尤其在沪深 300 指数期货—沪深 300 指数上几乎没有波动，这说明沪深 300ETF 的引入使得价格发现的动态角色变化在这两对期现货市场中变得较为稳定。

（3）特别地，对沪深 300 指数期货—华泰沪深 300ETF 这对期现货市场，在引入沪深 300ETF 后其 GG 测度在短暂的显示华泰沪深 300ETF（现货）市场引导价格发现后，立即在[−0.5,1.9]之间大幅波动，这说明在沪深 300 指数期货—华泰沪深 300ETF 这对期现货市场上，引入沪深 300ETF 使得期货市场的价格发现的主导地位被撼动，且价格发现的引导与被引导关系时刻在动态变化。

7.4.3　统计套利模型的实证结果

1. 残差序列平稳性检验

同表 7-3，为检查变量的平稳性，采用 Augmented Dickey-Fuller（ADF）检验，检验使用的滞后阶由舒瓦茨信息准则 SIC 给定。

表 7-9 的结果显示组 1 至组 4 中所有现货市场 STVECM 模型的残差序列的 ADF 统计量均显著，即无论在沪深 300ETF 引入前后，沪深 300 指数的残差序列 $\varepsilon_{2,t}^{\mathrm{index}}$、华泰沪深 300ETF 的残差序列 $\varepsilon_{2,t}^{\mathrm{huatai}}$ 和嘉实沪深 300ETF 的残差序列 $\varepsilon_{2,t}^{\mathrm{jiashi}}$ 在 99%置信度下均无单位根，序列平稳，可以进行基于协整模型的统计套利。

表 7-9　ADF 检验结果与残差序列标准差

时期	分组	现货市场	ADF 统计量	$\delta_{2,t}$	$\delta_{2,t}$
Pret-ETF	1	沪深 300 指数	−156.6871***	3.0176e−04	6.0325e−04
Post-ETF	2	沪深 300 指数	−137.6850***	3.6072 e−04	7.2144e−04
Post-ETF	3	华泰沪深 300 ETF	−131.3211***	6.1895e−04	12.3791e−04
Post-ETF	4	嘉实沪深 300 ETF	−133.6093***	7.5885e−04	15.1771e−04

注：***、**和*分别代表结果在 1%、5%和 10%置信度下显著。定价误差的滞后阶数基于表 7-4 的结果设定为 3 阶，AR 项滞后阶数由 AIC 定为 1 阶。

2. 残差序列与无套利区间

由图 7-21 至图 7-24 可见，无论在沪深 300ETF 引入前后，沪深 300 指数、华泰沪深 300ETF 与嘉实沪深 300ETF 作为现货市场，其 STVECM 模型回归残差序列均有大量时间处于阈值与两倍阈值之间，即 $1 \leqslant |\lambda_{2,t}| \leqslant 2$，此时有套利机会，根据前文给出的投资组合和开仓标准我们进行套利（收益率标准化到 1 元人民币）。

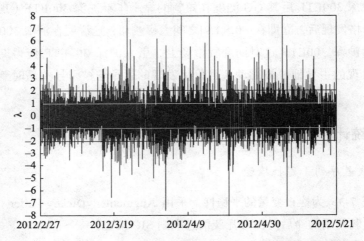

图 7-21　引入沪深 300ETF 前沪深 300 指数与沪深 300 指数期货的套利机会

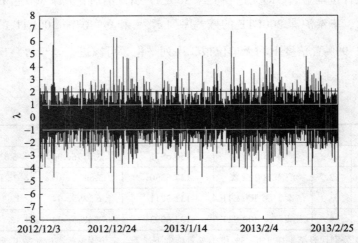

图 7-22　引入沪深 300ETF 后沪深 300 指数与沪深 300 指数期货的套利机会

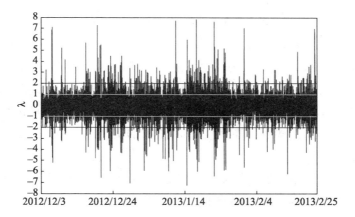

图 7-23　引入沪深 300ETF 后华泰沪深 300ETF 与沪深 300 指数期货的套利机会

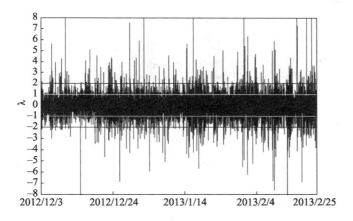

图 7-24　引入沪深 300ETF 后嘉实沪深 300ETF 与沪深 300 指数期货的套利机会

3. 套利收益

由图 7-25 至图 7-28 可得出以下结论。

（1）对于沪深 300 指数，在引入 ETF 前后，使用基于协整的统计套利方法均有明显的正收益，在引入 ETF 后正收益的绝对数值有所增加。值得注意的是，在引入 ETF 前 1 个月内，其套利收益显著为负，这可能是由于市场预期沪深 300ETF 即将推出而使得期现货市场的协整关系短期存在趋势性而被干扰。

（2）对于华泰沪深 300ETF，在引入后，使用基于协整回归的统计套利方法，在 2012 年 12 月 20 日后每单位资产组合可以得到[0,0.0007]之间的正收益，收益较为明显。但是若考虑双向 0.04%的交易成本，则只有极少数时候收益为正。特别地，在 2012 年 12 月 20 日前出现了显著的负收益，这可能是由于华泰沪深 300ETF 刚刚上市，其价格发现机制尚不稳定所导致的。

（3）对于嘉实沪深 300ETF，在引入后，使用基于协整回归的统计套利方法，几乎在每个试点，每单位资产组合均可以得到[0,0.0005]之间的正收益，收益同样较为明显。同样地，若考虑双向 0.04%的交易成本，则只有极端少数时候收益为正。

综上所述，在不考虑交易成本的前提下，基于协整的统计套利策略收益显著，但若考虑双向 0.04%的交易成本，则收益迅速被蚕食，大部分收益不再为正。

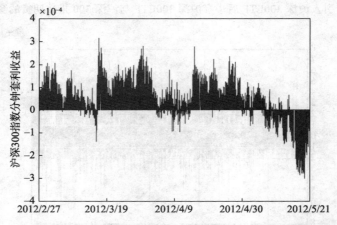

图 7-25　引入沪深 300ETF 前沪深 300 指数与沪深 300 指数期货的套利收益

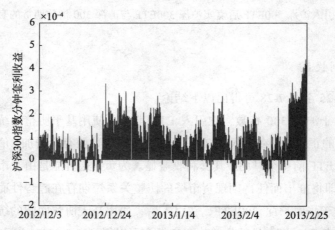

图 7-26　引入沪深 300ETF 后沪深 300 指数与沪深 300 指数期货的套利收益

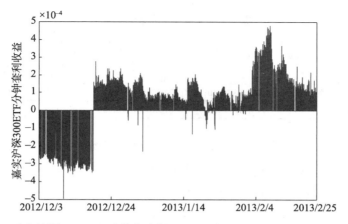

图 7-27　引入沪深 300ETF 后华泰沪深 300ETF 与沪深 300 指数期货的套利收益

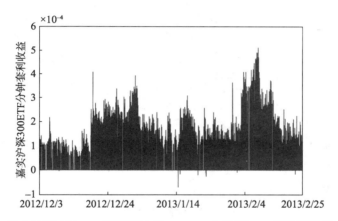

图 7-28　引入沪深 300ETF 后嘉实沪深 300ETF 与沪深 300 指数期货的套利收益

7.4.4　Copula-VaR-MSR 模型的实证结果

1. Copula-VaR 模型的实证结果

这里，依旧按照 7.2 节中的分组将样本分为组 1 至组 4，使用各组收益序列数据作为样本建模。为了保持收益数据分布的真实、准确性，对期现货市场收益率的边缘分布使用经验分布函数。通过 Matlab 的 copulafit 函数基于极大似然函数（ML）法估计几种主流的二元 copula 函数，得到各模型的对数似然值如表 7-10 所示。

表 7-10　Copula 函数的选择

时期	组	市场	Copula	Student-t	Normal	Clayton	Frank	Gumbel
Pre-ETF	1	沪深 300 指数	Log-likelihood	−8.5738	−3.2202	−4.1269	−8.5446	−6.6754
Post-ETF	2	沪深 300 指数	Log-likelihood	−83.9392	−65.0059	−23.1174	−11.8521	−71.1733
Post-ETF	3	华泰沪深 300ETF	Log-likelihood	−76.1797	−23.3585	−34.8820	−15.9347	−41.5611
Post-ETF	4	嘉实沪深 300ETF	Log-likelihood	−61.6595	−40.7344	−33.1124	−20.8627	−50.5569

　　根据表 7-10 的结果，综合考虑可知对于我们的数据而言基于 Student-t 分布的 copula 函数更为可靠，因此我们选用该 copula 函数进行实证。对于 t-copula 函数，其参数估计与 99%置信区间如表 7-11 所示。

表 7-11　t-Copula 的参数估计结果与置信区间

时期	分组	市场	自由度	99%置信区间
Pre-ETF	1	沪深 300 指数	10.6933***	[8.0020,13.3846]
Post-ETF	2	沪深 300 指数	7.5661***	[5.9343,9.1978]
Post-ETF	3	华泰沪深 300ETF	2.9530***	[2.6769,3.2290]
Post-ETF	4	嘉实沪深 300ETF	8.3318***	[6.5542,10.1094]

　　注：***、**和*分别代表结果在 1%、5%和 10%置信度下显著。定价误差的滞后阶数基于表 7-4 的结果设定为 3 阶，AR 项滞后阶数由 AIC 定为 1 阶。

　　组 1 至组 4 中沪深 300ETF 引入前后沪深 300 指数、华泰沪深 300ETF 和嘉实沪深 300ETF 对应的 t-copula 函数的自由度均在 99%的置信水平上显著，我们可以认为估计有效。下面按照前文所述使用蒙特卡罗模拟法通过产生伪随机数对（u,v）进行基于 t-copula 的蒙特卡罗模拟，模拟次数为 100000 次，模拟的资产组合为 1 单位多头现货 ETF 和 1 单位空头股指期货（结果标准化到 1 元人民币）。

表 7-12　整体 VaR 模拟结果（模拟次数为 100000 次）

时期	分组	市场	置信水平	整体 VaR
Pre-ETF	1	沪深 300 指数	95%	2.5235e-4
			99%	3.8241e-4
Post-ETF	2	沪深 300 指数	95%	2.6053e-4
			99%	4.0730e-4
Post-ETF	3	华泰沪深 300ETF	95%	2.5734e-4
			99%	4.9003e-4
Post-ETF	4	嘉实沪深 300ETF	95%	3.4478e-4
			99%	6.3613e-4

基于表 7-12 得到的整体 VaR 值，我们对套利收益序列进行回测，结果如表 7-13 所示。

表 7-13　Copula-VaR 回测结果

时期	组	市场	置信水平	观察数	失败次数	失败率
Pre-ETF	1	沪深 300 指数	95%	14395	25	0.17%
			99%	14395	0	0.00%
Post-ETF	2	沪深 300 指数	95%	11036	0	0.00%
			99%	11036	0	0.00%
Post-ETF	3	华泰沪深 300ETF	95%	13433	397	2.95%
			99%	13433	1	0.00%
Post-ETF	4	嘉实沪深 300ETF	95%	13434	0	0.00%
			99%	13434	0	0.00%

显而易见的结论如下。

（1）在不考虑交易成本的情况下，无论沪深 300ETF 引入前后，沪深 300 指数的套利收益的 Copula-VaR 回测效果都非常好，可以认为此策略在沪深 300 指数市场上有效且风险可控。

（2）在不考虑交易成本的情况下，无论是华泰沪深 300ETF 还是嘉实沪深 300ETF，无论在 95% 还是 99% 置信水平下，其对应的 Copula-VaR 基本都极大地覆盖了套利的损失，可以认为此时套利策略风险较低。

（3）在考虑双向 0.04% 的前提下，华泰沪深 300ETF 和嘉实沪深 300ETF 的 95% 置信度下对应的 Copula-VaR 失败率均较高，分别达到 16.63% 和 7.62%，可以认为此时 VaR 失效，套利策略风险较高；而 99% 置信度的前提下，两支 ETF 对应的 Copula-VaR 都极小，此时策略风险较低。具体情况如图 7-29～图 7-32 所示。

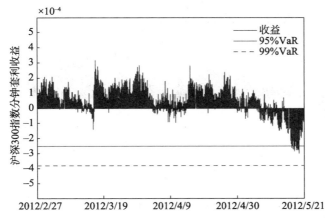

图 7-29　沪深 300ETF 引入前沪深 300 指数与沪深 300 指数期货的套利仓位 VaR

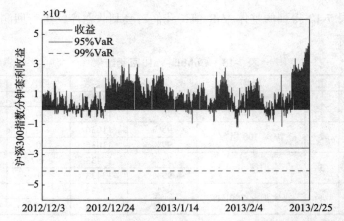

图 7-30　沪深 300ETF 引入后沪深 300 指数与沪深 300 指数期货的套利仓位 VaR

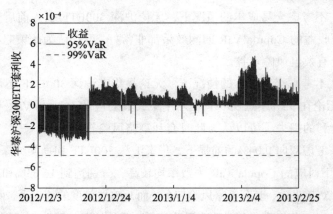

图 7-31　华泰沪深 300ETF 与沪深 300 指数期货的套利仓位 VaR

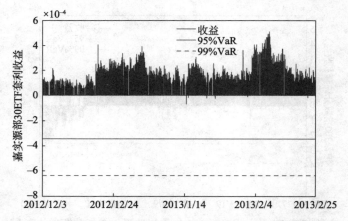

图 7-32　嘉实沪深 300ETF 与沪深 300 指数期货的套利仓位 VaR

2. Copula-VaR-MSR 模型的实证结果

根据 7.3.3 节建立的 Copula-VaR 模型，计算出的基于 Copula 的 VaR，若假定无风险收益率 R_f 为零，我们可以得到组 1 至组 4 的动态 MSR，如图 7-33 至图 7-36 所示。

由图 7-33 至图 7-36 我们可以看出：对于沪深 300 指数，其 MSR 在引入沪深 300ETF 前后短期明显趋负，在其他时间正向较多，多位于[0.2,0.4]之间，也就是投资者承担每单位 VaR 得到 0.2～0.4 单位的收益；对于两支沪深 300ETF 而言，华泰沪深 300ETF 的 MSR 在 2012 年 12 月 20 日前显著为负，其后转正，而嘉实沪深 300ETF 的 MSR 则一直为正。从这个角度而言，嘉实沪深 300ETF 的套利效果更好。

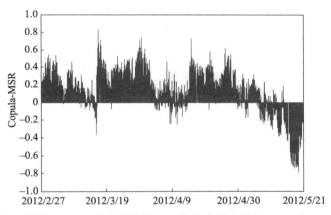

图 7-33　沪深 300ETF 引入前沪深 300 指数套利仓位的 MSR（99%VaR）

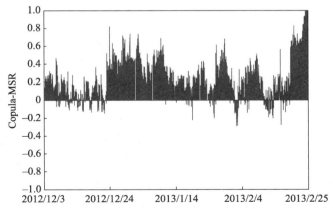

图 7-34　沪深 300ETF 引入后沪深 300 指数套利仓位的 MSR（99%VaR）

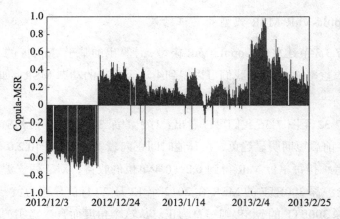

图 7-35　沪深 300ETF 引入后华泰沪深 300ETF 套利仓位的 MSR（99%VaR）

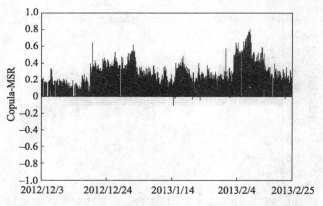

图 7-36　沪深 300ETF 引入后嘉实沪深 300ETF 套利仓位的 MSR（99%VaR）

7.5　结论与启示

　　华泰沪深 300ETF 与嘉实沪深 300ETF 上市以来，填补了我国在沪深 300 指数现货市场的空白。自这两支 ETF 上市以来，交易十分活跃，金融机构利用其作和沪深 300 股指期货进行期限套利、套期保值等行为十分普遍。本章研究结论主要如下。

　　（1）沪深 300ETF 的引入显著降低了沪深 300 指数、华泰沪深 300ETF 和嘉实沪深 300ETF 三个现货市场的交易成本的异质性，从而提高了其定价效率；虽然没有撼动沪深 300 指数期货市场在价格发现中的领导地位，但沪深 300ETF 的引入显著提升了沪深 300 指数、华泰沪深 300ETF 和嘉实沪深 300ETF 三个现货市场在价格发现中的贡献度；使得期现货市场波动性均易受现货市场新信息冲击的特征有所改变，尽管期现货市场的条件波动仍然主要受现货市场新信息冲击，但沪深 300ETF 的引入使得期现货市场对期货市场的新信息冲击的敏感性提高了。

（2）沪深 300ETF 作为金融产品的投资价值主要表现在收益特征和风险特征两方面。就收益而言，在不考虑交易成本的前提下，无论是沪深 300 指数 ETF 引入前后，对于沪深 300 股指期货与沪深 300 指数以及华泰沪深 300ETF 与嘉实沪深 300ETF，其套利机会都大量存在，且按照统计套利的原理进行配对交易所得的收益显著为正。但是一旦考虑交易成本，我们的套利收益就很很大部分被蚕食，甚至显著为负。就风险而言，同样是不考虑交易成本的前提下，两支 ETF 的套利策略的收益均远超其 VaR 值，但是一旦考虑交易成本，其 95%VaR 就会失灵，这应当引起我们的警惕。同时，Copula-VaR-MSR 也显示投资者承担每单位 VaR 所得报酬一般不足 1.0 且只有 0.4 左右。

（3）综上所述，我们有理由相信，在交易成本逐渐下降的前提下，这两只沪深 300ETF 有极佳套利机会和相对可控的风险特征，是品质优秀的金融资产，为金融机构的套利、套期保值提供了有效、可靠的工具。

第8章
国内与国外资本配置及其绩效评价

　　本书第 6 章研究了我国资本市场的投资组合策略，第 7 章研究了我国资本配置的套利机制，但是这些研究内容均是从国内证券市场的视角出发，并未将国内与国外市场进行对比分析，那么国内资本配置与国外资本配置有何不同？其对应的绩效有何区别？本章将基于国内市场和国外发达证券市场相关数据对这部分内容进行深入探讨，尝试探究在不同的投资组合策略下投资组合的绩效表现以及影响投资组合绩效的影响因素。

8.1　问题提出与文献评述

8.1.1　问题提出

　　自 Markowitz（1952）提出了具有里程碑意义的"均值—方差模型"投资组合，建立了一个在不确定条件下严格可操作的选择资产理论，自此投资组合理论得到了很大程度上的发展。20 世纪 80 年代标志着全球范围内金融资本主义时代的到来，全球流动性金融资产总额呈井喷式增长。至此，传统的投资工具，例如债券和股票，已经早就无法满足庞大的市场需求，这极大地促进了金融创新和金融资产的结构变化。鉴于期货和期权等衍生品市场具有高流动性、有偏性[①]、

---

　　① 有偏性指收益分布偏离于正态分布，两侧尾部不对称。具体的可以分为负向偏倚（又称左偏）和正向偏倚（又称右偏）。

低交易成本、与传统资产的低相关性、高杠杆性等特点，使期货等衍生品逐渐成为一种可选择的较理想的证券来帮助进行投资和风险分散化[①]。因此，研究商品期货在投资组合中的表现能够帮助我们更好地进行合理的资产配置。同时，通过改变投资组合在资产数量、资产种类、杠杆性和相关性方面的配置，研究在不同投资组合策略、不同资产配置方法和不同市场下的投资组合的表现，不仅可以全面地刻画商品期货在资产配置中的影响机制，也可以为期货和股票市场的投资者提供在不同投资环境下的资产配置建议。此外，将中国市场和国外发达市场进行比较，可以从资产配置的角度探讨中国期货市场与发达市场的差距，从而为监管当局提供具有理论依据和证据支撑的政策建议。

8.1.2 文献评述

已有很多学者对期货等衍生产品的投资性进行了分析，这些分析主要限于期货等衍生品的投资机理以及它们作为投资品的市场表现。

1. 期货等衍生品的投资机理研究现状

期货等衍生品的投资特性主要体现在如下四个方面：第一，Bodie 和 Rosansky（1980）、Edwards 和 Park（1996）、Elton 等（1987）、Irwin 和 Brorsen（1985）、Irwin 和 Landa（1987）、Lee 等（1985）、李瑞新（2012）等学者认为，期货等衍生品与其他证券收益之间有较低的相关性。第二，Bodie（1983）、Edwards 和 Park（1996）、Irwin 和 Landa（1987）、Gorton 和 Rouwenhorst（2006）、Spierdijk 和 Umar（2011）等的研究指出，含有商品期货的投资组合能够提供一个通胀对冲，而且不同的商品期货对通货膨胀的反应是不同的，其中非能源和非贵金属商品期货的表现最好，铜铝在各个周期范围内都可以有效地对冲通货膨胀。如果期货价格与利率呈现负相关，含有商品期货的投资组合也能够对冲高利率风险（Bjornson 和 Carter，1997）。第三，Scholes（1981），Merton（1995）指出，衍生品能够使得投资经理更好地利用信息、管理风险和减少交易成本。因此，相对于没有利用衍生产品的投资者，利用衍生品的经理的投资组合会改进投资绩效。第四，相对于股票、债券等基础类资产投资者，期货等衍生品常

---

① Chong 和 Miffre（2010）；Gorton 和 Rouwenhorst（2006）；Miffre 和 Rallis（2007）；You 和 Daigler（2013）研期货与其他金融工具的相关性较低，因此在传统的投资组合中加入商品期货可以分散组合风险。

具有高收益回报、高流动性等优点（Miffre 和 Rallis，2007；You 和 Daigler，2013），能够创造额外的高利润，（Koski 和 Pontiff，1999）。

2. 期货等产品投资组合市场表现的相关研究现状

关于衍生品的投资组合问题的研究还是比较多的，主要可分为期货、期权以及混合投资组合研究。

从期货产品投资上看，现有的很多文献肯定了期货投资组合的市场表现。Bodie（1983）、Irwin 和 Brorsen（1985）、Brorsen 和 Irwin（1985）、Irwin 和 Landa（1987）、Satyanaraya 和 Varangis（1994）认为投资管理期货产品能够带来有利的或适当的投资收益，并且可以有效地分散风险。Bodie 和 Rosansky（1980）通过对比 23 种商品期货指出，如果投资者将资金按照 40%和 60%的权重分别投资于商品期货和股票，那么由此构成的投资组合的收益和完全投资于股票所获得的收益相同，但同时却可以减少 30%的风险。Spurgin（1998）则一共设计了四个投资组合，分别是持有 100%债券、持有 100%股票、持有 50%的股票和 50%债券、以及持有 40%股票加 40%债券和 20%商品期货。经过实证研究发现第四个组合投资效用最大。进一步，Anson（1998）、李瑞新（2012）研究发现，非金融的期货合约加入传统的组合中，可以有效分散组合的风险，并可提高组合的夏普比率[1]。此外，还有许多文献研究给出了期货投资不同类型和不同期限进行混合的情况。

同时，也有研究提出质疑。Schneeweis（2000）、McGough（1995a，1995b）等人指出，在投资组合中加入期货，虽然可以提高组合的收益，但是含有衍生品的投资组合会有更多风险，可能会给组合绩效带来负效应。而 Elton（1987）、Gruber 和 Rentzler（1990）、Edwards（1996）认为，期货对投资组合绩效产生负效应是一直存在的常态，他们发现期货通常会带来不良的投资组合绩效。此外，对于期货和基金的关系，Fong 等（2005）通过研究发现，衍生品的使用无论在绩效上还是风险上都对基金没有显著影响。Koski 和 Pontiff（1999）也发现是否运用衍生品对整个基金的表现没有太大差异，不过使用衍生品有一个好处：当遭遇个别股票表现不好时，这类基金的表现不会十分糟糕，从而减小了可分散化风险的影响，但需要承担系统风险。另外，在期权产品投资方面，Knopf 等（2002）通过研究管理者股票期权投资组合对股票价格及其波动的敏感性发

---

① 对夏普比率的解释请具体见 8.2 节。

现：当对股票价格的敏感性增加时，公司倾向于更多的套期保值；当对股票波动的敏感性增加时，公司倾向于更少的套期保值。在衍生证券混合投资方面，Jensen 等（2000）分析了商品期货在股票、债券、短期国债和房地产投资组合中所承担的角色：通过一系列不同风险水平下的投资组合优化发现商品期货占有相当比重，并因此提高了投资组合收益。进一步地，如果将样本分为扩张和紧缩的货币政策区间，那么，在紧缩货币政策区间这一绩效得以延续，而在扩张货币政策期间商品期货的权重较小甚至为 0，且在各个风险水平下投资组合的收益也没有增加。

总体来说，多数学者对期货产品在投资组合中的作用持肯定态度，认为在投资组合中加入期货产品可以有效地分散风险，并提高组合的投资绩效，这为本文研究提供了很好的驱动力和理论依据。不过需要特别指出的是，已有文献所用的资产配置策略，主要限于简单的权重配置策略和 Markowitz 投资组合策略，而很多其他重要的配置策略并没有被考察，因此所得结论的支持依据比较单薄、片面，并难以有充分说服力从理论和实务两个角度全面评价商品期货对传统投资组合的影响。而且，对中国市场研究的文献少之又少，仅有的几篇也多是对现实情况的刻画和理论性探究，并没有开展进一步的实证分析。本文正是为试图解决上述两点不足而进行的。为此，我们采用中国市场和国外发达市场的股票和商品期货数据，通过改变投资组合在资产数量、资产种类、杠杆性和相关性等方面的配置，研究在不同投资组合策略、不同资产配置方法和不同市场下的投资组合的表现。最后，还将进一步考察商品期货影响投资组合风险和收益的原因。

8.2 投资组合策略与绩效评价模型的选择、简述与评析

为确保探究商品期货在资产配置中绩效的全面有效性，本节将选择在理论和实务中最常用到的七种投资组合策略与模型，并从各个投资组合策略与模型的推导过程、在实务中的应用、存在的优势与缺陷等方面进行对比分析。在后文的实证分析中，也将采用这七种投资策略构建股票—期货组合，分析组合的

收益和风险。同时，由于本文的重点在于不同绩效指标的对比，所以我们选择了最经典的、人们广泛使用的夏普指数作为投资组合的绩效评价指标。

8.2.1 资产配置模型的选择与分析

下面要介绍的七种投资组合策略可以分为三大类：朴素的资产配置方法（包括 1/N、st.w）、简单的投资组合策略（包括 RRT、RP）和最优投资组合策略（包括 MinVar、MV、BL）。

1. 朴素的资产配置方法（naive diversification rules）

1/N 资产分配策略（Benartzi 和 Thaler，2001）是最简单、最常用并且历史最久远的分配策略。此策略是指投资者将自己所持有的资产平均分成 n 份，再按照 n 种方式投资。有意思的是，Harry Markowitz 曾经从心理学的角度上分析了自己会选择 1/N 策略的原因，结论是为了避免将来后悔，他将资金按 1：1 分别投资于债券和股票。Benartzi 和 Thaler（2001）认为，个人投资者都普遍喜欢使用 1/N 投资策略，但是完全依赖于 1/N 策略的代价也会很大。

st.w 资产分配策略（Bessler 和 Wolff，2015）对 1/N 资产分配策略做出不少改进。st.w 策略将投资者分成保守投资者和激进投资者。由于对风险和收益的偏好不同，保守投资者和激进投资者对股票、商品期货的投资比重也各有不同。一般来说激进投资者投资商品期货的比重为15%，而保守的投资者仅为5%。为简便清楚起见，本文设定的投资组合的成分只有商品期货和股票，并将激进投资者的股票投资权重设为85%，将保守投资者设为95%。

2. 风险平价策略（risk-parity）

风险平价策略早在 Lortscher（1990）和 Schwarz（1996）的文章中就已经成型了。基本思想是确保投资组合中每份资产对投资组合的风险贡献皆相同，相应地风险越高的资产在投资组合中的权重就越小。起初该策略并没有得到广泛关注，直到 2008 年金融风暴之后，由于投资者迫切地想利用低风险资产达到自己的资产配置目标，所以很多投资者才会选择运用风险平价策略。此外，根据杠杆的使用与否还可以将风险平价策略分为杠杆风险平价策略和无杠杆风险平价策略。Anderson 等（2012）的研究表明，杠杆风险平价策略的收益高于无杠杆风险平价策略、朴素均值策略等，但是无杠杆风险平价策略的夏普比率普遍高于其他策略。因此，我们采用无杠杆风险平价策略。在无杠杆风险平

价策略中，资产权重和资产收益率标准差成反比，即

$$\omega_i = \frac{1/\sigma_i^2}{\sum_{i=1}^{N}(1/\sigma_i^2)} \tag{8.1}$$

其中，σ_i^2 为每一种资产的方差（Anderson 等，2012）。风险平价策略和最小方差组合一样，都不将收益率纳入考量，而仅仅考虑了风险因素的影响。

3. 风险报酬时机策略（reward-to-risk timing）

风险报酬时机策略（Kirby 和 Ostdiek，2012）是对在风险平价策略基础上的进一步改进。风险平价策略仅仅考虑了风险因素，而风险报酬时机策略的权重则是基于历史的风险报酬比率，即资产的样本均值除以样本方差得到。另外，在风险报酬时机策略中，我们假设超额风险资产收益率之间的相关性为零。如果组合中某资产的收益越高、风险越低，那么它在投资组合中所占权重就越大，具体可以表示为

$$\omega_i = \frac{\mu_i/\sigma_i^2}{\sum_{i=1}^{N}(1/\sigma_i^2)} \tag{8.2a}$$

其中，μ_i 指第 i 种风险资产的条件平均超额收益率，σ_i^2 为第 i 种风险资产的方差。由于期望收益率的估计通常精度不高，风险报酬时机策略的估计风险很可能会明显高于风险平价策略。

假设投资者持有坚定的 $\mu_i \geqslant 0$ 的先验观念[①]，则 RRT 策略的权重还可以推广为

$$\omega_i = \frac{\mu_i^+/\sigma_i^2}{\sum_{i=1}^{N}(\mu_i^+/\sigma_i^2)} \tag{8.2b}$$

其中，$\mu_i^+ = \max(\mu_i,0)$。由于 RRT 策略包含了收益率因素，收益率更高的风险资产，例如商品期货在投资组合中的权重会更高，因此，RRT 策略更适合激进型投资者。

---

① 先验（A priori）在拉丁文中解释为"来自先前的东西"，它通常指无须经验所获得的知识，与"后验"的概念对应。

4. 最小方差策略（MinVar）

最小方差策略（叶中行，林建忠，2000）是从资产定价模型演变而来的，但该策略仅考虑组合风险这一个维度：在不考虑期望收益率 μ 的情况下，使组合风险最小，即

$$\min \frac{\sigma^2}{2} = \frac{\sigma}{2} \omega^{\mathrm{T}} \sum \omega \qquad (8.3)$$
$$\text{s.t. } \mathbf{1}^{\mathrm{T}} \omega = 1$$

其中，σ^2 为组合的方差，ω 为资产组合，$\sum$ 为组合中各资产收益率的协方差，μ 为组合的收益率，向量 $\mathbf{1}=(1,1,1,\cdots,1)^{\mathrm{T}}$。应用拉格朗日乘数法可以在方差—均值坐标系下，得到方差最小时由收益和方差相对应的点的集合，即为有效前沿，在方差—均值坐标系下是一条抛物线[1]。当投资者所要求的收益率 μ 值变化时，所对应的 σ^2 也会随之变化。

为了求全局最小方差投资组合，还需令 $\dfrac{\mathrm{d}\sigma^2}{\mathrm{d}\mu}=0$ 求解，进而求出对应的组合权重向量 $\boldsymbol{\omega}^*$。由于最小方差组合可以在市场发生大幅变化时，具有为投资者提供避险功能，而且不需要对收益进行估计，因此在实际应用中很受欢迎。

5. 均值方差模型（mean-variance）

经典的均值—方差模型是由 Markowitz（1952）提出的，该模型通常假设投资者的投资策略有两类：风险确定时，期望收益最大；期望收益确定时，风险最小。于是有

$$\max U = \omega^{\mathrm{T}} \boldsymbol{\mu} - \frac{\sigma}{2} \omega^{\mathrm{T}} \sum \omega \qquad (8.4)$$

其中，U 为投资者的效用，ω 为资产组合，$\sum$ 为相关系数矩阵，$\boldsymbol{\mu}$ 为收益率向量，σ 为风险厌恶系数（Bessler 和 Wolff，2015）。因此，在均值方差模型中，考虑了收益和方差两个维度，这对资产配置问题的解释能力比最小方差策略更全面。

不过均值方差模型也有其不足的地方，例如用来估计单个资产的预期收益率和资产间的协方差矩阵是从历史数据中获得的，而历史数据的选择会影响到

---

① 这条抛物线也就是指有效前沿。

参数的估计值。此外，均值方差模型没有考虑到投资者对投资组合的风险态度，从而不能反映投资者对投资组合的意愿或观点。

6. Black Litterman 模型

Black Litterman 模型（Black 和 Litterman，1992）是在 Markowitz 模型的基础上经过改进衍生而来的，目前广泛运用于实务中。在 Black Litterman 模型中，不仅构建了市场均衡组合，更考虑到投资者对持有资产组合的观点。因此，模型中的资产期望收益可以通过将投资者的主观意愿或观点，以及由此决定的主观期望收益率和根据历史数据得到的资产预期收益率加以结合，并施以不同权重得到，具体可以表示为

$$\hat{\mu}_{\mathrm{BL}} = [(\tau\Sigma)^{-1} + \mathbf{P}^{\mathrm{T}}\Omega^{-1}\mathbf{P}]^{-1} \times [(\tau\Sigma)^{-1}\varPi + \mathbf{P}^{\mathrm{T}}\Omega^{-1}\mathbf{P}] \qquad （8.5）$$

其中，$\mathbf{P}$ 为观点矩阵；Σ 为收益的协方差矩阵；根据 Idzorek（2002），标量 τ 可以设定为 $\tau = \dfrac{\mathbf{P}^*\sum\mathbf{P}^{*T}}{\sum_{i=1}^{k}\mathrm{CF}/\mathrm{LC}_i}$；CF 为标准刻度因子；$\mathrm{LC}_i$ 为第 i 个观点的信心水平[①]；Ω 为观点收益矩阵[②]；$\varPi$ 为市场均衡收益率，可以由 $\varPi = \delta\Sigma\omega_{\mathrm{mkt}}$ 得出，其中 ω_{mkt} 为流通市值权重，δ 为风险厌恶系数。从表达式中可以看出，如果投资者对自己的主观判断非常有信心，资产组合的期望收益率会趋近于投资者的主观期望收益率；反之则会趋近于市场的均衡收益率。最后，再依据 Markowitz 模型的基本理念建立最优投资组合，得到最优投资策略。

因此，可以看出，投资者的主观意愿或观点正确与否，很大程度上决定了 Black Litterman 模型的准确可靠性。但是在实务中给出正确的观点并不容易。另外，投资者观点的协方差矩阵和标量等参数的设定也一直存在争议，至今无法统一，这就导致了最后的结果可能并不一定最优。

8.2.2　不同策略与模型的特点分析与比较

从 8.2.1 节对投资组合策略的介绍可知，各个投资策略思想皆从最朴素的均值平分开始，然后逐次将均值、方差作为影响因素纳入模型，最后根据实际

[①] 信心水平应根据具体的实际情况进行设定。

[②] 观点收益矩阵是一个对角矩阵，对角线上的元素为误差项，代表投资者对每条意见的不确定程度，矩阵中其他元素都为 0。

中国证券市场质量及其资本配置

的条件约束获得最优投资组合策略，这表明组合策略经历了由简入繁、从单薄到丰满的发展过程。尽管简单的投资策略只考虑收益和风险，甚至朴素分配的投资策略不考虑任何影响因素，只是最原始的均分，但由于简单、易操作、易评估等优势，仍受到了不少投资经理的青睐。

而对于优化策略来说，最小方差模型只考虑了投资组合方差最小这一个维度，但是实际上投资者的效用不仅受到方差的影响，还受到收益大小的影响。于是，在 Markowitz 的均值—方差模型中，又进一步将方差和收益共同纳入到效用函数中去求最大化值。但是 Markowitz 模型也并不完美：首先，Markowitz 模型估计的资产配置权重对收益的变动非常敏感，即使是很微小的变动，也会导致权重的较大变化。另外，Markowitz 模型使用的是市场客观收益率，这就导致它缺乏对投资主体的风险态度的考量。于是，Markowitz 模型的改进版，即 Black Litterman 模型问世了，该模型考虑到了市场的不完美性和投资者自身对于各种资产的态度，将实际情况和投资者的主观态度融合在一起，从而在实务中得到了更广泛的应用。

8.2.3　绩效评价模型的选择与分析

评估一个投资组合绩效的起点是衡量收益，但是仅仅通过收益来评价却并不全面。因为投资组合的差异回报率可能是由于面临的风险状况不同所导致，而这样所得到的结果并不具有可比性。因此，为了能够评估投资组合的绩效，需要建立风险与收益的综合测度指标，目前最经典、最常用的有夏普指数、特雷诺指数和詹森指数，而夏普比率，不仅同时考虑了系统性风险和非系统性风险，可以综合反映组合的风险状况，尤其还计算简便，便于理解，再加上本文选择绩效评价指标的目的是用以判别所选择的 7 种投资组合策略的绩效、而非绩效评价指标本身的改进，因此本文选择夏普比率作为投资组合的绩效评价指标，所用公式为普通夏普比率计算公式的改进版。

夏普比率，也称夏普系数（SR），本质上表示每单位的风险所得到的超额收益，即

$$SR_p = \frac{r_p - r_f}{\sigma_p} \tag{8.6}$$

其中，r_p 为组合的收益，r_f 为无风险收益率，σ_p 为组合收益的标准差（Sharpe，1994）。由于直接查到的无风险收益率通常是年收益率，于是，本文通过连续

复利的计算方式将年收益率和日收益率进行转化（罗斯等，2011）。

$$R_{\text{year}} = (1 + R_{\text{day}})^m - 1 \qquad (8.7)$$

其中，R_{year} 和 R_{day} 分别表示年利率和日率，m 为一年的天数。

夏普比率衡量的是每单位风险的总超额收益率，因此组合的夏普比率越大，组合的绩效越好。不过夏普比率也存在缺陷，当夏普比率为负数的时候，它的解释能力将受限。因此，我们需要对夏普比率进行修正。

Spurgin（8001）研究表明，在原有的公式中引入高阶矩，可以改进夏普比率。具体地，Pezier 和 White（2006）推荐使用经过峰度和偏度调整过后的夏普比率测度公式；Mahdavi 和 Mahnaz（2004）提出了加入了高阶矩调整项的夏普比率公式（ASR），该公式对组合收益率不服从正态分布的情况也有很好的绩效估计效果，具体公式为

$$\text{ASR} = \text{SR}\left[1 + \left(\frac{\text{Skewness}}{6}\right)\text{SR} - \left(\frac{\text{Kurtosis} - 3}{24}\right)\text{SR}^2\right] \qquad (8.8)$$

8.3　数据选择与统计特征

8.3.1　数据选择

对于国外发达市场，本文选择国外可交易的 ETF、商品期货和金融期货作为代表。其中可交易的 ETF 选择道琼斯指数基金（DIA）、标准普尔指数基金（SPY）和纳斯达克指数基金（QQQ），期货合约的具体情况见表 8-1 所示。鉴于国内 ETF 市场运作时间较短，且 ETF 与对应指数的运动趋势几乎一致（Liu 等，2015），所以用我国上证 50 指数（SZ50）、深证 100 指数（SZ100）和中证 100 指数（ZZ100）等代替对应市场的 ETF，商品期货合约的具体规格见表 8-2 所示。从商品属性来看，商品期货的种类涵盖了金属、化工和农产品三大领域，包括铜、天然橡胶、大豆等具有代表性的商品期货。为了得到更准确的结果，我们尽可能扩大数据样本量，将数据的时间跨度设定为 2004 年 1 月 2 日到 2015 年 12 月 31 日。另外，研究中所用到的所有数据为日数据且均来自于 Bloomberg 数据库。

表 8-1 国外商品期货合约表

期货合约	交易所	合约大小	最小变动价位	交易时间
棉花（CT2）	美国 ICE 期货交易所	5000 磅	0.01 美分/磅	10:30 a.m.—2:15 p.m.
玉米（C2）	芝加哥商业交易所	5000 蒲式耳[①]	0.25 美分/蒲式耳	8:20 a.m.—1:30 p.m.
大豆（S2）	芝加哥商业交易商	5000 蒲式耳	0.25 美分/蒲式耳	8:20 a.m.—1:30 p.m.
豆粕（SM2）	芝加哥商业交易商	100 短吨	10 美分/短吨[②]	8:20 a.m.—1:30 p.m.
小麦（W2）	芝加哥商业交易所	5000 蒲式耳	0.25 美分/蒲式耳	8:20 a.m.—1:30 p.m.
铝（MHA）	伦敦金属交易所	25 吨	2.5 美元/手	2:00—12:05, 12:30—12:35, 13:20—14:45, 15:10—15:15, 15:50—15:55, 16:15—16:55
铜（MCU）	伦敦金属交易所	25 吨	2.5 美元/手	2:00—12:05, 12:30—12:35, 13:20—14:45, 15:10—15:15, 15:50—15:55, 16:15—16:55
橡胶（JRU）	日本商品交易所	5 吨	0.1 日元/千克	9:00 a.m.—3:30 p.m.
标准普尔 500 指数期货（SP2）	—	—	—	—
高盛商品 指数期货（GI）	—	—	—	—

注：表中所用到的数据资料来源于 LME 官网（www.lme.com）、CME 官网（www.cmegroup.com）、TCE 官网（www.tocom.or.jp）、EURONEXT 官网（www.euronext.com）、ICE 官网（www.theice.com），截至 2015 年 12 月。

---

① 在不同的国家，蒲式耳与其他单位的转换是存在区别的。在美国，对于大豆和小麦，1 蒲式耳等于 27.216 公斤。而在玉米方面，1 蒲式耳只为 25.401 公斤。

② 1 短吨 = 2000 磅。

表 8-2　中国商品期货合约表

期货合约	交易所	合约大小	最小变动价位	交易时间
棉花一号（CCF）	郑州商品交易所	5 吨	5 元/吨	9:00a.m.—11:30a.m. 1:30p.m.—3:00p.m.
高筋小麦（CWS）	郑州商品交易所	10 吨	1 元/吨	9:00a.m.—11:30a.m. 1:30p.m.—3:00p.m.
玉米（DCC）	大连商品交易所	10 吨	1 元/吨	9:00a.m.—11:30a.m. 1:30p.m.—3:00p.m.
大豆一号（DSA）	大连商品交易所	10 吨	1 元/吨	9:00a.m.—11:30a.m. 1:30p.m.—3:00p.m.
豆粕（DSM）	大连商品交易所	10 吨	1 元/吨	9:00a.m.—11:30a.m. 1:30p.m.—3:00p.m.
铝（SAF）	上海期货交易所	5 吨	10 元/吨	9:00a.m.—11:30a.m. 1:30p.m.—3:00p.m.
铜（SCF）	上海期货交易所	5 吨	10 元/吨	9:00a.m.—11:30a.m. 1:30p.m.—3:00p.m.
天然橡胶（SNR）	上海期货交易所	10 吨	5 元/吨	9:00a.m.—11:30a.m. 1:30p.m.—3:00p.m.

注：表中所用到的数据资料来源于 SHFE 官网（www.shfe.com.cn）、CZCE 官网（www.czce.com.cn）、DCE 官网（www.dce.com.cn），截至 2015 年 12 月。

8.3.2　基本统计量分析

　　表 8-3 和表 8-4 分别给出了 2004 年 1 月 2 日到 2015 年 12 月 31 日的中国商品期货市场和国外期货市场资产收益率的基本统计量。从收益率来看，中国和国外的股票收益率都为正，而商品期货的收益率有正有负，且收益为负的商品期货占大多数。从品种上来看，不管是在中国商品期货市场还是国外商品期货市场，大豆、豆粕和铜的收益为正，橡胶、小麦、棉花和铝的收益率为负。从标准差来看，在中国市场商品期货的标准差都明显低于股票的标准差，但是在国外市场却恰好相反。另外，在中国市场，无论是股票市场还是商品期货市场，它们的收益率曲线都是负向偏倚的，并且均具有尖峰厚尾的特征；而对于国外数据来说，股票市场都是正向偏倚，商品期货市场大部分呈负向偏倚；不过，无论是股票市场还是期货市场，都具有尖峰厚尾的特征。由于本文的重点

表 8-3　国外市场资产收益率的基本统计量情况

	均值	标准差	偏度	峰度	夏普比率	JB 检验
dia	0.0247	1.1225	0.4235	20.8758	0.0203	0.001
qqq	0.0389	1.2813	0.006	10.3382	0.0289	0.001
spy	0.0262	1.1975	0.0179	18.609	0.0203	0.001
c2	−0.0107	1.8199	0.0583	4.9118	−0.007	0.001
ct2	−0.0249	1.7205	−0.1448	4.6311	−0.0156	0.001
gi	−0.0287	1.5318	−0.2325	5.7126	−0.02	0.001
jru	−0.0248	2.0098	−0.4818	6.2631	−0.0133	0.001
s2	0.0216	1.5835	−0.2174	5.1679	0.0124	0.001
sm2	0.042	1.7809	−0.1392	4.7954	0.0225	0.001
sp2	0.0183	1.2029	0.0116	18.8751	0.0136	0.001
w2	−0.0382	2.0436	0.0708	4.8773	−0.0196	0.001
mha	−0.0067	1.4013	−0.11	5.421	−0.0062	0.001
mcu	0.0088	3.8639	0.597	326.4558	0.0018	0.001

注：表中所有数据为作者运用 Matlab 编程运算后的结果。

表 8-4　中国市场资产收益率的基本统计量情况

	均值	标准差	偏度	峰度	夏普比率	JB 检验
sz50	0.0267	1.8486	−0.245	6.47	0.0134	0.001
sz100	0.0431	1.9051	−0.4425	5.6766	0.0216	0.001
szz100	0.0321	1.8188	−0.3119	6.4046	0.0166	0.001
ccf	−0.0087	0.8959	−0.1863	11.0293	−0.0119	0.001
cws	−0.0226	0.6355	−0.101	7.6598	−0.0386	0.001
dcc	−0.0016	0.6033	−0.2359	9.6146	−0.0058	0.001
dsa	0.0032	1.0153	−0.3093	6.4353	0.0012	0.001
dsm	0.0144	1.1962	−0.209	4.8436	0.0104	0.001
saf	−0.022	0.9357	−0.4573	8.0278	−0.0256	0.001
scf	0.0314	1.5279	−0.2268	4.7381	0.0193	0.001
snr	−0.0302	1.5785	−0.2183	4.2841	−0.0203	0.001

注：表中所有数据为作者运用 Matlab 编程运算后的结果。

是考察投资组合的绩效问题，所以我们也把单个资产的绩效情况纳入基本统计量的考察范围，并且用夏普比率进行评测。在 2004 年到 2015 年期间内，用国外三年期国债的日收益率作为国外的无风险日收益率，数值为 0.1923%；而在中国市场采用三年期贷款的日利率作为无风险日收益率，数值为 0.5049%。从结果来看，不管是中国市场还是国外市场，股票市场的夏普比率远好于商品期货市场，部分商品期货市场的夏普比率为负。此外，从 Jarque-Bera 检测来看，所有资产都在 5%的置信度下显著，因此并不能认为股票和期货市场呈正态分布[①]。

8.3.3　相关性分析

从表 8-5 和表 8-6 看，单个商品期货的收益率和绩效较低，并不适合单独投资。但如果把商品期货以适当方式加入股票的投资组合，就可以提高组合的投资价值，当然这需要商品期货和股票的相关性很低、甚至为负才行。所以，我们需要对股票和商品期货之间的相关性进行研究，具体结果如表 8-5 和表 8-6 所示。可以发现，不论中国市场还是国外市场，股票市场之间呈高度正相关，商品期货之间也呈正相关，且商品期货之间的相关系数普遍高于商品期货和股票之间的相关系数。例如，在中国市场，大豆和豆粕的相关系数高达 0.83，呈现高度正相关；铜和天然橡胶的相关系数也达到了 0.58。

表 8-5　外国市场的资产相关性矩阵

	dia	qqq	spy	c2	ct2	gi	jyu	s2	sm2	sp2	w2	mha	mcu
dia	1.00												
qqq	0.88	1.00											
spy	0.98	0.91	1.00										
c2	0.12	0.12	0.15	1.00									
ct2	0.17	0.16	0.19	0.29	1.00								
gi	0.24	0.20	0.28	0.41	0.32	1.00							
jru	0.12	0.10	0.13	0.13	0.12	0.20	1.00						
s2	0.15	0.15	0.17	0.65	0.34	0.44	0.16	1.00					
sm2	0.08	0.10	0.11	0.57	0.26	0.32	0.11	0.90	1.00				
sp2	0.87	0.81	0.88	0.15	0.19	0.32	0.14	0.18	0.10	1.00			
w2	0.11	0.11	0.13	0.66	0.26	0.37	0.11	0.50	0.43	0.14	1.00		
mha	0.19	0.18	0.21	0.17	0.18	0.36	0.20	0.20	0.15	0.21	0.13	1.00	
mcu	0.13	0.11	0.14	0.09	0.09	0.20	0.11	0.11	0.07	0.13	0.07	0.32	1.00

注：表中数据表示在国外市场下资产之间的相关性矩阵，由作者运用 Matlab 编程运算后的结果。

[①] Jarque-Bera 检验是检测分布正态性的一种方式。表 8-3 和表 8-4 给出的是 JB 检验的 p-value，p-value 小于 5%表示 JB 统计量的值超过临界值表示拒绝正态分布的零假设。

表 8-6 中国市场的资产相关性矩阵

	sz50	sz100	zz100	ccf	cws	dcc	dsa	dsm	saf	scf	snr
sz50	1.00										
sz100	0.88	1.00									
zz100	0.99	0.93	1.00								
ccf	0.13	0.14	0.14	1.00							
cws	0.11	0.12	0.11	0.24	1.00						
dcc	0.13	0.15	0.14	0.29	0.48	1.00					
dsa	0.16	0.16	0.16	0.31	0.40	0.51	1.00				
dsm	0.15	0.15	0.15	0.27	0.39	0.48	0.83	1.00			
saf	0.12	0.11	0.12	0.20	0.23	0.25	0.31	0.30	1.00		
scf	0.22	0.23	0.23	0.28	0.26	0.30	0.39	0.38	0.52	1.00	
snr	0.22	0.20	0.22	0.35	0.27	0.32	0.41	0.42	0.39	0.58	1.00

注：表中数据表示在中国市场下资产之间的相关性矩阵，由作者运用 Matlab 编程运算后的结果。

8.4 实证结果与分析

8.4.1 商品期货对投资组合绩效的影响分析

在 8.1 节的综述中就已经指出，已有文献对于"在投资组合中加入商品期货是否能够优化组合"持有质疑，虽然大部分学者持有肯定意见，但是仍有一部分学者表示怀疑。对此，我们通过实证研究进行回答。

表 8-7 和表 8-8 分别展现了中国和国外市场在只有股票构成的标的资产组合中加入商品期货后所构成的新组合的收益率、风险和绩效情况。从组合的收益率看，只有 Black Litterman 策略下的大部分股票商品期货组合收益会显著提升。在综述中已提到过，在组合中加入商品期货可以有效地分散组合风险，这一点也得到了印证。在中国市场，使用优化策略（Black Litterman、MV、MinVar）能够使加入商品期货的投资组合风险都明显小于股票投资组合的风险。国外市场的结果也大致如此。

表8-7 中国市场下的资产组合情况

资产配置策略	统计量	股票组合	股票商品期货组合							
			CCF	CWS	DCC	DSA	DSM	SAF	SCF	SNR
BL	收益率	0.0307	**0.0354**	**0.0341**	**0.0341**	**0.0337**	0.032	**0.0367**	0.0271	**0.0404**
	方差	3.339	**3.291**	**3.301**	**3.294**	**3.276**	**3.274**	**3.295**	**3.197**	**3.208**
	夏普比率	0.014	**0.017**	**0.017**	**0.016**	**0.016**	**0.015**	**0.017**	0.012	**0.020**
	修正夏普比率	0.014	**0.017**	**0.017**	**0.016**	**0.016**	**0.015**	**0.017**	0.012	**0.020**
MV	收益率	0.0344	**0.0353**	0.0327	0.0344	0.0344	0.033	**0.0356**	0.0284	**0.0403**
	方差	3.292	**3.287**	3.289	3.292	3.272	3.272	3.290	3.196	3.207
	夏普比率	0.016	**0.017**	0.015	0.016	**0.016**	0.015	**0.017**	0.013	**0.020**
	修正夏普比率	0.016	**0.017**	0.015	0.016	**0.016**	0.015	**0.017**	0.013	**0.020**
			CCF	CWS	DCC	DSA	DSM	SAF	SCF	SNR
MinVar	收益率	0.0344	**0.0352**	0.0323	0.0343	0.0343	0.0329	**0.0354**	0.0282	**0.0401**
	方差	3.292	**3.287**	**3.289**	**3.292**	**3.272**	**3.272**	**3.290**	**3.196**	**3.207**
	夏普比率	0.016	**0.017**	0.015	0.016	**0.016**	0.015	**0.017**	0.013	**0.020**
	修正夏普比率	0.016	**0.017**	0.015	0.016	**0.016**	0.015	**0.017**	0.013	**0.020**
RRT	收益率	3.51	3.51	3.51	3.51	**3.53**	**3.94**	3.51	4.84	3.51
	方差	3.307	3.307	3.307	3.307	3.347	3.577	3.307	4.188	3.307
	夏普比率	0.017	0.017	0.017	0.017	0.017	**0.018**	0.017	**0.021**	0.017
	修正夏普比率	0.017	0.017	0.017	0.017	0.017	**0.018**	0.017	**0.021**	0.017
RP	收益率	0.0338	0.033	0.0303	0.0333	**0.0339**	**0.0343**	0.0322	0.0345	0.033
	方差	3.297	3.310	**3.296**	3.304	3.316	3.313	3.306	3.322	3.320
	夏普比率	0.016	0.015	0.014	0.016	**0.016**	**0.016**	0.015	**0.016**	0.015
	修正夏普比率	0.016	0.015	0.014	0.016	**0.016**	**0.016**	0.015	**0.016**	0.015
st.w	收益率	0.034	0.0028	−0.039	0.0242	**0.0384**	**0.072**	−0.0372	**0.1232**	−0.0617
	方差	3.298	10.746	6.689	6.468	13.200	16.949	11.313	26.641	27.984
	夏普比率	0.016	−0.001	−0.017	0.008	0.009	**0.016**	−0.013	**0.023**	−0.013
	修正夏普比率	0.016	−0.001	−0.017	0.008	0.009	**0.016**	−0.013	**0.023**	−0.013

资产配置策略	统计量	股票组合	股票商品期货组合								
1/N	收益率	0.0158	0.0154	0.0139	0.0155	0.0158	**0.016**	0.0149	**0.0161**	0.0153	
	方差	3.298	23.597	12.939	12.144	29.889	40.110	25.289	64.994	68.819	
	夏普比率	0.016	−0.005	−0.026	0.004	0.007	0.015	−0.018	**0.022**	−0.016	
	修正夏普比率	0.016	−0.005	−0.026	0.004	0.007	0.015	−0.018	**0.022**	−0.016	

注：表中所有数据为作者运用 Matlab 编程运算后的结果。表格中所展示的是 2004 年到 2015 年期间内在中国市场，使用不同的投资组合策略，股票的投资组合和股票—商品期货组合的表现。标的投资组合由三支股票（sz50、sz100、zz100）构成，而新的投资组合则是在标的投资组合的基础上，加入了一支商品期货（商品期货的杠杆设定为 20）。另外，收益率、方差、夏普比率和修正夏普比率都为日数据。表格中用粗体标出的为股票—期货结果优于股票组合结果的数据，其中有些比较并不明显是由于有效数选择问题。

表 8-8　国外市场下的资产组合情况

资产配置策略	统计量	股票组合	股票商品期货组合									
			C2	CT2	GI	JYU	S2	SM2	SP2	W2	MHA	MCU
BL	收益率	0.022	**0.030**	**0.028**	0.034	**0.030**	0.025	0.026	0.013	**0.028**	**0.030**	**0.028**
	方差	1.277	1.356	**1.194**	1.304	1.354	**1.201**	1.364	**0.341**	**1.217**	1.333	1.345
	夏普比率	0.018	**0.024**	**0.024**	**0.028**	**0.024**	**0.021**	**0.021**	**0.019**	**0.024**	**0.024**	**0.023**
	修正夏普比率	0.018	**0.024**	**0.024**	**0.028**	**0.024**	**0.021**	**0.021**	**0.020**	**0.024**	**0.024**	**0.023**
MV	收益率	0.026	**0.027**	**0.028**	0.029	**0.027**	0.025	0.026	0.012	**0.028**	**0.027**	0.026
	方差	1.210	**1.205**	**1.194**	**1.181**	**1.203**	**1.201**	**1.208**	0.322	**1.206**	**1.189**	**1.199**
	夏普比率	0.022	**0.023**	**0.024**	**0.025**	**0.023**	0.021	0.022	0.017	**0.023**	**0.023**	0.022
	修正夏普比率	0.022	**0.023**	**0.024**	**0.025**	**0.023**	0.021	0.022	0.017	**0.023**	**0.023**	0.022
MinVar	收益率	0.026	**0.027**	**0.028**	0.029	**0.027**	0.025	0.025	0.012	**0.027**	**0.027**	0.026
	方差	1.210	**1.205**	**1.194**	**1.181**	**1.203**	**1.201**	**1.208**	0.322	**1.206**	**1.189**	**1.199**
	夏普比率	0.022	**0.023**	**0.024**	**0.025**	**0.023**	0.021	0.021	0.017	**0.023**	**0.023**	0.022
	修正夏普比率	0.022	**0.023**	**0.024**	**0.025**	**0.023**	0.021	0.021	0.017	**0.023**	**0.023**	0.022
RRT	收益率	0.031	0.031	0.031	0.031	0.031	**0.033**	**0.039**	0.034	0.031	0.031	**0.031**
	方差	1.372	1.372	1.372	1.372	1.372	1.484	1.575	1.898	1.372	1.372	1.383
	夏普比率	0.025	0.025	0.025	0.025	0.025	0.026	**0.030**	0.023	0.025	0.025	0.025
	修正夏普比率	0.025	0.025	0.025	0.025	0.025	0.026	**0.030**	0.023	0.025	0.025	0.0245

续表

资产配置策略	统计量	股票组合	股票商品期货组合									
			C2	CT2	GI	JYU	S2	SM2	SP2	W2	MHA	MCU
RP	收益率	0.029	0.029	0.029	0.029	0.029	**0.030**	**0.030**	**0.030**	0.029	0.029	**0.031**
	方差	1.350	1.353	1.355	1.358	1.352	1.354	1.352	1.388	1.352	1.3564	1.383
	夏普比率	0.0236	0.0235	0.0234	0.0232	0.0234	**0.0237**	**0.0238**	0.0235	0.0234	0.0234	**0.0236**
	修正夏普比率	0.0236	0.0235	0.0234	0.0233	0.0234	**0.0237**	**0.0238**	0.0235	0.0234	0.0234	**0.0236**
st.w	收益率	0.030	−0.007	−0.049	−0.061	−0.049	**0.090**	**0.151**	**0.080**	−0.089	0.005	**0.052**
	方差	1.363	32.239	29.417	24.369	38.755	25.080	30.598	20.271	39.995	20.335	138.28
	夏普比率	0.024	−0.002	−0.009	−0.013	−0.008	0.018	**0.027**	0.017	−0.014	0.0007	0.0042
	修正夏普比率	0.024	−0.002	−0.009	−0.013	−0.008	0.018	**0.027**	0.017	−0.014	0.0007	0.0042
1/N	收益率	0.030	−0.031	−0.102	−0.121	−0.102	**0.130**	**0.232**	**0.114**	−0.169	−0.011	**0.066**
	方差	1.363	85.696	77.405	62.761	103.83	65.699	81.629	46.150	107.27	52.325	378.32
	夏普比率	0.024	−0.004	−0.012	−0.016	−0.010	0.016	**0.026**	0.017	−0.017	−0.002	0.0033
	修正夏普比率	0.024	−0.004	−0.012	−0.016	−0.010	0.016	**0.026**	0.017	−0.017	−0.002	0.0033

注：表中所有数据为作者运用 Matlab 编程运算后的结果。表格展示的是 2004 年到 2015 年期间内在国外市场，使用不同的投资组合策略后，股票的投资组合和股票—商品期货组合的表现。其中，股票组合由三支股票指数基金构成，包括 SPY、DIA 和 QQQ。

从组合的绩效来看，不管使用简单策略还是优化策略，在组合中加入大豆、豆粕和铜期货，都能提高组合的绩效，这里需要注意的是这三种商品期货的自身收益率都为正。而自身收益率为负的商品期货一般只有在优化策略中才会明显提高组合的绩效。导致出现上述现象的原因主要在于策略设定本身：在 1/N、st.w、RP 和 RRT 策略中每种资产的权重都必须大于等于零。但由于期货市场为了增加流动性，规定商品期货可以进行卖空交易，所以权重可以为负，这导致了 1/N、st.w、RP 和 RRT 这四种策略会使商品期货这一重要优势无用武之地。相比之下，优化策略（BL、MV、MinVar）只限定所有资产权重之和为 1，并不具体地对权重正负进行设定，因此可以顾及甚至突出商品期货的优势。在分析在投资组合中加入商品期货是否会提高组合的绩效时，将更关注投资组合在优化策略下的表现，甚至还会摒弃一些效果不佳的投资组合策略。

另外，和其他投资组合策略相比，Black Litterman 策略的效果明显最好。在国外市场，所有股票—期货组合的绩效都明显优于股票组合。但 Daskalaki 和 Skiadopoulos（2011）的研究结论相反：在投资组合中加入商品期货，MV

策略并不能优化组合的效果，这与我们的实证结果相悖。尤其是在国外市场，股票—期货组合的绩效大都优于股票组合；中国市场的表现虽然不如国外市场显著，但也有接近半数的结果显示股票—期货组合的绩效更好。

至此，我们尝试了运用在理论和实务中最经典、最常用的投资组合策略，把数种不同类型的商品期货加入股票组合中对中国市场和外国发达市场的效果进行反复验证。实证结果表明，在投资组合中加入商品期货可以提高投资组合的绩效。

8.4.2 影响投资组合收益率、方差、绩效的原因

由于商品期货具有标的资产为实物商品、只能在有限期限内行权、存在交割风险等多个特性，所以显著区别于股票、债券等传统金融工具。另外，商品期货在投资实践中还有以下三个重要优势：首先，由于商品期货与股票以及商品期货之间有较低的相关性，所以在传统的投资组合中加入商品期货可以有效地分散组合的风险。第二，如前文所言，期货市场可以卖空。第三，不同于股市的全额交易，期货市场可以进行 10~20 倍的杠杆交易，能以小博大。当然，期货还有信息透明度高、融资成本较低等特点，这里就不再赘述了。

为了简便和不失一般性，下面做出以下设定。

假设 R_i 为第 i 种资产的收益率，w_i 为第 i 种资产的权重，σ_i 为第 i 种资产的标准差，L_i 为第 i 种资产的杠杆，那么，投资组合收益率 R_p 和方差为 V_p 为

$$R_p = \sum_{i=1}^{N} w_i L_i R_i \qquad (8.9)$$

$$V_p = \sum_{i,j=1}^{N} L_i L_j w_i w_j \rho_{ij} \sigma_i \sigma_j \qquad (8.10)$$

根据式（8.9）和式（8.10）可知，投资组合的收益率和风险受 ρ_{ij}、w_i、w_j 或 L_i 的影响。下面将依次分析相关性、卖空交易和杠杆比率对收益率、方差和投资绩效的影响，并对结论归纳总结，形成系统的投资组合理论。

同时，为了更具有针对性，下面将通过具体例子进行实证分析。简单起见，此处将研究由三个资产组成的市场组合，其中在中国股票市场选择上证 50 指数；在国外市场选择道琼斯指数基金；对于商品期货的选择，除了关注其基本统计特征之外，还要保证选择的中外商品期货类型相同，从而更好地进行中外

市场对比。通过 8.3.2 节的基本统计量分析可以发现，在中国和国外市场，大豆、豆粕和铜期货的收益率都为正，而其他相同类型的商品期货的收益率都为负。于是，在中国商品期货中选择 DSA、DSM、SCF（＋）和 CWS、CCF、SNR、SAF、DCC（－），共八支；对应地，在国外商品期货中选择 S2、SM2、MCU（＋）和 W2、CT2、JRU、MHA、C2（－），共八支。由于中国期货和国外期货数据本身具有不同特性，且投资组合策略内包含不同的限制条件，所以这里无法将所列的理论条款都给出具体实例，只能部分给出。

1. 相关性和卖空与否对收益率、方差和投资绩效的影响分析

（1）理论依据

为能更清楚地体现相关系数对方差的影响，这里不妨固定 $L_i = L_j = 1$ $(i, j = 1, 2, 3)$。此时，式（8.10）将变为

$$\frac{\mathrm{d}V_p}{\mathrm{d}\rho_{ij}} = w_i w_j \sigma_i \sigma_j = \begin{cases} \geqslant 0 & w_i w_j \geqslant 0 \\ < 0 & w_i w_j < 0 \end{cases} \qquad (8.11)$$

当 $w_i w_j \geqslant 0$ 时，相关性越高，风险越大；当 $w_i w_j < 0$ 时，相关性越高，风险越小。

其实在实务中，不论在中国还是在国外杠杆水平都接近 20，为此我们将杠杆也固定在 20，以使理论和实务更加契合。并且，这里将只有股票组成的市场组合设定为基准，与加入商品期货的组合进行比较。此外，为清楚起见，我们将 R_i 假定为商品期货，R_j 假定为股票。具体地，对收益率、风险及其绩效的评价如表 8-9 所示。

表 8-9　相关性与卖空与否对收益率、风险及其绩效影响分析表（杠杆固定为 20）

			R_p	V_p	SR_p / ASR_p	标号
$w_i w_j \geqslant 0$	$w_i \geqslant 0 \,\&\, w_j \geqslant 0$	$R_i \geqslant 0 \,\&\, R_j \geqslant 0$	↗	↗	—	情况 1
		$R_i \geqslant 0 \,\&\, R_j < 0$	↘	↗	↘	情况 2
		$R_i < 0 \,\&\, R_j \geqslant 0$	↘	↗	↘	情况 3
		$R_i < 0 \,\&\, R_j < 0$	↘	↗	↘	情况 4
	$w_i \leqslant 0 \,\&\, w_j \leqslant 0$	$R_i \geqslant 0 \,\&\, R_j \geqslant 0$	↘	↗	↘	情况 5
		$R_i \geqslant 0 \,\&\, R_j < 0$	—	↗	↘	情况 6
		$R_i < 0 \,\&\, R_j \geqslant 0$	↗	↗	↘	情况 7
		$R_i < 0 \,\&\, R_j < 0$	↗	↗	—	情况 8

续表

$w_iw_j < 0$	$w_i > 0 \& w_j < 0$	$R_i \geq 0 \& R_j \geq 0$	—	↘	—	情况 9
		$R_i \geq 0 \& R_j < 0$	↗	↘	↗	情况 10
		$R_i < 0 \& R_j \geq 0$	↘	↘	—	情况 11
		$R_i < 0 \& R_j < 0$	—	↘	—	情况 12
	$w_i < 0 \& w_j > 0$	$R_i \geq 0 \& R_j \geq 0$	—	↘	—	情况 13
		$R_i \geq 0 \& R_j \geq 0$	↘	↘		情况 14
		$R_i < 0 \& R_j \geq 0$	↗	↘	↗	情况 15
		$R_i < 0 \& R_j < 0$	—	↘	↗	情况 16

注：表格所体现的是根据式（8.9）至式（8.11）计算的在相关性和卖空因素的共同作用下投资组合的收益率、风险和绩效情况的归纳总结；"—"者不确定。本表给出了股票组合加入商品期货后由于收益率、权重的不同而出现的 16 种表现情况，例如，情况 1 表明，当权重、收益率皆非负时股票商品期货组合的方差、收益率与绩效情况。

值得注意的是，由于加入的商品期货具有 20 倍的杠杆，所以一般来说它的收益将远大于股票的收益率。于是，当商品期货的收益率为正时，加入商品期货的组合收益率大于基准组合的收益率，例如表 8-9 中的情况 1。同理，如果商品期货的收益率为负，那么在基准组合中加入商品期货，会降低投资组合的收益率，例如表 8-9 中的情况 2。

（2）对表 8-9 中 4 种情况的实例分析

根据相关性分析和商品期货的种类限制，我们进行如下设定：中国市场的高相关性投资组合的构成为 SZ50、DSA、DSM（＋）和 SZ50、SNR、SAF（－），低相关性投资组合的构成为 SZ50、DSM、SCF（＋）和 SZ50、CWS、CCF（－）。对应地，国外的高相关性投资组合构成为 DIA、S2、SM2（＋）和 DIA、MHA、JRU（－），低相关性投资组合的构成为 DIA、SM2、MCU（＋）和 DIA、W2、JRU（－）。

当权重都为非负时，我们可以选择的投资组合策略有 1/N、st.w、RP、RRT，但商品期货本身具有 20 倍的杠杆，所以会导致其方差过高。而 1/N、st.w 又赋予了商品期货较高的权重，因此得到的结果往往是失真的。另外，在 RRT 模型中，收益为负的商品期货的权重为零，从而得到的新的投资组合就是基准组合本身，因此没有必要讨论。所以，当权重为非负时，这里只讨论 RP 投资组合策略。

根据假定，R_j 为股票的收益率、w_j 为股票的权重，而在实务中股票的收益都为正，且在所有投资组合策略下，股票的权重也都为正，因此我们并不能在股票—商品期货的框架下，讨论 R_j 为负和 w_j 为负的情况的情况。但是，如果改变投资组合的配置（例如将股票换为债券），就有可能出现表 8-9 中的情况 2、情况 4 等，表中对应的结论仍然适用，这里就不再讨论了。

由于对表 8-9 中列出的 16 情况都加以讨论，将非常复杂。为清楚起见和不失一般性，下面仅对表 8-9 中情况 1、情况 3、情况 13、情况 15 进行举例分析，其他类似。

①表 8-9 情况 1 的实例分析。针对表 8-9 情况 1 中所展示的条件，在组合中加入商品期货，可以提高原来基准组合的收益率，同时也会提高组合的风险，具体如表 8-10 所示。但"提高风险"相悖于"由于商品期货与股票相关性较低，在投资组合中加入商品期货可以分散组合风险"的结论。其中的原因在于 RP 投资组合策略限定了商品期货的权重为正，即不允许商品期货进行卖空交易。这从根本上阻止了商品期货发挥本身优势的机会，从而也遏制了它分散组合风险的能力。同时，注意到 MCU 的方差是 S2、SM2 的 4 倍左右，如果加上 20 倍的杠杆则高达 1600 倍。而与在股票组合中加入与组合相关性高的商品期货相比，在股票组合中加入与本身风险较高、但组合相关性低的商品期货仍能有效地分散组合的风险。可见，相关性对投资组合的风险分散效果有重要影响。从绩效的角度看，由于收益率和风险同时增加，绩效的变动方向并不能确定，这点也与表 8-9 中的情况 1 相同。

表 8-10　情况 1 即当 $w_i \geqslant 0 \,\& \, w_j \geqslant 0$ 且 $R_i \geqslant 0 \,\& \, R_j \geqslant 0$ 时投资组合表现

	中国市场			国外市场		
	基准组合	高相关性	低相关性	基准组合	高相关性	低相关性
收益率	0.027	0.029	0.030	0.025	0.026	0.026
方差	3.417	3.577	3.562	1.260	1.280	1.270
夏普比率	0.0117	0.014	0.0151	0.0203	0.0213	0.0209
修正夏普比率	0.0117	0.014	0.0151	0.0203	0.0213	0.0209

注：表格中所有数据为作者运用 Matlab 编程运算后的结果。

②表 8-9 情况 3 的实例分析。针对表 8-9 情况 3 中所展示的条件，由于投资策略对资产权重的限制，在股票组合中加入收益率为负的商品期货，会降低组合的收益率、同时增加组合的风险，从而降低组合绩效，具体如表 8-11 所示。

虽然在投资组合中加入相关性较低的商品期货，可以分散组合的风险，但由于 W2 和 CWS 的收益率为负，在不能卖空的情况下，极大地拉低了组合收益率，从而导致加入低相关性的商品期货组合的绩效反而比基准组合的绩效更低。

表 8-11　情况 3 即当 $w_i \geqslant 0 \& w_j \geqslant 0$ 且 $R_i \geqslant 0 \& R_j \geqslant 0$ 时投资组合表现

	中国市场			国外市场		
	基准组合	高相关性	低相关性	基准组合	高相关性	低相关性
收益率	0.027	0.020	0.015	0.025	0.024	0.024
方差	3.417	3.554	3.533	1.260	1.285	1.274
夏普比率	0.012	0.010	0.007	0.020	0.020	0.019
修正夏普比率	0.012	0.010	0.007	0.020	0.020	0.019

注：表格中所有数据为作者运用 Matlab 编程运算后的结果。

③表 8-9 情况 13 的实例分析。针对表 8-9 情况 13 中所展示的条件，对比基准组合，中国市场组合和国外低相关系数组合的收益率和风险同时减小，但是收益的减小幅度大于方差，从而导致组合的绩效变差，具体见表 8-12 所示。值得注意的是，国外市场高相关性的那组数据，加入商品期货后的组合收益率增加。这是因为加入的两支期货的权重为一正一负，而其他投资组合中加入的两支期货的权重都为负。另外，在美国市场，相比于在股票组合中加入一组低相关性期货，在股票组合中加入一组高相关性期货得到投资组合风险反而更小，这显然有悖于一般常识。由于本文一开始就排除了杠杆比率的影响，那么

表 8-12　情况 13 即当 $w_i < 0 \& w_j > 0$ 且 $R_i \geqslant 0 \& R_j \geqslant 0$ 时投资组合表现

		基准组合	高相关性			低相关性		
			MinVar	MV	BL	MinVar	MV	BL
中国	收益率	0.027	0.026	0.026	0.026	0.021	0.021	0.020
	方差	3.417	3.400	3.400	3.404	3.326	3.326	3.327
	夏普比率	0.012	0.011	0.011	0.011	0.009	0.009	0.009
	修正夏普比率	0.012	0.011	0.011	0.011	0.009	0.009	0.008
国外	收益	0.025	0.026	0.026	0.026	0.023	0.023	0.023
	方差	1.260	1.229	1.229	1.229	1.242	1.242	1.242
	夏普比率	0.020	0.022	0.022	0.022	0.019	0.019	0.019
	修正夏普比率	0.020	0.022	0.022	0.022	0.019	0.019	0.019

注：表格中所有数据为作者运用 Matlab 编程运算后的结果。

导致这个现象发生的影响因素就只能是做空交易。于是可以得出结论，通过灵活地做空交易，不仅可以提高组合收益率，还能有助于组合的风险分散，从而提高组合绩效。在这方面，国外期货市场的表现显然更好。

④表 8-9 情况 15 的实例分析。针对表 8-9 况 15 中所展示的条件，即当 $w_i < 0 \,\&\, w_j \geqslant 0$ 且 $R_i < 0 \,\&\, R_j \geqslant 0$ 时，投资组合的收益率上升，风险下降，从而组合的绩效上升，具体见表 8-13。其中值得注意的是，在外国投资组合中加入的两只商品期货的权重都为负，而中国投资组合中加入的两支商品期货的权重分别为一正一负。由于加入的商品期货的收益率本身即为负，因此相对中国，美国投资组合的收益率上升幅度更大，且风险分散效果更为彻底，从而美国投资组合的绩效表现也更好。

表 8-13　情况 15 即当 $w_i < 0 \,\&\, w_j > 0$ 且 $R_i < 0 \,\&\, R_j \geqslant 0$ 时投资组合表现

		基准组合	高相关性			低相关性		
			MinVar	MV	BL	MinVar	MV	BL
中国	收益率	0.027	0.031	0.032	0.033	0.028	0.028	0.031
	方差	3.417	3.325	3.325	3.329	3.308	3.308	3.317
	夏普比率	0.012	0.014	0.015	0.015	0.012	0.013	0.014
	修正夏普比率	0.012	0.014	0.015	0.015	0.012	0.013	0.014
国外	收益率	0.025	0.027	0.027	0.027	0.027	0.028	0.027
	方差	1.260	1.225	1.225	1.226	1.243	1.243	1.243
	夏普比率	0.020	0.022	0.022	0.022	0.023	0.023	0.023
	修正夏普比率	0.020	0.022	0.022	0.022	0.023	0.023	0.023

注：表格中所有数据为作者运用 Matlab 编程运算后的结果。

2. 杠杆比率和卖空对收益率、方差和投资绩效的影响分析

（1）理论依据

根据式（8.9）和式（8.10），杠杆比率会同时影响投资组合的均值和方差，因此我们让其分别对杠杆比率求导，可得

$$\frac{\mathrm{d}R_p}{\mathrm{d}L_i} = w_i R_i \qquad (8.12)$$

$$\frac{\mathrm{d}V_p}{\mathrm{d}L_i} = \sum_{j=1}^{N} L_j w_i w_j \sigma_i \sigma_j \qquad (8.13)$$

由式（8.12）和式（8.13）可以推导得出：当 $w_i w_j \geq 0$ 时，杠杆比率越大，风险越大；当 $w_i w_j < 0$ 时，杠杆比率越大，风险越小。为了简化理论模型，我们仍将 R_i 假定为商品期货，R_j 假定为股票。其中需要注意的是，理论模型中是内含商品期货杠杆比率。因此，我们仍认为商品期货的收益率的绝对值远高于股票收益率。对收益率、风险及其绩效的评价分析的内容与方式与 8.4.2 节第 1 部分类似，此处不再赘述，具体结果如表 8-14 所示。

表 8-14　杠杆比例对收益率、风险及其绩效影响分析表（含有杠杆）

			R_p	V_p	SR_p/ASR_p	标号
$\sum_{j=1}^{N} L_j w_i w_j \sigma_i \sigma_j \geq 0$	$w_i \geq 0 \, \& \, w_j \geq 0$	$R_i \geq 0 \, \& \, R_j \geq 0$	↗	↗	–	情况 1
		$R_i \geq 0 \, \& \, R_j < 0$	↗	↗	–	情况 2
		$R_i < 0 \, \& \, R_j \geq 0$	↘	↗	↘	情况 3
		$R_i < 0 \, \& \, R_j < 0$	↘	↗	↘	情况 4
	$w_i \leq 0 \, \& \, w_j \leq 0$	$R_i \geq 0 \, \& \, R_j \geq 0$	↗	↗	↗	情况 5
		$R_i \geq 0 \, \& \, R_j < 0$	↗	↗	↘	情况 6
		$R_i < 0 \, \& \, R_j \geq 0$	↘	↗	–	情况 7
		$R_i < 0 \, \& \, R_j < 0$	↗	↗	↗	情况 8
$\sum_{j=1}^{N} L_j w_i w_j \sigma_i \sigma_j < 0$	$w_j > 0 \, \& \, w_j < 0$	$R_i \geq 0 \, \& \, R_j \geq 0$	↗	↘	↗	情况 9
		$R_i \geq 0 \, \& \, R_j < 0$	↗	↘	↗	情况 10
		$R_i < 0 \, \& \, R_j \geq 0$	↘	↘	↘	情况 11
		$R_i < 0 \, \& \, R_j < 0$	↘	↘	–	情况 12
$\sum_{j=1}^{N} L_j w_i w_j \sigma_i \sigma_j < 0$	$w_i < 0 \, \& \, w_j > 0$	$R_i \geq 0 \, \& \, R_j \geq 0$	↗	↘	↘	情况 13
		$R_i \geq 0 \, \& \, R_j < 0$	↗	↘	↘	情况 14
		$R_i < 0 \, \& \, R_i \geq 0$	↗	↘	↗	情况 15
		$R_i < 0 \, \& \, R_j < 0$	↗	↘	↘	情况 16

注：表格所体现的是根据式（8.9）、式（8.10）和式（8.12）计算的在杠杆比率和卖空因素的共同作用下投资组合的收益率、风险和绩效情况的归纳总结；"–"指不确定。

（2）对表 8-14 中的 4 种情况的实例分析

根据商品期货的种类限制，进行如下设定：中国市场的投资组合构成为 SZ50、DSA、SCF（＋）和 SZ50、CWS、CCF（－）；与之对应的外国投资组合构成为 DIA、S2、MCU（＋）和 DIA、W2、CT2（－）。

在杠杆比率的设定上，高杠杆比率设定为常用的 20 倍杠杆，低杠杆比率设定为 1。但是当杠杆比率为 1 时，中外市场的商品期货都不能进行卖空交易。因此，在情况 13 和情况 15 的实例分析中，低杠杆比率设定为 10。

此外，为了与 8.4.2 节第 1 部分保持一致，在本章节也不对投资组合策略 $1/N$、st.w、RRT 和 R_j 为负和 w_j 为负的情况进行讨论，即下面仅对表 8-14 中情况 1、情况 3、情况 13、情况 15 进行举例分析，其他类似。

①表 8-14 情况 1 的实例分析。针对表 8-14 情况 1 中所展示的条件，即当 $w_i \geqslant 0 \,\& \, w_j \geqslant 0$，且 $R_i \geqslant 0 \,\& \, R_j \geqslant 0$ 时，杠杆比率越高，投资组合的收益率和方差越大，投资组合的绩效可能变大也可能减小。具体地，表 8-15 中的实例恰好呈现了这两种绩效变化的情况。

表 8-15　情况 1 即当 $w_i \geqslant 0 \,\& \, w_j \geqslant 0$ 且 $R_i \geqslant 0 \,\& \, R_j \geqslant 0$ 时投资组合表现

	中国市场			美国市场		
	基准组合	低杠杆	高杠杆	基准组合	低杠杆	高杠杆
收益率	0.027	0.014	0.029	0.025	0.023	0.025
方差	3.417	0.878	3.575	1.260	0.958	1.276
夏普比率	0.012	0.010	0.011	0.020	0.021	0.021
修正夏普比率	0.012	0.010	0.011	0.020	0.021	0.021

注：表格中所有数据为作者运用 Matlab 编程运算后的结果；基准组合不含杠杆，低杠杆比率设定为 1，高杠杆比率设定为 20。

②表 8-14 情况 3 的实例分析。针对表 8-14 情况 3 中所展示的条件，即当 $w_i \geqslant 0 \,\& \, w_j \geqslant 0$ 且 $R_i < 0 \,\& \, R_j \geqslant 0$ 时，在股票组合中加入商品期货会拉低组合收益率、增加组合风险，从而降低组合绩效，具体见表 8-16。由于 RP 投资组

表 8-16　情况 3 即当 $w_i \geqslant 0 \,\& \, w_j \geqslant 0$ 且 $R_i < 0 \,\& \, R_j \geqslant 0$ 时投资组合表现

	中国市场			国外市场		
	基准组合	低杠杆	高杠杆	基准组合	低杠杆	高杠杆
收益率	0.027	−0.010	0.016	0.025	0.005	0.023
方差	3.417	0.278	3.562	1.260	1.066	1.290
夏普比率	0.012	−0.028	0.006	0.020	0.003	0.019
修正夏普比率	0.012	−0.028	0.006	0.020	0.003	0.019

注：表格中所有数据为作者运用 Matlab 编程运算后的结果；基准组合不含杠杆，低杠杆比率设定为 1，高杠杆比率设定为 20。

合策略的权重只依赖于资产风险，即资产风险越高，资产在投资组合中的权重越低。因此，尽管加入含杠杆的负收益率商品期货的投资组合收益下降幅度更大，但由于含杠杆的商品期货的权重非常小，它对资产组合收益率的影响反而比不含杠杆的商品期货小，所以高杠杆的组合绩效更高。

③表 8-14 情况 13 的实例分析。针对表 8-14 情况 13 中所展示的条件，即当 $w_i < 0 \& w_j > 0$ 且 $R_i \geqslant 0 \& R_j \geqslant 0$ 时，在股票组合中加入商品期货会同时降低投资组合的收益率和风险。根据表 8-17 中的实例，由于收益率的减小幅度大于方差，导致组合绩效变差。特别需要注意的是，当杠杆比率为 1 时，中外市场都无法进行做空交易。因此，低杠杆比率需要提高到 10，此时国外发达市场的两支期货都可以进行做空交易，而中国市场只有一期货可以进行做空交易。从风险角度来看，在投资组合中加入商品期货后，中国市场的风险分散效果较差，再加上组合收益极度缩水，导致组合绩效严重下滑，幅度是国外市场的 15 倍之多。

表 8-17　情况 13 即当 $w_i < 0 \& w_j > 0$ 且 $R_i \geqslant 0 \& R_j \geqslant 0$ 时投资组合表现

		基准组合	高杠杆性			低杠杆性		
			MinVar	MV	BL	MinVar	MV	BL
中国	收益率	0.027	0.021	0.021	0.020	0.022	0.022	0.022
	方差	3.417	3.326	3.326	3.329	3.365	3.365	3.377
	夏普比率	0.012	0.009	0.009	0.008	0.009	0.009	0.009
	修正夏普比率	0.012	0.009	0.009	0.008	0.009	0.009	0.009
国外	收益率	2.47	2.3	2.3	2.3	2.36	2.36	2.36
	方差	1.260	1.232	1.232	1.232	1.243	1.243	1.243
	夏普比率	0.020	0.019	0.019	0.019	0.019	0.019	0.020
	修正夏普比率	0.020	0.019	0.019	0.019	0.019	0.020	0.020

注：表格中所有数据为作者运用 Matlab 编程运算后的结果；基准组合不含杠杆，低杠杆比率设定为 10，高杠杆比率设定为 20。

④表 8-14 情况 15 的实例分析。针对表 8-14 情况 15 中所展示的条件，即当 $w_i < 0 \& w_j > 0$ 且 $R_i < 0 \& R_i \geqslant 0$ 时，在股票组合中加入商品期货会提高投资组合的收益率，且杠杆比率越高，收益率越好，同时组合风险减小，最终导致组合绩效提高，具体见表 8-18。国外市场的实例准确地刻画了这个过程，而中国市场的表现则非常的不理想：尽管杠杆比率已经高达 20，商品期货也并没有

进行做空交易的倾向，导致期货的优势完全没有发挥出来，和在投资组合中加入一支高风险、高收益率的股票资产或者债券资产一样，没有任何区别。

表 8-18　情况 15 即当 $w_i < 0 \ \& \ w_j > 0$ 且 $R_i < 0 \ \& \ R_j \geqslant 0$ 时投资组合表现

		基准组合	高杠杆性			低杠杆性		
			MinVar	MV	BL	MinVar	MV	BL
中国	收益率	0.027	0.024	0.024	0.028	0.016	0.016	0.024
	方差	3.417	3.412	3.412	3.423	3.272	3.272	3.316
	夏普比率	0.012	0.010	0.010	0.012	0.006	0.006	0.011
	修正夏普比率	0.012	0.009	0.009	0.008	0.006	0.006	0.011
国外	收益率	0.025	0.026	0.026	0.026	0.026	0.026	0.026
	方差	1.260	1.249	1.249	1.249	1.255	1.255	1.255
	夏普比率	0.020	0.022	0.022	0.022	0.021	0.021	0.021
	修正夏普比率	0.020	0.022	0.022	0.022	0.021	0.021	0.021

注：表格中所有数据为作者运用 Matlab 编程运算后的结果；基准组合不含杠杆，低杠杆比率设定为 10，高杠杆比率设定为 20。

8.4.3　中国市场和国外发达市场的对比研究

1. 在基本统计量上的差别

对于股票市场，从中国股票和美国 ETF 在收益和方差上来看，美国 ETF 的收益普遍低于中国股票收益。从峰度和偏度来看，中国股票是负向偏倚，而 ETF 是正向偏倚，且 ETF 的峰度远高于中国股票。这说明 ETF 的收益率大多偏低，但是存在收益率较高的极端值，而中国股票收益率普遍偏高，但存在收益较低甚至为负的极端值，且 ETF 取极端值的概率高于中国股票。但实际上，由于美国 ETF 的方差很小，反而美国 ETF 的绩效普遍高于中国股票的绩效。我们认为，这应该与 ETF 可以进行卖空交易有关，美国 ETF 的卖空机制为其证券市场提供了非常有效的价格发现机制，从而增加了市场的流动性，这非常有利于风险的分散。

在商品期货市场上可以发现，中国和国外相同类型的商品期货的收益率正负一致，但国外商品期货收益率的绝对值大都高于同种类型的中国商品期货收益率的绝对值。从方差来看，国外商品期货的方差全部高于同种类型的中国商品期货的方差。另外，商品期货的偏度大多为负，且国外商品期货的偏度的绝对值基本都小于中国商品期货，即从左偏程度上来看，国外期货的左偏程度远小于中国，甚至有三支商品期货是右偏的。而从峰度看，中国商品期货的峰度普遍高于国外市场。因此，通过进行基本统计量的比较可以说明，美国商品期货市场的收益率普遍偏低，虽然出现极端高收益率和极端低收益率的可能性较小，但在非极端收益率区间中的波动较为活跃。

2. 商品期货在投资组合中的作用差别

从原本的构想中，选择在传统投资组合中加入商品期货，是因为商品期货具有与股票低相关性、可以进行杠杆交易和可以进行卖空交易这三个重要特点。但是通过实例分析遗憾地发现，在中国市场上商品期货的效用并不如理想中的那么好，如表 8-7、表 8-8 所示。将中国和国外市场进行比较，可以发现：首先，国外市场的投资组合收益率明显小于中国市场的投资组合收益率，其中原因在于国外商品期货的收益率本身较低。其次，中国市场的投资组合风险明显高于国外市场的投资组合风险。最后，国外市场的投资组合的夏普比率明显高于中国市场的投资组合的夏普比率，说明国外市场单位风险的收益率高。

至于具体原因，经过理论和实例分析，可以归纳为以下几点。

（1）从基本统计量来看，国外商品期货的风险较大。但是从商品期货和股市的相关性来看（如表 8-5、表 8-6 所示），国外商品期货和股市相关性较低，因此，尽管国外商品期货的方差较大，但将商品货加入投资组合中时，仍然能很好地分散投资组合的风险。

（2）在中国市场上，很多情况下并不能通过期货市场进行做空交易、并尽可能地分散组合风险、稳定组合收益率。在表 8-12 的实例中，按照理想设定是做空两支商品期货，而中国投资组合配置的结果是只能做空一支，于是导致组合的收益率风险的效果不如国外市场。

（3）如表 8-10 的实例所示，虽然商品期货有众多优势，但在中国难以同时、完全地发挥这些优势并进而优化投资组合。相反，经常如同一个跷跷板，顾此失彼，难以完全发挥所有优势，甚至不如原来投资组合的表现。另外，在表 8-10 的实例中还发现，如果要在中国市场的投资组合中进行商品期货卖空交易，需要维持一个很高的杠杆比率。例如，当将杠杆调为 20，但投资组合中的商品期货仍没有进行卖空交易的倾向。这就导致在中国市场，一些商品期货在投资组合中的价值和一般的股票或债券区别不大，甚至由于商品期货本身具有高收益、高风险的性质，反而会拉低整个投资组合的绩效。

综上发现，我国商品期货市场和国外发达商品期货市场的绩效表现有很大差距。

8.5　结论与启示

在进行商品期货对投资组合绩效影响的实例研究中，本章采用了包括简单均分、权重分配、风险平价、最小方差、风险报酬、均值方差和 Black Litterman 在内的七种策略，囊括了理论和实务中都应用广泛的投资组合配置策略。通过实例分析发现如下事实：一是在所有策略中，Black Litterman 资产配置理论可以最大程度上进行组合优化，在提高投资组合收益率的同时还能降低投资组合的风险，从而提高组合的绩效。二是通过运用最优投资组合策略，对不同类型的商品期货在中国和国外市场上进行实例研究表明，在传统投资组合中加入商品期货，可以提高组合的收益率，降低组合的风险，从而提高组合的绩效表现。

同时，本文在探究相关性、卖空机制和杠杆性对投资组合的收益率、方差和绩效的影响时，获得以下发现。

第一，当不存在卖空交易的时候，商品期货和股票的相关性越高，风险越大。因此，在投资组合中加入一个低相关性的资产，即使资产本身的风险很大，但仍然可以很大程度上分散组合的风险。而当存在卖空交易的时候，商品期货和股票的相关性越高，风险越小。因此，商品期货的卖空机制，可以起到投资组合的风险分散的效果。从实证结果来看，卖空机制还可以稳定组合的收益率，从而保证组合绩效。

第二，当不存在卖空交易的时候，商品期货的杠杆比率越高，组合风险越大。而且，如果商品期货的收益率为正时，使用杠杆可以提高组合的收益率。当存在卖空交易的时候，商品期货的杠杆比率越高，风险越小。如果商品期货本身收益率为负的时候，对使用杠杆的商品期货进行卖空交易，可以显著提高投资组合绩效。

第三，通过进行中国市场和国外发达市场的对比可以发现，中国市场存在很多欠缺的地方，例如灵活性不够，对杠杆不显著等，这导致的结果是，尽管商品期货具有很多优势，但是在中国市场上难以充分发挥出来。所以，应根据中国现有的情况，充分改善并发挥股票和期货市场上各个环节的作用，提高我国市场效率，以缩小与美国等发达市场的差距。

第9章
中国证券市场的重大风险冲击效应及其套期保值研究

在我国证券市场中，重大风险会对资本市场产生较大的冲击效应，使得金融资产价格或收益率时间序列呈现出大幅度跳跃，对市场的影响不容小视。偶然的大幅波动会带来套期保值资产组合收益的剧烈震荡，从而影响资本市场配置功能的实现。因此，讨论重大风险对我国证券市场的冲击效应及其套期保值功能具有重要的实践意义。

9.1 问题提出与文献评述

9.1.1 问题提出

在世界经济的不断演进和发展过程中，期货市场扮演着重要角色，特别是近年来世界经济大幅震荡、国际政治错综复杂以及自然灾害频发的今天，期货市场所具有的价格发现、套期保值和投资功能的优势、地位与作用更加凸显。作为新兴的中国期货市场，经过近 20 年的探索和发展，市场结构已比较完备，期货市场功能已得到比较充分的发挥和体现。

虽然期货市场具有规避风险的作用，但对期货市场本身而言，仍面临诸多威胁，期货价格的暴涨暴跌仍时有发生。例如，2003 年 3 月天然橡胶 0303 期货价格持续跌停；2003 年 8 月小麦 0309 期货价格连续暴跌 15 个交易日才打开跌停板，并相继有 3 个跌停；2008 年 4 月 1 日，大豆 0809 全线跌停（收盘报 4531 元/吨，跌幅为 5%），等等。这些暴涨暴跌行为的发生，使期货交易者暴露在难以预料的巨大风险之中，这将不可避免地影响到期货交易的正常运营和市场效率，影响到期货市场正常功能的发挥与顺利实现。然而，这些暴涨暴跌行为的背后，往往伴随着重大风险事件的发生[①]，既可能有价格操纵、国家政策调控和公司破产倒闭等经济事件的影响，也可能有恐怖袭击（如"9·11"恐怖袭击事件）、局部战争（如伊拉克战争）和政党选举等政治事件的影响，更可能有瘟疫、地震、海啸、台风、雪灾、洪灾和旱灾等自然灾害的影响，甚至受以上多种风险事件的综合影响[②]。

随着中国加入 WTO 以及经济的迅猛发展，中国对世界经济的参与程度越来越高，如今的中国已经成为世界原材料市场最大的买家之一：2011 年中国进口原油 2.54 亿吨，对外依存度将达到 57% 左右；进口煤炭 1.824 亿吨，打破日本保持了 30 多年的煤炭进口第一的纪录；2011 年中国铁矿石进口总量则达到创纪录的 6.86 亿吨，占全球铁矿石进口量的比例超过 50%；2011 年中国进口大豆 5260 多万吨，占全球大豆贸易量的比例也超过 50%。中国的高度参与也是造成国际商品价格大幅波动的原因之一，对正在快速成长的我国期货市场而言，这些风险事件对期货市场是否具有显著影响，方向如何，程度怎样？在这些风险事件中，对期货市场而言有些是所谓的"利好"事件，有些则是"利空"事件，这些事件对我国期货市场的影响是否具有"杠杆效应"？怎样在如此剧烈的波动中减少如此巨大的头寸所面临的风险，其意义相当重要。

9.1.2　文献综述

本小节对两个主要方面的文献进行了回顾，分别是风险事件对资本市场的

---

①　重大风险事件是一个相对的概念，不同于能够引起资产收益为负值或真实损失重大事件（Howell 和 Chaddick，1994）的狭义定义，重大风险事件是指能够明显引起资产价格大幅波动的事件（Feils 和 Sabac，2000），我们认为这一定义比较适合资本市场的风险防范分析，因此研究中将采用这一定义。

②　对于重大风险事件的定义虽然没有统一的说法，但分歧并不明显。对于重大风险事件的分类，此处依据事件起因的性质将其分为政治风险事件、经济风险事件以及自然灾害事件三类。此分类方式参照了国际上对风险事件分类的惯例（Kim 和 Mei，2001），作此分类是为了单独考察每个类别的风险事件对期货收益及波动影响的贡献度，以定量分析不同性质的风险事件对我国期货市场的冲击效应。

影响研究、套期保值的理论和策略的发展。

1. 风险事件对资本市场的影响研究

风险事件对资本市场的影响研究所采用的方法多体现在事件研究法、哑元变量回归分析法与随机波动模型三个方面。

（1）基于事件研究法的文献

事件研究法是探讨事件（如 IPOs、SEOs、重构、收益公告等）发生前后权益价格（或企业价值）反应的经验性研究方法。对事件研究法的最早研究可追溯至 20 世纪 30 年代，Dolley（1933）通过分析股票拆细时的名义价格变化来研究股票拆细的价格效应。20 世纪 60 年代以后，Ball 和 Brown（1968）开创性地建立了事件分析方法学，当时所提的统计性质至今仍是事件分析法的重要组成部分。基于检测期限的长短，事件研究法可分为短期事件研究法与长期事件研究法。近年来，上述方法多针对政治风险事件和经济风险事件展开。在政治风险事件研究中，McGarrity 和 Picou（2001）就参议员的突然去世对股票价格的影响进行了实证研究；Maillet 和 Michel（2005）检测了法国和美国股票市场对"9·11 恐怖袭击"事件的反应，发现与 1987 年以来的重要历史事件相比 2001 年 9 月份的股票市场受冲击最大。在经济事件方面，Wongswan（2006）利用事件研究法研究了美国货币政策对国外资产价格冲击，发现美国货币政策的变化的确会影响到全球的资产价格。此外，国内学者利用事件研究法的相关研究也的确不少，且主要集中于对经济事件和自然灾害的相关研究。如肖华和张国清（2008）发现"松花江事件"发生后，吉林化工和样本公司股票的累积异常收益显著为负；赵玉和祁春节（2010）在事件分析法的框架下通过 GJR-GARCH 市场模型的研究发现，中国汇率制度改革、美国信贷危机爆发、中国人民银行调整利率以及中国南方地区遭受重大雪灾等事件均对大豆期货市场产生了不同程度的累计异常收益；刘庆富等（2011）利用改进的市场模型研究了地震灾难对我国股票市场的冲击效应，发现地震灾难对我国股票各行业的收益均具有显著的影响，且这一影响具有渐进性、持续性和个体差异性。

（2）基于哑元变量回归分析法的文献

除事件研究法以外，基于风险事件的研究也多采用含哑元变量的回归分析法。目前，已有很多文献对政治风险事件进行了相关研究。例如，在政治选举方面，Hobbs 和 Riley（1984）、Gartner 和 Wellershoff（1995）支持了股票收益的四年选举周期理论；Vuchelen（2003）利用线性回归模型研究了 1974—2000

年间选举事件（如政治选举、政府组阁等）对布鲁塞尔股票市场的影响，发现政府选举事件对股票市场存在一定程度的影响，此结论也支持了"理性党派理论"。在政治消息方面，David 和 Betty（2004）应用多元回归方法研究了航空股票价格对"9·11 恐怖袭击"事件的反应，发现这一灾难性事件对美国经济和社会有很强的影响，这一研究结果也支持了理性定价假设。此外，Walsh 和 Quek（1999）利用哑元变量、VAR 和冲击反应方程，研究了 1995 年 1 月的神户地震对日经 225 指数期货市场的冲击效应，发现受地震消息的冲击，交易量和空盘量会出现临时增加，买卖价差的增大具有持续性。

（3）基于随机波动模型的文献

利用随机波动模型，重大风险事件对权益市场的影响研究也多体现在政治风险事件对股票市场的冲击效应方面。Lobo（1999）应用随机波动的跳跃—扩散模型研究了 1965—1996 年美国选举和政党政见对股票市场每日股票收益的影响，发现跳跃模式和日常交易模式随着政治日历的变化而变化；相对于总统选举期间的影响，中期选举对股票市场的影响更具不确定性，且小盘股和大盘股的跳跃风险分别增加了 10%和 20%。Kim 和 Mei（2001）应用因素—跳跃波动过滤模型检测了香港政治风险对股票市场的可能冲击，发现香港的政治发展对股票市场的波动和收益有显著影响。Robbani 和 Anantharaman（2002）分析了政治事件对印度、印度尼西亚、巴基斯坦和斯里兰卡新兴股票市场指数的影响，研究结果表明：金融市场没有忽略重要的政治事件，股票市场价格仅合理地反映了那些看来有长期影响的事件。不同于前文，Masood 和 Sergi（2008）利用基于 MCMC 模拟技术分析了 1947 年以来影响巴基斯坦股票市场的政治风险事件，发现政治风险事件发生的概率是相对较高的，每年平均约 1.5 个事件，且巴基斯坦政治风险所具有的的风险溢价在 7.5%~12%。总体而言，该类研究多集中于政治风险事件，对经济风险事件的研究也相对较少，而对自然灾害事件的相关研究更为缺乏。

2. 套期保值理论和策略的发展

（1）从风险完全或者大部分对冲到资产组合的套期保值理论的发展

一般而言，在某一特定的社会经济系统内，商品的期货价格和现货价格大体受相同因素的影响，因而两个市场的价格走势应该基本一致，并且期货市场的交割功能也能促使期货和现货价格在交割日的最终回归。据此，英国著名经济学家 Keynes（1951）和 Hicks（1952）当时提出通过在期货市场上建立一个与现货市场方向相反且数量相等或相当的交易头寸来实现套期保值，即用一个市场的盈利来弥补另一个市场的亏损。如果期货市场和现货市场的价格波动完全一致，且相关的交易费用和税收没有或者很少，该套期保值理论是完美的。但是，根据预期理论一般期货与现货价格的变动并非同步，而且实际操作中也会出现利用传统套期保值法进行套保之后很长一段时间内期现货价格不回归的现象。因此，这种套期保值理论还有很大的不足之处，被称为传统/"幼稚"套期保值理论。

到 20 世纪中期，Working（1960）提出了选择性套期保值理论，或者称为基差套期保值策略（Basis Hedge Strategy）。在该理论中，现货价格和期货价格之间的差额被定义为基差，并认为按照传统套期保值方法进行套期保值的目标并不是将风险完全转移出去，而只是将现货价格波动的大幅度风险转化为相对较小的基差风险。因此，在该理论中的套期保值仍旧承担着风险，即现货价格与期货价格变动不一致而带来的基差风险。然而，基差风险在金融资产价格或收益率尖峰厚尾分布的情况下有时也会变成很大的风险。

随着 Markowitz 投资组合理论的发展，Johnson（1960）和 Stein（1961）将其应用于套期保值领域，并提出套期保值其实是对期货市场和现货市场的资产进行投资组合，并根据组合投资的预期收益和预期收益的方差来确定期现货上的头寸，目标是使得收益风险最小化或者效用函数最大化。在该理论下期货与现货的头寸就不一定要大小相等方向相反，而是要根据期现货市场的相关性确定一个套期保值比率。因此，在继承前两个理论的基础上投资组合套期保值理论从现代资产管理和风险投资的角度对套期保值的目的和动机进行解释，是对原有理论的很好的发展。20 世纪 70 年代末，Ederington（1979）又将 Johnson和 Stein 的方法推广到金融期货市场的套期保值中。至此，套期保值者进行套期保值活动的目标明确为：为了在既定的风险（收益的波动性）水平上使预期收益最大化，或在既定的预期收益水平上使风险最小化；套期保值者寻求的不再是"风险转移"而是"风险管理"。引入投资组合理论之后，最优套期保值比率和套期保值有效性成为现代套期保值理论的中心。

（2）不同套期保值目标下套期保值方法的研究进展

主流的套期保值方法根据不同的套期保值目标大致可分为两大类：风险最小法和均值—方差法。均值—方差法也可分为考虑风险厌恶度的均值—方差法和不考虑风险厌恶度的均值—方差法。

①风险最小的套期保值法。风险最小法根据对风险的定义不同包括最小方差法和最小损失法。

最小方差套期保值法根据方差是否时变，经历了从静态到动态的最优套期保值率的发展，相关的模型依次为：最小二乘法（OLS）、双变量向量自回归模型（B-VAR）、误差修正模型（ECM）、广义自回归条件异方差模型（GARCH模型）。Johnson（1960）最早提出在收益方差最小化的条件下运用最小二乘法求解出最优套期保值比率的公式，在收益率 R_t 方差最小化的条件下，给出了最优套期保值比率 ρ 的计算公式。Ederington（1979）在利用金融期货进行套期保值的研究中运用上述方法，并且还提出关于运用期货市场进行套期保值的绩效计量指标。Witt 等（1987）总结了运用传统最小二乘法（OLS）进行回归模型估计及求解最优套期保值比率的各种基本方法。随着时间序列计量经济学研究的深入，很多研究发现运用最小二乘法计算最优套期保值比率时对残差无效性的假设存在很大的不妥之处：Herbst 等（1989）、Myers 和 Thompson（1989）发现残差项存在序列相关性，且该相关性会影响传统最小二乘法最优套期保值比率的计算；Park 和 Bera（1987）提出传统的回归模型会忽略期货价格和现货价格序列的异方差性；Bell 和 Krasker（1986）证明出如果期货价格的前期信息影响后期价格的变化，传统的最优套期保值比率计算方法将会做出错误的估计。因此，可以建立双变量向量自回归模型 B-VAR（Bivariate-VAR Model）来增加模型的信息量并同时去除残差项的序列相关性从而求得更加精确的最优套期保值比率。Lien（2001）提出了简化的误差修正模型 S-ECM（Simple Error Correction Model）。Lien 和 Tse（2000）利用分数协整模型（FIEC）求解运用日经指数期货合约进行套期保值时的最小方差套期保值比率，发现现货价格和期货价格之间确实存在分数协整关系，然而在此基础上得出的所谓最优套期保值比率的有效性并没有任何提高。为了克服上述的传统模型的缺点，Engle 提出自回归条件异方差模型（ARCH,1995），在该模型中条件异方差可以是过去残差值的函数，这样条件异方差变就会随时间而变化。在此基础上，Bollerslev将过去的残差和条件异方差都加到条件异方差方程中，提出广义自回归条件异方差模型（GARCH,1986），该举措将 ARCH 模型发展成为一个一般化的模型。因此，固定的最优套期保值比率已不再适合，由此产生了动态套期保值的概念。

基于收益率下方风险最小的套期保值优化模型，根据 Kahneman 和 Tversky的前景理论（Prospect theory），投资者对损失和收益的风险心理感受是不一样的。但是，运用方差计量的风险是假定投资者对向上和向下偏差的心理感受是一样的，因此方差风险计量法不能真实反映投资者对风险的心理感受。在这个想法的促使下，产生了风险计量的下方风险（Downside-risk）理论，仅仅将投资的损失部分认定为风险因子而加入风险计量模型中。Bawa（1975，1978）提出下偏矩度量风险模型。Fishburn（1977）在此基础上发展了原有的均值方差模型，只把低于目标收益的部分才能定义为风险。Lien 和 Tse（2000）通过非参数方法研究了目标收益为–1.5%～1.5%的情况下如何确定最优套期保值比率。Lien 和 Tse（2000，2001）利用参数法和半参数法对 LPM 离散化后再来求解最优套期保值比率。尽管这类模型对风险的描述更为贴近事实，但缺点在于过于复杂，操作起来并不容易。

所谓动态套期保值，就是套期保值者在持有套期保值组合头寸期间，随着时间的推移和信息更新带来的预期价格和实际价格的变化，相应地调整套期保值比率以实现自己预定的套期保值目标。简单地说，就是将时间这方面的因素引入到套期保值决策过程中，连续使用时变的套期保值率。20 世纪 80 年代以后，学者们就已开始从动态的角度研究最优套期保值比率的问题，并且提出了基于条件方差的动态套期保值比率计算方法。Cecchetti 等（1998）利用 ARCH 模型计算美国国库券期货合约的最小方差动态套期保值比率；Baillie 和 Myers（1991）通过 GARCH 模型对美国芝加哥商品交易所的大豆合约和玉米合约进行实证研究并计算出最小方差最优套期保值比率。

此外，GARCH 模型也得到不断的发展，基于不同的分布函数，就有三种 GARCH 模型：基于正态分布函数的 GARCH 模型；基于学生氏-t 分布函数的 GARCH 模型；基于 GED 分布函数的 GARCH 模型。Chan 和 Maheu（2002）发展出跳跃强度随时间改变的 GARCH 模型 ARJI（Autoregression conditional jump intensity）（后简称 GARCH-ARJI 模型），并发现该模型相比一般的 GARCH 模型更能解释价格发生不连续跳跃的现象。但是，GARCH-ARJI 模型忽略价格的波动性不对称特征，因此，倪衍森、庄忠柱、李达期和李盈义修正了 GARCH-ARJI 模型，该模型结合 EGARCH(1,1)模型和 ARJI 模型来捕捉异常信息造成期货价格的跳跃行为。在实证研究方面，他们以台湾加权股指期货和现货的每日收盘价为研究实例，利用 EGARCH(1,1)-ARJI 发现期货价格确实存在着价格跳跃行为，并研究了期货价格跳跃行为对现货价格与波动性的影响。

然而，GARCH 模型一次只检验一个时间序列的波动，而不能同时研究两个或两个以上时间序列的波动间的相互影响，因此，经 Engle、Bollverslev 和 Kroner 等一批计量经济学研究者共同努力，逐步发展和健全了多维 GARCH 系列模型（MGARCH）。按照不同的标准进行分类，对 MGRACH 系列模型可以进行不同的分类。仅就按照条件异方差的设定方式的不同就可以将它分为下列五类：VECH 模型、CCC 模型、BEKK 模型、ADC 模型和 DCC 模型。从这种分类方法也可以侧面看出多维模型的发展脉络，且每一类模型都有其各自的假设条件及相应的适用范围。MGARCH 系列模型的体系是复杂的，它需要估计的参数个数由变量数、ARCH 项和 GARCH 项阶数共同决定，这也就决定了应用该模型及进行经济意义解释的难易程度。

此外，捕捉套期保值比率时变特征的另一类模型就是随机相关系数模型（RC, Random coefficient 模型），由 Hildreth 和 Houck 于 1968 年提出。Bos 和 Newbold（1984）曾用 RC 模型来估计市场模型中时变的系统风险。

②均值—方差套期保值法。风险最小的套期保值法只考虑到风险，而一般风险越大收益也就越大。并且，各个保值者的风险收益追求各也不相同，即各自的效用函数各不一样。因此，20 世纪 80 年代后期，学者们开始采用期望报酬与风险并重的套期保值目标来寻求最优套期保值比率。效用函数描述的是投资者的价值判断和效用准则，其中包括投资者对收益、风险的测量方法和各个投资者的风险厌恶程度等，因此各个投资者的效用函数的构成也不尽相同，相应的最优套期保值比率也就各不相同。

有的学者就开始对这个简单的效用函数进行改造，比如将效用函数中的期望收益和风险的线性组合改为非线性组合。Cecchetti S.G.（1998）采用对数效用函数度量套期保值资产组合财富，通过数值模拟给出了特定情况下的套期保值优化策略。其中，常用的效用函数有恒定绝对风险厌恶（CARA, Constantly Absolute Risk Averse）效用函数和恒定相对风险厌恶（CRRA, Constantly Relative Risk Averse）效用函数。黄长征（2004）为了解决以往模型无法描述套期保值者效用的非线性特征，发展了套期保值决策的非线性均值—方差模型，提供了研究真实套期保值决策的一个方法。但是每个的套期保值者的效用函数是各不相同的，由此带来套期保值策略也不同，因此不能给出统一形式的最优套期保值比率公式。

综上所述，虽然考虑风险厌恶程度的均值—方差法更贴近投资者的效用感受，但在效用函数的选择及风险厌恶程度 γ 的具体量化问题上难以确定一个通用的形式和数值，因而很难得出通用的最优套期保值比率。

不考虑风险厌恶程度的均值—方差法。该方法没有引进投资者的风险厌恶系数，而是将风险和收益放入同一个目标函数，以此来求解最优套期保值比率。相关的研究有：Howard 等（1984）以最大化夏普比率（Sharp Ratio）为目标，建立了期货套期保值优化决策模型，并从理论上推导出期货套期保值比率。

3. 文献评述

总体上看，有关风险事件对资本市场产生影响的理论研究和实证研究成果还是较多的，但从研究内容和研究方法上看，仍存在一定不足：第一，缺乏针对经济事件、政治事件和自然灾害的综合研究。现有研究主要侧重于经济事件和政治事件的分析，而缺乏对自然灾害的研究。除政治事件和经济事件外，近年来自然灾害也频繁发生，它对金融市场的影响不容忽视且有逐渐增强的态势。在这一背景下，综合探索经济事件、政治事件和自然灾害对期货市场收益及其波动的冲击效应就显得非常必要。第二，研究方法比较零散，尚需改进，且缺乏针对上述三类风险事件综合研究的有效方法。对事件研究法而言，一般比较简单，但仍存在很多缺陷：一是只能研究单个事件而非多个事件对收益的影响；二是多能定量刻画单个事件对收益而非波动的影响；三是对影响程度的刻画比较粗糙，可比性差；四是受样本估计窗口和事件窗口选择的限制；五是基准收益率的选择仍存在争议；等等。对于含哑元变量的回归分析法而言，虽然它可以克服事件研究法的部分缺点，如可以同时研究单个或多个事件对收益（和）或波动的影响等，但它同样受样本数量选择的制约。基于贝叶斯推断的随机波动模型可以克服样本数量的限制，能够处理稀疏样本，且具有事件研究法和含哑元变量回归分析法的绝大多数优点，是目前比较理想的刻画重大风险事件对期货市场冲击的理论模型。现有估计重大风险事件的方法只能刻画单类风险事件对资本市场的影响，尚未对经济事件、政治事件和自然灾害进行综合研究。第三，现有研究多是针对国外或境外股票或期货市场，对国内期货市场的相关研究只集中于某些经济事件（如价格操纵事件），缺乏针对经济事件、政治事件和自然灾害的综合分析。

关于套期保值的各种具体目标，每种方法各有其优、缺点：最小方差法的优点在于简单，缺点在于不能区分向上和向下的波动；最小损失法的优点在于更符合投资者的心理感受，缺点在于过于复杂、操作起来并不容易；VaR 最小风险套期保值方法中 VaR 本身有一个严重的缺陷，即 VaR 不能满足一致性风险度量中的子可加性，而且忽略了对套期保值投资组合尾部损失的控制；考虑风险厌恶程度的均值—方差法更贴近投资者的效用感受，但在效用函数的选择及风险厌恶程度 γ 的具体量化问题上难以确定一个通用的形式和数值，因而很难得出通用的最优套期保值比率；不考虑风险厌恶程度的均值—方差法省去了风险厌恶程度 γ 的具体量化问题，然不足之处在于，在模型中需要提供期望收益率，这对投资者而言要求比较高。在本文 9.3 节中将比较主要几种方法并推导出具体的套期保值比率公式。

9.2 随机波动模型的构建

9.2.1 随机波动模型的建立

1. 离散时间随机波动模型的建立

（1）标准随机波动模型 SV_0。为体现所建模型的拟合优度，设定标准随机波动模型作为模型构建的比较基础。在这一模型中，假定日间收益率 r_t 服从正态分布的 AR（1）过程。

$$r_t = \alpha + \beta r_{t-1} + \varepsilon_t v_t, \quad \varepsilon_t \sim t(0,1,\nu) \tag{9.1}$$

$$v_t = \exp(h_t / 2) \tag{9.2}$$

$$h_t = \mu + \gamma r_{t-1} + \phi(h_{t-1} - \mu) + \sigma \eta_t, \ \eta_t \sim \mathrm{NID}(0,1) \tag{9.3}$$

其中，r_t 为期货收益率；若 P_t 为 t 时刻的收盘价格，则 $r_t = 100 \times \ln(P_t / P_{t-1})$；$v_t$ 为收益的条件方差；ε_t 为服从标准正态分布的随机变量，通过 ε_t 可将方差和收益联系起来；ν 为学生分布的自由度，用来刻画学生分布尾部的厚薄程度；h_t 是收益方差的自然对数，分别与前一期收益和方差有关；并且，$\{\varepsilon_t\} \perp \{\eta_t\}$，$|\beta|<1$ 和 $|\phi|<1$，即收益率和波动都是平稳过程；若 $\gamma<0$，则负收益率之后会有一个高波动出现，反之亦然。

（2）基于总风险事件的随机波动模型 SV_1。在 SV_0 模型的基础上，引入总风险事件（包括经济事件、政治事件和自然灾害）冲击项，可建立基于总风险事件的随机波动模型为

$$r_t = \alpha + \beta r_{t-1} + d_m D_{m,t-1} + \varepsilon_t v_t, \; \varepsilon_t \sim t(0,1,v) \qquad (9.4)$$

$$v_t = \exp(h_t / 2) \qquad (9.5)$$

$$h_t = \mu + \gamma r_{t-1} + d_v D_{m,t-1} + \phi(h_{t-1} - \mu) + \sigma \eta_t, \; \eta_t \sim \text{NID}(0,1) \qquad (9.6)$$

其中，$D_{m,t-1}$ 为 $t-1$ 时刻风险事件的 0/1 变量，d_m 和 d_v 分别为总风险事件 $D_{m,t-1}$ 在条件均值方程式（9.4）和条件方差方程式（9.6）中的冲击参数，以用来刻画总风险事件对期货收益率及其波动产生影响的敏感性。

（3）基于各类重大风险事件的随机波动模型 SV_1。在 SV_1 模型的基础上，将总风险事件具体分为经济事件、政治事件和自然灾害，可建立基于各类重大风险事件的随机波动模型

$$r_t = \alpha + \beta r_{t-1} + d_1 D_{1,t-1} + d_2 D_{2,t-1} + d_3 D_{3,t-1} + \varepsilon_t v_t, \; \varepsilon_t \sim t(0,1,v) \qquad (9.7)$$

$$v_t = \exp(h_t / 2), \qquad (9.8)$$

$$h_t = \mu + \gamma r_{t-1} + \phi(h_{t-1} - \mu) + d_4 D_{1,t-1} + d_5 D_{2,t-1} + d_6 D_{3,t-1} + \sigma \eta_t, \; \eta_t \sim \text{NID}(0,1) \qquad (9.9)$$

其中，$D_{i,t-1}(i=1,2,3)$ 分别表示 $t-1$ 时刻经济事件、政治事件、自然灾害三类风险事件冲击的 0/1 变量，$d_i(i=1,2,3,4,5,6)$ 分别为 $D_{i,t-1}(i=1,2,3)$ 在式（9.7）和式（9.9）中对应的系数。

（4）基于非对称重大风险事件的随机波动模型 SV_3。在 SV_2 模型的基础上，将经济事件、政治事件、自然灾害分别分为"利好"事件和"利空"事件引起的冲击项，可建立基于非对称重大风险事件的随机波动模型为

$$\begin{aligned} r_t = &\alpha + \beta r_{t-1} + d_1^+ D_{1,t-1}^+ + d_1^- D_{1,t-1}^- + d_2^+ D_{2,t-1}^+ + d_2^- D_{2,t-1}^- + \\ &d_3^+ D_{3,t-1}^+ + d_3^- D_{3,t-1}^- + \varepsilon_t v_t, \; \varepsilon_t \sim t(0,1,v) \end{aligned} \qquad (9.10)$$

$$v_t = \exp(h_t / 2), \qquad (9.11)$$

$$\begin{aligned} h_t = &\mu + \gamma r_{t-1} + \phi(h_{t-1} - \mu) + d_4^+ D_{1,t-1}^+ + d_4^- D_{1,t-1}^- + d_5^+ D_{2,t-1}^+ + \\ &d_5^- D_{2,t-1}^- + d_6^+ D_{3,t-1}^+ + d_6^- D_{3,t-1}^- + \sigma \eta_t, \; \eta_t \sim \text{NID}(0,1) \end{aligned} \qquad (9.12)$$

其中，$D_{i,t-1}^+(i=1,2,3)$ 分别表示 $t-1$ 时刻基于"利好"的经济事件、政治事件、自然灾害冲击的 0/1 变量，$D_{i,t-1}^-(i=1,2,3)$ 分别表示 $t-1$ 时刻基于"利空"的经济事件、政治事件、自然灾害冲击的 0/1 变量[①]；$d_i^+(i=1,2,3,4,5,6)$ 和 $d_i^-(i=1,2,3,4,5,6)$ 分别为 $D_{i,t-1}^+(i=1,2,3)$ 和 $D_{i,t-1}^-(i=1,2,3)$ 在式（9.10）和式

---

① "利好"事件（"利空"事件）是指受事件的影响，使期货收益率为正（负）的风险事件。

（9.12）中对应的系数。

2. 连续时间随机波动模型的建立

在现实经济中，金融资产价格或收益率时间序列也会遇到剧烈波动的时候，其发生的原因大多与重大事件等的发生有关。剧烈波动表现为价格或收益率的大幅上涨或下跌，使价格或收益率波动不再连续而发生"跳跃"的情况。尽管"跳跃"发生的概率低，但影响巨大，并已引起越来越多的金融研究者的关注。因此，本文将把 SV、SVJ 和 SVCJ 模型应用到大宗商品期货和现货收益率时间序列的研究中。下列的随机微分方程（Asgharian 和 Bengtsson，2006）涵盖了 SV、SVJ 和 SVCJ 三个模型。

$$\begin{pmatrix} dY_t \\ dV_t \end{pmatrix} = \begin{pmatrix} \mu \\ k(\theta - V_{t-}) \end{pmatrix} d_t + \sqrt{V_{t-}} \begin{pmatrix} dW_t^Y \\ \sigma_V dW_t^V \end{pmatrix} + \begin{pmatrix} \xi^Y \\ \xi^V \end{pmatrix} dN_t \qquad （9.13）$$

其中，$Y_t = \log(S_t)$，$V_{t-} = \lim_{s \uparrow t} V_s$，$W_t^Y$ 和 W_t^V 都是瞬时关系为 ρ 的标准布朗运动，N_t 是参数为 λ 的泊松过程，ξ^Y 和 ξ^V 分别是收益率和波动的跳跃幅度。

对该模型的各个参数进行详细分析，可发现该模型随着参数取值的变化，该表达式其实包括 SV、SVJ 和 SVCJ 三个模型。

当常数 λ 为零时，该模型中没有跳跃，本模型就成了 Heston（1993）的单位根随机波动模型，即 SV 模型，本文中也将使用该模型来求解最优套期保值率。

当只考虑收益率的跳跃而不考虑波动的跳跃时，即波动方程中的 λ 为零时，本模型就成了 Bates（1996）的 SVJ 模型，其中，$\xi^Y \sim N(\mu_Y, \sigma_Y^2)$。

当收益率和波动的跳跃频率相同而幅度服从各自的分布时，该模型就成了 Duffie 等（2000）的 SVCJ 模型，其中 $\xi^v \sim \exp(\mu_v)$，$\xi^Y | \xi^v \sim N(\mu_Y + \rho_J \xi^v, \sigma_Y^2)$。

表9-1总结了各个模型中 Y_t 和 V_t 的即时方差和协方差以便更好地了解当期收益率和波动的跳跃如何影响下一期的收益率和波动（Eraker 等，2003）。

表 9-1　各个模型中 Y_t 和 V_t 的即时方差和协方差

	SV	SVJ	SVCJ
$1/dt \, \mathrm{Var}_t (dY_t)$	V_t	$V_t + \lambda_Y(\mu_Y^2 + \sigma_Y^2)$	$V_t + \lambda_Y E((\xi^Y)^2)$
$1/dt \, \mathrm{Var}_t (dV_t)$	$\sigma_V^2 V_t$	$\sigma_V^2 V_t$	$\sigma_V^2 V_t + \lambda_Y \mu_V$
$1/dt \, \mathrm{cov}_t (dY_t, dV_t)$	$\rho \sigma_V V_t$	$\rho \sigma_V V_t$	$\rho \sigma_V V_t + \lambda_Y \rho_J \mu_V^2$

其中，$E((\xi^Y)^2) = \mu_Y^2 + 2\mu_Y\mu_V\rho_J + \rho_J^2\mu_V^2 + \sigma_Y^2$。

对上述模型进行 Euler 离散化处理，假设时间间隔为 Δ，那么，式（9.13）的离散化形式为

$$Y_{(t+1)\Delta} - Y_{t\Delta} = \mu\Delta + \sqrt{V_{t\Delta}\Delta}\, \varepsilon_{(t+1)\Delta}^y + \xi_{(t+1)\Delta}^y J_{(t+1)\Delta} \qquad (9.14)$$

$$V_{(t+1)\Delta} - V_{t\Delta} = k(\theta - V_{t\Delta})\Delta + \sigma_v\sqrt{V_{t\Delta}\Delta}\, ?\varepsilon_{(t+1)\Delta}^v + \xi_{(t+1)\Delta}^v J_{(t+1)\Delta} \qquad (9.15)$$

其中，$Y_{(t+1)\Delta} = \ln(F_{(t+1)\Delta})$ 为对数收益率；$\varepsilon_{(t+1)\Delta}^y$ 和 $\varepsilon_{(t+1)\Delta}^v$ 为相关系数是 ρ 的标准正态随机变量；$J_{(t+1)\Delta}$ 代表跳跃次数，当它等于 1 时代表一次跳跃，$J_{(t+1)\Delta} \sim P(\lambda\Delta)$；SVJ 模型中，$\xi_{(t+1)\Delta}^y \sim N(\mu_Y, \sigma_Y^2)$，SVCJ 模型中，$\xi_{(t+1)\Delta}^v \sim \exp(\mu_v)$，$\xi_{(t+1)\Delta}^y \mid \xi_{(t+1)\Delta}^v \sim N(\mu_Y + \rho_J\xi^v, \sigma_Y^2)$；$\Delta$ 为离散中的间隔，本文中为一天；跳跃的幅度服从各自的分布；另外，我们可令式（9.15）中的 $k\theta = \alpha$，$(1-k) = \beta$，其中 k、θ 均为常数、$\alpha \geq 0$。此外，正如大家所知，对低频数据的 MCMC 估计过程中关于连续时间随机过程的离散化一般会造成潜在的离散化偏差，因此需要通过提高 MCMC 估计的模拟次数来减少离散化偏差（Eraker 等，2003）。

9.2.2　假设检验

以上离散随机波动模型的假设检验作如下设定[1]。

假设 A（$SV_0\, vs.\, SV_1$）：总风险事件对收益率和波动性均没有预测能力。

$$H_0^A : d_i = 0\ (i = m, v) \qquad (9.16)$$

$$H_1^A : 其他。$$

假设 B（$SV_0\, vs.\, SV_2$）：政治事件、经济事件和自然灾害对收益率和波动性均没有预测能力。

$$H_0^B : d_i = 0\ (i = 1,2,3,4,5,6) \qquad (9.17)$$

$$H_1^B : 其他。$$

假设 C（$SV_0\, vs.\, SV_3$）：经济事件、政治事件和自然灾害对收益率和波动性的正、负冲击均没有预测能力。

$$H_0^C : d_i^+ = d_j^- = 0\ (\forall i, j = 1,2,3,4,5,6) \qquad (9.18)$$

$$H_1^C : 其他。$$

---

[1] 假设检验统计量为 $t = \hat{\theta} / se(\hat{\theta}) \sim N(0,1)$，其中 $se(\hat{\theta}) = \sigma / \sqrt{N-k}$ 是参数的标准误。

9.2.3 贝叶斯 MCMC 的模拟估计法

我们将采用具有强大计算优势的贝叶斯 MCMC 算法来估计随机波动模型的参数，即通过马尔科夫链的吉布斯抽样获得随机波动参数的后验均值（Tsiakas，2008）。吉布斯抽样迭代次数为 10000 次，烧去 2000 次，剩余 8000 次迭代变量作为目标后验估计分布。就 SV_3 模型而言，贝叶斯 MCMC 运算法将产生如下后验均值的估计：第一，收益率均值方程中的参数 $\theta_1 = \{\alpha, \beta, d_1^+, d_1^-, d_2^+, d_2^-, d_3^+, d_3^-\}$；第二，随机对数方差方程中的参数 $\theta_2 = \{\mu, \gamma, \phi, \sigma^2\}$；第三，检测重大风险事件对期货市场波动性产生冲击的参数 $\theta_3 = \{d_4^+, d_4^-, d_5^+, d_5^-, d_6^+, d_6^-\}$。估计高维 SV_3 模型的关键是对重大风险事件的波动效应进行有效抽样。这一工作将运用吉布斯步骤来完成。其中，θ_3 向量以抽样得到的对数方差 $\{h_t^D\}$ 为条件，采用之前信息的准确加权平均和似然条件来完成。

9.2.4 基于贝叶斯因子的稳健性检测模型

在估计出各模型的参数值之后，还需要对模型进行比较，以考察模型的设定偏误。为此，需要对模型进行贝叶斯因子估计[①]。贝叶斯因子的基本原理是通过对比两个模型的边际似然函数，来得出现有数据基础上设定更可靠的模型。若考虑两个竞争性模型 M_1 和 M_2。运用贝叶斯定理，贝叶斯因子 B_{12}（支持模型 M_1）是后验概率对其之前概率的比率，它等于边际似然值之比。

$$B_{12} = \frac{p(r \mid M_1)}{p(r \mid M_2)} \tag{9.19}$$

其中，模型 M_1 的边际似然值被定义为

$$p(r \mid M_1) = \int_{\theta} p(r, \theta \mid M_1) \mathrm{d}\theta \tag{9.20}$$

同理可得到 M_2 的边际似然值。而且，边际似然值只是后验密度常数化的常量。为简化模型，可将其写为

$$p(r) = \frac{f(r \mid \theta)\pi(\theta)}{\pi(\theta \mid r)} \tag{9.21}$$

---

① 作为规范诊断和模型选择的直观手段，贝叶斯因子能够检测到由于模型构建的规范性而带来的参数的不确定性，因而能够诊断收益率和波动性的统计成本。

其中，$f(r|\theta)$ 是似然函数，$\pi(\theta)$ 是先验密度，$\pi(\theta|r)$ 是后验分布概率密度，θ 为后验均值。既然 θ 是在 MCMC 抽样中被估计的，后验密度 $\pi(\theta|r)$ 就可以用 Chib 和 Jeliazkov（2001）提出的条件 MCMC 来计算。在估计贝叶斯因子时，常取它的对数值，以使其具有和似然比率数据相同的表达方式。

9.3 最优套期保值比率的理论推导与分析

9.3.1 一般最优套期保值比率的理论推导

Markowitz 投资组合理论，套期保值其实是对期货市场和现货市场的资产进行投资组合，并根据组合投资的预期收益率和预期收益率的方差来确定期现货资产的头寸大小，其目标是使得收益率风险最小化或者投资组合持有人的效用函数最大化。因此，首先要能确定套期保值的收益函数、风险函数和效用函数。

假设在给定信息集 Φ_{t-1} 下在期货市场上的对冲比率为 ρ_{t-1}，因此现货头寸和期货市场对冲头寸的资产组合收益率可表达为

$$R_{p,t} = \Delta C_t - \rho_{t-1}\Delta F_t \tag{9.22}$$

其中，C_t、F_t 分别代表 t 时刻现货和期货的对数价格；相应地，$\Delta C_t = C_t - C_{t-1}$、$\Delta F_t = F_t - F_{t-1}$ 分别代表从 t-1 时刻到 t 时刻的现货和期货的对数收益率；$R_{p,t}$ 为 t 时刻套期保值投资组合的收益率。

套期保值投资组合收益率的期望和方差分别为

$$E_{t-1}(R_{p,t}) = E_{t-1}(\Delta C_t) - \rho_{t-1}E_{t-1}(\Delta F) \tag{9.23}$$

$$\mathrm{Var}(R_{p,t}) = \mathrm{Var}(\Delta C_t) + \rho_{t-1}^2\mathrm{Var}(\Delta F_t) - 2\rho_{t-1}\mathrm{cov}(\Delta C_t, \Delta F_t) \tag{9.24}$$

其中，$E_{t-1}(R_{p,t})$、$E_{t-1}(\Delta C_t)$ 和 $E_{t-1}(\Delta F_t)$ 分别为套期保值投资组合、现货头寸和期货头寸在 t-1 时刻的期望收益率；$\mathrm{Var}(R_{p,t})$、$\mathrm{Var}(\Delta C_t)$ 和 $\mathrm{Var}(\Delta F_t)$ 分别为套期保值投资组合、现货头寸和期货头寸在 t 时刻的收益率条件方差；$\mathrm{cov}(\Delta C_t, \Delta F_t)$ 为现货和期货收益率的条件协方差。

（1）基于考虑风险厌恶程度的均值—方差效用函数的最优套期保值比率

一般而言，投资者的效用函数都要综合考虑收益率和风险。但由于各个投

资者具体的效用函数各不相同，很难用一个效用函数来反映所有投资者对风险和收益率的效用感受。式（9.25）为考虑风险厌恶程度的均值—方差效用函数，其中 γ 表示资产组合持有人对风险的厌恶程度。

$$U_t = E(R_{p,t}) - \gamma \mathrm{Var}(R_{p,t}) \qquad (9.25)$$

该效用函数的最大化函数为

$$\max_{\rho_{t-1}} U_t = \max(E_{t-1}(\Delta C_t) - \rho_{t-1} E_{t-1}(\Delta F_t) - \gamma(\mathrm{Var}(\Delta C_t) + \rho_{t-1}{}^2 \mathrm{Var}(\Delta F_t) - 2\rho_{t-1}\mathrm{cov}(\Delta C_t, \Delta F_t))) \qquad (9.26)$$

在 F_t 服从鞅过程的假设前提下，$E_{t-1}(\Delta F_t) = E_{t-1}(F_t) - F_{t-1} = F_{t-1} - F_{t-1} = 0$，这样式（9.26）基于 ρ_{t-1} 的最大化条件为套期保值投资组合的方差最小，因此可对套期保值投资组合的方差求解对 ρ_{t-1} 的一阶导数，并使其为 0，即如式（9.27）所示。

$$2\rho_{t-1}\mathrm{Var}(R_{f,t}) - 2\mathrm{cov}(R_{s,t}, R_{f,t}) = 0 \qquad (9.27)$$

因此，基于考虑风险厌恶程度的均值—方差效用函数的最优套期保值比率为

$$\rho_{t-1} = \mathrm{cov}(\Delta C_t, \Delta F_t) / \mathrm{Var}(\Delta F_t) \qquad (9.28)$$

（2）基于不考虑风险厌恶程度的均值—方差效用函数的最优套期保值比率

不考虑风险厌恶程度的均值—方差效用函数——夏普比率（Sharp Ratio）的表达式为

$$\theta = \frac{E(r_p) - r_F}{\sigma_P} \qquad (9.29)$$

其中，r_F 表示市场上的无风险收益率，式（9.29）表示单位风险的超额利润，相应的最大化目标函数为

$$\max\theta = \max\frac{E(r_p) - r_F}{\sigma_P} = \max\frac{E_{t-1}(\Delta C_t) - \rho_{t-1}E_{t-1}(\Delta F_t) - r_F}{\sqrt{\mathrm{Var}(\Delta C_t) + \rho_{t-1}{}^2\mathrm{Var}(\Delta F_t) - 2\rho_{t-1}\mathrm{cov}(\Delta C_t, \Delta F_t)}} \qquad (9.30)$$

在 F_t 服从鞅过程的假设前提下，$E_{t-1}(\Delta F_t) = E_{t-1}(F_t) - F_{t-1} = F_{t-1} - F_{t-1} = 0$，这样式（9.30）基于 ρ_{t-1} 的最大化条件为套期保值投资组合的方差最小，因此可对套期保值投资组合的方差求解对 ρ_{t-1} 的一阶导数，并使其为 0，即如式（9.31）所示。

$$2\rho_{t-1}\mathrm{Var}(R_{f,t}) - 2\mathrm{cov}(R_{s,t}, R_{f,t}) = 0 \qquad (9.31)$$

因此，基于不考虑风险厌恶程度的均值—方差效用函数的最优套期保值比率也为

$$\rho_{t-1} = \mathrm{cov}(\Delta C_t, \Delta F_t) / \mathrm{Var}(\Delta F_t) \qquad （9.32a）$$

比较分析可得，式（9.26）和式（9.30）都反映出绝大多数投资者的心理，即期望收益率越大越好，风险越小越好；基于期货收益率时间序列服从鞅过程的假设，两种效用函数下的最优套期保值比率与最小方差套期保值比率一致。另外，在本文的文献综述中还介绍了最小损失套期保值法，由于操作起来比较复杂且本文研究的重点是基于跳跃—扩散过程的最优套期保值比率的确定，本文对该方法暂不展开。

由式（9.28）可得最优套期保值比率取决于现货和期货收益率时间序列之间的协方差与期货收益率时间序列方差的商。以前的套期保值方法中认为现货和期货收益率之间的协方差和期货收益率的方差都是常数，因此得出的套期保值比率也是固定的常数。而在随机波动系列模型中，期货收益率和现货收益率的波动不仅是时变的并且在一些情况下还会出现收益率的跳跃和波动的跳跃。因此，得出的最小方差套期保值比率也是时变的，其具体推导如式（9.32b）所示。

$$\rho_{t-1} = \frac{\mathrm{cov}(R_{s,t}, R_{f,t})}{\mathrm{Var}(R_{f,t})} = \frac{\rho \sqrt{\mathrm{Var}(R_{s,t})} \sqrt{\mathrm{Var}(R_{f,t})}}{\mathrm{Var}(R_{f,t})} \qquad （9.32b）$$

其中，$R_{s,t}$、$R_{f,t}$ 分别表示 t 时刻的现货和期货的对数收益率，$\mathrm{Var}(R_{s,t})$ 和 $\mathrm{Var}(R_{f,t})$ 分别为现货头寸和期货头寸在 t 时刻的条件方差；ρ 为现货收益率序列和期货收益率序列的相关系数。

9.3.2　基于本文三个模型下的最优套期保值比率

在 9.2 节的模型介绍中已经说明了连续时间随机波动系列模型中的即时方差，如表 9-2 所示。

表 9-2　连续时间随机波动系列模型中的即时方差

	SV	SVJ	SVCJ
$1/\mathrm{d}t(\mathrm{d}Y_t)$	V_t	$V_t + \lambda_Y(\mu_Y^2 + \sigma_Y^2)$	$V_t + \lambda_Y E((\xi^Y)^2)$

在参数估计中需要将模型进行离散化，离散化之后的即时方差如表 9-3 所示。

表 9-3　离散化后连续时间随机波动系列模型中的即时方差

	SV	SVJ	SVCJ
$Y_{(t+1)\Delta}-Y_{t\Delta}$	$V_{t}\Delta$	$V_{t}\Delta+J_{Y,(t+1)\Delta}(\xi^{Y,(t+1)\Delta})^2$	$V_{t}\Delta+J_{Y,(t+1)\Delta}\left(\overline{\xi Y,(t+1)v}\right)^2$

基于表 9-3 中所列的三个模型中的即时方差，令 $\Delta=1$，则可求出相应的最小方差套期保值比率。

（1）SV 模型的最优套期保值比率

$$\rho_{t-1}=\frac{\mathrm{cov}\left(R_{s,t},R_{f,t}\right)}{\mathrm{Var}\left(R_{f,t}\right)}=\frac{\rho\sqrt{V_{s,t}}\sqrt{V_{f,t}}}{V_{f,t}}=\frac{\rho\sqrt{V_{s,t}}}{\sqrt{V_{f,t}}}\qquad(9.33)$$

结合 SV 模型中波动项的表达式考察式（9.33），可以看出基于 SV 模型求解的最优套期保值比率加入了金融资产价格或收益率时间序列的动态性中的波动的聚集性和异方差性特征，但没有考虑到收益项或者波动项的跳跃。因此，该时变的套期保值比率相对于一般的假定收益率时间序列的方差和协方差为常数的套期保值比率有了本质上的进步。

（2）SVJ 模型的最优套期保值比率

$$\rho_{t-1}=\frac{\mathrm{cov}(R_{s,t},R_{f,t})}{\mathrm{Var}(R_{f,t})}=\frac{\rho\sqrt{V_{s,t}+J_{s,t+1}(\xi^{s,t+1})^2}\sqrt{V_{f,t}+J_{f,t+1}(\xi^{f,t+1})^2}}{V_{f,t}+J_{f,t+1}(\xi^{f,t+1})^2}$$

$$=\frac{\rho\sqrt{V_{s,t}+J_{s,t+1}(\xi^{s,t+1})^2}}{\sqrt{V_{f,t}+J_{f,t+1}(\xi^{f,t+1})^2}}\qquad(9.34)$$

比较式（9.33）和式（9.34）可得，在式（9.34）的最优套期保值比率计算中，由于运用 SVJ 模型来估计波动情况，不仅考虑金融资产价格或收益率时间序列的动态性中的波动的聚集性和异方差性特征，还加入了收益项的跳跃部分，这样得到的收益率时间序列的时变方差更加接近实际情况。当现货收益率时间序列出现跳跃时，要提高相应的套期保值比率以减少跳跃给套期保值资产组合带来的冲击；当期货收益率时间序列出现跳跃时，要降低相应的套期保值比率来减少套期保值头寸的大幅变化给资产组合带来的影响。但同时，从式（9.34）也可看出，由于该套期保值比率是基于最小方差而求得的，它不能将向上和向下的跳跃区分出来：现货收益率时间序列出现向上和向下的跳跃时，要提高相应的套期保值比率；期货收益率时间序列出现向上和向下的跳跃时，要降低相应的套期保值比率。

（3）SVCJ 模型的最优套期保值比率为

$$\rho_{t-1} = \frac{\mathrm{cov}(R_{s,t}, R_{f,t})}{\mathrm{Var}(R_{f,t})} = \frac{\rho\sqrt{V_{s,t} + J_{s,t+1}\overline{(\xi^{s,t+1})^2}}\sqrt{V_{f,t} + J_{f,t+1}\overline{(\xi^{f,t+1})^2}}}{\overline{V_{f,t}} + J_{f,t+1}\overline{(\xi^{f,t+1})^2}}$$

$$= \frac{\rho\sqrt{V_{s,t} + J_{s,t+1}\overline{(\xi^{s,t+1})^2}}}{\sqrt{V_{f,t} + J_{f,t+1}\overline{(\xi^{f,t+1})^2}}} \qquad (9.35)$$

式（9.35）从表面上看跟式（9.34）基本一样，但由于基于的模型分别为 SVJ 模型和 SVCJ 模型，跳跃部分在本质上有所不同。SVJ 模型中仅考虑到收益部分的跳跃且该跳跃幅度服从的分布为 $\xi^Y \sim N(\mu_Y, \sigma_Y^2)$；而 SVCJ 模型中考虑到收益率部分和波动性部分的共同跳跃且收益项跳跃幅度的分布为 $\xi^Y|\xi^v \sim N(\mu_Y + \rho_J \xi^v, \sigma_Y^2)$ 而波动项跳跃幅度的分布为 $\xi^v \sim \exp(\mu_v)$。因此，式（9.35）中的 $\overline{\xi^{s,t+1}}$ 和 $\overline{\xi^{f,t+1}}$ 与式（9.34）中的 $\xi^{s,t+1}$ 和 $\xi^{f,t+1}$ 实际估计的结果是不一样的。并且由于在 SVCJ 模型中的波动项也有跳跃部分，式（9.35）中的 $\overline{V_{s,t}}$ 和 $\overline{V_{f,t}}$ 与式（9.34）中的 $V_{s,t}$ 和 $V_{f,t}$ 实际估计的结果也不一相同。进一步分析可得，收益率和波动性的跳跃都将使收益率时间序列的方差发生变化进而影响套期保值比率：当现货收益率时间序列的收益项及波动项出现跳跃时，相应的套期保值比率要提高以减少跳跃给套期保值资产组合带来的冲击；当期货收益率时间序列的收益项及波动项出现跳跃时，相应的套期保值比率要降低来减少套期保值头寸的大幅变化给资产组合带来的影响。虽然跳跃发生的次数不多，但由于其幅度比较大，若不进行相应的套期保值率调整，套期保值投资组合遭遇的风险将加大。但该套期保值比率与 SVJ 模型中求解出的有同样的问题，即不能区分向上和向下的跳跃。

9.4   实证结果与分析

9.4.1   数据选择及其统计特征分析

我们选择上海期货交易所的铜、铝和橡胶，大连商品交易所的大豆，郑州商品交易所的小麦（硬麦）期货合约为研究对象。这些期货合约及其交易比较成熟，可作为我国商品期货交易的代表。由于我国期货合约具有非连续的特点，根据其活跃程度，分别选择三月期的铜、铝和橡胶，四月期的大豆，二月期的小麦的每个交易日开盘和收盘价格的连续数据作为具体研究样本，其时间跨度均为 1995 年 6 月 1 日至 2011 年 4 月 30 日。期货价格数据来源于相应的期货交易所和 Wind 数据库。

图 9-1 给出了期货铜、铝、橡胶、大豆和小麦价格的基本走势。可以看出，各期货价格的走势存在较大差异；但从各期货价格大幅上涨或大幅下跌的趋势看，它们之间也存在一定程度上的一致性。这说明，各期货价格在面对共同的事件因素冲击时，很可能存在一致的表现。

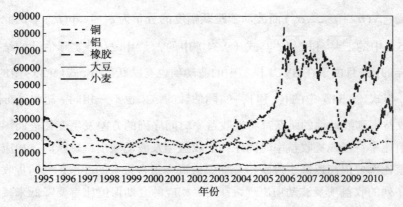

图 9-1　商品期货的价格走势[①]

令 P_t 为第 t 日商品期货收盘价格，收益率表示为 $r_t = 100 \times \ln(P_t / P_{t-1})$。由此，$r_t$ 的基本统计特征如表 9-4 所示。由表 9-4 可知，除铝期货的均值收益为负外，其他期货收益率均为正；并且发现铜、铝和橡胶收益的偏度为负，而大豆和小麦的偏度为正；由峰度和 Jarque-Bera 检验值可知，各期货收益率具有尖峰和厚尾特征；滞后 5 期 ADF（含有截距项而不含有趋势项）统计量显示了收益率序列是一平稳过程；此外，由收益率和收益率平方的 Ljung-Box 统计量可知，铜、铝、橡胶、大豆和小麦期货的收益率序列不仅存在自相关性，还具有条件异方差性。这些特性为建立基于学生分布的随机波动模型提供了证据。

[①] 原图可见：刘庆富，华仁海. 重大风险事件对中国商品期货市场的冲击效应——基于学生分布的随机波动模型[J]. 数量经济技术经济研究，2012，（5）：89-103.

表 9-4 商品期货收益率的基本统计特征

基本统计量	铜	铝	橡胶	大豆	小麦
均　值	0.0258	−0.00518	0.02248	0.0175	0.0052
标准差	1.5704	1.0801	2.0156	1.5236	1.0227
最大值	7.4812	7.7749	12.4898	25.9488	19.1605
最小值	−17.7670	−20.3696	−58.9037	−22.1473	−6.2556
偏　度	−0.6373	−1.9799	−7.2125	0.8884	2.9600
峰　度	9.4098	43.6958	214.7285	54.4526	51.4097
Jarque–Bera	6155.7**	240952.7**	6490964.0**	382007.0**	342807.3**
LB（5）统计量	31.274**	22.562**	12.247*	24.427**	30.308**
LB2（5）统计量	203.50**	130.053**	27.210**	24.427**	12.879**
ADF 值	−39.1185**	−61.6445**	−39.0934**	−62.1733**	−64.1773**

注：*表示在 5%置信水平下显著，**表示在 1%置信水平下显著。

　　接下来，将对重大风险事件做出选择。事实上，重大风险事件的选择是一个相对概念，选择的"重大"风险事件主要是针对金融业而言的，具体选择步骤如下：首先，从国家层面对历年发生的社会和非社会性事件进行收集和整理，这些事件主要包括我国中央政府、各部委、人民银行等单位发布的各类信息公告或事件以及国际重大信息公告或事件；然后，利用事件分析法（刘庆富等，2011）和 Masood 和 Sergi（2008）的事件识辨模拟技术分别分析所选事件能否对金融市场中典型的、具有代表性的股票市场、期货市场、汇率市场和利率市场之一产生显著影响，如果采用这两者方法均检测出某一事件对收益及其波动均在 95%的置信度下显著，则我们认为该事件是"重大"事件，否则，则剔除这一事件；最后，根据重大风险事件的驱动因素将风险事件具体分为经济事件、政治事件和自然灾害事件①。通过以上数据选择和分类方式，我们得到 183 个经济事件、79 个政治事件和 17 个自然灾害事件②。

---

　　① 与经济事件和政治事件相比，自然灾害具有较长的时间跨度，为了统一分析口径，计数基础以日冲击为依据，即影响跨度为 10 天的自然灾害事件将被作为 10 个冲击日来计数。

　　② 经济事件有 1995 年 2 月 26 日的巴林银行破产、1996 年 12 月 16 日沪、深证券交易所上市的股票交易实行涨跌幅不超过前日收市价 10%的限制、2007 年 5 月 29 日财政部决定从 2007 年 5 月 30 日起调整证券（股票）交易印花税税率（由现行 1‰调整为 3‰）、2008 年 9 月 16 日中国人民银行决定下调金融机构人民币贷款基准利率，政治事件有 1996 年 6 月 30 日午夜的中英两国政府签署香港回归交接仪式，1999 年 5 月 7 日以美国为首的北约袭击我国驻南斯拉夫大使馆，2001 年 9 月 11 日的"9·11 恐怖袭击"，自然灾害事件有 1998 年的特大洪水、2005 年的禽流感瘟疫、2008 年的"5·12汶川地震"，2011 年的日本 9.0 级大地震，等等。为节省篇幅，各类事件的明细就不再一一列述。

9.4.2 基于离散时间随机波动模型的重大风险冲击效应实证结果与分析

1. 基于离散时间随机波动模型的重大风险冲击效应

下文分别对 SV_1、SV_2 和 SV_3 模型进行了 MCMC 模拟，估计了基于重大风险事件随机波动模型参数及其显著性。表 9-5 给出了 SV_1 模型对我国铜、铝、橡胶、大豆和小麦期货市场的实证研究结果。可以看出，所有参数均在 1%置信水平下显著。从条件均值方程的实证结果看，铜、铝和橡胶期货的 β 系数均为正，而大豆和小麦期货的 β 系数均为负，且 β 系数的绝对值大小和正负性各不相同，这说明各期货合约的对数收益率均具有不同程度的相关性。从重大风险事件对收益率的灵敏度关系上看，铜、铝和大豆期货的 d_m 系数均为正，而橡胶和小麦期货的 d_m 系数均为负；这表明，重大风险事件对我国商品期货的收益率均具有显著的影响，且不同期货对重大风险事件的敏感性并不完全相同。从重大风险事件对波动性的灵敏度关系上看，各期货合约的 γ 值均在 1%的置信水平下显著，表明滞后一期的收益率对期货市场波动性具有显著的影响；各期货合约的 ϕ 值均较大，有些非常接近于 1，说明我国商品期货市场的波动具有很强的持续性。我们还发现，铜、铝、橡胶和大豆期货的 d_v 系数均为正，而小麦期货的 d_v 系数均为负；这表明重大风险事件对我国商品期货波动性的影响均是显著的，同时不同期货对重大风险事件的敏感性虽有一定程度上的共性，但也存在诸多差异。

表 9-5 基于 SV_1 模型的参数估计结果

参数均值	铜	铝	橡胶	大豆	小麦
A：条件均值方程					
α	0.3620**	0.2007**	0.0123**	0.0022**	−0.0112**
β	0.2822**	0.3284**	0.0058**	−0.0776**	−0.1204**
d_m	0.0667**	0.0304**	−0.1027**	0.0522**	−0.0377**
B：条件对数方差方程					
μ	−1.0950**	−1.4150**	3.2750**	0.3100**	−0.2169**
γ	0.0387**	0.0044**	−0.0225**	−0.0335**	−0.0667**
ϕ	0.8259**	0.8185**	0.9509**	0.8259**	0.8399**
d_v	0.0561**	0.0638**	0.0363**	0.1575**	−0.0144**
σ	0.7474**	0.9004**	0.5889**	0.9050**	0.9437**

注：*表示在 5%置信水平下显著，**则为 1%置信水平下显著。

　　在确定了总风险事件对我国期货市场存在显著冲击之后，表 9-6 给出了基于 SV_2 模型的分类事件参数的估计结果。可以看出，所有参数均在 5% 置信水平下显著。从条件均值方程和方差方程中铜、铝、橡胶、大豆和小麦期货的 β 、ϕ 和 γ 的实证结果与 SV_1 的结论基本一致。此外，从条件均值方程的 d_1 、d_2 和 d_3 及方差方程的 d_4 、d_5 和 d_6 的估计结果来看，经济事件、政治事件和自然灾害对我国商品期货收益均具有显著影响。相对而言，经济事件对铜和铝期货收益的影响最大，政治事件次之，而自然灾害最小；不同于前者，自然灾害对橡胶、大豆和小麦期货收益的影响最大，经济事件次之，政治事件最小。从冲击效应上看，经济事件对铜和铝期货波动的影响最大，政治事件次之，而自然灾害最小；与此不同的是，经济事件对橡胶、大豆和小麦期货波动的影响最大，自然灾害次之，而政治事件最小。从影响方向上看，经济事件、政治事件和自然灾害对我国商品期货市场收益率及其波动性的影响也存在较多不同，这主要是由于我国期货品种存在个体差异的缘故。

表 9-6　基于 SV_2 模型的参数估计结果

参数均值	铜	铝	橡胶	大豆	小麦
A：条件均值方程					
α	0.3619**	0.2022**	0.0130**	0.0036**	-0.0126**
β	0.2817**	0.3273**	0.0073**	−0.0764**	−0.1220**
d_1	0.1380**	0.1140**	−0.0914**	0.0534**	0.0708**
d_2	0.0621**	−0.0161**	0.0445*	0.0112*	−0.0377**
d_3	0.0411**	−0.0146**	−0.0985**	0.1242**	−0.1461**
B：条件对数方差方程					
μ	−1.1280**	−1.4540**	2.7070**	0.1760**	−0.2691**
γ	0.0448**	0.0379**	−0.0201**	−0.0302**	−0.0637**
ϕ	0.8144**	0.8166**	0.9415**	0.8127**	0.8360**
d_4	0.3532**	0.5208**	0.5052**	0.5923**	0.2134**
d_5	0.0412*	−0.3468**	0.0720**	0.0191**	0.0108*
d_6	−0.0392**	−0.0066*	−0.1183**	−0.2470**	−0.1192**
σ	0.7634**	0.8983**	0.5956**	0.9126**	0.9470**

注：*表示在 5% 置信水平下显著，**则为 1% 置信水平下显著。

在检测了经济事件、政治事件和自然灾害对我国商品期货市场是否分别产生显著的冲击之后，更进一步地，表 9-7 给出了基于非对称重大风险事件随机波动模型 SV_3 的参数估计结果。由表 9-7 可知，所有参数均在 5% 置信水平下显

表 9-7　基于 SV_3 模型的参数估计结果

参数均值	铜	铝	橡胶	大豆	小麦
	A：条件均值方程				
α	0.3599**	0.2015**	0.0167**	0.0037**	−0.0103**
β	0.2826**	0.3253**	0.0167**	−0.0769**	−0.1154**
d_1^+	0.0277**	0.0834**	1.6320**	0.1540	0.3056**
d_1^-	0.2414**	0.2324**	−1.5910**	−0.0873**	−0.2684**
$\left\|d_1^-/d_1^+\right\|$	8.7148	2.7866	0.9749	0.5669	0.8783
d_2^+	0.2029**	0.0662**	0.8731**	0.2310**	0.2536**
d_2^-	−0.0582**	−0.0050*	−0.9380**	−0.2317**	−0.2750**
$\left\|d_2^-/d_2^+\right\|$	0.2868	0.0760	1.0743	1.0030	1.0844
d_3^+	0.0235**	−0.0182**	0.3839**	0.0563**	0.2066**
d_3^-	0.0537**	0.0372**	−0.4411**	−0.0579**	−0.3272**
$\left\|d_3^-/d_3^+\right\|$	2.2851	2.0439	1.1490	1.0284	1.5837
	B：条件对数方差方程				
μ	−1.1350**	−1.4890**	2.7030**	0.1574**	−0.3910**
γ	0.0356**	0.0071**	−0.0178**	−0.0307**	−0.0735**
ϕ	0.8083**	0.8111**	0.9400**	0.8098**	0.8123**
d_4^+	0.1547**	0.1819**	0.0626**	0.2967**	0.1177**
d_4^-	0.5633**	0.9267**	0.4662**	0.9897**	0.1435**
$\left\|d_4^-/d_4^+\right\|$	3.6412	5.0946	7.4473	3.3357	1.2192
d_5^+	0.1823**	−0.0922**	0.1976**	−0.4980**	−0.5133**
d_5^-	−0.2341**	−0.4753**	−0.0597*	0.4708**	−0.0195**
$\left\|d_5^-/d_5^+\right\|$	1.2842	4.7913	0.3021	0.9454	0.0380
d_6^+	−0.0564**	0.0795**	0.1188**	−0.0851**	−0.2082**
d_6^-	−0.0196*	−0.0726**	−0.3448**	−0.1381**	−0.2873**
$\left\|d_6^-/d_6^+\right\|$	0.3475	0.9132	2.9024	1.6228	1.3799
σ	0.7768**	0.9027**	0.6086**	0.9164**	1.0220**

注：*表示在 5% 置信水平下显著，**则为 1% 置信水平下显著。

著。除正负冲击外，所得结论均与模型 SV_1 和 SV_2 的实证结果相一致。首先我们来讨论利好事件和利空事件对期货收益的冲击效应，研究结果显示：经济事件、政治事件和自然灾害的利好事件和利空事件对我国期货市场收益均具有显著的冲击，并表现出一定程度的非对称性。相对而言，经济事件对铜和铝期货市场收益率的影响具有正向杠杆效应，而对橡胶、大豆和小麦市场收益率的影响则具有反向杠杆效应[1]；相反地，政治事件对铜和铝期货市场收益率的影响具有反向杠杆效应，而对橡胶、大豆和小麦市场收益率的影响则表现为反向杠杆效应；然而，对自然灾害事件，所有期货市场均表现为正向杠杆效应。

在利好事件和利空事件对期货波动性的冲击效应方面，我们发现：经济事件、政治事件和自然灾害的利好事件和利空事件对我国期货市场波动的影响也是显著的，也呈现出一定程度的非对称性。具体而言，经济事件对铜、铝、橡胶、大豆和小麦期货市场波动的冲击均具有正向杠杆效应；政治事件对铜和铝期货市场波动的冲击具有正向杠杆效应，而对橡胶、大豆和小麦期货市场波动的冲击则表现为反向杠杆效应；然而，对自然灾害事件来说，其对铜和铝期货市场波动的冲击具有反向杠杆效应，而对橡胶、大豆和小麦期货市场波动的冲击则表现为正向杠杆效应。

2. 贝叶斯因子测试结果与模型评价

对上文构建的随机波动模型 SV_0、SV_1、SV_2 和 SV_3，已通过贝叶斯因子分别计算了基于正态分布和学生分布的 $2\ln(B_{12})$ 值，并对它们进行了两两比较。根据 Tsiakas（2008）提供的 $2\ln(B_{12})$ 值的参考标准，若 $2\ln(B_{12})$ 值大于 3，说明优劣关系存在，且值越大优劣关系越强。这样，由实证结果发现：对铜、铝、橡胶、大豆和小麦期货而言，无论是基于正态分布还是基于学生分布，SV_1、SV_2 和 SV_3 模型均优于 SV_0，SV_2 和 SV_3 模型均优于 SV_1，以及 SV_3 模型优于 SV_2。此外，基于学生分布的 SV_0、SV_1、SV_2 和 SV_3 模型的 $2\ln(B_{12})$ 值分别大于基于对应的正态分布的 $2\ln(B_{12})$ 值，且均统计显著；这说明：与正态分布相比，基于学生分布的随机波动模型是最优的，这一结论进一步支持了基于学生分布的随机波动模型。由此可以看出，SV_1、SV_2 和 SV_3 模型可以更好地刻画重大风险事件对我国商品期货市场的冲击效应。

---

① 正向杠杆效应是指来自同样大小的好消息的影响要大于坏消息的影响；反向杠杆效应则相反，是指来自同样大小的坏消息的影响要大于好消息的影响。

表 9-8   贝叶斯因子的计算结果

	正态分布					学生分布				
	铜	铝	橡胶	大豆	小麦	铜	铝	橡胶	大豆	小麦
SV_1 vs. SV_0	71	42	55	40	44	96	77	81	73	69
SV_2 vs. SV_0	90	70	62	76	55	105	89	94	98	74
SV_3 vs. SV_0	311	176	203	160	97	402	208	294	202	187
SV_2 vs. SV_1	19	28	7	36	11	9	12	13	25	5
SV_3 vs. SV_1	240	134	148	120	53	306	131	213	129	118
SV_3 vs. SV_2	221	106	141	84	42	297	119	200	104	113

9.4.3   基于连续时间随机波动模型的最优套期保值比率实证结果与分析

本小节将以铜和铝两个品种作为大宗商品的代表来进行相关的实证研究。上海期货交易所的铜铝期货价格数据来源于文华财经行情软件，采用领先于实际时间三个月的合约的每日收盘价，时间跨度为 2003 年 6 月 3 日至 2011 年 8 月 5 日，每个品种各 1960 个数据。铜和铝的现货价格数据来源于在国内具有代表性的长江有色金属交易市场的相应时间段的现货价格。实证研究中所用的数据分别为期货和现货的对数收益率，表达式分别为 $\ln(S_t/S_{t-1})$ 和 $\ln(F_t/F_{t-1})$，其中 S_t、S_{t-1}、F_t、F_{t-1} 分别表示在现货和期货在 t 和 t-1 时刻的价格。

1. 模型参数估计结果

在 Matlab 中，基于 SV、SVJ、SVCJ 三个模型分别采用贝叶斯的 MCMC 算法对上述的数据进行参数估计，每次计算总共迭代 22000 次，并"烧掉"前 2000 个抽样值，表 9-9 和表 9-10 为铜和铝的现货、期货对数收益率分别在 SV、SVJ、SVCJ 三个模型中的参数。

对比表 9-9 和表 9-10 中的参数可知：铜现货和期货两个收益率时间序列的 μ 值都大于铝的两个收益率时间序列的该值，这说明样本区间内铜的正收益率大于铝的正收益率。单从样本区间的价格数据来看，铜的现货和期货在 2003 年 6 月 3 日的价格分别为人民币 17565 元/吨和人民币 17500 元/吨，而在 2011 年 8 月 5 日的价格分别为人民币 69650 元/吨和人民币 68570 元/吨，铝的现货和期货在 2003 年 6 月 3 日的价格分别为人民币 14770 元/吨和人民币 14840 元/吨，而

表 9-9　铜现货、期货对数收益率时间序列在三个模型中的参数

	SV 模型		SVJ 模型		SVCJ 模型	
	现货	期货	现货	期货	现货	期货
μ	0.076 (0.025)	0.089 (0.031)	0.069 (0.021)	0.096 (0.045)	0.069 (0.022)	0.084 (0.033)
θ	2.018 (0.365)	2.454 (0.486)	1.194 (0.233)	1.515 (0.322)	1.137 (0.087)	1.633 (0.190)
k	0.031 (0.007)	0.022 (0.007)	0.036 (0.010)	0.033 (0.015)	0.158 (0.091)	0.205 (0.149)
σ_V	0.251 (0.116)	0.185 (0.108)	0.205 (0.082)	0.183 (0.083)	0.402 (0.234)	0.460 (0.297)
ρ	−0.084 (0.064)	−0.002 (0.057)	−0.051 (0.083)	0.055 (0.069)	−0.015 (0.057)	−0.040 (0.065)
μ_Y			−0.427 (0.532)	−0.270 (0.965)	0.019 (1.019)	−0.185 (1.020)
σ_Y			2.655 (1.315)	1.839 (0.994)	2.956 (1.760)	2.100 (1.326)
λ			0.047 (0.026)	0.056 (0.060)	0.016 (0.008)	0.014 (0.014)
μ_v					3.113 (1.347)	2.711 (1.225)
ρ_J					0.028 (0.409)	−0.326 (0.563)

注：参数估计值均为后验均值，（ ）中为标准差。

表 9-10　铝现货、期货对数收益率时间序列在三个模型中的参数

	SV 模型		SVJ 模型		SVCJ 模型	
	现货	期货	现货	期货	现货	期货
μ	0.001 (0.009)	0.025 (0.016)	0.000 (0.009)	0.027 (0.017)	0.000 (0.009)	0.024 (0.017)
θ	0.751 (0.143)	1.187 (0.246)	0.706 (0.136)	1.065 (0.206)	0.479 (0.064)	0.946 (0.210)
k	0.040 (0.010)	0.032 (0.009)	0.038 (0.009)	0.037 (0.009)	0.097 (0.020)	0.066 (0.036)
σ_V	0.232 (0.070)	0.235 (0.082)	0.218 (0.067)	0.235 (0.089)	0.284 (0.184)	0.298 (0.168)
ρ	0.093 (0.051)	0.142 (0.074)	0.133 (0.052)	0.179 (0.069)	0.046 (0.051)	0.111 (0.089)
μ_Y			0.634 (0.582)	−0.374 (0.641)	0.481 (0.915)	0.119 (0.929)
σ_Y			2.200 (1.186)	2.060 (1.088)	2.307 (1.250)	2.155 (1.286)
λ			0.014 (0.005)	0.021 (0.014)	0.012 (0.004)	0.007 (0.006)
μ_v					2.565 (0.975)	2.651 (1.235)
ρ_J					0.226 (0.499)	−0.507 (0.537)

注：参数估计值均为后验均值，（ ）中为标准差。

在 2011 年 8 月 5 日的价格分别为人民币 18050 元/吨和人民币 17485 元/吨，明显铜的价格涨幅大大高于铝的价格涨幅，与参数反映的事实一致；θ 代表波动的平均水平，铜的 θ 值大于铝的 θ 值，期货的 θ 值大于现货的 θ 值，说明铜的波动水平高于铝的波动水平，期货的波动水平高于现货的波动水平，并且，SV、SVJ、SVCJ 三个模型的 θ 值总体而言是依次减少，这也反映了随着跳跃项的加入，这些模型可用来描述部分波动的跳跃特征；k 反映了波动项的均值回复速度，铜和铝的该数值都相差不多，但 SVCJ 模型中的 k 值明显大于另两个模型中的 k 值；σ_V 代表波动的波动，两个品种的 σ_V 值相差不大；ρ 是收益项和波动项布朗增量的相关系数，铜的 ρ 值大多数都是负数，说明铜的市场价格下降时波动增加，但铝的 ρ 值大多数都是正数，说明两个市场这方面有所不同；μ_Y 代表收益项跳跃的平均幅度，铜的 μ_Y 值大多数都是负数，说明铜的市场向下跳跃比较多，但铝的 μ_Y 值大多数都是正数，说明两个市场这方面有所不同；σ_Y 代表收益项跳跃幅度的方差，两个品种的该数据基本差不多；λ 跳跃发生的概率，铜的 λ 值大于铝的 λ 值，说明铜的收益率时间序列发生跳跃的次数多；μ_v 代表波动项跳跃的平均幅度，铜的 μ_v 值稍大于铝的 μ_v 值，说明铜波动项的跳跃稍大于铝的波动项的跳跃；ρ_J 代表收益项跳跃与波动项跳跃的相关系数，两个品种的期货收益率序列的 ρ_J 值都为负数，说明市场价格下降时波动增加。

2. 基于连续时间随机波动模型的最优套期保值比率

根据 9.3.1 节中的最小方差套期保值比率公式及 9.4.3 节中估计出的样本区间内的隐含波动及跳跃，可以求解出相应的动态套期保值比率。图 9-2 至图 9-7 分别展示了 SV、SVJ、SVCJ 三个模型下的最小方差套期保值比率：

比较分析图 9-2 至图 9-7 可得，由于波动不再是一个常数，并且在 SVJ 和

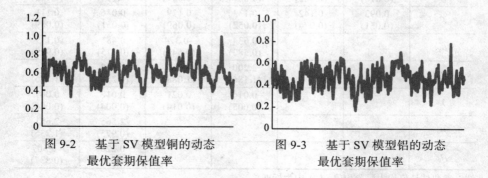

图 9-2　基于 SV 模型铜的动态　　　图 9-3　基于 SV 模型铝的动态
　　　　最优套期保值率　　　　　　　　　最优套期保值率

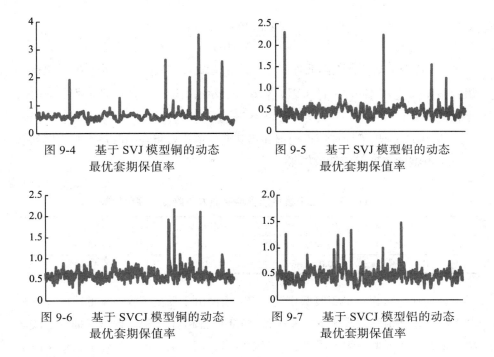

图 9-4　　基于 SVJ 模型铜的动态　　　　图 9-5　　基于 SVJ 模型铝的动态
　　　　　最优套期保值率　　　　　　　　　　　最优套期保值率

图 9-6　　基于 SVCJ 模型铜的动态　　　图 9-7　　基于 SVCJ 模型铝的动态
　　　　　最优套期保值率　　　　　　　　　　　最优套期保值率

SVCJ 模型中还捕捉了收益和/或波动的跳跃，最优套期保值比率极富动态性。而且，基于加入了跳跃的模型的最优套期保值比率也存在相应的跳跃，这也就说明了基于包含跳跃的模型的套期保值率对重大事件等带来的市场的大幅波动的反应更为及时和到位。

3. 套期保值绩效比较

套期保值活动实际就是通过建立一个期货头寸和现货头寸的投资组合来降低风险及更高的目标——提高收益率。关于其实际绩效的研究，可以从两方面来分析：①研究套期保值投资组合整体收益率的波动性；②研究套期保值投资组合的风险和收益率的相对变化。

（1）仅考虑风险的降低程度

根据 Markowitz 的理论，方差就代表投资组合的风险，尽管很多投资者的直接感受都是造成损失的波动才是风险，仅仅带来收益率的波动不是风险。在本文中，为将问题简化，仍将只采用方差的降低程度来研究套期保值的效率。首先，将研究套期保值后收益率的方差相对于没有套期保值情况下的收益率的方差的减少程度，以此来比较各个模型的套期保值绩效，具体如式（9.36）所示。

$$EF_1 = \frac{\mathrm{Var}(P) - \mathrm{Var}(S)}{\mathrm{Var}(S)} \qquad (9.36)$$

其中，EF_1 表示基于方差降低程度的套期保值绩效，$\mathrm{Var}(P)$ 表示套期保值投资组合整体收益率时间序列的方差，$\mathrm{Var}(S)$ 表示没有套期保值时现货收益率时间序列的方差。

表 9-11 列出了计算所得的铜和铝套期保值投资组合的收益率时间序列基于三个模型的套期保值绩效结果。

表 9-11　基于三个模型的套期保值方差降低率绩效比较

	SV 模型	SVJ 模型	SVCJ 模型
铜	50.94%	53.98%	54.66%
铝	40.01%	41.31%	43.19%

横向比较可得：SVJ 模型相对于 SV 模型由于捕捉了收益率的跳跃，该模型下的套期保值绩效高于 SV 模型；SVCJ 模型相对于 SVJ 模型又捕捉了波动项的跳跃，在模型中纳入了更多的有效信息，该模型下的套期保值绩效又高于 SVJ 模型。纵向比较可得，铜的套期保值投资组合收益率时间序列的套期保值绩效高于铝的套期保值绩效，这与两个品种的现货和期货两个市场的相关程度有关，铜的期货市场交易量相对于铝的期货市场的交易量要大得多，更适合进行套期保值相关交易，这样铜的期货和现货市场的相关度也相应提高。并且，从绝对的方差降低比率来看，其数值也就只在 40%～55% 之间，而所使用的平均套期保值比率也就只有 50%～60% 之间，这也说明两个品种的期货和现货市场间的相关性不是非常大，如 80% 左右，相信随着更多的套期保值交易的参与，期货和现货市场间的相关度将进一步提升。

（2）同时考虑风险和收益

在套期保值绩效研究中可以用历史的套期保值投资组合的平均收益和方差的相对变化来研究套期保值的考虑风险和收益的绩效，其计算方法是由夏普比率的计算公式演变而来，具体为

$$EF_2 = \frac{\mathrm{Mean}(P)/\sqrt{\mathrm{Var}(P)}}{\mathrm{Mean}(S)/\sqrt{\mathrm{Var}(S)}} \qquad (9.37)$$

其中，EF_2 表示均值—方差套期保值的绩效，$\mathrm{Mean}(P)$ 套期保值投资组合整体收益率序列的均值，$\mathrm{Mean}(S)$ 没有套期保值时现货收益率序列的均值，$\mathrm{Var}(P)$

表示套期保值投资组合整体收益率时间序列的方差，Var(S) 表示没有套期保值时现货收益率时间序列的方差。

基于三个模型的相应均值—方差套期保值绩效如表 9-12 所示。

表 9-12　基于三个模型套期保值均值—方差绩效比较

	SV 模型	SVJ 模型	SVCJ 模型
铜	0.76	0.88	0.54
铝	1.74	1.01	0.72

比较表 9-12 中的铜和铝的绩效数值可得：铜套期保值投资组合基于三个模型的均值—方差绩效值都小于 1，说明三个模型中铜套期保值投资组合均值的削减速度大于方差的削减速度；而铝套期保值投资组合相应的绩效数据中基于 SV 模型和 SVJ 模型的绩效数值都大于 1，它的投资组合的均值和方差的相对削减速度与铜的相对速度正好相反。比较三个模型的绩效数值可知：整体趋势上是 SV、SVJ、SVCJ 三个模型的均值—方差绩效依次减少（除了铜的套期保值投资组合在 SVJ 模型中的均值—方差绩效最高），这也与收益率越大风险越大的事实有一定关系。结合本文所使用的波动率模型和最优套期保值比率求解公式可得，由于本文中用方差来度量风险，此方法不仅把向上和向下的波动视为是同性质的波动，还把向上和向下得跳跃也视为同性质的跳跃。尽管 SVJ 模型和 SVCJ 模型很好地捕捉到了跳跃这一因子，但向上和向下的跳跃对套期保值投资组合收益率带来的不同冲击在计算套期保值比率时并没有区分出来。因此，在本文中从套期保值均值方差绩效的角度证明了在计算套期保值比率时区分不同方向波动和跳跃的重要性。

9.5　结论与启示

为深入考察重大风险事件对我国商品期货市场的冲击效应，首先从国家信息发布的角度选择了历年发生的社会和非社会风险事件，然后利用事件识辨方法定量选择出影响我国金融业的重大风险事件，最后根据风险事件的驱动因素将重大风险事件分为经济事件、政治事件和自然灾害事件。依据以上分类及其特性构建了基于重大风险事件的多个随机波动模型，并采用贝叶斯 MCMC 技术对我国铜、铝、橡胶、大豆和小麦期货合约数据进行了实证分析，得到如下研究结果。

第一，与标准随机波动模型相比，基于重大风险事件的随机波动模型均比较合理地刻画重大风险事件对我国商品期货市场收益率和波动性的冲击效应。实证结果显示，我国商品期货市场的一阶滞后收益率对各商品期货市场收益率及其波动均存在显著的影响，并且，期货市场的波动存在很强的持续性特征；就总风险事件对期货收益率和波动性的影响来看，重大风险事件对我国商品期货的收益率和波动均具有显著的影响，且不同商品期货对重大风险事件的敏感性虽有一定程度上的共性，但也存在诸多差异。

第二，经济事件、政治事件和自然灾害对我国商品期货收益率和波动性均具有显著影响。相对而言，经济事件对铜和铝期货收益率的影响最大，政治事件次之，而自然灾害最小；自然灾害对橡胶、大豆和小麦期货收益率的影响最大，经济事件次之，政治事件最小。从冲击效应上看，经济事件对铜和铝期货波动性的影响最大，政治事件次之，而自然灾害最小；经济事件对橡胶、大豆和小麦期货波动性的影响最大，自然灾害次之，而政治事件最小。从影响方向上看，经济事件、政治事件和自然灾害对我国商品期货市场收益率和波动性的影响也存在较多不同。

第三，利好事件和利空事件对期货市场收益率和波动性均具有显著的冲击效应，并呈现出一定程度的非对称性。相对而言，经济事件对铜和铝期货市场收益率的影响具有正向杠杆效应，而对橡胶、大豆和小麦市场收益的影响则表现为反向杠杆效应；政治事件对铜和铝期货市场收益率的影响具有反向杠杆效应，而对橡胶、大豆和小麦市场收益的影响则表现为反向杠杆效应；但是，对自然灾害事件，所有期货市场均表现为正向杠杆效应。经济事件对铜、铝、橡胶、大豆和小麦期货市场波动性的冲击均具有正向杠杆效应；政治事件对铜和铝期货市场波动性的冲击具有正向杠杆效应，而对橡胶、大豆和小麦期货市场波动性的冲击则表现为反向杠杆效应；对自然灾害事件来说，其对铜和铝期货市场波动的冲击具有反向杠杆效应，而对橡胶、大豆和小麦期货市场波动的冲击则表现为正向杠杆效应。

第四，在本章中，对根据三个模型推导出来的最优套期保值比率进行实证研究，发现基于视波动为时变因子的随机波动模型求解出的套期保值比率极具动态性。并且，基于加入跳跃的随机波动模型——SVJ 模型和 SVCJ 模型求解出的套期保值比率还存在跳跃现象，这说明基于这两个模型的套期保值率计算中考虑到了重大事件等对套期保值投资组合带来的巨大冲击。

第五，在本章中，将方差和收益两方面结合起来考核套期保值绩效的研究中发现，SVCJ 模型在降低套期保值投资组合收益率方差的同时，组合的平均收益率的下降速度相对于其他模型也下降得更快。当然，收益和方差本身就是两个矛盾的因素，一般而言，总是收益率越大方差越大。因此，SVCJ 模型的这一结果也是情理之中。深究产生此结果的原因，其中一个就是本文不仅把向上和向下的波动视为是同性质的波动，还把向上和向下的跳跃也视为同性质的跳跃。因此，尽管 SVJ 模型和 SVCJ 模型很好的捕捉到了跳跃这个因子，但向上和向下的跳跃对套期保值投资组合收益率带来的不同冲击在计算套期保值比率时并没有区分出来。我们从套期保值均值方差绩效的角度证明了在计算套期保值比率时区分不同方向波动和跳跃的重要性。

根据上述分析，我们可得到如下启示：对投资者而言，可根据当前的商品期货收益环境和重大风险事件发生的类型预测我国期货市场的收益率和波动性在重大风险事件发生前后的可能变化趋势，并结合其各自特点或持有头寸制定相应的投资策略。对交易所而言，应根据现有先进模型，测度重大的经济事件、政治事件和自然灾害对股价收益率和波动性的影响方向和程度大小，结合交易所自身风险管理状况建立有针对性的防范重大风险事件冲击的机构外部风险管理系统和风险预警系统。对监管部门而言，可根据重大风险事件对我国期货市场产生影响的状况及其可能途径，结合当前我国经济金融发展需求，对不同类别的重大风险事件制定出有轻重缓急之分的金融市场风险防控体系，以防范和化解重大风险事件对期货等金融市场的巨大冲击，确保我国金融市场的稳定和有效运营。

第 10 章
中国证券市场跳跃风险的外溢效应与投资价值研究

随着市场之间的关联性逐渐紧密，其间的相互影响逐渐扩大，需要着重考虑市场之间跳跃风险的外溢效应。本章将从同步交易和异步交易的研究视角出发，应用跳跃风险溢出指标、投资组合夏普比率和风险溢价模型对中美两国的铜和大豆期货市场进行实证研究，检测美国期货市场跳跃风险对中国期货市场的外溢效应及其投资价值，为我国证券市场的完善和资本配置效率的提高提供参考。

10.1　问题提出与文献评述

10.1.1　问题提出

随着金融自由化程度的加深，中国与美国期货市场之间的关联性日渐紧密。中国期货市场对美国市场施加自身影响的同时也不得不承受来自美国市场波动的冲击（Liu，2011）。其中，由于期货价格的大幅波动而带来的风险，我们常称之为跳跃风险[①]。并且，在这些冲击中，尤以跳跃风险对中国期货市场的影响最大，这主要是因为跳跃风险多具有发生率低、影响面广、影响力大、

[①] 与连续的小幅的价格波动相比，大幅的波动常表现为非连续的跳跃（Neftci，2004）。

难以量化和转移等特点[①]。然而，大量事实表明，这些跳跃风险的背后，常伴随着风险事件的发生，既可能有价格操纵、国家政策调控和公司破产倒闭等经济事件的影响[②]，也可能有恐怖袭击（如"9·11"恐怖袭击事件）、局部战争（如伊拉克战争）和政党选举等政治事件的影响，更可能有瘟疫、地震、台风和洪灾等自然灾害的影响，甚至受以上多种风险事件的综合影响[③]。与两市场收益之间的关系相比，期货市场波动含有大量的信息，是市场风险的主要来源，且具有风险累积和传染效应，对另一个期货市场的影响往往很大。这些跳跃风险得到了期货交易者，期货交易所及监管当局的广泛关注。为防范跳跃风险的发生，上海期货交易所，大连商品交易所和郑州商品交易所均采用了涨跌停板制度及春节期间增加保证金收取比例等措施。

但是，当前对期货市场的跳跃风险传导机制与投资价值的研究仍有待深入。在这一背景下，美国期货市场的跳跃风险对中国期货市场是否有影响？如果影响存在，影响的方向和力度怎样？是否具有杠杆效应？有何趋势？并且，这些跳跃溢出是否具有哪些投资价值？这些问题尚不十分清楚[④]。因此，本节将基于同步和异步交易视角，重点研究美国期货市场的跳跃风险对国内期货市场的外溢效应及其投资价值。

10.1.2　文献评述

在跳跃风险的传导机制方面，现有研究有些集中于风险事件对资产价格的影响（Cutler 等，1989；Chan 和 Wei，1996；Bittlingmayer，1998；Kim 和 Mei，2001；Franck 和 Krausz，2009），有些则并不把风险事件加以具体区分，而是对市场上出现的所有跳跃风险进行研究（Duffie 等，2000，2001；Eraker 等，

---

① 跳跃风险往往与知情交易者相关（Easley 和 O'Hara，1987），且多属于系统性风险（Mizrach，2009）。

② 例如，受雷曼兄弟欧洲子公司破产的影响（2008 年 9 月 15 日宣布破产），纽约铜期货价格从 9 月 14 日的 319.10 美元/镑连续跌至 9 月 18 日的 307.50 美元/镑。受此影响，我国铜期货价格在此期间从 56460 元/吨也连续跌到 52000 元/吨，下降幅度达 7.90%。

③ 与两市场收益之间的关系相比，期货市场波动含有大量的信息，是市场风险的主要来源，且具有风险累积和传染效应，对另一期货市场的影响往往很大；因此，本文将重点研究美国同步和异步期货市场的跳跃风险对国内期货市场的风险传递效应及其风险绩效。

④ 之所以只研究美国期货市场的跳跃风险对中国期货市场的影响，一是为了突出中国期货市场在信息传导中的地位和作用；二是对中国期货市场投资者、交易所和风险监管当局而言，这一研究更有针对性和可用性。

2003；Asgharian 和 Bengtsson，2006）。然而，这些研究多针对某一市场而言的，并没有分析跳跃风险在多个市场上的信息传递关系。为此，De Bandt 和 Hartmann（2000）从定性角度总结了作为系统性的跳跃风险在银行间跨境传递的证据；之后，Asgharian 和 Bengtsson（2006）利用 SVCJ 风险模型研究了国际股票市场之间的跳跃溢出行为，发现不同国家股票市场之间存在显著的跳跃溢出效应，且处于同一地区和相同工业结构的股票市场之间的跳跃溢出程度更大。类似地，为刻画中国期货市场与美国期货市场之间的跳跃溢出行为，刘庆富和许友传（2011）在构建跳跃溢出概率指标的基础上，利用日数据对中国商品期货与美国异步商品期货市场之间的跳跃溢出行为进行了初步分析，实证研究发现，中国商品期货与美国异步商品期货市场之间存在显著的跳跃溢出关系，且美国期货市场的跳跃对中国期货市场的跳跃溢出存在明显的"一日滞后"效应，而中国期货市场对美国期货市场的跳跃溢出存在明显的递减特征。这一研究的主要对象是针对中国和美国（白天）正规（异步）交易市场进行的，并没有对美国（特别对美国和英国）同步的电子交易期货市场（也被称为 Globex 电子交易市场）展开研究[①]。然而，由于通信技术和网络技术的飞速发展，与中国期货交易相同步的美国电子交易市场的价格变动会在瞬间传递到国内，其影响程度变得越来越不可忽视，其影响力也似乎有加速趋势。例如，NYMEX 铜期货交易在 Globex 电子市场上的交易量占总交易量的比重已从 2004 年的 18.4%上升至 2010 年的 40.5%，平均占比为 37.9%。这样，若仅考虑美国正规交易市场的跳跃风险对中国期货市场的影响，势必会忽略电子交易市场更多富有价值的信息，其结论的可靠性也必将大打折扣。并且，近年来国际期货市场的大幅波动频繁发生，并且有愈演愈烈的趋势（Chen 和 Siems，2004；Pindyck 和 Wang，2009）。

在投资价值方面，相关研究主要集中于两个方面：一是跳跃风险的分散化，二是跳跃风险的溢价研究。对前者而言，Jarrow 和 Rosenfeld（1984）认为股票收益的跳跃部分是可以通过资产组合进行分散的；Ball 和 Torous（1985）研究了纽约证券交易所 30 日的共同股票收益的基于泊松分布的跳跃问题，发现跳跃风险能够通过股票的投资组合分散掉；Wu（2003）利用跳跃扩散模型对股票

[①] 自 1992 年 6 月以来，已有很多国家加入了 Globex 电子交易系统，加入这一系统的交易所可以实现昼夜全天候交易（CME，2010），如伦敦金融交易所（LME）、芝加哥商品交易所（CBOT）和纽约商品交易所（NYMEX）等。

市场的研究发现，跳跃风险对投资组合的配置具有重要影响，并具有再平衡的能力；Kurmann（2009）利用含有正负跳跃的动态跳跃扩散模型研究了跳跃风险对风险厌恶投资最优组合的影响，发现跳跃风险的确能够改变最优投资组合的配置；Liu 和 Tu（2011）利用 SVCJ 模型对能源期货市场的跳跃风险溢出的分散化效果进行了实证研究，发现跳跃溢出显著减少了能源期货投资组合的分散化收益。对后者而言，关于跳跃风险的溢价问题研究也不少。例如，Wright 和 Zhou（2009）发现，跳跃风险能够用于预测超额的债券收益；Broadie 等（2007）利用隐含波动的期限结构和隐含波动的波动微小对期货期权的跳跃风险溢价进行了研究；Todorov（2010）利用连续时间模型中的跳跃和扩散风险溢价变量解释了隐含和现实波动的动态性，同时，Todorov 和 Bollerslev（2010）利用非连续的二次变差（Quadratic Variation）从理论角度研究了跳跃的贝特值，研究发现，在美国 40 个大的股票市场，平均而言，跳跃的 β 值要大于连续的 β 值；之后，Chan 和 Feng（2012）检测了 DAX、FTSE、Nikkei 和 S&P500 股指期货市场收益带有跳跃的时变风险溢价的存在性，结果表明，股指期货的跳跃风险溢价是显著存在的。

因此，本章将从四个方面就美国期货市场的跳跃风险对中国期货市场的影响状况展开研究：第一，同时考虑中美同步交易市场和异步交易市场，也就是说，既考虑美国期货正规交易市场的跳跃风险对中国期货市场的影响，也考虑美国期货 Globex 电子交易市场的跳跃风险对中国期货市场的影响，并从影响程度上对它们进行比较分析；第二，为研究美国期货市场的跳跃风险对中国期货市场影响的基本趋势，本章将对加入 WTO 过渡期间和过渡期后的样本分别展开研究①；第三，在分段考虑的基础上，从投资组合分散化角度出发分别计算出中国期货市场剔除跳跃风险溢出和含有跳跃风险溢出情况下美国期货市场跳跃风险对中国期货市场的贡献度以及夏普比率，以刻画美国对中国期货市场跳跃风险溢出的风险绩效；第四，从风险溢价角度，给出了我国加入 WTO 过渡期间和过渡期后的期货市场的跳跃风险溢价，并对其进行了比较分析；第五，与现有研究不同，我们将采用能准确刻画跳跃风险的 SVIJ（Stochastic Volatility Model with Independent Jumps in Returns & Volatility，SVIJ）模型，并利用贝叶斯 MCMC（Markov Chain Monte Carlo，MCMC）模拟技术对模型参

---

① 中国加入世界贸易组织（World Trade Orgnization，WTO）的过渡期为 2001 年 12 月 11 日至 2005 年 12 月 11 日。

数进行估计[①]。对这些问题的研究，不仅能有力刻画美国期货市场对中国期货市场的信息传导机制，还可为中国期货市场投资者构建最优投资策略、期货交易所和监管当局进行跳跃风险的监管等提供有力的理论和证据支撑。

鉴于此，本章的研究结构为：10.2 节将介绍 SVIJ 模型及其贝叶斯 MCMC 估计步骤，在此基础上构建跳跃风险溢出指标，并给出跳跃风险溢出的投资组合夏普比率模型和跳跃风险溢价模型；10.3 节是数据选择及其统计特征；10.4 节将利用所给方法对中美期货市场进行实证分析和结果比较；10.5 节为主要结论和对策建议。

10.2 模型构建及估计方法

为研究美国期货市场的跳跃风险对中国期货市场的影响，本节分别介绍基于 SVIJ 模型的跳跃风险识别方法，在此基础上构建美国期货市场对中国期货市场的跳跃风险溢出指标，并进一步给出美国期货市场对中国期货市场的跳跃风险溢出的投资组合夏普比率和风险溢价模型。

10.2.1 双变量 SVIJ 模型及其估计方法

为识别期货市场的跳跃风险，我们首先给出能识别中美期货市场跳跃风险的 SVIJ 模型。为此，假设中国或美国的期货价格为 $Y_t = \ln(F_t)$，SVIJ 模型的随机微分方程为

$$\mathrm{d}Y_t = \mu\mathrm{d}t + \sqrt{V_{t-}}\,\mathrm{d}W_t + \xi^y\mathrm{d}N_t^y \qquad (10.1)$$

$$\mathrm{d}V_t = \kappa(\theta - V_{t-})\mathrm{d}t + \sqrt{V_{t-}}\,(\rho + \sqrt{1-\rho^2}\,)\sigma_v\mathrm{d}W_t + \xi^v\mathrm{d}N_t^v \qquad (10.2)$$

其中，$t-$ 为时间 t 前与之最近的时间点，且 $V_{t-} = \lim\limits_{s \to t} V_s$；$W_t$ 是 $\mathbb{R}$ 上的标准维纳过程；ρ 为式（10.1）和式（10.2）波动率之间的相关度；N_t^y 和 N_t^v 是分别带

---

① 不同于最小二乘法、极大似然估计法和广义矩估计法，本节将采用更优的贝叶斯 MCMC 技术来对模型参数进行估计，这一估计不仅可以克服样本稀疏的情形，还可以使得本文对模型参数的估计更为精确；并且，贝叶斯 MCMC 的估计过程采用的是每一参数的后验估计，能够有效避免初值选择的干扰；此外，通过模拟足够多的次数，能够非常接近预期值，减少了模型误差。

有常数强度 λ_y 和 λ_v 的泊松过程，ξ^y 和 ξ^v 分别为收益率和波动性的跳跃大小，且 $\xi^y \sim N(\mu_y, \sigma_y^2)$ 和 $\xi^v \sim \exp(\mu_v)$，即收益率的跳跃和波动性的跳跃均是独立的。

本文之所以选择 SVIJ 模型来对中国或美国期货市场的跳跃行为进行识别，主要是因为基于收益率和波动性分别独立跳跃的 SVIJ 模型能够比较全面地刻画市场的跳跃特征，其参数估计效果均比 SV、SVJ 和 SVCJ 模型都要好（Eraker 等，2003）。与 Eraker 等（2003）的估计方法类似，本文对 SVIJ 模型的估计仍采用贝叶斯 MCMC 方法。即，先对 SVIJ 模型进行欧拉离散化处理，将其离散化成为期一日的离散形式[①]；其次，给出离散模型中参数的具体分布及其初始值；然后，在设定估计次数的前提下，根据贝叶斯规则，利用贝叶斯 MCMC 模拟技术估计出 SVIJ 模型的参数值（包括潜在波动率、跳跃次数与跳跃大小）；最后，设定烧去（Burn-in）次数，求出待估参数的后验均值及对应的标准差。

在估计过程中，期货市场在 t 时刻潜在的历史跳跃概率 $\tilde{J}_t$ 可表示为

$$\tilde{J}_t = \sum_{i=1}^{M} J_t^{(i)} \bigg/ M \qquad (10.3)$$

其中，$J_t^{(i)}$ 为每次模拟的跳跃概率，M 为模拟次数；并且，这一估计不再是 0/1 变量，更恰当地，$\tilde{J}_t$ 表示在 t 时刻发生跳跃的后验概率。

在 t 时刻是否存在跳跃，可通过式（10.4）来测度跳跃次数。

$$\hat{J}_t = 1\{\tilde{J}_t > l\} \qquad (10.4)$$

其中，$t = 1, \cdots, T$，l 为阈值；如果跳跃次数足够多，其概率超过了阈值 l，市场的跳跃就会发生。阈值 l 的选择主要是通过估计隐含跳跃大小和估计跳跃大小之间平均间隔最小的临界值来模拟给出的（事实上，该值能够使隐含跳跃大小和实际估计跳跃大小之间的平均距离达到最小（Masood 和 Sergi，2008）），其近似等于 λ 的估计值。从而，$\{\hat{J}_t\}_{t=1}^{T}$ 表示在 t 时刻存在跳跃时 $\hat{J}_t = 1$、否则 $\hat{J}_t = 0$ 的时间序列。为更具可比性，本文对中美期货市场跳跃的测度将选择不同时段中美期货市场阈值的平均值。

10.2.2　跳跃风险溢价指标的建立

利用 SVIJ 模型所估计的潜在历史跳跃次数和跳跃大小，下面构建跳跃风

[①] 事实上，对连续时间过程的离散化将会导致潜在的离散化偏差，但可以通过提高 MCMC 估计的模拟次数将离散化偏差缩小（Lobo，1999）。

险溢出指标来测度美国同步交易和异步交易期货市场对中国期货市场的影响。更具体地，我们分别构建美国期货市场对中国期货市场的跳跃溢出概率、跳跃溢出强度和跳跃溢出大小三类指标。

1. 跳跃溢出概率指标

美国对中国期货市场的跳跃溢出概率（jump spillover probability，JSP）是指美国期货市场的跳跃能够引起中国期货市场发生跳跃的可能性。它描述的是美国期货市场跳跃风险到达中国期货市场的状况。由于美国期货市场具有同步的电子交易和异步的正规交易两个市场，因此，美国期货市场对中国期货市场同步交易和异步交易的跳跃溢出概率指标可分别表示为

$$同步交易的JSP = \frac{国外与国内同步期货市场同时跳跃的次数}{国外同步和异步期货市场跳跃次数的最大值} \quad (10.5)$$

$$异步交易的JSP = \frac{国外与国内异步期货市场同时跳跃的次数}{国外同步和异步期货市场跳跃次数的最大值} \quad (10.6)$$

在独立跳跃过程的零假设下，跳跃溢出概率估计值的显著性可通过测试被估计的跳跃溢出概率与零假设下的独立跳跃过程的相伴概率是否相等来进行检测（Asgharian 和 Bengtsson，2006）。在本文中，我们将试图研究全样本和分样本的跳跃溢出问题（包括全部跳跃、向上跳跃和向下跳跃三类）。

2. 跳跃溢出强度指标

美国对中国期货市场的跳跃溢出强度（Jump Spillover Intensity，JSI）是指美国期货市场的跳跃能够引起中国期货市场发生跳跃的程度。与前文类似，美国期货市场对中国期货市场同步交易和异步交易的跳跃溢出强度指标可分别表示为

$$同步交易的JSI = \frac{国外与国内同步期货市场同时跳跃的次数}{国外与国内期货市场重叠的观测数} \quad (10.7)$$

$$异步交易的JSI = \frac{国外与国内异步期货市场同时跳跃的次数}{国外与国内期货市场重叠的观测数} \quad (10.8)$$

与 Asgharian 和 Bengtsson（2006）的研究方法类似，美国对中国期货市场跳跃溢出强度的显著性是通过检验估计的跳跃溢出强度是否要比零假设下完全独立的不同期货市场溢出强度更高而得到的。此外，若对跳跃溢出强度估计值取倒数，即可得到美国对中国期货市场的跳跃溢出频度。

3. 跳跃溢出大小指标

美国对中国期货市场的跳跃溢出大小（size of jump spillover，SJS)是指美国期货市场的跳跃引起中国期货市场发生跳跃溢出的幅度。这样，美国期货市场对中国期货市场同步交易和异步交易的跳跃溢出大小指标可分别表示为

$$\text{同步交易的SJS} = \sum_{t=1}^{T} \hat{J}_{i,t}^{*} \hat{J}_{d,t}^{*} \hat{\xi}_{i,t}^{y} \Bigg/ \sum_{t=1}^{T} \hat{J}_{i,t}^{*} \hat{J}_{d,t}^{*} \qquad (10.9)$$

$$\text{异步交易的SJS} = \sum_{t=1}^{T} \hat{J}_{j,t}^{*} \hat{J}_{d,t}^{*} \hat{\xi}_{j,t}^{y} \Bigg/ \sum_{t=1}^{T} \hat{J}_{j,t}^{*} \hat{J}_{d,t}^{*} \qquad (10.10)$$

其中，$\hat{\xi}_{i,t}^{y}$ 和 $\hat{\xi}_{j,t}^{y}$ （ $t=1,2,\cdots,T$ ）分别表示美国同步交易和异步交易期货市场在收益中的潜在跳跃大小；$\hat{J}_{i,t}^{*}$ 和 $\hat{J}_{j,t}^{*}$ 分别表示美国同步交易和异步交易期货市场的跳跃概率；$\hat{J}_{d,t}^{*}$ 为中国期货市场的跳跃概率。

10.2.3　跳跃风险溢出的投资价值评估模型

为评价美国期货市场跳跃风险对中国期货市场影响的风险绩效，我们将分别给出了跳跃风险溢出贡献度模型和跳跃风险溢出的夏普比率模型。

1. 跳跃风险溢出贡献度模型

为检测美国对中国期货市场的跳跃风险溢出贡献度（contribution of jump risk spillover，CJRS），我们将跳跃风险溢出贡献度表示为跳跃溢出概率与跳跃大小之积，然后除以总溢出概率与总跳跃大小之积。即，美国期货同步交易和异步交易市场的跳跃风险对中国期货市场的贡献度可分别表示为

$$\text{同步交易的CJRS} = \sum_{t=1}^{T} \tilde{J}_{i,t}^{s} \tilde{J}_{j,t}^{s} \hat{\xi}_{i,t}^{s,v} \Bigg/ \sum_{t=1}^{T} \hat{J}_{i,t}^{s,*} \hat{J}_{j,t}^{s,*} \hat{\xi}_{i,t}^{s,v} \qquad (10.11)$$

$$\text{异步交易的CJRS} = \sum_{t=1}^{T} \tilde{J}_{i,t}^{n} \tilde{J}_{j,t}^{n} \hat{\xi}_{i,t}^{n,v} \Bigg/ \sum_{t=1}^{T} \hat{J}_{i,t}^{n,*} \hat{J}_{j,t}^{n,*} \hat{\xi}_{i,t}^{n,v} \qquad (10.12)$$

其中，$\tilde{J}_{i,t}^{s}$ 和 $\tilde{J}_{j,t}^{s}$ （ $\tilde{J}_{i,t}^{n}$ 和 $\tilde{J}_{j,t}^{n}$ ）分别表示 i 和 j 同步交易（异步交易）市场发生跳跃（只含有 $\tilde{J}_{t} > l$ 的情况）的真实概率，$\hat{J}_{i,t}^{s,*}$ 和 $\hat{J}_{j,t}^{s,*}$ （ $\hat{J}_{i,t}^{n,*}$ 和 $\hat{J}_{j,t}^{n,*}$ ）分别表示 i 和 j 同步交易（异步交易）市场发生跳跃（包含 $\tilde{J}_{t} > l$ 和 $\tilde{J}_{t} \leqslant l$ 两种情况）的真实概率，$\hat{\xi}_{i,t}^{s,v}$ （ $\hat{\xi}_{i,t}^{n,v}$ ）（ $t=1,2,\cdots,T$ ）表示美国同步交易（异步交易）期货市场在波动中的潜在跳跃大小，j 代表同步交易（或异步交易）的美国期货市场，i

代表中国期货市场。

2. 跳跃风险溢出的投资组合夏普比率模型——基于投资分散化的视角

为计算中国期货资产组合含有跳跃风险溢出和不含跳跃风险溢出的夏普比率，我们给出的基于资产组合的夏普比率计算公式为

$$SR_p = \frac{\overline{z}_p - r_f}{\sigma_p} \tag{10.13}$$

这里，$\overline{z}_p = \overline{z}'w$ 和 $\sigma_p = \sqrt{w'\Sigma w}$，其资产组合的权重向量 w 可表示为

$$w = \frac{\Sigma^{-1}(\overline{z} - r_f 1)}{B - A r_f} \tag{10.14}$$

其中，$A = 1'\Sigma^{-1}1$ 和 $B = 1'\Sigma^{-1}\overline{z}$；$\overline{z}$ 为收益均值向量；Σ 为收益的方差—协方差矩阵；1 为单位向量；r_f 为无风险利率（Cheung 和 Miu，2010；Liu 和 Tu，2012）。

为检验含有跳跃风险溢出和不含跳跃风险溢出的中国期货资产组合夏普比率的显著性，下文给出显著性检测模型。设含有跳跃风险溢出的资产组合 i 和不含跳跃风险溢出的资产组合 j 的假设检验为

$$H_0 : SR_i - SR_j = 0 \tag{10.15}$$

事实上，本文需要对 $\widehat{SR}_i - \widehat{SR}_j$ 的样本差分进行统计测试，即需要对夏普比率的变形差分 $\widehat{SR}_{ij} = s_j \overline{r}_i - s_i \overline{r}_j$ 进行统计检验[①]，其中 $\overline{r}_p = \overline{z}'w - r_f$（$p = i, j$）、$s_i$ 和 s_j 分别为 i 和 j 资产超额收益的标准差估计值。

3. 跳跃风险溢出的风险溢价模型——基于跳跃风险溢价的视角

为研究美国期货跳跃风险对中国期货市场所产生的跳跃风险溢价，我们将借助前文的 SVIJ 模型的波动过程 δ_t^2 来构建跳跃风险溢价测度模型。为此，由式（10.2），Euler 离散化的时变的跳跃波动率为

$$\delta_t^2 = J_t^v \cdot (\xi_t^v)^2 \tag{10.16}$$

其中，J_t^v 为 t 时刻的跳跃概率，ξ_t^v 为 t 时刻的跳跃大小（Eraker 等，2003）。

---

① 基于 SR_{ij} 的显著性检验公式为 $z_{S_{ij}} = \widehat{SR}_{ij}/\sqrt{\hat\theta} \sim N(0,\theta)$；其中，$SR_{ij}$ 的均值可估计为 $E(\widehat{SR}_{ij}) \approx (\sigma_j r_i - \sigma_i r_j)(1 - 1/4T + 1/(32T^2))$，$\theta = [2\sigma_i^2\sigma_j^2 - 2\sigma_i\sigma_j\sigma_{ij} + r_i^2\sigma_j^2/2 + r_i^2\sigma_j^2/2 - r_i r_j(\sigma_{ij}^2 + \sigma_i^2\sigma_j^2)/(2\sigma_i\sigma_j)]/T$（Jobson 和 Korkie，1981）。

由于本文刻画的是美国期货市场的跳跃风险能够引起中国期货市场发生跳跃的风险溢价，因此，我们需要对式（10.17）中的跳跃风险进行处理。即，假设美国期货市场发生的跳跃能够引起中国期货市场发生跳跃的波动率记为 $\delta_{J,t}^2 = \hat{J}_t^v \cdot (\xi_t^v)^2$（其中 $\hat{J}_t^v = 1\{\hat{J}_t^v > l\}$），代表由极端事件（消息）引起的跳跃波动部分；然而，中国期货市场没有发生跳跃的波动率记为 $\delta_{NJ,t}^2 = \delta_t^2 - \hat{J}_t(\xi_t)^2$，代表由正常事件（消息）引起的正常波动部分。由此，借鉴 Eraker（2004）、Broadie 等（2007）、Chan 和 Feng（2012）测度跳跃风险溢价的基本思想，将美国期货跳跃风险对中国期货市场的跳跃风险溢价回归方程构建为

$$R_t = \mu + \varphi_{NJ}\delta_{NJ,t} + \varphi_J\delta_{J,t} + \varepsilon_t \tag{10.17}$$

其中，$R_t = \ln(P_t / P_{t-1})$ 为中国期货市场的对数收益，φ_{NJ} 和 φ_J 分别为正常波动和跳跃波动的参数，分别表示单位的正常波动和跳跃波动的风险溢出价格[①]。

由于跳跃有上跳和下跳，进一步地，我们给出了美国期货跳跃风险对中国期货市场产生上跳和下跳的跳跃风险溢价回归方程为

$$R_t = \mu + \varphi_{NJ}\delta_{NJ,t} + \varphi_{Jup}\delta_{Jup,t} + \varphi_{Jdown}\delta_{Jdown,t} + \varepsilon_t \tag{10.18}$$

其中，φ_{Jup} 和 φ_{Jdown} 分别为向上和向下跳跃波动的参数，分别表示单位的向上跳跃和向下跳跃的风险溢出价格。

10.3 数据选择与统计特征

10.3.1 数据选择

在实证研究之前，我们首先对中美期货市场及其数据进行选择。中国期货市场将选择中国期货市场的主力期货品种上海期货交易所（SHFE）的铜期货和大连商品交易所（DCE）的大豆期货每个交易日的收盘价格作为代表；鉴于美国期货市场是非常成熟且具有很强国际定价能力的市场，美国期货市场将选择纽约商品交易所（NYMEX）的铜期货和芝加哥商品交易所（CBOT）的大豆

---

① 式（10.18）将采用加权普通最小二乘法来进行估计；类似于式（10.16），参数的显著性将采用基于正态分布的 z 检验方法。

期货每个交易日的收盘价格作为美国期货异步交易市场以及 CME Globex 的铜和大豆即时期货价格作为同步交易市场的代表。本文的研究之所以选择铜和大豆期货市场，主要是因为：第一，截至 2010 年底，中国铜和大豆期货的交易量仍位居世界第二，是最具吸引力的新兴市场，对国际期货市场具有显著的影响，因此，选择这两个期货品种应具有较强的代表性；第二，相对于发达市场，由于交易成本、交易规则、流动性、投资群体结构及制度性因素的约束，这些期货市场仍不十分成熟。所以，探讨美国期货市场对中国期货市场的影响对中国期货而言就显得非常必要。

由于中国和美国期货市场相关品种在期货合约月份的设计上存在一定差异，为研究需要，本文选取最近期月份的期货合约作为代表；在最近期期货合约进入交割月后，选取下一个最近期期货合约，这样就得到一个连续的期货合约序列。并且，为具有可比性，中国和美国期货市场选择铜和大豆数据的时间跨度均从 2002 年 1 月 2 日到 2010 年 12 月 31 日。由于中国和美国的假日（非交易时间）不同，所考察的期货价格数据实际上是不匹配的，为避免信息的损失，本文利用拉格朗日多项式插值法对缺失的数据进行补充，以便得到相互匹配的数据。这样，我们共得到 2340 组铜和大豆期货价格数据。此外，为研究中国加入 WTO 过渡期间和过渡后美国期货市场跳跃溢出风险对中国期货市场的影响及其趋势，我们将数据分为两个时段：2002 年 1 月 2 日—2005 年 12 月 11 日的"过渡期间"与 2005 年 12 月 12 日—2010 年 12 月 31 日的"过渡期后"。中国期货价格数据来源于 Wind 数据库，美国期货价格数据来源于 Bloomberg 和 CME 数据库。

由于中国和美国期货市场所处时区不同，期货交易的时间也存在诸多差异（如表 10-1 所示）。将美国的正规交易和电子交易均换算为北京时间，我们发现纽约商品交易所的交易时间为 20:10 至次日 1:00，芝加哥商品交易所的交易时间为 22:30 至次日 2:15，可以看出中国期货市场与 NYMEX/CBOT 的正规交易时间是互不重叠的；在 CME Globex 电子交易市场中，NYMEX 的电子交易时间为 5:00 至次日的 4:15，CBOT 的电子交易时间为 6:00 至 19:15 与 21:30 至次日 0:15，由此看来中国期货市场的交易时间已处于 NYMEX/CBOT 的电子交易时间之中。正如前文所论，中国期货市场不仅受到正规交易价格的影响，也受到 Globex 电子交易价格的冲击。为研究美国正规交易和电子交易期货市场跳跃风险对中国期货市场的影响，我们除了选择美国正规交易市场的日交易收盘价格作为中国和美国期货市场异步交易的研究对象之外，还选择了与中国期货市场收盘时（即北京时间 15:00）相对应的美国电子交易价格（即 Globex 铜期货价格选择的时点为美国东部时间上午 3:00 的收盘数据，而大豆期货价格选择的时点为美国中部时间上午 2:00 的收盘数据）作为中国和美国期货市场同步交易的研究对象[①]。

表 10-1 中国和美国期货市场的交易时间表

国别	交易方式	交易时间	
		铜期货合约	大豆期货合约
中国	SHFE/DCE 正规交易市场	上午 9:00—11:30，下午 1:30—3:00（北京时间）	上午 9:00—11:30，下午 1:30—3:00（北京时间）
	CME Globex 电子交易市场	无	无
美国	NYMEX/CBOT 正规交易市场	上午 8:10—下午 1:00（美国东部时间）	上午 9:30—下午 1:15（美国中部时间）
	CME Globex 电子交易市场	下午 6:00—次日下午 5:15（美国东部时间）	下午 6:00—次日上午 6:00，上午 9:30—次日上午 1:15（美国中部时间）

10.3.2 统计特征

图 10-1 和图 10-2 分别为中国铜和大豆期货价格和美国同步（电子）交易和异步（正规）交易期货价格的运动趋势图[②]。可以看出，中国期货市场和美国期货市场的运动趋势是基本一致的，存在很强的联动性[③]；相对而言，美国正规交易价格与 Globex 电子交易价格具有更强的一致性。虽然如此，在中国期货价格与美国正规交易和电子交易价格之间以及美国正规交易价格和电子交易价格之间均存在一定程度上的差异性。从纵向来看，无论是中国市场还是

---

① 考虑异步交易时，我们将检测美国期货正规交易市场收盘价格对即将到来的中国期货市场收盘价格的影响状况，这时的美国期货市场在时间上应领先于中国期货市场；考察同步交易时，将考察美国 Globex 电子交易价格对同时正在交易的中国期货市场收盘价格的影响状况，此时的美国期货市场在时间上与中国期货市场完全同步。

② 为更具直观性，中国铜和大豆期货价格参照左坐标轴，美国同步交易和异步交易期货价格参照右坐标轴。

③ 夏天和程细玉（2006）华仁海和刘庆富（2007）及 Liu 和 An（2011）认为，中美两国相关期货市场之间不仅存在较强的相关度，且均具有协整关系。

美国市场,期货价格的波动都是比较剧烈的,如大豆期货在2003年4月至2004年6月间波动较大,且自2007年7月以后的大豆期货价格及自2006年1月以后的铜期货价格均一直处于巨大波动之中。并且,可以发现期货价格的变化还是非常大的,许多"跳跃"也较频繁地出现。另外,鉴于这种表象,我们将以2005年12月11日(中国履行WTO协议全面对外开放的时间)为分界点,来研究中国加入WTO过渡期间(2002年1月2日—2005年12月11日)和过渡期后(2005年12月12日—2010年12月31日)美国期货市场的跳跃风险对中国期货市场的影响及其趋势;直观上看,与过渡期间相比,过渡期后中国和美国期货价格的均价不仅有了很大提高,且市场波动也明显加大。

图 10-1 SHFE 与 NYMEX 铜期货同步和异步交易价格趋势[①]

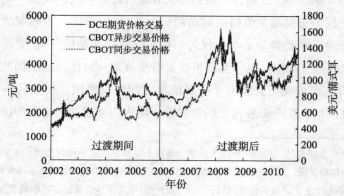

图 10-2 DCE 与 CBOT 大豆期货同步和异步交易价格趋势[①]

表 10-2 给出了中国和美国期货市场对数收益的基本统计量。从均值来看,

---

① 如图不清楚,请参见原图(刘庆富和张金清,2018)。

表10-2 中国和美国期货市场对数收益率的基本统计特征

| | 加入WTO过渡期间 | | | | | | 加入WTO过渡期后 | | | | | |
| | 铜 | | | 大豆 | | | 铜 | | | 大豆 | | |
	SHFE	同步NYMEX	异步NYMEX	DCE	同步CBOT	异步CBOT	SHFE	同步NYMEX	异步NYMEX	DCE	同步CBOT	异步CBOT
均值	0.2357	0.2904	0.2945	0.0871	0.0768	0.0821	0.1164	0.1389	0.1362	0.1083	0.1735	0.1737
最大值	17.1405	57.1331	14.6943	35.6095	47.8655	15.1057	28.5765	31.2391	29.5194	17.0366	31.9233	16.2709
最小值	-16.9408	-55.8043	-28.7575	-18.6896	-57.3020	-26.1436	-18.9113	-40.1249	-26.3789	-45.7923	-40.9604	-47.5366
标准差	3.0204	4.5155	3.9056	3.2124	3.8517	4.1967	5.3009	6.4593	5.9724	3.7842	5.9153	4.6577
偏度	-0.2303	-0.4991	-0.6730	1.9388	-0.2055	-0.5306	-0.1561	-0.2289	-0.1225	-1.4365	-0.3987	-1.0744
峰度	6.1266	14.5820	8.2111	30.3303	13.8280	5.9381	3.9930	5.9947	4.9618	21.6193	9.5657	12.5914
LB(6)	6.81	152.84***	11.49*	6.80	355.76**	13.639*	25.82**	31.38**	16.23**	28.72**	44.58**	15.02*
LB²(6)	36.79**	249.02***	25.15***	20.74*	165.8***	62.94***	373.49***	314.19***	374.87***	11.46*	220.42***	50.24**
ADF	-33.24**	-32.60***	-34.38***	-32.69***	-30.32***	-33.54***	-18.87***	-42.00***	-39.42***	-41.53***	-43.31***	-35.43***

注：表中收益率为年化收益，*、**分别表示在5%、1%的置信度下显著。

中国和美国期货的年化收益率均大于零；相对而言，过渡期间的铜期货收益明显大于过渡期后的收益率，而大豆期货收益率则相反。从标准差看，无论是铜期货还是大豆期货，过渡期后的标准差均大于过渡期间的标准差；这意味着，与过渡期间相比，过渡期后的期货市场风险明显增大了。从偏度和峰度看，除过渡期间中国大豆期货收益率外，其他期货收益率的偏度均为负，并均具有尖峰厚尾特征，这从一个侧面反映了发生极端收益的概率是比较大的，这也意味着我国期货市场收益率必然存在诸多"跳跃"。从 LB (6) 和 LB^2 (6) 来看，除过渡期间中国大豆期货收益率外，其他期货序列均存在自相关性，也均具有异方差特征。此外，从带有截距项和趋势项的 ADF 检验可知，加入 WTO 过渡期间和过渡期后的中国和美国期货收益率均为平稳序列。以上这些特征为下文跳跃风险模型（SVIJ 模型）的选择提供了证据[①]。

10.4　实证结果与分析

10.4.1　基于 SVIJ 模型的参数估计结果

根据 SVIJ 模型，利用贝叶斯 MCMC 模拟技术，本节对中国和美国铜和大豆期货市场进行了实证研究。在试验中，共模拟 50000 次，烧去 10000 次，剩余 40000 次作为参数估计的后验均值样本。本文所用软件为 Matlab10B 软件。表 10-3 给出了加入 WTO 过渡期间和过渡期后中国和美国期货市场基于 SVIJ 模型的参数估计结果。由表 10-3 可知，无论在加入 WTO 过渡期间还是在过渡期后，μ_Y 均为负，这意味着跳跃多与坏消息有关；相对地，过渡期后的数值明显小于过渡期间的数值。ρ 也均为负，相比而言，美国同步交易和异步交易期货市场的相关性均强于中国期货市场，并且，过渡期后的数值明显小于过渡期间的数值。此外，λ_V 大于 λ_Y，这说明波动跳跃总体上要大于收益跳跃，且与过渡期间相比，过渡期后的波动跳跃和收益跳跃均较大。当然，其他参量在

---

① 与 Eraker（2003）的研究类似，我们对利用 SV、SVJ、SVCJ 和 SVIJ 模型对中美铜和大豆期货市场进行了研究，发现 SVIJ 的拟合程度是最好的，这一结果也与 Eraker（2003）的研究结论相一致。为节省篇幅，研究和论证过程从略。当然，如需要，可以与作者联系。

过渡期间和过渡期后也均呈现出不同程度的变化。

表 10-3　中国和美国期货市场基于 SVIJ 模型的参数估计结果

	加入 WTO 过渡期间						加入 WTO 过渡期后					
	铜			大豆			铜			大豆		
	SHFE	同步 NYMEX	异步 NYMEX	DCE	同步 CBOT	异步 CBOT	SHFE	同步 NYMEX	异步 NYMEX	DCE	同步 CBOT	异步 CBOT
μ	0.0967 (0.029)	0.1691 (0.050)	0.1322 (0.045)	0.0236 (0.027)	0.0309 (0.063)	0.0919 (0.046)	0.1733 (0.082)	0.1207 (0.054)	0.1546 (0.052)	0.0686 (0.034)	0.1246 (0.045)	0.1465 (0.040)
θ	0.7847 (0.066)	0.2085 (0.114)	0.1709 (0.052)	0.6625 (0.128)	0.1224 (0.046)	0.2762 (0.097)	0.1969 (0.088)	0.1023 (0.059)	0.1999 (0.051)	0.4802 (0.136)	0.2073 (0.099)	0.3005 (0.110)
κ	0.2762 (0.247)	0.3136 (0.208)	0.2422 (0.155)	0.4108 (0.093)	0.5328 (0.279)	0.5704 (0.108)	0.3405 (0.222)	0.3655 (0.502)	0.3256 (0.251)	0.5367 (0.409)	0.5874 (0.118)	0.5880 (0.091)
σ_V	0.4165 (0.039)	0.7940 (0.067)	0.5444 (0.043)	0.4282 (0.049)	0.7660 (0.067)	0.5732 (0.053)	0.8011 (0.055)	0.8596 (0.049)	0.8219 (0.052)	0.5290 (0.073)	0.7336 (0.047)	0.6704 (0.043)
μ_V	2.1348 (0.790)	2.8244 (0.596)	2.8958 (0.815)	2.8609 (1.044)	2.4709 (0.501)	2.6233 (0.831)	2.6811 (0.704)	2.3325 (0.356)	2.3608 (0.482)	2.3698 (0.675)	2.3456 (0.471)	2.3759 (0.627)
μ_Y	−0.2022 (0.869)	−0.1654 (0.781)	−0.2838 (1.049)	−1.0199 (1.098)	−0.1536 (0.936)	−0.1483 (0.969)	−0.9370 (0.804)	−0.4243 (0.591)	−0.7444 (0.711)	−0.5852 (0.853)	−0.4026 (0.717)	−1.2057 (0.852)
σ_Y	2.3837 (0.367)	3.2323 (0.535)	2.9777 (0.481)	3.5237 (0.633)	3.7674 (1.144)	2.8850 (0.441)	2.7107 (0.314)	3.9254 (0.285)	3.5898 (0.320)	3.9496 (2.343)	4.6583 (0.426)	3.3633 (0.350)
ρ	−0.2250 (0.056)	−0.3014 (0.048)	−0.3090 (0.070)	−0.2172 (0.070)	−0.3062 (0.038)	−0.2801 (0.050)	−0.4004 (0.058)	−0.4613 (0.037)	−0.4340 (0.037)	−0.3091 (0.060)	−0.3527 (0.041)	−0.4104 (0.062)
λ_V	0.0234 (0.009)	0.0463 (0.025)	0.0319 (0.013)	0.0241 (0.009)	0.0469 (0.020)	0.0357 (0.013)	0.1037 (0.046)	0.1465 (0.033)	0.1233 (0.031)	0.0412 (0.017)	0.0919 (0.026)	0.0626 (0.021)
λ_Y	0.0208 (0.008)	0.0392 (0.021)	0.0228 (0.009)	0.0185 (0.011)	0.0393 (0.017)	0.0301 (0.010)	0.0870 (0.041)	0.1256 (0.037)	0.1104 (0.028)	0.0390 (0.014)	0.0872 (0.023)	0.0585 (0.019)

注：参数估计值均为后验均值，（）中为标准差。

　　另外，图 10-3 至图 10-6 分别给出了中国和美国加入 WTO 过渡期间和过渡期后铜和大豆期货市场波动跳跃概率和波动跳跃大小图示。可以看出，基于 SVIJ 模型的波动跳跃概率显然被很好地估计了；并且，波动跳跃呈现出稀疏性、非对称性和高波动时期下的集聚效应。此外，美国和中国期货市场之间的波动跳跃概率和波动跳跃大小均具有很强的相关性；相对而言，美国同步期货市场和异步期货市场之间的相关性更强。这些关系蕴含着中国期货市场与美国同步交易和异步交易市场之间均存在着很强的相依关系。

　　在探讨美国期货市场跳跃风险对中国期货市场产生影响之前，我们需首先选择跳跃的阈值。为更具可比性，我们将选择各样本的平均值 0.0608 来作为共同的阈值。这样，在识别出美国和中国期货市场的跳跃之后，我们来分析一下美国期货市场跳跃风险对中国期货市场的直观影响。表 10-4 给出了过滤跳跃前

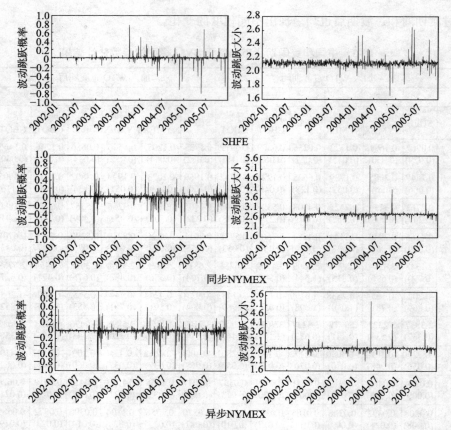

图 10-3　铜期货市场过渡期间波动跳跃概率和波动跳跃大小

后美国和中国期货市场收益率和波动性之间的相关度。实证结果发现，无论对全样本还是对分样本，过滤跳跃前后美国期货市场和中国期货市场之间的相关度绝大多数为正，且均在 5%的置信度下显著。且过滤跳跃前美国和中国同步交易市场之间与美国和中国异步交易市场之间的相关度均明显大于过滤跳跃后的相关度。这说明跳跃的存在强化了美国和中国期货市场之间的相依关系。并且，通过比较同步交易市场之间和异步交易市场之间的相关性可以看出，对收益率而言，同步交易市场之间的相关度大于异步交易市场之间的相关度；对波动性而言，除铜期货市场过滤跳跃后的情况外，其他样本同步交易市场之间的相关度均小于异步交易市场之间的相关度。此外，比较加入 WTO 过渡期间和过渡期后的相关性可以看出，过渡期后美国和中国期货市场之间的相关度也明显大于过渡期间的相关度。这些发现表明跳跃因素在维系美国期货市场和中国期货市场之

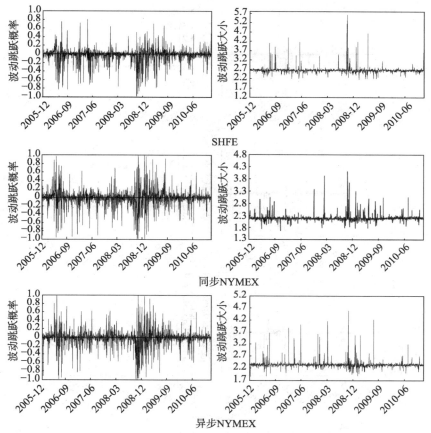

图 10-4　铜期货市场过渡期后波动跳跃概率和波动跳跃大小

间关系时，扮演着非常重要的角色，也同时意味着美国期货市场的跳跃风险对中国期货市场的影响是绝不可忽视的，这为 10.4.2 节进一步研究美国期货市场跳跃风险对中国期货市场的影响提供了又一证据。

10.4.2　美国期货市场跳跃风险对中国期货市场影响的实证分析

在识别出美国和中国期货市场的波动跳跃之后，利用前文的跳跃溢出概率、跳跃溢出强度以及跳跃溢出大小测度指标，即可计算出美国期货市场跳跃风险对中国期货市场的影响状况。

1. 美国对中国期货市场跳跃溢出概率的测度结果

表 10-5 给出了美国期货同步交易和异步交易市场对中国期货市场的跳跃

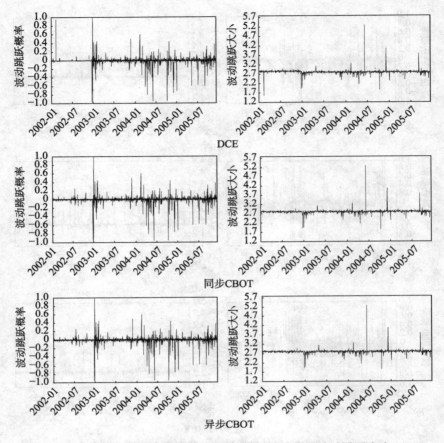

图 10-5　大豆期货市场过渡期间波动跳跃概率和波动跳跃大小

溢出概率。实证结果发现，美国期货同步交易和异步交易市场的跳跃风险对中国期货市场的跳跃溢出概率均较大，且均在 5%的置信度下统计显著。从样本（包括全样本、过渡期间和过渡期后样本）的估计结果看，美国期货同步交易市场对中国期货市场的跳跃溢出概率明显大于美国异步交易市场对中国期货市场的跳跃溢出概率；也就是说，美国 Globex 电子交易市场对中国期货市场的影响要大于美国正规交易市场对中国期货市场的影响。并且，无论是 Globex电子交易市场还是正规交易市场，美国铜期货市场的跳跃风险对中国铜期货市场的冲击能力显著大于美国大豆期货市场对中国大豆期货市场的冲击能力。同时，通过比较加入 WTO 过渡期间和过渡期后的冲击程度来看，过渡期后美国期货市场的跳跃风险对中国期货市场的冲击程度比过渡期间明显加强了，这意味着中国加入 WTO 以后，美国期货市场对中国期货市场的影响能力明显增强了。

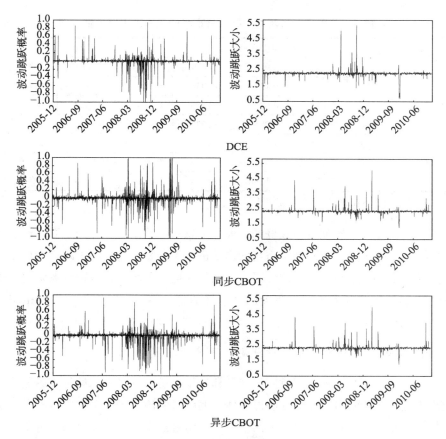

DCE

同步CBOT

异步CBOT

图 10-6 大豆期货市场过渡期后波动跳跃概率和波动跳跃大小

表 10-4 过滤跳跃前后美国期货市场和中国期货市场的相关度估计值

期货合约	收益率/波动性	跳跃类别	同步交易			异步交易		
			全样本	过渡期间	过渡期后	全样本	过渡期间	过渡期后
铜	收益率	过滤跳跃前	0.3521**	0.1875**	0.4681**	0.1755**	0.1364**	0.1870**
		过滤跳跃后	0.1625**	0.1479**	0.1706**	0.0857**	0.0736**	0.1097**
	波动性	过滤跳跃前	0.1952**	−0.0968**	0.2145**	0.2599**	0.2053**	0.2740**
		过滤跳跃后	0.1386**	0.0713**	0.1633**	0.0214**	−0.0557**	0.0732**
大豆	收益率	过滤跳跃前	0.2139**	0.1255**	0.3977**	0.1806**	0.1206**	0.2165**
		过滤跳跃后	0.1703**	0.0622**	0.2981**	0.1527**	0.1146**	0.1864**
	波动性	过滤跳跃前	0.0335**	−0.0742**	0.2070**	0.2544**	0.1740**	0.2963**
		过滤跳跃后	0.0256**	0.0181**	0.0702**	−0.0560**	−0.1091**	0.0760*

注：*、**分别表示在 5%、1%的置信度下显著。

表 10-5　美国期货市场对中国期货市场的跳跃溢出概率估计值

期货合约	跳跃类别	同步交易			异步交易		
		全样本	过渡期间	过渡期后	全样本	过渡期间	过渡期后
铜	全部跳跃	0.4394**	0.1373**	0.5050**	0.3858**	0.1111**	0.4454**
	向上跳跃	0.1364**	0.0327**	0.1589**	0.1166**	0.0327**	0.1348**
	向下跳跃	0.2226**	0.0850**	0.2525**	0.1923**	0.0588**	0.2213**
大豆	全部跳跃	0.3224**	0.2407**	0.4620**	0.2383**	0.1926**	0.3165**
	向上跳跃	0.1192**	0.0926**	0.1646**	0.0537**	0.0443**	0.0593**
	向下跳跃	0.1449**	0.1296**	0.1709**	0.0888**	0.0759**	0.0963**

注：*、**分别表示在 5%、1% 的置信度下显著。

此外，我们还对美国期货市场好的（即好消息所影响的）和坏的（即坏消息所影响的）跳跃风险对中国期货市场的影响进行了分析，发现向下跳跃的概率值均大于向上跳跃的概率值。这说明美国期货市场基于坏消息的跳跃风险对中国期货市场的影响要大于同等程度的基于好消息的跳跃风险对中国期货市场的影响，即美国期货市场的跳跃风险对中国期货市场的影响具有杠杆效应。

2. 美国对中国期货市场跳跃溢出强度的测度结果

表 10-6 给出了美国期货同步交易和异步交易市场对中国期货市场的跳跃溢出强度。跳跃溢出强度的零假设为估计的跳跃溢出等于完全独立时不同期货市场的跳跃溢出，在 0 假设下，两个市场发生跳跃溢出的强度可估计为单一市场潜在跳跃强度的乘积[①]。实证结果显示，美国期货同步交易和异步交易市场对中国期货市场的跳跃溢出强度还是比较大的，且均在 5% 的置信度下统计显著。从样本的估计结果看，美国期货市场的同步交易对中国期货市场的溢出强度明显大于美国异步交易对中国期货市场的溢出强度。无论对 Globex 电子交易市场还是对正规交易市场而言，美国铜期货市场对中国铜期货市场的跳跃溢出强度显著大于美国大豆期货市场对中国大豆期货市场的跳跃溢出强度。并且，与中国加入 WTO 过渡期间相比，过渡期后美国期货市场对中国期货市场的跳跃溢出强度明显增强了。此外，我们还发现中国期货市场对来自美国同步交易和异步交易市场跳跃风险的溢出强度也均存在杠杆效应。另外，如果取溢出强度的倒数作为溢出频度的话，我们将自然发现过渡期后美国期货市场跳跃

---

① 在零假设下，跳跃溢出强度和跳跃溢出概率是随机的。此处用解靴带法以非常高的置信度测试了跳跃溢出强度（Hogg 和 Tanis，2001）。

风险对中国期货市场的溢出频度明显大于过渡期间，且铜期货市场的溢出频度
远大于大豆期货市场。

表 10-6　美国期货市场对中国期货市场的跳跃溢出强度估计值

期货合约	跳跃类别	同步交易			异步交易		
		全样本	过渡期间	过渡期后	全样本	过渡期间	过渡期后
铜	全部跳跃	0.1613**	0.0205**	0.2713**	0.1416**	0.0166**	0.2393**
	向上跳跃	0.0501**	0.0049*	0.0854**	0.0428**	0.0049*	0.0724**
	向下跳跃	0.0817**	0.0127**	0.1357**	0.0706**	0.0088**	0.1189**
大豆	全部跳跃	0.0592**	0.0497**	0.0712**	0.0437**	0.0398**	0.0488**
	向上跳跃	0.0219**	0.0191**	0.0254**	0.0099**	0.0068**	0.0122**
	向下跳跃	0.0266**	0.0263**	0.0268**	0.0163**	0.0117**	0.0199**

注：*、**分别表示在 5%、1% 的置信度下显著。

3. 美国对中国期货市场跳跃溢出大小的测度结果

表 10-7 给出了美国期货市场对中国期货市场跳跃溢出大小的测度结果。实
证结果发现，无论对铜期货市场还是对大豆期货市场而言，美国期货市场对中
国期货市场的跳跃溢出大小均为负值。从跳跃幅度上看，美国期货同步交易市
场对中国期货市场的跳跃溢出幅度大于美国期货异步交易市场对中国期货市
场的跳跃溢出幅度。并且，与中国加入 WTO 过渡期间相比，过渡期后美国期
货市场对中国期货市场的跳跃溢出幅度显然增大了，这一结论与前文跳跃溢出
概率和跳跃溢出强度的结论基本一致。这意味着，过渡期后美国期货市场的跳
跃风险对中国期货市场的影响显然增强了。此外，通过比较向上跳跃和向下跳

表 10-7　美国期货市场对中国期货市场的跳跃溢出大小估计值

期货合约	跳跃类别	同步交易			异步交易		
		全样本	过渡期间	过渡期后	全样本	过渡期间	过渡期后
铜	全部跳跃	−1.4986	−0.5344	−1.7760	−1.2443	−0.0299	−1.5408
	向上跳跃	1.8291	1.0952	2.9800	1.6347	0.9907	2.2873
	向下跳跃	−3.5860	−2.8297	−4.8968	−3.1463	−2.6927	−3.8101
大豆	全部跳跃	−1.8113	−0.1457	−2.1528	−1.4249	−0.1068	−1.7110
	向上跳跃	0.8630	0.1268	1.1967	0.7200	0.0280	0.9879
	向下跳跃	−2.6678	−0.1972	−3.3382	−1.8860	−0.1667	−2.3870

跃的溢出大小，我们不难发现美国期货市场的坏消息对中国期货市场的跳跃溢出大小要大于好消息对中国期货市场的跳跃溢出大小，这进一步给出了美国期货市场对中国期货市场的跳跃溢出往往是由不寻常的坏消息所引起的证据。

10.4.3　美国期货市场跳跃风险对中国期货市场影响的投资价值实证分析

既然美国期货市场的跳跃风险对中国期货市场具体显著的冲击效应，那么，美国期货市场跳跃风险对中国期货市场产生影响的风险绩效到底如何，尚需进一步探讨。为此，本文将从过滤跳跃前（即存在跳跃因素）和过滤跳跃后（即去除跳跃因素）两种状态来研究中国期货市场受美国期货市场跳跃风险冲击的风险绩效。并且，本文对风险绩效的评价主要从两个方面来考察：一是研究美国期货市场对中国期货市场的跳跃风险溢出贡献度，二是分析美国期货市场的跳跃风险对中国期货组合的夏普比率的影响。

1. 美国期货市场对中国期货市场的跳跃风险溢出贡献度分析

既然美国期货市场跳跃风险对中国期货市场的影响是不可忽视的，那么，美国期货市场的跳跃风险对中国期货市场的溢出会达到何种程度呢？为此，我们利用跳跃风险溢出贡献度指标对美国期货市场对中国期货市场的跳跃风险溢出贡献度进行了计算（如表10-8所示）。研究发现，美国期货市场跳跃风险对中国期货市场的溢出是相当大的，从全样本的估计值看，变动范围为16.48%~65.96%；更具体地，铜期货同步交易市场为65.96%、异步交易市场为36.98%，而大豆期货同步交易市场为46.38%、异步交易市场为16.48%。通过比较同步交易市场和异步交易市场的风险溢出贡献度来看，同步交易市场的风

表 10-8　美国期货市场对中国期货市场跳跃风险溢出贡献度的估计值

	期货合约	同步交易			异步交易		
		全样本	过渡期间	过渡期后	全样本	过渡期间	过渡期后
铜	全部跳跃	0.6596	0.2626	0.7011	0.3698	0.0394	0.4044
	向上跳跃	0.1360	0.0371	0.1463	0.1139	0.0061	0.1252
	向下跳跃	0.3874	0.1881	0.4083	0.1804	0.0272	0.1964
大豆	全部跳跃	0.4638	0.3699	0.5031	0.1648	0.2294	0.1378
	向上跳跃	0.1090	0.1177	0.1054	0.0139	0.0158	0.0132
	向下跳跃	0.2756	0.1524	0.3271	0.0697	0.0618	0.0730

险溢出程度明显大于异步交易市场的风险溢出程度。相对而言，加入 WTO 过渡期后美国期货市场的跳跃风险对中国期货市场的溢出程度远大于过渡期间美国期货市场的跳跃风险对中国期货市场的溢出程度。并且，美国期货市场向下跳跃的风险对中国期货市场的风险贡献度也显著大于向上跳跃的风险对中国期货市场的风险贡献度，这表明美国期货市场的跳跃风险对中国期货市场的风险溢出贡献度也具有杠杆效应。

2. 美国期货市场跳跃风险对中国期货组合夏普比率的影响分析

接下来，我们将检测美国期货市场跳跃风险溢出的存在是否会导致中国期货组合分散化收益的下降，分散化组合收益本文将用夏普比率来衡量[1]。由于期货组合综合了更多信息，含有跳跃溢出的分散化组合收益很可能会降低。为此，我们将检测这一结论是否成立，以探讨美国期货市场的跳跃风险在中国期货组合风险绩效中的作用。

在计算过滤跳跃前后的夏普比率之前，我们先进行无风险利率的选择。本文的无风险利率主要选择 3 月、6 月和 1 年期人民币定期存款每日基准利率。由于随着时间的变化中国人民银行会对利率做出调整，为此，我们选择 2002 年 1 月 2 日至 2010 年 12 月 31 日一年期国债的均值作为对应期限无风险利率的代表[2]。表 10-9 给出了过滤跳跃前后中国期货组合的夏普比率估计值[3]。在研究中，本文估计了基于不同无风险利率的夏普比率，发现实证结果能有效描绘不同无风险利率下的有效前沿，这意味着这一方法可以用于解决不同风险厌恶的投资者进行最优投资前沿的选择问题。因此，我们能够通过计算夏普比率及其显著性来探知不同程度的风险厌恶投资者所面临的分散化收益。由表 10-9 可知，与不含跳跃溢出的资产组合相比，含有跳跃溢出的分散化收益明显减少了，且对不同的无风险利率而言，均在 1%的置信度下统计显著。这说明来自美国期货市场的大量跳跃溢出风险，加大了中国期货市场的风险，从而降低了中国期货市场的夏普比率。另外，通过比较加入 WTO 过渡期间和过渡期后的

---

① 与 Jobson 和 Korkie（1981）、Li 等（2003）及 Cheung 和 Miu（2010）的研究类似，本文估计分散化收益的方法也将采用夏普比率。

② 数据来源于中国人民银行和 Wind 数据库。

③ 事实上，本文也分别对铜和大豆期货市场进行了类似分析，实证研究结论与资产组合的研究结论基本一致。但相对而言，过滤跳跃前的夏普比率值要远小于过滤跳跃后的夏普比率值，且统计性测试也是显著的，为节省篇幅，这里的实证过程从略。

夏普比率可以发现：在过滤跳跃之前，过渡期后期货组合的夏普比率明显小于过渡期间期货组合的夏普比率；在过滤跳跃之后，过渡期后期货组合的夏普比率却大于过渡期间期货组合的夏普比率。由此说明，中国经济全面开放后，美国期货市场的跳跃风险对中国期货市场的影响要非常巨大的，绝不可忽视。并且我们还发现，无论对过渡期前还是过渡期后，无风险利率越高，期货组合的分散化收益越小。这说明交易成本越高，中国期货组合的分散化收益越低。由此看来，美国期货市场的跳跃风险的确显著降低了中国期货市场的组合分散化收益，且这一跳跃风险的影响是非常大的，是市场组合所无法规避的，多属于系统性风险[1]。

表 10-9　过滤跳跃前后中国期货组合的夏普比率估计值

		过滤跳跃前的期货组合			过滤跳跃后的期货组合			显著性测试		
	样本区间	组合权重		夏普比率	组合权重		夏普比率	$\widehat{SR}$	$\sqrt{\hat{\theta}}$	零假设概率值
		铜	大豆		铜	大豆				
同步交易	全样本	0.5144	0.4856	0.0457	0.8218	0.1782	0.2019	−0.1694	0.0027	0.0000
	过渡期间	0.7878	0.2122	0.0813	0.8158	0.1842	0.1303	−0.2743	0.0159	0.0000
	过渡期后	0.3362	0.6638	0.0342	0.8225	0.1775	0.2682	−0.2585	0.0046	0.0000
异步交易	全样本	0.5144	0.4856	0.0456	0.6085	0.3915	0.1023	−0.0806	0.0108	0.0000
	过渡期间	0.7878	0.2122	0.0813	0.7282	0.2718	0.0953	−0.0142	0.0067	0.0000
	过渡期后	0.3362	0.6638	0.0341	0.5356	0.4644	0.1107	−0.1193	0.0197	0.0000

注：2002 年 1 月 2 日至 2010 年 12 月 31 日一年期国债的均值无风险利率的均值约为 0.0229。

3. 美国期货跳跃风险对中国期货的跳跃风险溢价分析

表 10-10 给出了美国期货跳跃风险对中国期货的跳跃风险溢价估计值。研究结果发现，无论对同步交易还是对异步交易的全样本而言，美国期货跳跃风险对中国期货的跳跃风险溢价系数 φ_J 均在 1% 的置信水平下统计显著，且数值均为负值，这表明美国期货市场的跳跃风险对中国期货市场的风险溢价具有显著的负向影响；相对而言，大豆期货市场的跳跃风险溢价要大于铜期货市场。通过比较同步交易和异步交易的跳跃风险溢价值可以发现，铜期货市场的同步交易的跳跃风险溢价绝对值要大于非同步交易的绝对值，而大豆期货市场正好

---

[1] 资产组合中跳跃风险往往是系统风险的论证和测度过程可以参见 Dunham 和 Friesen （2007）。

与此相反。此外，通过比较加入 WTO 过渡期间和过渡期后的跳跃风险溢价绝对值发现，对铜和大豆期货市场而言，过渡期后的跳跃风险溢价绝对值要大于过渡期间的绝对值，这意味着过渡期结束后，美国期货市场对中国期货市场的跳跃风险溢价明显增强了。顺便提及的是，美国期货跳跃风险对中国期货的非跳跃风险溢价（全样本）系数 φ_{NJ} 也在 5%的置信水平下显著为负值，这说明不受美国跳跃风险影响的中国期货市场的风险溢价也是存在的，其主要原因可归结为中国期货市场本身存在的不受美国期货跳跃风险影响的跳跃成分，虽然非跳跃不存在显著的风险溢价[①]。

表 10-10　美国期货跳跃风险对中国期货的跳跃风险溢价估计值

		同步交易			异步交易		
		全样本	过渡期间	过渡期后	全样本	过渡期间	过渡期后
铜	μ	0.0034** (5.694)	0.0007 (1.315)	0.0088** (7.203)	0.0048** (8.662)	0.0018** (3.318)	0.0102** (9.427)
	φ_{NJ}	−0.0027* (−2.127)	0.0029 (1.531)	−0.0103** (−4.981)	−0.0078** (−7.562)	−0.0036* (−2.047)	−0.0125** (−8.736)
	φ_J	−0.0092** (−12.368)	−0.0126** (−7.365)	−0.0183** (−11.269)	−0.0088** (−10.716)	−0.0068** (−9.797)	−0.0153** (−10.997)
大豆	μ	−0.0005 (−1.417)	−0.0015** (−3.276)	0.0010 (1.666)	−0.0002 (−0.453)	−0.0014** (−3.150)	0.0015** (2.834)
	φ_{NJ}	0.0060** (6.642)	0.0085** (8.208)	0.0015 (0.941)	0.0039** (4.661)	0.0078** (7.652)	−0.0013 (−0.973)
	φ_J	−0.0133** (−12.925)	−0.0106** (−4.101)	−0.0144** (−12.126)	−0.0170** (−13.733)	−0.0142** (−4.204)	−0.0182** (−13.000)

注：*、**分别表示在 5%、1%的置信度下显著；（ ）中为 t-统计量。

　　既然美国期货跳跃风险对中国期货市场存在跳跃风险溢价，那么，好消息影响下的上跳跃和坏消息影响下的下跳跃的风险溢价是否均存在？如果存在，是否具有非对称性？为此，表 10-11 给出了美国期货跳跃风险对中国期货市场的上跳和下跳的风险溢价估计值。研究发现，上跳和下跳溢价参数 φ_{Jup} 和 φ_{Jdown} 均在 5%的置信水平下统计显著；并且，铜期货市场下跳的溢价参数绝对值要大于下跳的溢价参数，而大豆期货市场则相反，这意味着期货市场的上跳和下

[①] 利用类似的方法，我们对中国期货市场的跳跃风险溢价和非跳跃风险溢价进行了研究，发现我国期货市场存在跳跃风险溢价，而不存在非跳跃风险溢价，这一结果与 Chan 和 Feng（2012）对股指期货的跳跃风险溢价结果相一致。

跳风险溢价是非对称的，具体而言，铜期货市场具有杠杆效应，而大豆期货市场具有反杠杆效应。

表 10-11　美国期货跳跃风险对中国期货上跳和下跳的风险溢价估计值

		同步交易			异步交易		
		全样本	过渡期间	过渡期后	全样本	过渡期间	过渡期后
铜	μ	0.0023** (5.210)	0.0006 (1.212)	0.0057** (6.699)	0.0040** (8.710)	0.0019** (3.570)	0.0079** (9.401)
	φ_{NJ}	−0.0010 (−1.010)	0.0031 (1.756)	−0.0058** (−4.030)	−0.0066** (−7.850)	−0.0039* (−2.290)	−0.0108** (−8.998)
	φ_{Jup}	0.0218** (23.705)	0.0192** (5.757)	0.0270** (16.981)	0.0216** (19.162)	0.0187** (3.606)	0.0191** (13.794)
	φ_{Jdown}	−0.0219** (−34.536)	−0.0235** (−12.363)	−0.0339** (−28.810)	−0.0219** (−28.183)	−0.0241** (−6.043)	−0.0308** (−25.349)
大豆	μ	−0.0011** (−3.314)	−0.0015** (−3.402)	−0.0003 (−0.603)	−0.0005 (−1.435)	−0.0014 (−2.515)	0.0008 (1.687)
	φ_{NJ}	0.0070** (8.431)	0.0085** (8.303)	0.0041** (2.965)	0.0044** (5.499)	0.0001 (0.377)	−0.0002 (−0.105)
	φ_{Jup}	0.0335** (14.798)	0.0134* (2.128)	0.0344** (14.586)	0.0346** (10.058)	0.0130* (2.604)	0.0331** (9.399)
	φ_{Jdown}	−0.0222** (−21.961)	−0.0131** (−4.860)	−0.0239** (−22.037)	−0.0236** (−18.927)	−0.0136** (−5.032)	−0.0254** (−18.642)

注：*、**分别表示在 5%、1%的置信度下显著；（ ）中为 t-统计量。

10.5　结论与启示

为检测美国期货市场的跳跃风险对中国期货市场的影响效应，本章从同步交易和异步交易视角出发，采用 SVIJ 模型、波动跳跃溢出概率、波动跳跃溢出强度、波动跳跃溢出大小、波动跳跃溢出贡献度以及跳跃溢出前后的夏普比率模型等对 2002 年 1 月 2 日—2010 年 12 月 31 日的美国和中国的铜、大豆期货市场进行了实证研究。我们得到以下实证结果。

（1）利用 SVIJ 模型可以很好地刻画期货市场的波动跳跃，且这些跳跃呈现出稀疏性、非对称性和高波动时期下的集聚效应；通过比较过滤跳跃前后美国和中国期货市场之间的相关度可以发现，过滤跳跃前美国（同步和异步）期货市场和中国期货市场之间的相关度明显大于过滤跳跃后的相关度，这说明跳跃的存在强化了美国和中国期货市场之间的相依关系。并且，与过渡期间相比，过渡期后美国和中国期货市场之间的相关度要明显大于过渡期间的相关度。

（2）从跳跃溢出概率和跳跃溢出强度来看，美国期货市场的跳跃风险对中国期货市场的影响均是显著的；相对而言，美国期货同步交易市场对中国期货市场的影响明显大于美国期货异步交易市场对中国期货市场的影响。并且，无论在同步交易市场还是在异步交易市场，美国铜期货市场的跳跃风险对中国铜期货市场的冲击能力均大于美国大豆期货市场。此外，从跳跃溢出大小看，美国期货市场对中国期货市场的跳跃溢出大小均为负值，且美国期货同步交易市场对中国期货市场的跳跃溢出幅度也大于美国期货异步交易市场[1]。

（3）通过比较加入WTO过渡期间和过渡期后的跳跃溢出概率、跳跃溢出强度和跳跃溢出大小可以发现，过渡期后美国期货市场的跳跃风险对中国期货市场的冲击能力均比过渡期间增强了，这说明中国经济全面开放以后，中国期货市场与国际市场更加接轨，受到来自美国期货市场的冲击明显加大。并且，美国期货市场的跳跃风险对中国期货市场的冲击概率、冲击强度及冲击大小均具有杠杆效应。

（4）从跳跃风险溢出贡献度来看，美国铜和大豆期货市场跳跃风险对中国对应期货市场的风险贡献是相当大的，其溢出范围为16.48%~65.96%；相对而言，美国期货同步交易的风险溢出程度明显大于美国期货异步交易的风险溢出程度，并且，过渡期后美国期货市场跳跃风险对中国期货市场的风险溢出程度远大于过渡期间美国期货市场跳跃风险对中国期货市场的风险溢出程度。

（5）从美国期货跳跃风险对中国期货组合的夏普比率的影响来看，过滤跳跃后的期货组合夏普比率明显高于过滤跳跃前的夏普比率；相对地，在过滤跳跃之前过渡期后期货组合的夏普比率明显小于过渡期间期货组合的夏普比率，而在过滤跳跃之后过渡期后期货组合的夏普比率却大于过渡期间期货组合的夏普比率。这意味着来自美国期货市场的大量跳跃溢出风险的确显著降低了中国期货市场的组合分散化收益，且这一跳跃风险往往在期货组合中充当非常重要的角色，是市场组合所无法规避的，多属于系统性风险。

（6）从美国期货跳跃风险对中国期货的跳跃风险溢价来看，美国期货市场

---

[1] 本文认为美国期货同步交易的跳跃风险对中国期货的影响大于其异步交易的跳跃风险，这一结论与Liu和An（2011）对中美期货市场关系的结论是不同的。之所以存在这一差异，主要是因为跳跃信息的传递速度往往更快，其影响力度往往更大的缘故（Dungey和Hvozdyk，2012）。

中国证券市场质量及其资本配置

的跳跃风险对中国期货市场的风险溢价具有显著的负向影响；相对而言，大豆期货市场的跳跃风险溢价要大于铜期货市场。通过比较同步交易和异步交易的跳跃风险溢价值可以发现，铜期货市场的同步交易的跳跃风险溢价绝对值要大于非同步交易的绝对值，而大豆期货市场正好与此相反。并且，过渡期后的跳跃风险溢价绝对值要大于过渡期间的绝对值，这意味着过渡期结束后，美国期货市场对中国期货市场的跳跃风险溢价具有明显增强的态势。此外，期货市场的上跳和下跳风险溢价是非对称的，具体而言，铜期货市场具有杠杆效应，而大豆期货市场具有反杠杆效应。

由此，我们可以针对期货投资者、期货交易所和风险监管机构给出相应的对策建议：第一，对中国期货投资者而言，需要了解美国期货同步和异步交易市场的跳跃风险对中国期货市场产生影响的异同与跳跃风险在中国期货组合中的角色和风险溢价，以寻找基于不同风险厌恶程度的最优组合前沿和制定基于跳跃前后的最优投资和保值策略；第二，对中国期货交易所而言，需要通过制定合理的防范跳跃风险的交易规则、交易制度及风险控制机制，如设置比较灵活的涨跌停板、适当提高保证金的收取比率及适当采用熔断机制等，以防范和化解美国期货正规交易市场的跳跃风险以及来自美国电子交易市场的更大跳跃风险；第三，对期货市场监管当局而言，应主动把握中国期货市场面对美国跳跃风险所出现的大量跳跃风险及其风险特征，制定有效的应对跳跃风险的法规、制度和政策等风险管理措施，加大跳跃风险的监管力度，以应对未来期货市场可能出现的巨大跳跃风险的冲击，消除国外巨大跳跃风险给我国带来的潜在隐患，确保我国期货市场的稳健运营和期货市场功能的有效发挥。

参 考 文 献

[1]   Abhyankar A H. Return and volatility dynamics in the FTSE 100 stock index and
        stock index futures markets [J]. Journal of Futures Markets, 1995, 15: 457-488.

[2]   Abhyankar A H D, Levin G E, Limmack R J. Bid-ask spreads, trading volume and
        volatility: Intra-day evidence from the London Stock Exchange [J]. Journal of
        Business Finance and Accounting, 1997, 24(3&4): 343-362.

[3]   Acharya V, Pedersen L H. Asset pricing with liquidity risk [J]. Journal of Financial
        Economics, 2005, 77: 375-410.

[4]   Ackert L F, Tian Y S. Arbitrage, liquidity, and the valuation of exchange traded
        funds [J]. Financial Markets, Institutions & Instruments, 2008, 17(5): 331-362.

[5]   Admati A R, Pfleiderer P. A theory of intraday patterns: Volume and price variability
        [J]. Review of Financial Studies, 1988, 1(1): 3-40.

[6]   Admati A R, Pfleiderer P. Divide and conquer: A theory of intraday and
        day-of-the-week mean effects [J]. Review of Financial Studies, 1989, 2(2): 189-223.

[7]   Agarwal V, Bakshi G, Huij J. Do higher-moment equity risks explain hedge fund
        returns?[J]. CFR Working Papers, 2009.

[8]   Ahn H, Kang J, Ryu D. Information effects of trade size and trade direction:
        Evidence from the KOSPI 200 index options market [J]. Asia-Pacific Journal of
        Financial Studies, 2010, 39(3): 301-339.

[9]   Aitken M J, Frino A, Hill A M, et al. The impact of electronic trading on bid-ask
        spreads: Evidence from futures markets in Hong Kong, London, and Sydney [J].
        Journal of Futures Markets, 2004, 24(7): 6756-6796.

[10]   Aït-Sahalia Y, Jacod J. Testing for jumps in a discretely observed process [J]. Annals
        of Statistics, 2009, 37: 184-222.

[11]   Alampieski K, Lepone A. Impact of a tick size reduction on liquidity: Evidence from
        the Sydney Futures Exchange [J]. Accounting and Finance, 2009, 49: 1-20.

[12]   Albuquerque R. Skewness in stock returns: Reconciling the evidence on firm versus
        aggregate returns[J]. Review of Financial Studies, 2012, 25(5): 1630-1673.

[13]   Allen L, Bali T G, Tang Y. Does systemic risk in the financial sector predict future
        economic downturns?[J]. Review of Financial Studies, 2012, 25(10): 3000-3036.

[14]   Amihud Y, Mendelson H, Lauterbach B. Market microstructure and securities values:
        Evidence from the Tel Aviv Stock Exchange [J]. Journal of Financial Economics,
        1997.

[15]   Amihud Y. Illiquidity and stock returns: Cross-section and time-series effects [J].
        Social Science Electronic Publishing, 2012, 5(1): 31-56.

[16]   Andersen T G, Bollerslev T, Diebold F X, et al. Modeling and forecasting realized

volatility [J]. Econometrica, 2003, 71(2): 579-625.

[17] Andersen T G, Bollerslev T, Diebold F X. Roughing it up: Including jump components in the measurement, modeling, and forecasting of return volatility [J]. Review of Economics & Statistics, 2007, 89(4): 701-720.

[18] Andersen T G, Bollerslev T. Answering the skeptics: Yes, standard volatility models do provide accurate forecasts [J]. International Economic Review, 1998: 885-905.

[19] Anderson H. Transaction costs and non-linear adjustment towards equilibrium in the US Treasury bill market [J]. Oxford Bulletin of Economics and Statistics, 1997, 59: 465-484.

[20] Anderson R M, Bianchi SW, Goldberg LR. Will my risk parity strategy outperform?[J]. Financial Analysts Journal, 2012, 68 (6): 75-93.

[21] Andrada-F é lix J, Fernandez-Perez A, Sosvilla-Rivero S. Fear connectedness among asset classes [J]. Applied Economics, 2018, 50: 4234-4249.

[22] Andrei Shleifer. Inefficient markets: An Introduction to behavioral finance [J]. Journal of Institutional and Theoretical Economics JITE, 2002, 158(6): 369-374.

[23] Ané T, Kharoubi C. Dependence structure and risk measure [J]. Journal of Business, 2003, 76: 411-438.

[24] Anson, Mark J P. Spot returns, roll yield, and diversification with commodity futures [J]. Journal of Alternative Investments, 1998, 1(3): 16-32.

[25] Antoniou A, Holmes P. Futures trading, information and spot price volatility: Evidence for the FTSE-100 Stock Index Futures Contract using GARCH [J]. Journal of Banking & Finance, 1995, 13: 117-129.

[26] Asche F, Oglend A, Tveteras S. Regime shifts in the fish meal/soybean meal price ratio [J]. Journal of Agricultural Economics, 2013, 64(1): 97-111.

[27] Ascheberg M, Branger N, Kraft H, et al. When do jumps matter for portfolio optimization?[J]. Quantitative Finance, 2016, 10: 1297-1311.

[28] Athanasios T. Lead-lag relationship between futures market and spot market, Evidence from the Greek stock and derivative market [J]. International Research Journal of Finance and Economics, 2010, 41: 163-176.

[29] Atkins A B, Dyl E A. Transactions costs and holding periods for common stocks [J]. Journal of Finance, 1997, 52(1): 309-325.

[30] Bagehot W, Treynor J. The only game in town [J]. Financial Analysts Journal, 1971, 27: 31-53.

[31] Baillie R T, Myers R J. Bivariate Garch estimation of the optimal commodity futures hedge [J]. Journal of Application Economics, 1991, 6(2): 109-124.

[32] Bajgrowicz P, Scaillet O. Jumps in high-frequency data: Spurious detections, dynamics, and news[R]. Working paper, Swiss Finance Institute, 2011.

[33] Bajo E. The information content of abnormal trading volume [J]. Journal of Business Finance & Accounting, 2010, 37(7-8): 950-978.

[34] Bakshi G, Carr P, Wu L. Stochastic risk premiums, stochastic skewness in currency options, and stochastic discount factors in international economies [J]. Journal of Financial Economics, 2008, 87: 132-156.

[35] Bakshi G, Kapadia N, Madan D. Stock return characteristics, skew laws, and differential pricing of individual equity options [J]. Review of Financial Studies, 2003, 16: 101-143.

[36] Baldauf B, Santoni G J. Stock price volatility: Some evidence from an ARCH model [J]. Journal of Futures Markets, 1991, 11(2): 191-200.

[37] Ball C A, Torous W N. On jumps in common stock prices and their impact on call option pricing [J]. Journal of Finance, 1985, 40: 155-173.

[38] Ball R, Brown P. Empirical valuation of accounting numbers [J]. Journal of Accounting Research, 1968, 6: 159-178.

[39] Barber B M, Lyon J D. Detecting long-run abnormal stock returns: The empirical power and specification of test statistics [J]. Journal of Financial Economics, 1997, 43(3): 341-372.

[40] Barclay M J, Hendershott T. Price discovery and trading after hours [J]. Review of Financial Studies, 2003, 16: 1041-1073.

[41] Barclay M, Hendershott T. A comparison of trading and non-trading mechanisms for price discovery [J]. Journal of Empirical Finance, 2008, 15: 839-849.

[42] Barclay M, Hendershott T. Liquidity externalities and adverse selection: Evidence from trading after hours [J]. Journal of Finance, 2004, 59: 681-710.

[43] Barclay M, Hendershott T. Price discovery and trading after hours [J]. Review of Financial Studies, 2003, 16: 1041-1073.

[44] Barndorff-Nielsen O, Kinnebrock S, Shephard N. Measuring downside risk - realised semivariance[M]. Social Science Electronic Publishing, 2008.

[45] Barndorff-Nielsen O, Shephard N. Econometrics of testing for jumps in financial economics using bipower variation [J]. Journal of Financial Econometrics, 2006, 4: 1-30.

[46] Barndorff-Nielsen O, Shephard N. Power and bipower variation with stochastic volatility and jumps [J]. Journal of Financial Econometrics, 2004, 2: 1-48.

[47] Bates D. Jumps and stochastic volatility: Exchange rate processes implict in deutsche mark options [J]. The Review of Financial Studies, 1996, 9: 69-107.

[48] Bawa, Vijay S. Safety-first, stochastic dominance, and optimal portfolio choice [J]. Journal of Financial & Quantitative Analysis, 1978, 13(2): 255-271.

[49] Belkhir M, Saad M, Samet A. Stock extreme illiquidity and the cost of capital [J]. Journal of Banking & Finance, 2018, 10: 10-16.

[50] Bell D E, Krasker W S. Estimating hedge ratios [J]. Financial Management, 1986, 15(2): 34-39.

[51] Bem D J. An experimental analysis of selfpersuasion [J]. Journal of Experimental

Social Psychology, 1965, (1): 199-218.

[52]   Benartzi S, Thaler R H. Naive diversification strategies in defined contribution saving plans [J]. American Economic Review, 2001, 91 (1): 79-98.

[53]   Bessembinder H, Maxwell W, Venkataraman K. Market transparency, liquidity externalities, and institutional trading costs in corporate bonds [J]. Journal of Financial Economics, 2006, 82(2): 251-288.

[54]   Bessembinder H, Seguin P J. Futures trading activity and stock price volatility [J]. Journal of Finance, 1992, 47(5), 2015-2034

[55]   Bessler W, Wolff D. Do commodities add value in multi-asset portfolios? An out-of-sample analysis for different investment strategies [J]. Journal of Banking & Finance, 2015, 60: 1-20.

[56]   Biais B, Hillion P, Spatt C. Price discovery and learning during the preopening period in the paris bourse [J]. Journal of Political Economy, 1999, 107, 1218-1248.

[57]   Bittlingmayer G. Output, Stock volatility and political uncertainty in a natural experiment: Germany, 1880-1940[J]. Journal of Finance, 1998, 53(6): 2243-2257.

[58]   Bjornson B, Carter C A. New evidence on agricultural commodity return performance under time-varying risk [J]. American Journal of Agricultural Economics, 1998, 79(1): 918-930.

[59]   Black F, Litterman R. Global portfolio optimization [J]. Financial Analysts Journal, 1992, 48(5): 28-43.

[60]   Bleaney M, Li Z. A new spread estimator [J]. Review of Quantitative Finance and Accounting, 2016, 47: 179-211.

[61]   Bloomfield R, O'Hara M. Can transparent markets survive?[J]. Journal of Financial Economics, 2000, 55: 425-459.

[62]   Bloomfield R. Quotes, prices, and estimates in a laboratory market [J]. Journal of Finance, 1996, 5(5): 1791-1808.

[63]   Board J, Sutcliffe C. The dual listing of stock index futures: Arbitrage, spread arbitrage, and currency risk [J]. Journal of Futures Markets, 1996, 2: 29-54.

[64]   Bodie Z, Rosansky V I. Risk and return in commodity futures [J]. Financial Analysts Journal, 1980, 36(36): 27-39.

[65]   Bodie Z. Commodity futures as a hedge against inflation [J]. Journal of Portfolio Management, 2009, 9(3): 12-17.

[66]   Boehmer E, Saar G, Yu L. Lifting the veil: An Analysis of pre-trade transparency at the Nyse [J]. Journal of Finance, 2005, 60(2): 783-815.

[67]   Bohl M T, Salm C A, Schuppli M . Price discovery and investor structure in stock index futures [J]. Journal of Futures Markets, 2011, 31(3): 282-306.

[68]   Bollerslev T, Engle R F. Common persistence in conditional variances [J]. Econometrica, 1993, 61: 166-187.

[69]   Bollerslev T, Law T H, Tauchen G. Risk, jumps, and diversification [J]. Journal of

参考文献

eference--------------------

Econometrics, 2008, 144: 234-256.

[70] Bollerslev T, Todorov V. Time-varying jump tails [J]. Journal of Econometrics, 2014, 5: 168-180.

[71] Bollerslev T. Generalized autoregressive conditional heteroskedasticity [J]. Journal of Econometrics, 1986, 31: 307-327.

[72] Bongaerts D, De Jong F, Driessen J. Derivative pricing with liquidity risk: Theory and evidence from the credit default swap market [J]. Journal of Finance, 2011, LXVI(1): 203-240.

[73] Booth G G, Chowdhury M, Martikainen T, et al. Intraday volatility in international stock index futures markets: Meteor showers or heat waves?[J]. Management Science, 1997, 43(11): 1564-1576.

[74] Booth G G, So R W, Tse Y. Price discovery in the German equity index derivatives markets [J]. Journal of Futures Markets, 2015, 19(6): 619-643.

[75] Bortoli L, Frino A, Jarnecic E, et al. Limit order book transparency, execution risk, and market liquidity: Evidence from the Sydney Futures Exchange [J]. Journal of Futures Markets, 2010, 26(12): 1147-1167.

[76] Bos T, Newbold P. An empirical investigation of the possibility of stochastic systematic risk in the market model [J]. Journal of Econometrics, 1984, 57(1): 35-41.

[77] Brav, Alon. Inference in long-horizon event studies: A bayesian approach with application to initial public [J]. Journal of Finance, 2000: 1979-2016.

[78] Brennan M J, Subrahmanyam A. Market microstructure and asset pricing: On the compensation for illiquidity in stock returns [J]. 1996, 41(3): 441-464.

[79] Broadie M, Chernov M, Johannes M. Model specification and risk premia: Evidence from futures options[J]. Journal of Finance, 2007, 62(3): 1453-1490.

[80] Brockman P, Chung D Y. Commonality in liquidity: Evidence from an order-driven market structure [J]. Journal of Financial Research, 2002, 25(4): 521-539.

[81] Brorsen B, Irwin S. Examination of commodity fund performance [J]. Review of Research in Futures Markets, 1985, 4: 84-94.

[82] Brunnermeier M K, Gollier C. Optimal beliefs, asset prices, and the preference for skewed returns [J]. American Economic Review, 2007, 98: 972-1022.

[83] Burgess N. Statistical arbitrage models of the FTSE 100 [J]. Computational Finance, 1999, 20: 297-312.

[84] Bussière M, Fratzscher M. Low probability, high impact: Policy making and extreme events [J]. Journal of Policy Modeling, 2008, 30: 111-121.

[85] Cai C X, Hudson R, Keasey K. Intra day bid-ask spreads, trading volume and volatility: Recent empirical evidence from the London Stock Exchange [J]. Journal of Business Finance & Accounting, 2004, 31(5/6): 647-676.

[86] Cajueiro D O, Tabak B M. The rescaled variance statistic and the determination of the Hurst exponent [J]. Mathematics & Computers in Simulation, 2005, 70(3):
357 –

172-179.

[87]   Cao C, Ghysels E, Hatheway F. Price discovery without trading: Evidence from the nasdaq pre-opening [J]. Journal of Finance, 2000, 55, 1339-1365.

[88]   Capocci D P J. The persistence in hedge fund performance: Extended analysis [J]. International Journal of Finance & Economics, 2009, 14: 233-255.

[89]   Cascon A, Keating C, Shadwick W F. The omega function [R]. Finance Development Centre, Working Paper, 2003.

[90]   Cecchetti S G, Cumby R E, Figlewski S. Estimation of the optimal futures hedge [J]. Review of Economics and Statistics. 1998, 70(4): 623-630.

[91]   Chan K A. A further analysis of the lead-lag relationship between the cash market and stock index futures market [J]. Review of Financial Studies, 1992, 5: 123-152.

[92]   Chan K, Chan K C, Karolyi A. Intraday volatility in the stock index futures markets [J]. Review of Financial Studies, 1991, 4: 657-684.

[93]   Chan W H, Feng L. Time-varying jump risk premia in stock index futures returns [J]. Journal of Futures Markets, 2012, 32(7): 639-659.

[94]   Chan W H, Maheu J M. Conditional jump dynamics in stock market return [J]. Journal of Business & Economic Statistics, 2002, 20(3): 377-389.

[95]   Chan Y C. Who trades in the stock index futures market when the underlying cash market is not trading?[J]. Pacific-Basin Finance Journal, 2005, 13: 547-561.

[96]   Chan Y., Wei J. Political risk and stock price volatility: The case of Hong Kong [J]. Pacific Basin Finance Journal, 1996, 4: 259-275.

[97]   Chang B Y, Christoffersen P, Jacobs K. Market skewness risk and the cross section of stock returns [J]. Journal of Financial Economics, 2013, 107: 46-68.

[98]   Chang E C, Locke P R, Jain P C. S&P 500 index futures volatility and price changes around the NYSE close [J]. Journal of Business, 1995, 1: 61-84.

[99]   Charles C. Cox. Futures trading and market information [J]. Journal of Political Economy, 1976, 84: 1215-1237.

[100]   Chen A H, Siems T F. The effects of terrorism on global capital markets [J]. European Journal of Political Economy, 2004, 20(2): 349-366.

[101]   Chen C N. The predictability of opening returns for the returns of the trading day: Evidence from Taiwan futures market [J]. International Review of Economics & Finance, 2013, 25: 272-281.

[102]   Chen K, Vitiello L, Hyde S. The reality of stock market jumps diversification [J]. Journal of International Money and Finance, 2018, 16: 171-188.

[103]   Cheng K H K, Fung J K W, Tse Y. How electronic trading affects bid-ask spreads and arbitrage efficiency between index futures and options [J]. Journal of Futures Markets, 2005, 25(4): 375-398.

[104]   Cheng L T W, Jiang L, Ng R W Y. Information content of extended trading for index futures [J]. Journal of Futures Markets, 2004, 24(9): 861-886.

[105]　Cheng, Kevin, Cheng, et al. Trading hour extension in futures markets reduces cash market volatility[C]. Hong Kong Futures Exchange Ltd. Education Article, 2000, Issue No.8.

[106]　Cheung C S, Miu P. Diversification benefits of commodity futures [J]. Journal of International Financial Markets, Institutions & Money, 2010, 20: 451-474.

[107]　Chiang M H, Lin T Y, Yu J C H. Liquidity provision of limit order trading in the futures market under bull and bear markets [J]. Journal of Business Finance & Accounting, 2009, 36(7/8): 1007-1038.

[108]　Chib S, Jeliazkov I. Marginal Likelihood from the Metropolis-Hastings Output [J]. Journal of the American Statistical Association, 2001, 96: 270-281.

[109]　Chong J, Miffre J. Conditional correlation and volatility in commodity futures and traditional asset markets [J]. Journal of Alternative Investments, 2010, 12(3): 61-75.

[110]　Chordia T, Roll R, Subrahmanyam A. Market liquidity and trading activity [J]. Journal of Finance, 2001, 56(2): 501-530.

[111]　Chowdhry B, Nanda V. Multimarket trading and market liquidity [J]. Review of Financial Studies, 1991, 4: 483-511.

[112]　Christensen K, Podolskij M . Realized range-based estimation of integrated variance [J]. Journal of Econometrics, 2007, 141(2): 323-349.

[113]　Christiansen C, Schmeling M, Schrimpf A. A comprehensive look at financial volatility prediction by economic variables [J]. Journal of Applied Econometrics, 2012, 27(6): 956-977.

[114]　Chu, Hushenieh, Tse Y. Price discovery on the S&P 500 index markets: An analysis of spot index, index furtures and SPDRs [J]. International Review of Financial Analysis, 1999, 8: 21-34.

[115]　Chui C M, Yang J. Extreme correlation of stock and bond futures markets: International evidence [J]. Financial Review, 2012, 47: 565-587.

[116]　Clark P K. A subordinated stochastic process model with finite variance for speculative prices [J]. Econometrica: Journal of the Econometric Society, 1973: 135-155.

[117]　Clemente A D, Romano C. Measuring portfolio value-at-risk by a Copula-EVT based approach [J]. Studi Economici, 2016, 85(1): 29-57.

[118]　Cohen K, Maier S, Schwartz R, et al. Transaction costs, order placement strategy, and existence of the bid-ask spread [J]. Journal of Political Economy, 1981, 89, 287-305.

[119]　Collin-Dufresne P, Goldstein R S, Yang F. On the relative pricing of long-maturity index options and collateralized debt obligations [J]. Journal of Finance, 2012, 67(6): 1983-2014.

[120]　Conrad C, Hatheway F. Indicating ahead: Best execution and the NASDAQ preopening[J]. Journal of Financial Intermediation, 2000, 9(2): 184-212.

[121] Conrad J, Ditmar R, Ghysels E. Ex ante skewness and expected stock returns [R]. Working Paper, University of North Carolina, 2009.

[122] Cook T, Hahn T. The effect of changes in the federal funds rate target on market interest rates in the 1970s [J]. Journal of Monetary Economics, 1989, 24(3): 331-351.

[123] Copeland T E. A model of asset trading under the assumption of sequential information arrival [J]. Journal of Finance, 1976, 31(4): 1149-1168.

[124] Copeland T, Galai D. Information effects on the bid-ask spreads [J]. Journal of Finance, 1983, 38, 1457-1469.

[125] Corbet S, Meegan A, Larkin C, et al. Exploring the dynamic relationships between cryptocurrencies and other financial assets [J]. Economics Letters, 2018, 165: 28-34.

[126] Cornell B, French K. The pricing of stock index futures [J]. Journal of Futures Markets, 1983, (3): 1-14.

[127] Corradi V, Silvapulle M J, Swanson N R. Testing for jumps and jump intensity path dependence[J]. SSRN Electronic Journal, 2018, 204(2): 248-267.

[128] Corwin S A, Schultz P. A simple way to estimate bid-ask spreads from daily high and low prices [J]. Journal of Finance, 2012, 67(2): 719-760.

[129] Covrig V, Ding D, Low B S. The contribution of a satellite market to price discovery: Evidence from the Singapore Exchange [J]. Journal of Futures Markets, 2004, 24(10): 981-1004.

[130] Crowder W J, Hamed A. A cointegration test for oil futures market efficiency[J]. Journal of Futures Markets, 1993, 13(8): 933-941.

[131] Cutler D, Poterba J, Summers L. What moves stock prices?[J]. Journal of Portfolio Management, 1989, 15: 4-11.

[132] Damodaran A. Index futures and stock market volatility [J]. Review of Futures Markets, 1990, 9: 442-457.

[133] Das S R, Uppal R. Systemic risk and international portfolio choice [J]. Journal of Finance, 2004, 59(6): 2809-2834.

[134] David A C, Betty J S. The market's reaction to unexpected, catastrophic events: The case of airline stock returns and the September 11th attacks [J]. Quarterly Review of Economics & Finance, 2004, 44 (4): 539-558.

[135] Davies R. The toronto stock exchange preopening session [J]. Journal of Financial Markets, 2003, 6: 491-516.

[136] De Bandt O, Hartmann P. Systemic risk: A survey [R]. Working paper, European Central Bank, 2000.

[137] Delatte A-L, Gex M, López-Villavicencio A. Has the CDS market influenced the borrowing cost of European countries during the sovereign crisis? [J]. Journal of International Money and Finance, 2012, 31: 481-497.

[138] Diamond D W, R E Verrecchia. Constraints on short-selling and asset price adjustment to private information [J]. Journal of Financial Economics, 1987, (18):

277-311.

[139] Diavatopoulos D, Doran J S, Fodor A, et al. The information content of implied skewness and kurtosis changes prior to earnings announcements for stock and option returns [J]. Journal of Banking & Finance, 2012, 36: 786-802.

[140] Diebold F. X, Yilmaz K. On the network topology of variance decompositions: Measuring the connectedness of financial firms [J]. Journal of Econometrics, 2014, 182: 19-134.

[141] Ding D K, Harris F H D, Lau S T, et al. An investigation of price discovery in informationally-linked markets: equity trading in Malaysia and Singapore [J]. Journal of Multinational Financial Management, 1999, 9(3-4): 317-329.

[142] Ding D K. The determinants of bid-ask spreads in the foreign exchange futures market: A microstructure analysis [J]. Journal of Futures Markets, 1999, 19(3): 307-324.

[143] Dittmar R F. Nonlinear pricing kernels, kurtosis preference, and evidence from the cross section of equity returns [J]. Journal of Finance, 2002, 57(1): 369-403.

[144] Doan M P, Lin C, Chng M. Higher moments and beta asymmetry: Evidence from Australia [J]. Accounting & Finance, 2014, 54(3): 779-807.

[145] Dolley J C. Characteristics and procedure of common stock split-ups [J]. Harvard Business Review, 1933, 11: 316-326.

[146] Dolley J C. Common stock split-ups, motives and effects [J]. Harvard Business Review, 1933, 12(10): 70-81.

[147] Dow J, Gorton G. Stock market effciency and economic e ciency: Is there a connection [J]. Journal of Finance, 1997, 52(3): 1087-1129.

[148] Duffie D, Pan J. Analytical value-at-risk with jumps and credit risk [J]. Financial Stochastic, 2001, 5: 155-180.

[149] Duffie D, Singleton K, Pan J. Transform ananlysis and asset pricing for affine jump-diffusions [J]. Econometrica, 2000, 68(6): 1343-1376.

[150] Dungey M, Fakhrutdinova L, Goodhart C. After-hours trading in equity futures markets [J]. Journal of Futures Markets, 2009, 29: 114-136.

[151] Dungey M, Hvozdyk L. Cojumping: Evidence from the US treasury bond and futures markets [J]. Journal of Banking and Finance, 2012, 36: 1563-1575.

[152] Dunham L. M, Friesen G.C. An empirical examination of jump risk in U. S. equity and bond markets [J]. North American Actuarial Journal, 2007, 11: 76-91.

[153] Dwyer G P, Locke P, Yu W. Index arbitrage and nonlinear dynamics between the S&P 500 Futures and Cash [J]. Review of Financial Studies, 1996, 9, 301-332.

[154] Easley D, Kiefer N, O'Hara M, et al. Liquidity, information, and infrequently traded stocks [J]. Journal of Finance, 1996, 51(4): 1405-1436.

[155] Easley D, Kiefer N, O'Hara M, et al. The information content of the trading process [J]. Journal of Empirical Finance, 1997, 4: 159-186.

[156] Easley D, Kiefer N, O'Hara M. Cream-skimming or profit-sharing? The curious role of purchased order flow [J]. Journal of Finance, 1996, 5: 811-833.

[157] Easley D, O'Hara M. Price, trade size, and information in securities markets [J]. Journal of Financial Economics, 1987, 19: 69-90.

[158] Easley D, O'Hara M, Srinivas P S. Option volume and stock prices: Evidence on where informed traders trade [J]. Journal of Finance, 1998, 53: 431-65.

[159] Easley D, O'hara M. Time and the process of security price adjustment [J]. Journal of Finance, 1992, 47(2): 577-605.

[160] Ederington, Louis H. Aspects of the production of significant financial research[J]. Journal of Finance, 1979, 34: 777-786.

[161] Edwards F, Park J. Do managed futures make good investments? [J]. Journal of Futures Markets, 1996, 16(5): 475-517.

[162] Edwards F. Does futures trading increase stock market volatility? [J]. Financial Analysts Journal, 1988, 44: 63-69.

[163] Edwards F. Futures trading and cash market volatility: Stock Index and interest rate futures [J]. Journal of Futures Markets, 1988, 8: 421-439.

[164] Elton E, Gruber M, Rentzler J. Professionally managed, publicly traded commodity funds [J]. Journal of Business, 1987, 4: 177-99.

[165] Elton E, Gruber M, Rentzler J. The performance of publicly offered commodity funds [J]. Financial Analysts Journal, 1990, 46(4): 23-30.

[166] Embrechts P, Mcneil A, Straumann D. Correlation and dependency in risk management[J]. Risk Management Value at Risk & Beyond, 1999: 176-223.

[167] Engle R, Granger C. Cointegration and error-correction: Representation, estimation, and testing [J]. Econometrica, 1987, 55: 251-276.

[168] Engle R. Autoregressive conditional heteroskedasticity with estimates of the variance of U.K. inflation [J]. Econometrica, 1982, 50: 987-1008.

[169] Engle R. F., Kroner K. F. Multivariate simultaneous generalized ARCH [J]. Econometric Theory, 1995, 11(1): 122-150

[170] Eraker B, Johannes M, Polson N. The impact of jumps in volatility and returns [J]. Journal of Finance, 2003, 58(3): 1269-1300.

[171] Eraker B. Do stock prices and volatility jump [J]. Journal of Finance, 2002, 59(3): 1367-1403.

[172] Eugene Fama. Efficient capital markets: A review of theory and empirical work [J]. Journal of Finance, 1970, 25(2): 383-417.

[173] Fama E, Fisher L, Jensen M, et al. The adjustment of stock prices to new information [J]. International Economic Review, 1969, 10(1): 1-21.

[174] Fama E., French K. Average return, B/M and share issues [J]. Journal of Finance, 2008, 63(6): 2971-2995.

[175] Fama E., French K. Common risk factors in the returns on stocks and bonds [J].

Journal of Financial Economics, 1993, 33(1): 3-56.

[176] Fang H, Lai T Y. Co-kurtosis and capital asset pricing [J]. Financial Review, 1997, 32(2): 293-307.

[177] Fernando C S, May A D, Megginson W L . The Value of investment banking relationships: Evidence from the collapse of Lehman Brothers [J]. Journal of Finance, 2012, 67(1): 235-270.

[178] Fishburn P C. Mean-risk analysis with risk associated with below-target returns [J]. American Economic Review, 1977, 67(2): 116-126.

[179] Fleming J, Ostdiek B, Whaley R E. Trading costs and the relative rates of price discovery in stock, futures, and option markets [J]. Journal of Futures Markets, 1996, 16(4): 353-387.

[180] Flood M D. Microstructure theory and the foreign exchange market[J]. Review, 1991, 73 (6): 52-70.

[181] Fong K, Frino A. Stock market closure and intraday stock index futures market volatility: "contagion", bid-ask bias or both? [J]. Pacific-Basin Finance Journal, 2001, 9(3): 219-232.

[182] Fong K, Gallagher D R, Aaron N G. The use of derivatives by investment managers and implications for portfolio performance and risk [J]. International Review of Finance, 2005, 5(1/2): 1-29.

[183] Foster F, Viswanathan S. A theory of the intraday variation in volume, variance, and trading costs in securities markets [J]. Review of Financial Studies, 1990, 3: 593-624.

[184] Franck R, Krausz M. Institutional changes, wars and stock market risk in an emerging economy: Evidence from the Israeli Stock Exchange, 1945-1960 [J]. Cliometrica, 2009, 3(2): 141-164.

[185] Fremault A. Stock index futures and index arbitrage in a rational expectations model [J]. Journal of Business, 1991, 64(4): 523-547.

[186] Friedman D, Harrison G W, Salmon J W. The informational role of futures markets and learning behavious: some experimental evidence[J]. Ucla Economics Working Papers, 1982, 30(10): 865-883.

[187] Friend, Irwin, Randolph Westerfield. Co-skewness and capital asset pricing [J]. Journal of Finance, 1980, 35: 897-914.

[188] Friesen G C, Zhang Y, Zorn T S. Heterogeneous beliefs and risk-neutral skewness [J]. Journal of Financial and Quantitative Analysis, 2012, 47(4): 851-872.

[189] Frino A, Garcia M. Should macroeconomic information be released during trading breaks in futures markets? [J]. Journal of Futures Markets, 2018, 38(7): 775-787.

[190] Frino A, Gerace D, Lepone A. Limit order book, anonymity and market liquidity: Evidence from the Sydney Futures Exchange [J]. Accounting and Finance, 2008, 48: 561-573.

[191] Frino A, Jarnecic E, Feletto R. Local trader profitability in futures markets: Liquidity

and position taking profits [J]. Journal of Futures Markets, 2010, 30(1): 1-24.

[192] Frino A, Lepone A, Wearin G. Intraday patterns in quoted depth in a competitive dealer market [J]. Journal of Futures Markets, 2008, 28: 1-16.

[193] Frutos M Á D, Manzano C. Market transparency, market quality, and sunshine trading [J]. Journal of Financial Markets, 2014, 17(1): 174-198.

[194] Fulvio C. A simple approximate long-memory model of realized volatility [J]. Journal of Financial Econometrics, 2004, 7(2): 174-196.

[195] Fung J K W, Lien D, Tse Y, et al. Effects of Electronic Trading on the Hang Seng Index Futures Market [J]. International Review of Economics & Finance, 2005, 14(4): 415-425.

[196] Galai B D, Kedar-Levy H. Day-of-the-week effect in high moments [J]. Finance Markets Institutions & Instruments, 2005, 14(3): 169-186.

[197] Garbade K D, Silber W L. Dominant and satellite markets: A study of dually-traded securities [J]. Review of Economics & Statistics, 1979, 61: 455-460.

[198] Garman M. Market microstructure[J]. Journal of Financial Economics, 1976, 3: 257-275.

[199] Garrett I, Taylor N. Intraday and interday basis dynamics: Evidence from the FTSE100 index futures market [J]. Studies in Nonlinear Dynamics and Econometrics, 2001, 5: 133-152.

[200] Gartner M, Wellershoff K W. Is There an election cycle in stock market returns? [J]. International Review of Economics and Finance, 1995, 4: 387-410.

[201] Georgoutsos D A, Migiakis P M. Benchmark bonds interactions under regime shifts [J]. European Financial Management, 2012, 18(3): 389-409.

[202] Gerety M S, Mulhein J H. Patters in intraday stock market volatility, past and present [J]. Financial Analysts Journal, 1991, 47: 71-79.

[203] Gervais S, Kaniel R, Mingelgrin D. The high-volume return premium [J]. Journal of Finance, 2011, 56(3): 877-919.

[204] Geweke J. Evaluating the Accuracy of Sampling-based Approaches to the Calculation of Posterior Moments [M]. In: Bayesian Statistics, Oxford University Press, 1992, 4. 169-193.

[205] Ghysels E, Plazzi A, Valkanov R. Why invest in emerging markets? The role of conditional return asymmetry [J]. Journal of Finance, 2016, 71(5): 2145-2192.

[206] Giot P, Laurent S, Petitjean M. Trading activity, realized volatility and jumps [J]. Journal of Empirical Finance, 2010, 17(1): 168-175.

[207] Glen G. An Introduction to the microstructure of emerging markets [J]. Social Science Electronic Publishing, 1994, 53(1): 394-403.

[208] Glosten L R, Harris L E. Estimating the components of the bidask spread [J]. Journal of Financial Economics, 1988, 21: 123-142.

[209] Glosten L R, Milgrom P. Bid, ask and transaction prices in a specialist market with

heterogeneously informed traders [J]. Journal of Financial Economics, 1985, 14: 71-100.

[210] Gonzalez A, Timo T, Dick V D. Panel Smooth Transition Regression Models [C]. Working paper, Quantitative Finance Research Center, 2005.

[211] Gonzalo J, Granger C. Estimation of common long-memory components in cointegrated systems [J]. Journal of Business & Economic Statistics, 1995, 13: 27-35.

[212] Gorton G., Rouwenhorst K. Facts and fantasies about commodity futures [J]. Financial Analysts Journal, 2006, 62: 86-93.

[213] Goss B A, Avsar S G. Concentration and liquidity in mature markets: Evidence from the US Dollar-Yen futures market[J]. Australian Economic Papers, 2002, (12): 577-591.

[214] Goyenko R Y, Holden C W, Trzcinka C A. Do liquidity measures measure liquidity? [J]. Journal of Financial Economics, 2009, 92(2): 153-181.

[215] Greenwood J A, Landwehr J M, Matalas N C, et al. Probability weighted moments: Definition and relation to parameters of several distributions expressable in inverse form [J]. Water Resources Research, 1979, 15(5): 1049-1054.

[216] Gregoriou A, Ioannidis C, Skerratt L. Information asymmetry and the bid-ask spread: Evidence from the UK [J]. Journal of Business Finance &Accounting, 2005, 32(9/10): 1801-1826.

[217] Grigoletto M, Lisi F. Looking for skewness in financial time series [J]. Econometrics Journal, 2009, 12: 310-323.

[218] Guay W R. The sensitivity of CEO wealth to equity risk: An analysis of the magnitude and determinants [J]. Journal of Financial Economics, 1999, 53(1): 43-71.

[219] Haigh M S. Cointegration, unbiased expectations, and forecasting in the BIFFEX freight futures market [J]. Journal of Futures Markets, 2000, 20(6): 545-571.

[220] Hameed A, Kang W, Viswanathan S. Stock market declines and liquidity [J]. Journal of Finance, 2010, 65(1): 257-293.

[221] Hamet J. Is off-board trading detrimental to market liquidity? [J]. Financial Review, 2002, 37: 385-402.

[222] Harris L. Minimum price variations, discrete bid-ask spreads, and quotation sizes[J]. Review of Financial Studies, 1994, 7: 149-178.

[223] Harvey C R, Siddique A. Conditional skewness in asset pricing tests [J]. Journal of Finance, 2000, 55(3): 1263-1295.

[224] Harvey C R, Siddique A. Time-varying conditional skewness and the market risk premium [J]. Research in Banking and Finance, 2000, 1: 27-60.

[225] Hasbrouck J. Assessing the quality of a security market: A new approach to transaction cost measurement [J]. Review of Financial Studies, 1993, 6: 191-212.

[226] Hasbrouck J. One security, many markets: Determining the contributions to price discovery [J]. Journal of Finance, 1995, 50: 1175-1199.

[227] Hasbrouck J. Trading costs and returns for U.S. equities: Estimating effective costs from daily data [J]. Journal of Finance, 2009, 64(3): 1445-1477.

[228] Hasbrouck. Intraday price formation in the market for U.S. equity indexes [J]. Journal of Finance, 2003, 58(6): 2375-2399.

[229] Haugom E, Ray R. Heterogeneous traders, liquidity, and volatility in crude oil futures market [J]. Journal of Commodity Markets, 2017.

[230] Hausman J, Wongswan J. Global asset prices and FOMC announcements [J]. FRB International Finance Discussion Paper, 2006 (886).

[231] He Z, Xiong W. Rollover risk and credit risk [J]. Journal of Finance, 2012, 67(2): 391-429.

[232] Hearn B. Liquidity and valuation in east African securities markets [J]. South African Journal of Economics, 2009, 77(4): 553-576.

[233] Hendershott T, Jones C M. Island goes dark: Transparency, fragmentation, and regulationn[J]. Review of Financial Studies, 2005, 18(3): 743-793.

[234] Herbst A F, Kare D, Marshall J F. A time varying, convergence adjusted, minimum risk futures hedge ratio[J]. Advances in Futures and Options research, 1989, (6): 137-155.

[235] Hicks S P, Schaufus C A, Williams A A, et al. Some effects of ionizing radiation and metabolic inhibition on the developing mammalian nervous system [J]. Journal of Pediatrics, 1952, 40(4): 489-513.

[236] Hietala P, Jokivuolle E, Koskinen Y. Informed trading, short sales constraints and futures pricing [J]. Bank of Finland Discussion Parers, 2000, 4: 1-25.

[237] Hiraki T, Maberly E D, Takezawa N. The information content of end-of-the-day index futures returns: International evidence from the Osaka Nikkei 225 futures contract [J]. Journal of Banking & Finance, 1995, 19(5): 921-936.

[238] Ho T, Stoll H R. Optimal dealer pricing under transactions and return uncertainty [J]. Journal of Financial Economics, 1981, 9: 47-73.

[239] Ho Y K, Lee S K . Market closure effects on return, volatility, and turnover patterns in the Hong Kong index futures market [J]. Journal of International Financial Markets Institutions & Money, 1998, 8(3): 433-451.

[240] Hobbs G, Riley W. Profiting from presidential election [J], Financial Analysts Journal, 1984, 40: 46-52.

[241] Hodgson A, Nicholls D. The impact of index futures markets on australian sharemarket volatility [J]. Journal of Business Finance & Accounting, 1991, 18(2): 267-279.

[242] Hogan S, Jarrow R, Teo M, et al. Testing market efficiency using statistical arbitrage with applications to momentum and value strategies [J]. Journal of Financial Economics, 2004, 73(3): 525-565.

[243] Hogg R, Tanis E. Probability and Statistical Inference, 6th ed [M]. Englewood Cliffs,

NJ: Prentice Hall, 2001.

[244] Holden C. W. Index arbitrage as cross-sectional market making [J]. Journal of Futures Markets, 1995, 15(4): 423-455.

[245] Holmes M J. Are Asia-Pacific real exchange rates stationary? A regime switching perspective [J]. Pacific Economic Review, 2010, 15(2): 189-203.

[246] Hossein A, Christoffer B. Jump spillover in international equity markets [J]. Journal of Financial Econometrics, 2006, 4(2): 167-203.

[247] Howard CT, D'Antonio L J. A risk-return measure of hedging effectiveness [J]. Journal of Financial and Quantitative Analysis, 1984, 19(1): 101-112

[248] Hsieh P. Modelling the frequency and severity of extreme exchange rate returns [J]. Journal of Forecasting, 2001, 20: 485-499.

[249] Hua R, Liu Q, Tse Y. Extended trading in Chinese index markets: Informed or uninformed? [J]. Pacific-Basin Finance Journal, 2016, 36: 112-122.

[250] Huang Y C. The components of bid-ask spread and their determinants: TAIFEX versus SGX-DT [J]. Journal of Futures Markets, 2004, 24(9): 835-860.

[251] Huang Z, Heian J B. Trading-volume shocks and stock returns: An empirical analysis [J]. Journal of Financial Research, 2010, 33(2): 153-177.

[252] Hung C H. Return predictability of higher-moment CAPM market models [J]. Journal of Business Finance & Accounting, 2008, 35(7-8): 998-1022.

[253] Hurst H E. Long-term storage capacity of reservoirs [J]. Transations of the American Society of Ciril Engineer, 1951, 116: 770-799.

[254] Hwang S, Satchell S E. Modelling emerging market risk premia using higher moments [J]. International Journal of Finance and Economics, 1999, 4: 271-296.

[255] Irwin S H, Brorsen B W. Public futures funds [J]. Journal of Futures Markets, 1985, 5(2): 149-171.

[256] Irwin S H, Landa D. Real estate, futures, and gold as portfolio assets [J]. Journal of Portfolio Management, 1987, 14(1): 29-34.

[257] Jaffe J. Special information and insider trading [J]. Journal of Business, 1974, (47) : 411-428.

[258] Jarrow R A, Rosenfeld E R. Jump risks and intertemporal capital asset pricing model [J]. Journal of Business, 1984, 57: 337-351.

[259] Jensen G R, Johnson R R, Mercer J M, et al. Efficient use of commodity futures in diversified portfolios [J]. Journal of Futures Markets, 2000, 20(5): 489-506.

[260] Jiang B-G, Koo H K, Liu H, et al. Liquidity premia and transaction costs [J]. Journal of Finance, 2007, 62(5): 2329-2366.

[261] Jiang G J, Lo I Verdelan. Information shocks, liquidity shocks, jumps, and price discovery: Evidence from the U.S. treasury market [J]. Journal of Financial and Quantitative Analysis, 2011, 46(2): 527-551.

[262] Jiang G, Oomen R . Testing for jumps when asset prices are observed with noise—A

'swap variance' approach [J]. Journal of Econometrics, 2008, 144: 352-370.

[263] Jiang P, Liu Q, Tse Y. International asset allocation with regime switching: Evidence from the ETFs [J]. Asia-Pacific Journal of Financial Studies, 2015, 44: 661-687.

[264] Jobson J D, Korkie B M. Performance hypothesis testing with the Sharpe and Treynor measure [J]. Journal of Finance, 1981, 36(4): 889-908.

[265] Johannes M, Polson N. MCMC methods for financial econometrics [J]. Handbook of Financial Econometrics, 2002.

[266] Johnson L L. The theory of hedging and speculation in commodity futures [J]. Review of Economics Studies, 1960, 27(3): 139-151

[267] Jondeau E, Rockinger M. On the importance of time variability in higher moments for asset allocation [J]. Journal of Financial Econometrics, 2012, 10(1): 84-123.

[268] Jondeau E, Rockinger M. Optimal portfolio allocation under higher moments [J]. European Financial Management, 2006, 12(1): 29-55.

[269] Kahneman D, Tversky A. Prospect theory: An analysis of decision making under risk [J]. Econometrica, 1979, 47(2): 263-291.

[270] Kalaitzoglou I A, Ibrahim B M. Liquidity and resolution of uncertainty in the European carbon futures market [J]. International Review of Financial Analysis, 2015, 37: 89-102.

[271] Kanagaretnam K, Lobo G J, Whalen D J. Relationship between analyst forecast properties and equity bid-ask spreads and depths around quarterly earnings announcements [J]. Journal of Business Fiance & Accounting, 2005, 32(9/10): 1773-1799.

[272] Karpoff J M. A theory of trading volume [J]. Journal of Finance, 1985, 41: 1069-1087.

[273] Karpoff J M. The Relation between price changes and trading volume: A survey [J]. Journal of Financial and Quantitative Analysis, 1987, 22: 109-126.

[274] Kavajecz K A, Odders-White E R. Volatility and market structure [J]. Journal of Financial Markets, 2001, 4(4): 359-384.

[275] Kawaller, Koch. The temporal price relationship between S&P 500 futures and the S&P 500 index [J]. Journal of Finance, 1987, 42: 1309-1329.

[276] Keynes R D. The ionic movements during nervous activity[J]. Journal of Physiology, 1951, 114(1-2): 119.

[277] Kim H Y, Mei J P. What makes the stock market jump? An analysis of political risk on Hong Kong stock returns [J]. Journal of International Money and Finance, 2001, 20(7): 1003-1016.

[278] Kim M, Szakmary A C, Schwarz T V. Trading costs and price discovery across stock index futures and cash markets [J]. Journal of Futures Markets, 1999, 19(4): 475-498.

[279] King M, Wadhwani S. Transmission of Volatility between Stock Markets [J]. The Review of Financial Studies, 1990, 3: 5-33.

[280] Kingdon J. AI fights money laundering [J]. IEEE Intelligent Systems, 2005, 19(3): 87-89.

[281] Kirby C, Ostdiek B. It's all in the timing: Simple active portfolio strategies that outperform naive diversification [J]. Journal of Financial Quantitative Analysis, 2012, 47 (2): 437-467.

[282] Knopf J D, Nam J, Jr J H T. The volatility and price sensitivities of managerial stock option portfolios and corporate hedging [J]. Journal of Finance, 2002, 57(2): 801-813.

[283] Kon S J. Models of stock returns-a comparison [J]. Journal of Finance, 1984, 39(1): 147-165.

[284] Koop G, Pesaran M H, Potter S M. Impulse response analysis in nonlinear multivariate models [J]. Journal of Econometrics, 1996, 74: 119-147.

[285] Koski J L, Pontiff J. How are derivatives used? Evidence from the mutual fund industry [J]. Journal of Finance, 1999, 54(2): 791-816.

[286] Koutmos G, Tucker M. Temporal relationships and dynamic interactions between spot and futures stock markets [J]. Journal of Futures Markets, 1996, 16: 55-69.

[287] Kraus A, Litzenberger R H. Skewness preference and the valuation of risk assets [J]. The Journal of Finance, 1976, 31(4): 1085-1100.

[288] Kumar P, Seppi D. Information and index arbitrage [J]. The Journal of Business, 1990, 67: 481-509.

[289] Kumar R, Sarin A, Shastri K. The impact of options trading on the market quality of the underlying security: An empirical analysis [J]. Journal of Finance, 1998, 48: 717-732.

[290] Kuo S-W, Huang C-S, Chen C-C. Impact of the change in tick size on transaction costs and liquidity: An empirical investigation of the Taiwan Stock Exchange [J]. Asia-Pacific Journal of Financial Studies, 2010, 39(4): 524-551.

[291] Kuo W, Li Y C. Trading mechanisms and market quality: Call markets versus continuous auction markets [J]. International Review of Finance, 2011, 11(4): 417-444.

[292] Kurmann M. Dynamic Jump Risk and Portfolio Allocation [C]. Working paper, 2009.

[293] Kyle A S. Continuous auctions and insider trading [J]. Econometrica, 1985, 53: 1315-1335.

[294] Lai T L, Xing H, Chen Z, et al. Mean-variance portfolio optimization when means and covariances are unknown [J]. The Annals of Applied Statistics, 2011: 798-823.

[295] Lai T L. Black-Litterman asset allocation and mean-variance portfolio optimization when means and covariances of asset returns are unkown [C]. Working paper, Stanford University, 2014.

[296] Lai T Y. Portfolio selection with skewness: A multiple-objective approach [J]. Review of Quantitative Finance and Accounting, 1991, 1: 293-305.

[297] Lai Y H, Chen C W S, Gerlach R. Optimal dynamic hedging via copula-threshold-

GARCH models [J]. Mathematics & Computers in Simulation, 2009, 79(8): 2609-2624.

[298] Lean H H, Mcaleer M, Wong W. Market efficiency of oil spot and futures: A mean-variance and stochastic dominance approach [J]. Energy Economics, 2010, 32(5): 979-986.

[299] Lee C, Leuthold R, Cordier J. The stock market and commodities futures market: Diversification and arbitrage potential [J]. Financial Analysts Journal, 1985, 7/8: 53-60.

[300] Lee H C, Chien C Y, Chen H L, et al. The extended opening session of the futures market and stock price behavior: Evidence from the Taiwan Stock Exchange [J]. Review of Pacific Basin Financial Markets & Policies, 2009, 12(3): 403-416.

[301] Lee S B, Ohk K Y. Stock and index futures listing and structure change in time-varying volatility [J]. Journal of Futures Markets, 1992, 12: 493-509.

[302] Lee S, Hannig J. Detecting jumps from lévy jump diffusion processes [J]. Journal of Financial Economics, 2010, 96: 271-290.

[303] Lee S, Mykland P . Jumps in financial markets: A new nonparametric test and jump dynamics [J]. Review of Financial Studies, 2008, 21: 2535-2563.

[304] Lepone A, Yang J. The impact of a pro-rata algorithm on liquidity: Evidence from the NYSE LIFFE [J]. Journal of Futures Markets, 2011, 32(7): 660-682.

[305] Lesmond D A, Ogden J P, Trzcinka C A. A new estimate of transaction costs [J]. Review of Financial Studies, 1999, 12(5): 1113-1141.

[306] Levin E J, Wright R E. Explaining the intraday variation in the bid-ask spread in competitive dealership markets: A research note [J]. Journal of Financial Market, 1999, 2(2): 179-191.

[307] Li K, Sarkar A, Wang Z. Diversification benefit of emerging markets subject to portfolio constraints [J]. Journal of Empirical Finance, 2003, 10: 57-80.

[308] Lien D, Tse Y K. Hedging downside risk with futures contracts [J]. Applied Financial Economics, 2000, 10(2): 163-170.

[309] Lien D. Multiperiod hedging in the presence of stochastic volatility [J]. International Review of Financial Analysis, 2001, 10(4): 395-406.

[310] Lien D. The effects of skewness on optional production and hedging decisions: An application of the skew-normal distribution [J]. Journal of Futures Markets, 2010, 30(3): 278-289.

[311] Lien, S. A New Information Share Measure [J]. Journal of Futures Markets, 2009, 29(4): 377-395.

[312] Lihara Y, Kato K, Tokunaga T. Intraday Return Dynamics between the Cash and the Futures Markets in Japan [J]. Journal of Futures Markets, 1996, 16: 147-162.

[313] Liu Q, Tse Y, Zhang L. Including commodity futures in asset allocation in China [J]. Quantitative Finance, 2018, 18(9): 1487-1499.

[314] Liu Q, An Y. Information transmission in informationally linked markets: Evidence

from US and Chinese commodity futures markets [J]. Journal of International Money and Finance, 2011, 30: 778-795.

[315] Liu Q, Gao Z, Chng M T. Arbitrage activity and price discovery across spot, futures and ETF markets [C]. Working paper, School of Economics and Deakin University, 2015.

[316] Liu Q, Hua R, An Y. Determinants and information content of intraday bid-ask spreads: Evidence from Chinese commodity futures markets[J]. Pacific-Basin Finance Journal, 2016, 38: 135-148.

[317] Liu Q, Tse Y. Overnight returns of stock indexes: Evidence from ETFs and futures [J]. International Review of Economics and Finance, 2017, 48: 440-451.

[318] Liu Q, Tu A H. Jump spillovers in energy futures markets: Implications for diversification benefits [J]. Energy Economics, 2012, 34: 1447-1464

[319] Liu Q, Wang R, An Y. Asymmetric information and volatility forecasting in commodity futures markets [C]. Working Paper, January 12, 2012.

[320] Liu W. A liquidity-augmented capital asset pricing model [J]. Journal of Financial Economics, 2006, 82: 631-671.

[321] Liu Q, Tse Y, Zhang L. Including commodity futures in asset allocation in China [J]. Quantitative Finance, 2018, 18: 1487-1499.

[322] Lizieri C, Satchell S, Wongwachara W. Unsmoothing real estate returns: A regime-switching approach [J]. Real Estate Economics, 2012, 40(4): 775-807.

[323] Lo K H, Wang K, Hsu M F. Pricing European Asian options with skewness and kurtosis in the underlying distribution [J]. Journal of Futures Markets, 2008, 28(6): 598-616.

[324] Lobo B J. Jump risk in the US stock market: Evidence using political information [J]. Review of Financial Economics, 1999, 8(2): 149-163.

[325] Locke P, Sarkar A. Liquidity supply and volatility - futures market evidence[J]. Journal of Futures Markets, 2001, 21(1): 1-17.

[326] Lockwood L J, Linn S C. An examination of stock market return volatility during overnight and intraday periods: 1964-1989 [J]. Journal of Finance, 2012, 45(2): 591-601.

[327] Lynch A W, Tan S. Explaining the magnitude of liquidity premia: The roles of return predictability, wealth shocks, and state-dependent transaction costs [J]. Journal of Finance, 2011, 66(4): 1329-1368.

[328] Lyon J D, Barber B M, Tsai C L. Improved methods for tests of long - run abnormal stock returns [J]. Journal of Finance, 1999, 56: 76-99

[329] Madhavan A, Panchapagesan V. Price discovery in Auction Markets: A Look Inside the Black Box [J]. Review of Financial Studies, 2000, 13: 627-658.

[330] Madhavan A, Richardson M, Roomans M. Why do security prices change? A transaction-level analysis of NYSE stocks [J]. Review of Financial Studies, 1997,

10(4): 1035-1064.

[331] Mahdavi, Mahnaz. Risk-adjusted return when returns are not normally distributed: Adjusted Sharpe ratio [J]. Journal of Alternative Investments, 2004, 6(4): 47-57.

[332] Maillet B B, Michel T L. The impact of the 9/11 events on the American and French stock markets [J]. Review of International Economics, 2005, 13(3): 597-611.

[333] Mandelbrot B B. A Fast Fractional Gaussian Noise Generator [J]. Water Resources Research, 1971, 7(3): 543-553.

[334] Mandelbrot B B. Stochastic models for the earth's relief, the shape and the fractal dimension of the coastlines, and the number-area rule for islands [J]. Proceedings of the National Academy of Sciences of the United States of America, 1975, 72(10): 3825-3828.

[335] Mandelker G. Risk and return: The case of merging firms [J]. Journal of Financial Economics, 1974, 1: 303-335.

[336] Markowitz H M. Portfolio selection [J]. Journal of Finance, 1952, 7(1): 77-91.

[337] Marshall B R. Liquidity and stock returns: Evidence from a pure order-driven market using a new liquidity proxy [J]. International Review of Financial Analysis, 2006, 15: 21-38.

[338] Martens M, Kofman P, Vorst T. A Threshold Error-correction Model for Intraday Futures and Index Returns [J]. Journal of Applied Econometrics, 1998, 13: 245-263.

[339] Maslyuk S, Smyth R. Unit root properties of crude oil spot and futures prices[J]. Energy Policy, 2008, 36(7): 2591-2600.

[340] Masood O, Sergi B S. How political risks and events have influenced Pakistan's stock markets from 1947 to the present [J]. International Journal of Economic Policy in Emerging Economies, 2008, 1(4): 427-444.

[341] Masood O, Sergi B S. How political risks and events have influenced pakistan's stock markets from 1947 to the present [J]. International Journal of Economic Policy in Emerging Economies, 2008, 1(4): 427-444.

[342] Mayhew S. Competition, market structure, and bid-ask spreads in stock option markets [J]. Journal of Finance, 2002, 57(2): 931-958.

[343] McGarrity J P, Picou A. Do several winning coalitions exist in a state for senators of the same party? Evidence from an event study [J]. Southern Economic Journal, 2001: 281-309.

[344] McGough R. Fixed-income chief resigns at Fidelity [J]. Wall Street Journal, 1995b, January 24, p. C1.

[345] McGough R. SEC seeks aid in devising yardsticks for funds' risk[J]. Wall Street Journal, 1995, 3(29), p. Cl.

[346] Menyah K, Paudyal K. The component of bid-ask spreads on the London Stock Exchange [J]. Journal of Banking & Finance, 2000, 24: 1767-1785.

[347] Merton R C. Financial innovation and the management and regulation of financial

institutions[J]. Journal of Banking & Finance, 1995, 19(3-4): 461-481.

[348] Miao H, Ramchander S, Wang T, et al. Role of index futures on China's stock markets: Evidence from price discovery and volatility spillover[J]. Pacific-Basin Finance Journal, 2017, 44: 13-26.

[349] Michael L. Speculation and its impact on liquidity in commodity markets [J]. Resources Policy, 2018, 12: 59-86.

[350] Miffre J, Rallis G. Momentum strategies in commodity futures markets[J]. Ssrn Electronic Journal, 2006, 31(6): 1863-1886.

[351] Mills T C. Modelling skewness and kurtosis in the London Stock Exchange FT - SE index return distributions[J]. Journal of the Royal Statistical Society: Series D (The Statistician), 1995, 44(3): 323-332.

[352] Mitchell M L, Stafford E. Managerial decisions and long-term stock price performance [J]. Journal of Business, 2000, 73(3): 287-329.

[353] Mizrach B. Jump and cojump risk in subprime home equity derivatives[D]. Rutgers University, January 2009.

[354] Morgan W, Cotter J, Dowd K. Extreme measures of agricultural financial risk [J]. Journal of Agricultural Economics, 2012, 63(1): 65-82.

[355] Morrison J. Steel futures forge ahead[J]. Futures Industry Association, 2011, January.

[356] Muela S B Martín, Carmen López, Sanz R A. An application of extreme value theory in estimating liquidity risk [J]. European Research on Management and Business Economics, 2017, 23(3): 157-164.

[357] Mullainathan S, Richard Thaler. Behavioral Economics, International Encyclopedia of Social Sciences [M]. Pergamon Press, 1stedition. 2001, October. 1094-1100.

[358] Myers R J, Thompson S R. Generalized optimal hedge ratio estimation [J]. American Journal of Agricultural Economic, 1989, 71(4): 858-867.

[359] Navatte P, Villa C. The information content of implied volatility, skewness and kurtosis: Empirical evidence from long - term CAC 40 options [J]. European Financial Management, 2000, 6(1): 41-56.

[360] Neftci S N. An Introduction to the Mathematics of Financial Derivatives (Second Edition) [M]. Academic Press, April 2004.

[361] Neuberger A. Realized skewness [J]. Review of Financial Studies, 2012, 25(11): 3423-3455.

[362] Nolte I, Xu Q. The economic value of volatility timing with realized jumps[J]. Journal of Empirical Finance, 2015, 34: 45-59.

[363] Ntzoufras I. Bayesian Modeling Using WinBUGS, John Wiley & Sons, Inc.[M]. Publication, 2009.

[364] O'Hara M, Oldfield G. The microeconomics of market marking [J]. Journal of Financial and Quantitative Analysis, 1986, 21: 361-376.

[365] O'Hara M. Market microstructure theory on trading costs [J]. Journal of Financial and

Quantitative Analysis, m1995, 42: 657-682.

[366] Pagano M, Röell A. Transparency and liquidity: A comparison of auction and dealer markets with informed trading [J]. Journal of Finance, 2012, 51(2): 579-611.

[367] Pan J, Poteshma A. The information in option volume for future stock prices [J]. Review of Financial Studies, 2006, 19: 871-908.

[368] Pan J. The jump-risk premia implicit in options: Evidence from an integrated time-series study [J]. Journal of Financial Economics, 2002, 63(1): 3-50.

[369] Park T H, Switzer L N. Index Participation Units and Performance of Index Futures Market: Evidence from the Toronto 35 Index Participation Units Market[J]. Journal of Futures Market, 1995, 15(2): 187-200.

[370] Park, Bera. Hedging GNMA mortgage-backed securities with T-Note futures: Dynamic versus static hedging [J]. Real Estate Economics, 1987.

[371] Pastor L, Stambaugh R. Liquidity risk and expected stock returns [J]. Journal of Political Economy, 2003, 111: 642-685.

[372] Peiro A. Skewness in financial returns [J]. Journal of Banking & Finance, 1999, 23(6): 847-862.

[373] Peng H, Kitagawa G, Tamura Y, et al. A modeling approach to financial time series based on market microstructure model with jumps [J]. Applied Soft Computing, 2015, 29: 40-51.

[374] Pericli A, Koutmo G. Index futures and options and stock market volatility [J]. Journal of Futures Markets, 1997, 17(8): 957-974.

[375] Perold A F. The implementation shortfall: Paper versus reality[J]. Journal of Portfolio Management, 1988, 14: 4-9.

[376] Perrakis S, Khoury N. Asymmetric information in commodity futures markets: Theory and empirical evidence [J]. Journal of Futures Markets, 1988, 18(7): 803-825.

[377] Pesaran H H, Shin Y. Generalized impulse response analysis in linear multivariate models [J]. Economic Letters, 1988, 58: 17-29.

[378] Peters E E. Fractal structure in the capital markets [J]. Financial Analysts Journal, 2005, 45(4): 32-37.

[379] Petitjean M. Intraday liquidity dynamics and news releases around price jumps: Evidence from the DJIA stocks [J]. Journal of Systems Science & Complexity, 2017, 2: 439-463.

[380] Pezier J, White A. The relative merits of investable hedge fund indices and of funds of hedge funds in optimal passive portfolios[R]. Icma centre discussion papers in Finance, DP2006-10.

[381] Pindyck R S, Wang N. The economic and policy consequences of catastrophes [C]. MIT Sloan School Working Paper, 4751-09, 2009.

[382] Premaratne G, Bera A. A test for symmetry with leptokurtic financial data [J]. Journal of Financial econometrics, 2005, 3(2): 169-187.

[383] Pritamani M, Singal V. Return predictability following large price changes and information releases [J]. Journal of Banking and Finance, 2001, 25: 631-656.

[384] Robbani M G, Anantharaman S. An Conometric Analysis of Stock Market Reaction to Political Events in Emerging Markets [ZR]. Working Paper, Second Annual ABIT Conference. 2002.

[385] Robert Engle. Pricing exchange-traded fund [R]. Working Paper, 2002. 2-13.

[386] Robinson G. The effect of future trading on cash market volatility: Evidence from London stock exchange[R]. Bank of England Working Paper, 1993.

[387] Roll R. A simple implicit measure of the effective bid-ask spread in an efficient market[J]. Journal of Finance, 1984, 39(4): 1127-1139.

[388] Roll R. On computing mean returns and the small firm premium [J]. Journal of Financial Economics, 1983, (12): 371-386.

[389] Roulstone D T. Analysts following and market liquidity[J]. Contemporary Accounting Research, 2003, 20(3): 552-578.

[390] Ruenzi S, Ungeheuer M, Weigert F. Extreme downside liquidity risk [C]. Working paper, University of Mannheim, 2012.

[391] Ruenzi S, Weigert F. Extreme dependence structures and the cross-section of expected stock returns [C]. Working Paper, 2011.

[392] Ryoo H J, Smith G. The impact of stock index futures on the korean stock market [J]. Applied Financial Economics, 2004, 14(4): 243-251.

[393] Ryud. Intraday price formation and bid-ask spread components: A new approach using a cross-market model [J]. Journal of Futures Markets, 2011, 31(12): 1142-1169.

[394] Scholes M S. The economics of hedging and spreading in futures markets [J]. Journal of Futures Markets, 1981, 1(2): 265-286.

[395] Sears R S, Wei K C J. Asset Pricing, Higher Moments, and the Market Risk Premium: A Note[J]. Journal of Finance, 1985, 40(4): 1251-1253.

[396] Sears R S, Wei K C J. The structure of skewness preferences in asset pricing models with higher moments: An empirical test [J]. Financial Review, 1988, 23 (1): 25-38.

[397] Sharpe William F. The Sharpe Ratio [J]. Journal of Portfolio Management, 1994, 21(1): 49-58.

[398] Shleife, Andrei, Robert Vishny. Limits of Arbitrage[J]. Journal of Finance, 1997, 52(1): 35-55.

[399] Silber W L. Innovation, competition, and new contract design in futures markets[J]. Journal of Futures Markets, 1981, 1(2): 123-155.

[400] Simioni M, Gonzales F, Guillotreau P, et al. Detecting asymmetric price transmission with consistent threshold along the fish supply chain [J]. Canadian Journal of Agricultural Economics, 2013, 61: 37-60.

[401] Singleton J C, Wingender J. Skewness persistence in common stock returns [J].

Journal of Financial and Quantitative, 1986, 21: 335-341.

[402] Smithson C, Minton L. Value at Risk [J]. Risk Jan, 1996, 9(1): 25-27.

[403] So R W Tse Y. Price discovery in the Hang Seng Index markets: Index, futures, and the tracker fund[J]. Journal of Futures Markets, 2004, 24(9): 887-907.

[404] Stoll H R, Whaley R E. The Dynamics of Stock Index And Stock Index Futures Returns [J]. Journal of Financial and Quantitative Analysis, 1990, 25(4): 441-468.

[405] Subrahmanyam A. A Theory of Trading in Stock Index Futures [J]. Review of Finance Studies, 1991, 4(1): 17-52.

[406] Switzer L N, El-Khoury M. Extreme volatility, speculative efficiency, and the hedging effectiveness of the oil futures markets [J]. Journal of Futures Markets, 2007, 27(1): 61-84.

[407] Switzer L. N., Varson P. L., Zghidi S. Standard and Poor's Depository Receipts and Performance of S&P 500 Index Futures Market[J]. Journal of Futures Market, 2000, 20: 705-716.

[408] Taylor N, van Dijk, DIC, Franses. P. SETS, arbitrage activity, and stock price dynamics [J]. Journal of Banking & Finance, 2000, 24: 1289-1306.

[409] Teterin P, Brooks R, Enders W. Smooth volatility shifts and spillovers in U.S. crude oil and corn futures markets [J]. Journal of Empirical Finance, 2016, 38: 22-36.

[410] Thomakos D D, Wang T, Wu J, et al. Macroeconomic announcements, intraday covariance structure and asymmetry in the interest rate futures returns [J]. Journal of Futures Markets, 2008, 28(9): 815-844.

[411] Todorov V, Bollerslev T. Jumps and betas a new framework for disentangling and estimating systematic risks [J]. Journal of Econometrics, 2010, 157: 220-235.

[412] Todorov V. Variance risk premium dynamics: The role of jumps [J]. Review of Financial Studies, 2010, 23: 345-383.

[413] Torben G. Andersen. The Econometrics of Financial Markets[M]. Princeton University Press, 1997.

[414] Tse Y. Asymmetric Volatility, Skewness, and Downside Risk in Different Asset Classes: Evidence from Futures Markets [J]. Financial Review, 2016, 51(1): 83-111.

[415] Tse Y. Price discovery and volatility spillover in the DJIA indexes and futures markets [J]. Journal of Futures Markets, 1999, 19(8): 911-930.

[416] Tse, Y, Zabotina T. Do designated market makers improve liquidity in open-outcry futures markets? [J]. Journal of Futures Markets, 2004, 24: 479-502.

[417] Tsiakas I. Overnight information and stochastic volatility: A study of european and u s stock exchange [J]. Journal of Banking & Finance, 2008, 32: 251-268.

[418] Tsiakas I. The economic gains of trading stocks around holidays[R]. University of Warwick, Working Paper, 2009.

[419] Tsiakas I. Periodic stochastic volatility and fat tail [J]. Journal of Financial Econometrics, 2006, 4: 90-135.

[420] Ubilava D, Holt M, Nino E. Southern oscillation and its effects on world vegetable oil prices: Assessing asymmetries using smooth transition models [J]. Australian Journal of Agricultural And Resource Economics, 2013, 57: 1-25.

[421] Vijay S, Bawa. Optimal rules for ordering uncertain prospects [J]. Journal of Financial Economics, 1975.

[422] Vuchelen J. Electoral systems and the effects of political events on the stock market: The Belgian case [J]. Economics and Politics, 2003, 15(1): 85-102.

[423] Walsh D M, Quek J. An empirical examination of the SIMEX Nikkei 225 futures contract around the Kobé Earthquake and the Barings Bank Collapse [J]. Journal of Futures Markets, 1991, 19(1): 1-29.

[424] Wang K, Liu J, Liu Z. Disentangling the effect of jumps on systematic risk using a new estimator of integrated co-volatility [J]. Journal of Banking & Finance, 2013, 37(5): 1777-1786.

[425] Wang Y C, Ho W R. The relationship of price volatility between TSE and TAIFEX stock indices futures with different maturities [J]. African Journal of Business Management, 2010, 4(17): 3785-3792.

[426] Wei A, Leuthold R M. Agricultural futures prices and long memory processes [J]. Ssrn Electronic Journal, 2000.

[427] Witt H J, Schroeder T C, Hayenga M L. Comparison of analytical approaches for estimating hedge ratios for agricultural commodities [J]. Journal of Futures Markets, 1987.d

[428] Wongswan J. Transmission of information across international equity markets [J]. Review of Financial Studies, 2006, 19(4): 1157-1189.

[429] Wooldridge J M. Introductory Econometrics: A Modern Approach (Third Edition)[M]. South-Western, a Division of Thomson Learning, 2006.

[430] Wright J H, Zhou H. Bond risk premia and realized jump risk [J]. Journal of Banking and Finance, 2009, 33: 2333-2345.

[431] Wu L. Jumps and dynamic asset allocation [J]. Review of Quantitative Finance and Accounting, 2003, 20: 207-243.

[432] Wu Y. Asset pricing with extreme liquidity risk [C]. Working Paper, Department of Economics of Cornell University, 2012.

[433] Xue Y, Gencay R, Fagan S. Jump detection with wavelets for high-frequency financial time series [J]. Quantitative Finance, 2014, 14(8): 1427-1444.

[434] Yoon S-J, Byun S J. Is volatility risk priced in the KOSPI 200 index options market? [J]. Journal of Futures Markets, 2009, 29(9): 797-825.

[435] You L, Daigler R T. A markowitz optimization of commodity futures portfolios [J]. Journal of Futures Markets, 2013, 33(4): 343-368.

[436] You L, Daigler R T. Using four-moment tail risk to examine financial and commodity instrument diversification [J]. Financial Review, 2010, 45(4): 1101-1123.

[437] Zhang J, Xiang Y. The implied volatility smirk [J]. Quantitative Finance, 2008, 8: 263-284.

[438] Zhang X, Zhao R, Xing Y. What does individual option volatility smirk tell us about future equity returns? [J]. Journal of Financial and Quantitative Analysis, 2010, 45: 641-662.

[439] Zheng B, Moulines E, Abergel F. Price jump prediction in a limit order book [J]. Journal of Mathematical Finance, 2013, 10: 242-255.

[440] Zhong M, Darrat A F, Otero R. Price discovery and volatility spill overs in index futures markets: some evidence from Mexico [J]. Journal of Banking and Finance, 2004, 28: 3037-3054.

[441] 曾伟. 中国A股市场异常波动机理及波动抑制研究[D]. 博士学位论文, 重庆: 重庆大学, 2009.

[442] 陈创练, 黄楚光, 陈创波. 资本账户开放, 金融风险与外汇储备的非线性关系研究[J]. 财经研究, 2015, 41: 64-78.

[443] 陈海强, 张传海. 股指期货交易会降低股市跳跃风险吗?[J].经济研究, 2015, 50(1): 153-167.

[444] 陈收, 易双文, 刘端, 不同市态下个股异常波动停牌与股指相关性[J]. 系统工程理论与实践, 2008, (8): 12-16.

[445] 迟国泰, 刘轶芳, 余方平. 基于SV模型和KLR信号分析的期货逼仓风险预警模型[J]. 系统工程, 2006, 24(7): 21-33.

[446] 仇中群, 程希骏. 基于协整的股指期货跨期套利策略模型[J]. 系统工程, 2008, 12: 26-29.

[447] 戴毓, 葛金田, 周德群. 中美燃料油期货价格引导研究[J]. 数理统计与管理, 2011, 30(2): 206-217.

[448] 房君飞. 加入商品期货后投资组合优化研究[D]. 硕士学位论文, 南京: 南京财经大学, 2012.

[449] 葛翔宇, 吴洋, 周艳丽. 门限协整套利: 理论与实证研究[J]. 统计研究, 2012, 3: 55-59.

[450] 何诚颖, 张龙斌, 陈薇. 基于高频数据的沪深300指数期货价格发现能力研究[J]. 数量经济技术经济研究, 2011, 5: 139-151.

[451] 胡荣才, 龙飞凤.投资组合VaR分解的应用研究[J]. 经济研究导刊, 2010, 19(5): 98-101.

[452] 华仁海, 陈百助. 国内、国际期货市场期货价格之间的关联研究[J]. 经济学(季刊), 2004, (2): 727-742.

[453] 华仁海, 刘庆富. 股指期货与股指现货市场间的价格发现能力探究[J]. 数量经济技术经济研究, 2010, 10: 90-100.

[454] 华仁海, 刘庆富. 国内外期货市场之间的波动溢出效应研究[J]. 世界经济, 2007, 30(6): 64-74.

[455] 华仁海, 袁立, 鲍锋. 沪深300股指期货在现货交易和非交易时段交易特征的比

较研究[J]. 数量经济技术经济研究, 2015, 32(1): 146-158.

[456] 华仁海. 现货价格和期货价格之间的动态关系: 基于上海期货交易所的经验研究[J]. 世界经济, 2005, (8): 34-41.

[457] 黄长征. 期货套期保值决策模型研究[J]. 数量经济技术经济研究, 2004, (7): 96-103

[458] 雷丽, 张世英. 基于Copula-S模型的金融投资组合风险分析阴[J]. 系统管理学报, 2007, (19): 302-306.

[459] 李国平, 陈森发. 基于HWSME的股票价格异常波动模糊综合评判方法[J]. 系统工程, 2007, 25(7): 112-115.

[460] 刘庆富, 韩潇. 能源消息能否影响燃料油期货价格: 来自中美市场的证据[J]. 系统工程学报, 2016, 31(3): 350-363.

[461] 刘庆富, 华仁海. 基于非同步交易的国内外期货市场价格发现贡献度研究[J]. 统计研究, 2008, 25(12): 59-65.

[462] 刘庆富, 华仁海. 中国股指期货与股票现货市场之间的风险传递效应研究[J]. 统计研究, 2011, (11): 84-90.

[463] 刘庆富, 蒋盼, 中国股指期货异常交易处置机制探析[J]. 复旦学报(社会科学版), 2016, 58(4): 131-143.

[464] 刘庆富, 许友传, 张金清. 国内外非同步期货交易市场之间的跳跃溢出行为: 基于风险事件的视角[J]. 系统工程理论与实践, 2011, 31(4): 679-690.

[465] 刘庆富, 许友传. 国内外异步期货交易市场之间的跳跃溢出行为: 基于风险事件的视角[J]. 系统工程理论与实践, 2011, 31(4): 679-690.

[466] 刘庆富, 张金清, 中国商品期货隔夜信息对日内交易的预测能力研究[J]. 管理科学学报, 2013, 16(11): 81-94.

[467] 刘伟, 陈敏, 梁斌. 基于金融高频数据的ETF套利分析[J]. 中国管理科学, 2009, 2: 1-7.

[468] 刘向丽, 成思危, 汪寿阳, 等. 期现货市场间信息溢出效应研究[J]. 管理科学学报, 2008, 11(3): 125-139.

[469] 刘向丽, 张雨萌. 基于向量误差修正模型的股指期货价格发现功能研究[J]. 管理评论, 2012, 24(2): 71-77.

[470] 刘卓军, 李晓明. 基于时间序列建模和控制图的异常交易检测方法[J]. 数学的实践与认识, 2013, 43(10): 89-96..

[471] 马超群, 佘升翔, 陈彦玲, 等. 中国上海燃料油期货市场信息溢出研究[J]. 管理科学学报, 2009, 12(3): 92-101.

[472] 牟国华. 中国股市异常事件及交易者行为研究[D]. 博士学位论文, 上海: 华东理工大学, 2011.

[473] 瞿慧, 徐冰慧, 牛孟芝. 基于日内跳跃识别方法的股指期货动态套期保值研究[J]. 中国管理科学, 2015, 23(S1): 453-458.

[474] 斯蒂芬·A.罗斯, 等. 公司理财[M]. 吴世农, 沈艺峰, 王志强等译, 北京: 机械工业出版社, 2011.

[475] 谈儒勇, 曹江东.《证券投资基金法》颁布的市场反应与效应[J]. 当代财经, 2005, (11): 28-32.

[476] 唐衍伟, 陈刚, 李海英. 我国与国际燃料油期货市场长期均衡的实证研究[J]. 系统工程, 2007, 25(10): 51-57.

[477] 唐勇, 林欣.考虑共同跳跃的波动建模: 基于高频数据视角[J]. 中国管理科学, 2015, 23(8): 46-53.

[478] 涂志勇, 郭世明. 股指期货推出对现货市场价格影响的理论分析[J]. 金融研究, 2008, 10: 104-116.

[479] 屠年松, 徐光远. 中国股票市场质量的国际比较[J].云南社会科学, 2008, (5): 123-127.

[480] 王欣, 尹留志, 方兆本. 异常交易行为的甄别研究[J]. 数理统计与管理, 2009, 28(4): 671-677.

[481] 韦艳华, 张世英, 孟利锋. Copula 技术及其在金融时间序列分析上的应用[J].系统工程, 2003, 21(增刊): 41-45.

[482] 吴文锋, 吴冲锋, 朱云. 异常波动与资产定价模型[J]. 预测, 2000, (5): 56-59.

[483] 夏天, 程细玉. 国内外期货价格与国产现货价格动态关系的研究——基于 DCE 和 CBOT 大豆期货市场与国产大豆市场的实证分析[J]. 金融研究, 2006, (2): 110-117.

[484] 肖华, 张国清. 公共压力与公司环境信息披露——基于"松花江事件"的经验研究[J]. 会计研究, 2008, (5): 15-22.

[485] 肖辉, 鲍建平, 吴冲锋. 股指与股指期货价格发现过程研究[J]. 系统工程学报, 2006, (4): 438-441.

[486] 肖辉, 刘文财. 股票指数现货市场与期货市场关系研究[M]. 北京: 中国金融出版社, 2006, 288-299.

[487] 许红伟, 吴冲锋. 沪深 300 股指期货推出改善了我国股票市场质量吗——基于联立方程模型的实证研究[J]. 南开管理评论, 2012, 15(4): 101-110.

[488] 叶中行, 林建忠. 数理金融——资产定价与金融决策理论[M]. 上海: 科学出版社, 2000. 40-42.

[489] 张雪莹, 于鑫, 王上文. 商品期货对资产配置的风险分散价值研究[J]. 当代经济科学, 2011, 33(2): 112-117+128.

[490] 张屹山, 方毅, 黄琨. 中国期货市场功能及国际影响的实证研究[J]. 管理世界, 2006, (4): 28-34.

[491] 张宗成, 刘少华. 沪深 300 股指期货市场与现货市场联动性及引导关系实证分析[J]. 中国证券期货, 2010, (5): 4-6.

[492] 赵玉, 祁春节. 中国大豆期货市场有效吗?——基于事件分析法的研究[J]. 经济评论, 2010, (1): 114-123.

[493] 郑鸣, 庄金良, 王云静. 大陆与台湾股指期货价格发现功能比较研究[J].投资研究, 2011, 30(12): 74-85.

[494] 中国期货业协会. 股指期货[M]. 北京: 中国财政经济出版社, 2010: 60-72.

[495] 周强龙, 朱燕建, 贾璐熙. 市场知情交易概率, 流动性与波动性——来自中国股指期货市场的经验证据[J]. 金融研究, 2015, (5): 132-147.

[496] 周彦, 张世英, 张彤. 跳跃连续时间 SV 模型建模及实证研究[J]. 系统管理学报, 2007, 16(5): 531-536.

[497] 邹辉文, 黄明星. 基于股价异常波动的中国股市监管效率实证分析[J]. 财经研究, 2010, 36(1): 134-143.

[498] Baillie R T, Booth G G, Tse Y, et al. Price discovery and common factor models[J]. Journal of Financial Markets, 2002, 5(3): 309-321.

[499] Amihud Y. Illiquidity and stock returns: cross-section and time-series effects[J]. 2002, 5(1): 0-56.

[500] Barclay M, Hendershott T, McCormick T. Competition among trading venues: Information and trading on electronic communications networks[J]. Journal of Finance 2003, 58: 2639-2667.

[501] Black F, Scholes M. The pricing of options and corporate liabilities[J]. Journal of Political Economy, 1973, 82: 637-654.

[502] Boehmer E, Kelly E K. Institutional investors and the informational efficiency of prices[J]. Review of Financial Studies, 2009, 22: 3563-3594.

[503] Booth G G, Lin J-C, Martikainen T, Tse Y. Trading and pricing in upstairs and downstairs stock markets[J]. Review of Financial Studies, 2002, 15: 1111-1135.

[504] Chen H, Han Q, Li Y, Wu K. Does index futures trading reduce volatility in the Chinese stock market? A panel data evaluation approach [J]. Journal of Futures Markets, 2013, 33(12):1167–1190.

[505] Danthine J. Information, futures prices, and stabilizing speculation[J]. Journal of Ecomomic Theory, 1978, 17: 79-98.

[506] Duggan J. Chinese stock markets continue to nosedive as regulator warns of panic[N]. The Guardian, Chinese economy, 2015, July 8.

[507] Economist, 2015. China's stock market, a crazy casino. May 26.

[508] French K R, Roll R. Stock return variances: The arrival of information and the reaction of traders[J]. Journal of Financial Economics, 1986, 17: 5-26.

[509] Gregoriou G N. Handbooks of Short Selling[M]. Academic Press, 2012.

[510] Jackson D. Estimating PIN for firms with high levels of trading[J]. Journal of Empirical Finance, 2013, 24: 116-120.

[511] Lin J-C, Sanger G, Booth G G. Trade size and components of the bid–ask spread[J]. Review of Financial Studies, 1995, 8: 1153-1183.

[512] Stein J C. Informational externalities and welfare-reducing speculation[J]. Journal of Political Economy, 1987, 95: 1123-1145.

[513] Stock J, Watson M W. Testing for common trends[J]. Journal of the American Statistical Association, 1988, 83: 1097-1107.

[514] Tse Y. Price discovery and volatility spillovers in the DJIA index and the futures

market[J]. Journal of Futures Markets, 1999, 19: 911-930.

[515] Tse Y, Zabotina T. Transaction costs and market quality: open outcry versus electronic trading[J]. Journal of Futures Markets, 2001, 21: 713-735.

[516] Wildau G. China futures market decimated by trading curbs. Financial Times, 2015, October 7.

[517] Yang J, Yang Z, Zhou Y. Intraday price discovery and volatility transmission in stock index and stock index futures markets: Evidence from China[J]. Journal of Futures Markets, 2012, 32(2): 99-121.

附录

附录 A：系统各阶矩对期货商品未来收益率的影响

A. 低频数据（日数据）

	橡胶	PTA	铝	铜	锌	大豆	玉米	棉花	豆粕	白糖
常数项	-0.0002	-0.0007	-0.0006*	-0.0004	-0.0006	0.0002	0.0002	-0.0002	0.0000	-0.0002
$r_{m,t-1}$	-0.0303	0.1288***	-0.0992***	-0.3019***	-0.2157***	-0.0156	-0.0162	0.0693*	0.1765***	-0.1243***
$r_{m,t-1}^2$	-2.8903	11.3410***	7.9373***	5.6172*	5.8103	-0.6219	-5.1883	3.9442	1.6352	9.2765***
$r_{m,t-1}^3$	705.7884***	-112.2489***	-912.5612***	164.4963***	312.9816***	100.0000***	-421.2736***	-100.0000***	240.1552***	610.2285***
AIC	-10899.029	-11540.679	-13614.426	-11464.904	-11270.41	-12451.87	-12367.796	-12863.466	-10820.302	-12135.063

B. 高频数据（30 分钟数据）

	橡胶	PTA	铝	铜	锌	大豆	玉米	棉花	豆粕	白糖
常数项	-0.0001**	0.0000	0.0000	0.0000	0.0000	0.0000	0.0000	0.0000	0.0000	0.0000
$r_{m,t-1}$	0.0548***	0.0388***	0.0264***	0.0674***	0.0534***	0.0238**	-0.0005	0.0567***	0.0368***	0.0517***
$r_{m,t-1}^2$	5.6985	5.7193***	-3.5209***	-0.4608***	-2.2693***	2.3348**	3.5189***	0.8485***	-0.1365***	7.2076***
$r_{m,t-1}^3$	-113.3468***	305.3175***	-81.9863***	-240.9398***	-122.9861***	-74.8581***	205.7437***	-8.7913***	-310.1003***	-21.3439***
AIC	-86826.429	-94963.573	-107490.63	-98519.132	-96172.692	-104326.82	-114630.76	-99993.093	-101781.87	-99005.26

注：本表报告日数据及 30 分钟数据下，$r_{i,t} = \beta_0 + \beta_1 r_{m,t-1} + \beta_2 r_{m,t-1}^2 + \beta_3 r_{m,t-1}^3 + a_t$，$a_t \sim ARMA(p)$ 的系数估计结果及模型拟合指标 AIC 等。其中***、**、* 分别表示在 1%、5%、10%置信水平下显著。

附录 B: 个体各阶矩对期货商品未来收益率的影响

	橡胶	PTA	铝	铜	锌	大豆	玉米	棉花	豆粕	白糖
A. 低频数据（日数据）										
常数项	0.0000**	−0.0003	−0.0003	−0.0006	−0.0002	0.0005	0.0000	0.0001	0.0001	0.0002
$r_{i,t-1}^2$	−1.2277*	0.1332	−3.4756***	2.6359***	−0.5540	−4.1548***	0.2022	−1.4470***	−0.4523	−0.3831
$r_{i,t-1}^3$	12.0236	−22.1959***	−16.1390	−1.3800	−26.4394***	−46.6632***	5.1435	24.0558***	−5.8380	−1.5728
$r_{i,t-1}^4$	85.3374	−84.6169*	3561.7949***	−849.6510***	−96.5077***	1055.9468***	−2.7628***	191.3704***	2.0054	25.7719***
AIC	−10899.065	−11522.302	−13615.076	−11454.601	−11264.604	−12458.831	−12365.932	−12849.536	−10812.757	−12129.396
B. 高频数据（30 分钟数据）										
常数项	−0.0001**	0.0000	0.0000	0.0000	0.0000	0.0000	0.0000	0.0000	0.0000	0.0000
$r_{i,t-1}^2$	0.6296	−1.5822***	3.7502***	2.1221***	1.2227**	3.5710***	4.2630***	1.0718***	−0.8123***	−0.9197*
$r_{i,t-1}^3$	27.1460***	145.3266***	−107.7932***	−53.3950***	3.7674***	8.5926***	−478.9105***	−74.7450***	37.5926***	−3.9800***
$r_{i,t-1}^4$	716.0617***	4582.6639***	−15314.36***	−3504.346***	−1230.070***	−3199.215***	−18449.66***	836.1436***	1915.8699***	3339.7041***
AIC	−86824.089	−94965.392	−107494.27	98506.035	−96165.175	−104328.83	−114634.79	−100011.24	−101774.72	−99011.7

注：本表报告日数据及 30 分钟数据下，$r_{i,t} = \beta_0 + \beta_1 r_{i,t-1}^2 + \beta_2 r_{i,t-1}^3 + \beta_3 r_{i,t-1}^4 + a_t$, $a_t \sim ARMA(p,q)$ 的系数估计结果及模型拟合指标 AIC 等。其中 ***、**、* 分别表示在 1%、5%、10% 置信水平下显著。

附录 C：系统各阶矩与个体各阶矩对期货商品未来收益率的影响

A. 低频数据（日数据）

	橡胶	PTA	铝	铜	锌	大豆	玉米	棉花	豆粕	白糖
常数项	-0.0002	-0.0007	-0.0005	-0.0005	-0.0003	0.0004	0.0002	0.0000	0.0001	-0.0001
$r_{m,t-1}$	-0.1023	0.0789*	-0.1486***	-0.1286*	-0.2260***	-0.0615	-0.0117	0.0573	0.1376**	-0.1211***
$r_{m,t-1}^2$	1.0268	11.0247***	5.5809**	-14.6368***	15.1512***	1.4763	-5.1053	4.0259	2.7790	9.5919***
$r_{m,t-1}^3$	514.8361***	-100.0000***	-615.5663***	30.2559***	407.6274***	135.6688***	-413.5181***	-118.6334***	241.7790***	603.9116***
$r_{i,t-1}^2$	-0.4384	0.1944	-3.8231***	4.8438***	-2.7192***	-4.2724***	0.2258	-1.5567***	-0.4554	-0.5904
$r_{i,t-1}^3$	0.1161	-27.1097***	-3.8724	16.6293	-4.6704	-46.0413***	4.7967	22.8929***	-6.7224	-1.1055
$r_{i,t-1}^4$	15.6216	-103.0681***	3674.2729***	-1020.987***	331.0798***	1080.0266***	-4.4144***	188.3586***	-1.4521***	37.3447***
AIC	-10909.218	-11542.769	-13654.021	-11452.919	-11269.434	-12453.92	-12364.924	-12845.725	-10814.09	-12129.984

B. 高频数据（30 分钟数据）

	橡胶	PTA	铝	铜	锌	大豆	玉米	棉花	豆粕	白糖
常数项	-0.0001**	0.0000	0.0000	0.0000	0.0000	0.0000	0.0000	0.0000	0.0000	0.0000
$r_{m,t-1}$	0.0507**	0.0309**	0.0332***	0.0787***	0.0597***	0.0250***	0.0029	0.0372***	0.0355***	0.0465***
$r_{m,t-1}^2$	2.7562	5.0533**	-4.8887***	-2.2875***	-5.0217***	-0.0563	3.1092***	-0.3860***	1.0236***	7.0801***
$r_{m,t-1}^3$	-196.4531***	124.3652***	-123.9617***	-41.7294***	-181.4488***	-87.8594***	253.7573***	19.1545***	-354.1510***	241.8336***
$r_{i,t-1}^2$	0.5501	-1.9672***	5.5551***	3.3289***	2.4112***	3.7840***	4.0536***	0.9398***	-0.7638***	-1.7847***
$r_{i,t-1}^3$	16.9266***	112.4320***	-158.4903***	-165.4342***	-33.9770***	-11.3751***	-605.5718***	-122.4754***	35.8685***	-22.8571***
$r_{i,t-1}^4$	335.6440***	3979.8414***	-17489.09***	-5665.785***	-2220.899***	-4096.907***	-23003.41***	1248.9884***	-1687.446***	3584.2250***
AIC	-86821.572	-94964.046	-107503.3	-98522.509	-96170.654	-104326.44	-114638.24	-100019.16	-101777.45	-99014.055

注：本表报告日数据及 30 分钟数据下，$r_{i,t} = \beta_0 + \beta_1 r_{m,t-1} + \beta_2 r_{m,t-1}^2 + \beta_3 r_{m,t-1}^3 + \gamma_1 r_{i,t-1}^2 + \gamma_2 r_{i,t-1}^3 + \gamma_3 r_{i,t-1}^4 + a_t$，$a_t \sim ARMA(p)$ 的系数估计结果及模型拟合指标 AIC 等。

其中***、**、* 分别表示在 1%、5%、10%置信水平下显著。